Smart-TV mit Kodi
Die verständliche Anleitung

von
Dennis Rühmer

Liebe Leserin, lieber Leser,

Smart-TV ist in aller Munde. Sie wünschen sich eine Komplettlösung, die Sie unabhängig macht von DVB-T2 oder den großen Firmen, deren Angebote teuer und oft auf das Medienangebot des Herstellers beschränkt sind? Kodi bietet hier eine kostengünstige Alternative, die nicht nur den gleichen Komfort, sondern sogar zusätzliche Funktionen wie z. B. Multiroom-Audio bietet. Mit diesem Buch halten Sie den richtigen Begleiter in Ihren Händen.

Die Einrichtung ist auch für Einsteiger machbar, kann aber schnell kompliziert werden. Denn die Einstellungsmöglichkeiten und Erweiterungen von Kodi sind enorm vielfältig. Im Internet finden sich zahlreiche Anleitungen, doch die sind meistens auf ein Betriebssystem beschränkt oder arbeiten mit anderen Geräten als denen, die Sie zu Hause haben. Hier hilft Ihnen der erfahrene Autor Dennis Rühmer. Er kennt die Software in- und auswendig und zeigt Ihnen in Schritt-für-Schritt-Anleitungen, wie Sie Kodi auch als Einsteiger ohne Vorkenntnisse installieren und einrichte: Egal, ob Sie Ihre Musik- oder Bildersammlung ordnen und zentral zur Verfügung stellen möchten oder ein vollwertiges Heimkino mit Online-Streaming, Multiroom-System und eigenen Profilen für jedes Familienmitglied planen. Dieser Ratgeber steht Ihnen mit zahlreichen Hinweisen, Kaufempfehlungen und Profi-Tricks zur Seite.

Als zusätzlichen Bonus können Sie in der Rubrik »Materialien zum Buch« unter *www.rheinwerk-verlag.de/4408* ein Onlinekapitel herunterladen.

Dieses Buch wurde mit größter Sorgfalt geschrieben und hergestellt. Sollten Sie Fragen, Kritik oder inhaltliche Anregungen haben, freue ich mich, wenn Sie mit mir in Kontakt treten. Zunächst aber wünsche ich Ihnen viel Freude mit Kodi.

Ihr Erik Lipperts
Lektorat Vierfarben

erik.lipperts@rheinwerk-verlag.de

Auf einen Blick

1	Das Kodi-Mediacenter stellt sich vor	15
2	Die Hardware für Kodi	27
3	Welche Medien kann Kodi abspielen?	49
4	Die Installation von Kodi auf Ihrer Hardware	61
5	Kodi und die Fernbedienung	91
6	So richten Sie Kodi grundlegend ein	113
7	Die Mediendateien vorbereiten	153
8	Spielfilme in Kodi	185
9	TV-Serien in Kodi	229
10	Musik in Kodi	243
11	Fotos in Kodi	271
12	Add-ons und Onlineinhalte	285
13	Live-TV mit Kodi schauen	305
14	Ganz persönlich: Profile in Kodi	367
15	Mehrere Kodi-Instanzen synchronisieren	379
16	Verantwortlich für die Liebsten: Kinder- und Jugendschutz	401
17	Tapetenwechsel: mit Skins arbeiten	419
18	Für Fortgeschrittene: erweiterte Funktionen	429

Impressum

Sie haben Fragen, Wünsche oder Anregungen zum Buch?
Gerne sind wir für Sie da:

Anmerkungen zum Inhalt des Buches: erik.lipperts@rheinwerk-verlag.de
Bestellungen und Reklamationen: service@rheinwerk-verlag.de
Rezensions- und Schulungsexemplare: hendrik.wevers@rheinwerk-verlag.de

Das vorliegende Werk ist in all seinen Teilen urheberrechtlich geschützt. Alle Rechte vorbehalten, insbesondere das Recht der Übersetzung, des Vortrags, der Reproduktion, der Vervielfältigung auf fotomechanischem oder anderen Wegen und der Speicherung in elektronischen Medien.

Ungeachtet der Sorgfalt, die auf die Erstellung von Text, Abbildungen und Programmen verwendet wurde, können weder Verlag noch Autor, Herausgeber oder Übersetzer für mögliche Fehler und deren Folgen eine juristische Verantwortung oder irgendeine Haftung übernehmen.

Die in diesem Werk wiedergegebenen Gebrauchsnamen, Handelsnamen, Warenbezeichnungen usw. können auch ohne besondere Kennzeichnung Marken sein und als solche den gesetzlichen Bestimmungen unterliegen.

An diesem Buch haben viele mitgewirkt, insbesondere:

Lektorat Erik Lipperts, Simone Bechtold, Sebastian Kestel
Korrektorat Alexandra Müller, Olfen
Herstellung Norbert Englert
Einbandgestaltung Julia Schuster
Coverfotos Shutterstock: 404086192 © Dean Drobot, 434701987 © Evgeny Drablenko; iStock: 536505549 © EXTREME-PHOTOGRAPHER
Typografie und Layout Vera Brauner
Satz Markus Miller, München
Druck Media-Print Informationstechnologie GmbH, Paderborn

Gesetzt wurde dieses Buch aus der ITC Charter (10,5 pt/15 pt) in Adobe InDesign CC 2017.
Und gedruckt wurde es auf mattgestrichenem Bilderdruckpapier (115 g/m²).
Hergestellt in Deutschland.

Bibliografische Information der Deutschen Nationalbibliothek
Die Deutsche Nationalbibliothek verzeichnet diese Publikation in der Deutschen Nationalbibliografie; detaillierte bibliografische Daten sind im Internet über http://dnb.d-nb.de abrufbar.

ISBN 978-3-8421-0234-7

© Vierfarben, Bonn 2017
1. Auflage 2017

Vierfarben ist eine Marke des Rheinwerk Verlags.
Rheinwerkallee 4, 53227 Bonn
www.rheinwerk-verlag.de

Der Verlagsname Vierfarben spielt an auf den Vierfarbdruck, eine Technik zur Erstellung farbiger Bücher. Der Name steht für die Kunst, die Dinge einfach zu machen, um aus dem Einfachen das Ganze lebendig zur Anschauung zu bringen.

Inhalt

Vorwort 13

Kapitel 1: Das Kodi-Mediacenter stellt sich vor 15

Was ist das Kodi-Mediacenter? 15
Was bringt Ihnen das Kodi-Mediacenter? Machen Sie Ihren
Fernseher »smart«! 17
Welche Medien spielt Kodi für Sie ab? 19
Auf welchen Geräten arbeitet Kodi? 21
Was benötigen Sie für ein gutes Kodi-Erlebnis? 24

Kapitel 2: Die Hardware für Kodi 27

Über welche Hardware sollte ich verfügen? 27
Die Sorglos-Lösung: fertige Receiver und Mediaplayer 28
Die Einstiegsklasse: ein Raspberry Pi 31
Die Mittelklasse: ein Intel NUC-PC 37
Die Oberklasse: ein Heimkino-/Home-Theater-PC 42
Die Alternative: Desktop-PC und Notebook 45
Für die mobile Nutzung: Tablet und Smartphone 46

Kapitel 3: Welche Medien kann Kodi abspielen? ... 49

Videodateien: Spielfilme, Serien, Videoclips 49
Musikdateien 53
Fotos und Bilder 56
Netzwerkdienste und Protokolle 56
DVDs, Blu-ray-Discs und Video-CDs 57

Inhalt

Online-Streams 58
Fernsehprogramme 59

Kapitel 4: Die Installation von Kodi auf Ihrer Hardware ... 61

Welche Möglichkeiten gibt es? 61
Kodi auf einem Windows-Rechner installieren 66
Kodi auf einem Mac installieren 68
Kodi auf einem PC mit Ubuntu, Lubuntu oder Debian-Linux installieren 69
Einen eigenständigen Home-Theater-PC mit LibreELEC einrichten 71
Kodi auf einem Smartphone oder Tablet installieren 80
LibreELEC auf dem Raspberry Pi installieren 81
Die Alternative: OSMC auf dem Raspberry Pi installieren 84

Kapitel 5: Kodi und die Fernbedienung 91

Tastatur und Maus – nur eine Notlösung? 91
Mit Kodi über die TV-Fernbedienung kommunizieren: HDMI-CEC 93
Einen eingebauten Infrarotempfänger verwenden 96
Einen USB-Empfänger mit geeigneter Fernbedienung einsetzen 98
Basteln am Raspberry Pi: einen eigenen Infrarotempfänger anschließen 100
Das Smartphone als Fernbedienung nutzen: »Kore« und »Yatse« 106

Kapitel 6: So richten Sie Kodi grundlegend ein 113

Kodi bedienen lernen 113
Die Sprache der Benutzeroberfläche von Kodi einstellen 115
Systemspezifische Einstellungen: So läuft's mit LibreELEC und OSMC   118

Das Einstellungsmenü von Kodi im Detail 129
Der Dateimanager und sein Einsatz 149
Einstellen der Wetteranzeige 151

Kapitel 7: Die Mediendateien vorbereiten 153

Dateien lokal oder im Netzwerk speichern 153
Die Bedeutung von Datei- und Verzeichnisnamen 158
Das Medienverzeichnis vorbereiten 159
Spielfilme verwalten 160
TV-Serien ordnen 164
Musikdateien leicht auffindbar machen 170
Fotos sortieren 177
Die Medien an Ort und Stelle kopieren 178

Kapitel 8: Spielfilme in Kodi 185

Spielfilme zu Kodi hinzufügen 185
Die Ansichten in der Bibliothek 196
Spielfilme abspielen 208
Die Einstellungen rund um die Videowiedergabe 216
Untertitel anzeigen 217
Dem Scraper unter die Arme greifen 218
Eigene Heimvideos als Spielfilm hinzufügen 223

Kapitel 9: TV-Serien in Kodi 229

TV-Serien zu Kodi hinzufügen 229
Die Ansichten in der Bibliothek 234
Serienepisoden abspielen 237
Mit dem Scraper Serien der Bibliothek hinzufügen 238

Kapitel 10: Musik in Kodi ... 243

Musik zu Kodi hinzufügen ... 243
Die Musikbibliothek im Detail kennenlernen ... 247
Die Wiedergabe steuern ... 259
Mit Wiedergabelisten arbeiten ... 263
Einstellungen rund um die Musikwiedergabe ... 266
Die Visualisierung bei der Musikwiedergabe einsetzen ... 267
Die Musikwiedergabe ohne eingeschalteten Fernseher nutzen ... 269
Onlineinformationen ergänzen ... 269

Kapitel 11: Fotos in Kodi ... 271

Fotos zu Kodi hinzufügen ... 272
Funktionen zum Betrachten von Fotos ... 275
Die Ansichtsoptionen in der Bibliothek ... 280
Optionen für verschiedene Einstellungen ... 281
Etwas mehr Datenbank-Feeling bekommen ... 283

Kapitel 12: Add-ons und Onlineinhalte ... 285

Sinn und Zweck von Add-ons in Kodi ... 285
Ist das alles legal? ... 286
Die Installation und Nutzung von Add-ons ... 288
Der Addon-Browser als allgemeine Schaltzentrale ... 294
Die Mediatheken der öffentlich-rechtlichen Sender in Deutschland ... 297
Das YouTube-Add-on verwenden ... 299
Auf Radioempfang gehen ... 302
Ein Add-on deinstallieren ... 304

Kapitel 13: Live-TV mit Kodi schauen 305

Wie Sie mit Kodi Live-TV schauen – wichtige Grundlagen vorab 305
So wird der Fernsehempfang eingerichtet 310
Kabel-TV, Satellit und Co.: Empfang via DVB-T, -T2, -S, -C oder -S2 311
Den Tvheadend-Server unter LibreELEC installieren 316
Den Tvheadend-Server unter OSMC installieren 317
Den Tvheadend-Server auf einem eigenen Heimserver unter Debian
und Ubuntu installieren 319
Den Tvheadend-Server auf einem eigenen Raspberry Pi installieren 321
Den Tvheadend-Server einrichten: die Vorbereitung 322
Die Einrichtung von Tvheadend mit dem Assistenten 324
Die Einrichtung von Tvheadend ohne den Assistenten 330
Das Feintuning von Tvheadend 342
Herr über die TV-Wiedergabe: das Client-Add-on in Kodi einrichten 345
Die Senderliste in Kodi: ein Programm auswählen und wiedergeben ... 348
Zeitversetzt fernsehen mit der Timeshift-Funktion 350
Wissen, was gespielt wird: die Programmzeitschrift nutzen 354
Sendungen aufzeichnen mit dem persönlichen Videorekorder (PVR) ... 356
Tvheadend gekonnt bedienen 364

Kapitel 14: Ganz persönlich: Profile in Kodi 367

VIP-Loge: Jeder Benutzer bekommt sein eigenes Profil 367
Was ist alles im eigenen Profil enthalten? 368
Der Chef des Theaters: das Master-Profil 369
Ein eigenes Profil anlegen und einrichten 369
Ein Profil auswählen und zwischen Profilen wechseln 374
Das eigene Profil mit einem Passwort schützen 376

Kapitel 15: Mehrere Kodi-Instanzen synchronisieren ... 379

Wozu dient die Synchronisation? ... 379
Was wird für eine Synchronisation benötigt? ... 380
Die Einrichtung: Teil 1 – eine Datenbank anlegen ... 382
Die Einrichtung: Teil 2 – die Synchronisation in Kodi einrichten ... 389
Die Synchronisation mehrerer Benutzerprofile ... 395

Kapitel 16: Verantwortlich für die Liebsten: Kinder- und Jugendschutz ... 401

Wie lässt sich ein Kinder- und Jugendschutz realisieren? ... 401
Medien richtig vorbereiten ... 402
Die Einrichtung im Detail ... 403
Den Zugriff auf weitere externe Medien unterbinden ... 414
Die Grenzen der Schutzmechanismen ... 418

Kapitel 17: Tapetenwechsel: mit Skins arbeiten ... 419

Die Bedeutung von Skins in Kodi ... 419
Den Basis-Skin Estuary anpassen ... 421
Einen anderen Skin installieren und aktivieren ... 424
Einen Skin wieder deinstallieren ... 427

Kapitel 18: Für Fortgeschrittene: erweiterte Funktionen ... 429

Das Favoritenmenü ... 429
Die Belegung der Fernbedienungstasten anpassen ... 432
Wiedergabelisten für Filme und Serien ... 436

Intelligente Wiedergabelisten	437
Automatische Wiedergabe beim Systemstart	442
Wiedergabe von Streaming-Adressen	446
Ein Backup der Mediendatenbanken erstellen	447
Ein Backup der Mediendatenbanken wiederherstellen	451
Ein Backup der persönlichen Einstellungen erstellen	451
Zusätzliche Backups unter LibreELEC und OSMC	455
Hilfreiche Tastaturkürzel	457
Die Medienquellen zwischen verschiedenen Geräten synchronisieren	458
Mit Tvheadend auf dem Smartphone fernsehen	462
Kinder- und Jugendschutz beim Fernsehen	463
Multiroom Audio mit den UPnP-Funktionen	465
Stichwortverzeichnis	469

Vorwort

Sie haben noch kein Smart-TV? Oder bietet Ihr Gerät zu wenig Funktionen, ist umständlich zu bedienen, hat eine mangelnde Kompatibilität oder ruft gar Bedenken beim Datenschutz hervor? Sind Sie jetzt auf der Suche nach einem guten Mediacenter, das Ihre Multimedia-Ausstattung in diesen Punkten entscheidend verbessert und ergänzt?

Dann ist es ja gut, dass Sie sich für Kodi interessieren, denn Kodi ist ein Alleskönner auf dem Gebiet der Mediacenter und macht Ihren Fernseher im Handumdrehen smart – und zwar ohne die eingangs erwähnten Nachteile. Stattdessen können Sie mit Kodi spielend einfach auf Ihre Mediensammlung zugreifen und erhalten Ihre Filme, Serien und Musikalben übersichtlich und ansprechend auf dem Bildschirm präsentiert – inklusive vielfältiger Zusatzinformationen, mit denen Sie sich eine richtige Medienbibliothek aufbauen können. Kodi beherrscht auch den Fernsehempfang und bringt einen komfortablen Videorekorder mit, dessen zahlreiche Funktionen so manchen Satelliten-Receiver alt aussehen lassen. Auch vor der großen weiten Welt verschließt sich das Mediacenter nicht und bietet Zugriff auf zahlreiche Onlinemedien und -inhalte. Zusätzlich können Sie das Programm auf Wunsch durch zahlreiche Zusatzmodule ergänzen, die das Herz eines jeden Technikfreundes höherschlagen lassen. Und zu guter Letzt ist das Programm auch noch kostenlos erhältlich.

Lassen Sie sich also in diesem Buch zeigen, was ein gutes Mediacenter alles kann und wie Sie es bei sich zu Hause einrichten und bedienen. Ich werde Sie in diesem Buch in den ersten drei Kapiteln zunächst mit den Möglichkeiten, die Ihnen Kodi bietet, vertraut machen und erklären, welche Hardware und Voraussetzungen Sie zum Betrieb benötigen. Die Kapitel 4 bis 6 beschreiben die Installation und die Einrichtung, inklusive der Konfiguration der Fernbedienung. Danach geht es an die Medien: Sie lernen, wie Sie diese korrekt organisieren und wie Sie Spielfilme, Serien, Musikalben und Fotos mit Kodi verwalten und wiedergeben. Kapitel 12 widmet sich interessanten Zusatzprogrammen, die Ihnen Zugang zu Onlinemedien bieten, bevor Kapitel 13 den Fernsehempfang und den Videorekorder erklärt. Im letzten Teil des Buches geht es ans Eingemachte: Ich zeige Ihnen, wie Sie Multiroom-Installationen realisieren, für jedes Familienmitglied ein eigenes Benutzerprofil einrichten und den Nachwuchs vor unpassenden Inhalten schützen. Den Abschluss bildet ein Kapitel mit Sicherheits- und Komfortfunktionen für fortgeschrittene Anwender. Bevor es gleich losgeht, möchte ich mich an dieser Stelle bei Ihnen für Ihr Interesse an diesem Buch bedanken und Ihnen viel Freude beim Lesen und Umsetzen wünschen.

Dennis Rühmer

Kapitel 1
Das Kodi-Mediacenter stellt sich vor

Auf geht's: In diesem Kapitel lernen Sie, was Kodi eigentlich genau ist, wobei es Ihnen helfen möchte und was dafür nötig ist.

Was ist das Kodi-Mediacenter?

Kodi ist ein sogenanntes *Mediacenter* und dient hauptsächlich dazu, Medien in digitaler Form wiederzugeben – dazu zählen zum Beispiel Videofilme, Musikstücke und Fotos. Kodi selbst ist ein Computerprogramm, also eine reine Softwarekomponente, die auf einem Computer ausgeführt wird. Denken Sie dabei aber bitte nicht nur an einen klassischen Desktop-PC. Heutzutage sollte man eher von einem *computerähnlichen Gerät* sprechen, denn in viele Geräte des täglichen Lebens hat schon lange Computertechnologie Einzug gehalten. Kodi kann durchaus auch auf einem Mediaplayer oder einem Satelliten-Receiver laufen. Das Programm ist vor allem dazu gedacht, im Wohnzimmer auf dem Fernseher angezeigt zu werden, deshalb ist seine Benutzeroberfläche auch so gestaltet, dass sie bequem mit einer Fernbedienung bedient werden kann.

Die Medien liegen in einem digitalen Format auf einem Datenträger vor. Das umfasst Computerdateien auf Festplatten und USB-Sticks genauso wie Audio-CDs oder DVDs. Alternativ lassen sich die Medien über eine Netzwerkverbindung (auch aus dem Internet) in Form eines kontinuierlichen Datenstroms laden – das nennt man dann neudeutsch *Streaming* oder (noch schlimmer) Streamen. Kodi ist also zunächst einmal, grob betrachtet, eine Art von Mediaplayersoftware und verwendet die Hardware eines Computergeräts zur Wiedergabe der Medien. Das Bild (etwa von einem Videofilm) wird über die Grafikkarte ausgegeben, den Ton liefert eine Soundkarte. Nötig ist dazu nicht (unbedingt) Spezialhardware, sondern es können ganz normale Computerkomponenten »von der Stange« eingesetzt werden. So kann das Programm auf einer Vielzahl von Geräten eingesetzt werden und ist dadurch sehr universell. Eine sehr große Variabilität bietet Kodi sowohl bei den unterstützten Medienformaten als auch den möglichen Datenquellen. Das Mediacenter kann nicht nur mit eingebauten Festplatten umgehen, sondern auch auf diverse Netzwerkspeicher und Cloud-Storage-Systeme zugreifen.

Kodi eignet sich jedoch nicht nur zur Wiedergabe von Medien, sondern auch zu deren Verwaltung. Dazu pflegt das Programm eine eigene Medienbibliothek, die der Nutzer auf vielerlei Weise durchsuchen kann.

Ursprünglich entstand das Projekt für die Xbox, eine Spielkonsole aus dem Hause Microsoft. Eine Gruppe technisch interessierter Nutzer erkannte das Potenzial dieses Geräts zur Wiedergabe von Medien und entwickelte ein geeignetes Mediacenter, das von der Xbox ausgeführt wurde. Als Name wurde kurzerhand *Xbox Media Center*, abgekürzt *XBMC*, gewählt. Heutzutage ist das Programm längst nicht mehr auf die Xbox beschränkt. Daher wurde der Name 2014 in *Kodi* geändert. Kodi ist ein Open-Source-Programm. Das bedeutet (unter anderem), dass der beim Programmieren erstellte Quellcode von jedermann frei eingesehen werden kann. Kodi ist ein nicht-kommerzielles Projekt, es wird ohne eine Gewinnabsicht entwickelt und kann ohne Einschränkung kostenlos verwendet werden. Es gibt – zumindest direkt von den Entwicklern – auch keine zusätzlichen kostenpflichtigen »Premium«-Funktionen. Das Programm entsteht als Gemeinschaftsprojekt, an dem sich jeder beteiligen kann. Zu den möglichen Aufgaben zählen nicht nur das Programmieren, sondern auch das Testen und die Pflege des Programms. Dank der Unterstützung vieler freiwilliger Helfer wird Kodi als Freizeitprojekt fortlaufend weiterentwickelt, und sein Funktionsumfang wächst stetig.

Was bringt Ihnen das Kodi-Mediacenter? Machen Sie Ihren Fernseher »smart«!

Wie im letzten Abschnitt schon kurz erwähnt, ist Kodi nicht bloß ein Programm zur Wiedergabe von Medien im Wohnzimmer auf dem Fernseher, sondern bietet auch interessante Funktionen zur Medienverwaltung. Ihre gesamte Mediensammlung wird in einer Bibliothek organisiert, die zum Beispiel nach verschiedenen Suchbegriffen und Schlagworten durchsucht werden kann. Ihre Sammlung an Spielfilmen wird etwa nach den verschiedenen Genres sortiert, und wenn Sie abends Lust auf eine Komödie haben, dann listet Ihnen das Programm auf Wunsch alle zu diesem Genre passenden Filme auf – Sie können ganz entspannt auswählen. Natürlich zeigt Kodi Ihnen auch eine Bewertung für die Filme an (auch als *Rating* bezeichnet), gemeint ist so etwas wie eine Schulnote, die die Qualität eines Films bewertet.

Denken Sie bloß nicht, dass Sie diese Informationen alle von Hand eingeben müssten. Nein, vielmehr lädt sich Kodi alle benötigten Daten selbstständig aus dem Internet. Das Mediacenter erkennt das jeweilige Medium am Dateinamen, lädt unter anderem Cover-Bilder, Inhaltsangaben, Schlagworte oder Fotos der Schauspieler herunter und ordnet alles in verschiedenen, hübsch anzusehenden Bildschirmansichten an. So kann die Mediensammlung grafisch aufbereitet durchforstet werden.

Da Kodi mit vielen verschiedenen Medienformaten umgehen kann, wird es zu einer zentralen Bibliothek und ermöglicht Ihnen den Zugriff auf Ihre gesamte Mediensammlung. So können Sie bequem Spielfilme wiedergeben, TV-Serien verfolgen, das laufende TV-Programm anschauen oder aufnehmen, bei Online-Streams mitfiebern, aber auch Musik und Podcasts hören oder Ihre Fotosammlung als Diashow anzeigen. Kodi integriert sich auf Wunsch in Ihre Heimkino- beziehungsweise Hi-Fi-/TV-Anlage und ersetzt mehrere klassische Geräte. Dabei vereint das Programm alle Funktionen unter einer gemeinsamen Oberfläche, sodass Sie als Nutzer nur noch ein Bedienkonzept erlernen müssen. Auf Wunsch lässt sich die Oberfläche sogar austauschen, denn das Programm unterstützt sogenannte *Skins*.

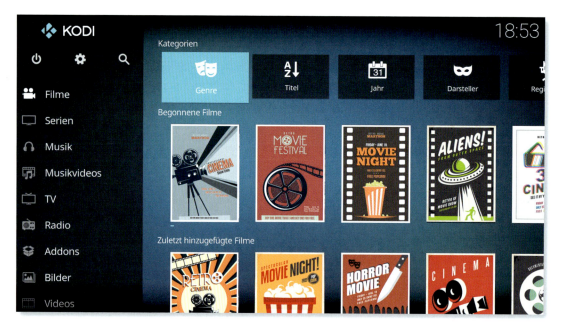

Bietet mit seiner aufgeräumten Oberfläche und zahlreichen Zusatzinformationen Zugriff auf viele verschiedene Medientypen: das Mediacenter Kodi.

Wenn Sie Kodi intensiver nutzen, dann werden Sie sich über eine Menge an »Komfortfunktionen« freuen. Das Mediacenter zeigt Ihnen zum Beispiel an, ob Sie einen Film oder eine Serienfolge bereits (teilweise) gesehen haben – Sie können die Sammlung sogar nach diesem Kriterium filtern. Haben Sie die Wiedergabe eines Videos an einer Stelle unterbrochen, dann speichert das Programm den Zeitindex, sodass Sie die Wiedergabe zu einem späteren Zeitpunkt nahtlos fortsetzen können. Möchten Sie das Mediacenter in mehreren Räumen (etwa im Wohnzimmer und im Schlafzimmer) nutzen, dann können Sie die verschiedenen Kodi-Geräte miteinander synchronisieren. So wird es zum Beispiel möglich, einen Film im Wohnzimmer zu beginnen und ihn später nahtlos im Schlafzimmer im Bett zu Ende zu schauen.

Insbesondere die Nutzung auf mehreren Geräten wird Ihnen Spaß machen, denn die Benutzeroberfläche ist selbst auf verschiedenen Gerätetypen genau gleich. Das Mediacenter sieht also auf dem Fernseher genauso aus wie auf dem Notebook oder dem Smartphone – auch die Bedienschritte sind (abgesehen von minimalen Anpassungen etwa für einen Touchscreen) exakt dieselben.

Außerdem hat das Open-Source-Konzept nicht zu verachtende Vorteile für das gute Gewissen: Da der Quellcode von Kodi frei verfügbar ist, kann man sich genau ansehen, welche Funktionen das Programm ausführt, und auf diese Weise Bedenken beim Datenschutz ausräumen.

Man kann also salopp zusammenfassen: Mit Kodi wird Ihr Fernseher schlau! Ein solches Gerät nennt man heutzutage gerne *Smart-TV*. Besitzen Sie noch kein Smart-TV, oder sind Sie von den Funktionen Ihres bisherigen Geräts eher enttäuscht? Dann werden Sie an Kodi bestimmt viel Freude haben!

Welche Medien spielt Kodi für Sie ab?

Kodi kann mit sehr vielen verschiedenen Medien umgehen. Um sich dem komplexen Thema zu nähern, unterscheidet man am besten zunächst nach Medieninhalten. Das Mediacenter kann Videoinhalte, Audioinhalte und (Stand)Bildinhalte wiedergeben. Diese Inhalte können ganz unterschiedlicher Natur sein: Zu den Videoinhalten zählen zum Beispiel Spielfilme, TV-Serien, aber auch Dokumentationen, Heimvideos oder Musikclips. Man kann auch Video-Streams und das laufende TV-Programm dazuzählen. Die Audioinhalte umfassen nicht nur Musikstücke, sondern auch Hörspiele oder Hörbücher. Dazu zählt nicht nur gekauftes, sondern auch selbst aufgenommenes Material. Damit ist die Liste keineswegs komplett; sie sollte Ihnen nur kurz verdeutlichen, welche Möglichkeiten es ganz allgemein gibt.

Viel interessanter ist die Frage, welche Medienformate Kodi nun genau unterstützt. Am flexibelsten ist sicherlich das Dateiformat, bei dem die Medieninhalte in Form einer digitalen (Computer-)Datei vorliegen. Dieses Format ist universell einsetzbar, denn Dateien lassen sich schnell auf zahlreiche Speichermedien kopieren, ohne dass es zu einem Qualitätsverlust kommt. Das Dateiformat ist sicherlich das am meisten genutzte Medienformat in Kodi. Daher verwundert es nicht, dass vom Programm auch viele verschiedene Dateitypen und Datenformate unterstützt werden. Kapitel 3,

»Welche Medien kann Kodi abspielen«, wird dies detailliert beschreiben. Wie bereits erwähnt, kann das Programm auch mit vielen verschiedenen Speichermedien umgehen und versteht sich blendend sowohl mit internen als auch externen Festplatten, USB-Sticks und Netzwerkspeichern. Über diese Speichergeräte erfahren Sie mehr in Kapitel 7, »Die Mediendateien vorbereiten«.

Das Mediacenter kann aber nicht nur direkt mit Computerdateien umgehen, sondern unterstützt auch klassische Medien wie etwa die Compact Disc, kurz CD, oder auch die DVD. Selbst für die Blu-ray-Disc wird eine (wenn auch nur rudimentäre) Unterstützung geboten. Voraussetzung für die Wiedergabe ist natürlich, dass das Kodi-Gerät über ein optisches Laufwerk verfügt, das diese Medien auslesen kann.

Wichtig für Kodi ist, dass die Mediendaten in kompatibler Form in einem digitalen Format vorliegen. Da heutzutage die Digitaltechnik nahezu überall Einzug gehalten und auch vor dem Fernseher nicht Halt gemacht hat, ist es folglich kein Problem, mit dem Programm auch Fernsehen zu schauen: Ein Empfangsgerät für den Computer stellt die Daten bereit, und das Mediacenter kann das Fernsehprogramm wiedergeben. Mehr über die Fernsehfunktion erfahren Sie in Kapitel 13, »Live-TV mit Kodi schauen«. Beim Fernsehen erreichen die wiederzugebenden Daten das Mediacenter als kontinuierlicher Datenstrom, der vom Empfangsgerät zum Beispiel über eine Fernsehantenne entgegengenommen wird. Einen Datenstrom erhalten Sie aber nicht nur über ein Fernsehempfangsgerät, er kann auch über das Internet übertragen werden. Die Wiedergabe so eines Datenstroms beherrscht das Mediacenter natürlich auch. Dabei spielt es keine Rolle, ob es sich um einen Live-Stream eines Fernsehanbieters beziehungsweise eines Videoportals handelt oder ob ein bereits komplett hinterlegtes Medium sozusagen »aus der Konserve« wiedergegeben wird. Selbstverständlich können Sie sich auch Internet-Radioprogramme und Podcasts anhören. Sie sehen schon, dass insbesondere diese Funktion ein sehr großes Anwendungsfeld öffnet. Um die Wiedergabe von Inhalten aus dem Internet geht es in Kapitel 12, »Add-ons und Onlineinhalte«.

Auf welchen Geräten arbeitet Kodi?

Zunächst einmal funktioniert Kodi natürlich auch auf klassischen Rechnern wie dem Desktop-PC oder dem Notebook. Das Mediacenter wird für verschiedene Betriebssysteme erstellt und kann direkt als installierbares Programm aus dem Internet heruntergeladen werden. So gibt es die Software in einer Version für Windows-PCs, Mac-Geräte und Linux-Rechner. Kodi steht wie ein ganz normales Programm zur Verfügung und lässt sich zum Beispiel auf einem Notebook auf Reisen nutzen. Die Installation auf klassischen Rechnern und die Vorteile dieser Installationsart können Sie sich detailliert in Kapitel 4, »Die Installation von Kodi auf Ihrer Hardware«, ansehen.

Ein Computer muss allerdings nicht stets in biederer Bauform daherkommen, sein Äußeres kann durchaus wohnzimmertauglich gestaltet werden. So gibt es Computergehäuse, die das Aussehen von klassischen Hi-Fi-Geräten nachahmen. Im Inneren befinden sich jedoch normale Computerkomponenten, und das Gerät verwendet ein normales Betriebssystem. Der Fernseher wird über den Monitoranschluss des Computers angeschlossen. Natürlich lässt sich auch eine Wiedergabeanlage für den Ton anschließen – so entsteht quasi schon ein kleines Heimkino. Man bezeichnet solche Geräte daher auch als Heimkino-PCs. Auch darauf kann Kodi problemlos ausgeführt werden. Fans solcher Anlagen wird es erfreuen, dass Kodi natürlich auch mit modernen Mehrkanaltonformaten umgehen kann. Wem traditionelle Hi-Fi-Geräte im Wohnzimmer zu groß sind, der wird sich freuen, dass normale Computer mittlerweile auch in miniaturisierter Form verfügbar sind. Es gibt Geräte mit den Maßen einer CD-Hülle, die sich unauffällig in das Wohnzimmer einfügen lassen. Spezielle Rechnertypen (Sie werden diese im Detail in Kapitel 2, »Die Hardware für Kodi«, kennenlernen) haben gar die Größe einer Zigarettenschachtel.

Das Mediencenter arbeitet auch auf Smartphones und Tablets, denn es ist als App für die mobilen Betriebssysteme – vorrangig Android und iOS – verfügbar und kann direkt aus dem Android Play Store oder Apples App Store kostenlos installiert werden. Auf diese Weise lässt sich Kodi auch mobil nutzen.

Kommen wir noch einmal zurück zu den computerähnlichen Geräten: Niemand sagt, dass etwa das Linux-Betriebssystem oder dessen Abkömmling Android (das basiert nämlich auf Linux) nur auf einem Computer ausgeführt werden kann, der sich leicht als solcher zu erkennen gibt – selbst wenn er ein Hi-Fi-Gerät imitiert. Ausgestattet mit der benötigten Computerhardware, läuft etwa Linux auch auf einem Satelliten-Receiver und macht dadurch die Nutzung von Kodi möglich. Neben einigen Satelliten-Receivern sind viele Mediaplayer am Markt verfügbar, bei denen der Hersteller den Betrieb von Kodi ermöglicht. Mediaplayer sind im Prinzip ebenfalls kleine Computer, die einzig auf die Wiedergabe von Medien ausgelegt wurden. Auf den meisten Geräten arbeitet zwar eine abgeschlossene Software des jeweiligen Herstellers mit einem ebenso abgeschlossenen Funktionsumfang ohne Erweiterungsmöglichkeit. Es gibt allerdings einige Geräte, die unter dem Betriebssystem Android arbeiten und sich nicht vor Erweiterungen verschließen. Durch die Möglichkeit, Android-Apps aus dem Play Store installieren zu können, hält auch Kodi Einzug auf den Geräten. Sie werden so eine Lösung im Abschnitt »Die Sorglos-Lösung: fertige Receiver und Mediaplayer« ab Seite 28 kennenlernen.

Zusammengefasst lässt sich sagen, dass Kodi, das ein in sich abgeschlossenes Programm ist, sehr universell auf vielen verschiedenen Geräten und unter diversen Betriebssystemen eingesetzt werden kann.

Kodi lässt sich sehr variabel einsetzen. Es kann neben anderen Programmen auf einem vorhandenen Computer betrieben werden. Möglich ist auch die Nutzung als »Hauptprogramm« auf einem spezialisierten System. Beide Varianten haben ihre Vorteile. Ein bestehender Desktop-PC mit Kodi als zusätzlichem Programm bleibt universell nutzbar und lässt sich auch weiterhin etwa für Office-Arbeiten verwenden. Wird der Computer häufig zur Medienwiedergabe genutzt, dann zeigen sich aber auch Nachteile: Ein großes System benötigt mitunter lange zum Starten, und oftmals arbeiten zahlreiche Dienste und Programme im Hintergrund, die bei der Medienwiedergabe mit plötzlich im Bild aufleuchtenden Meldungen über Updates nerven.

Da diese Nachteile nicht nur Arbeitsrechner betreffen, sondern auch für Heimkino-PCs unter großen Betriebssystemen gelten, haben sich Entwicklergruppen gefunden, die alternative Konzepte verfolgen. Entstanden sind auf Linux basierende Betriebssysteme, die darauf ausgelegt sind, eine optimale Umgebung für Kodi zu bieten. Das Mediacenter bleibt nach wie vor ein eigenes Programm, es wird aber quasi zum »Hauptprogramm« und direkt beim Systemstart ausgeführt. Ein Rechner unter einem solchen System zeigt also gleich nach dem kurzen Systemstart die Oberfläche des Mediacenters an. Das eigentliche Betriebssystem versteckt sich vor dem Endnutzer und nervt auch nicht mit Pop-up-Meldungen. Stattdessen arbeitet es unauffällig im Hintergrund, ohne dass der Nutzer überhaupt etwas von ihm mitbekommt. Auch die Installation ist möglichst einfach gestaltet, sodass auch Einsteiger und weniger computeraffine Naturen auf direktem Wege möglichst schnell zu einem funktionierenden Kodi-System kommen.

Verschiedene Varianten solcher Systeme unterscheiden sich im Funktionsumfang des darunterliegenden Betriebssystems. Es gibt minimale Systeme mit nur wenigen Funktionen, die sich nur um Kodi kümmern. Andere Varianten sind wesentlich variabler und lassen auch die Installation weiterer Programme und Dienste zu, damit eignen sie sich ebenfalls für fortgeschrittene Nutzer mit eigenen Wünschen. Diese Systeme behandelt Kapitel 4, »Die Installation von Kodi auf Ihrer Hardware«, im Detail.

> **ACHTUNG**
>
> **Kodi läuft nicht direkt auf dem Fernseher**
>
> Kodi wird im Regelfall nicht direkt auf dem Fernseher ausgeführt, sondern nur darauf angezeigt, aber auf einem anderen Gerät ausgeführt. Sie benötigen für Kodi also explizit *kein* Smart-TV, sondern nur ein »normales« TV-Gerät mit einem Videoeingang für ein Kodi-Gerät. Selbst wenn Sie bereits ein Smart-TV besitzen, können Sie (üblicherweise) direkt auf dem Gerät Kodi nicht installieren, sondern müssen ebenfalls auf ein externes Gerät als Zuspieler zurückgreifen. Einige wenige Geräte erlauben zwar die Installation von Kodi, allerdings überzeugt die Nutzung aufgrund diverser Einschränkungen häufig leider nicht.

Was benötigen Sie für ein gutes Kodi-Erlebnis?

Um Kodi nur erst einmal kennenzulernen, sind kaum Investitionen nötig. Da das Mediacenter als normales Programm kostenlos für die bekannten Systeme verfügbar ist, können Sie es zunächst auf einem normalen Desktop-PC, einem Notebook oder auch einem Tablet beziehungsweise Smartphone installieren und ausprobieren.

Die Luxusausstattung mit großem Fernseher, Lautsprechern und sonstigem Zubehör macht zwar Spaß, ist für den Einstieg aber nicht nötig (Quelle: Shutterstock, © Vlad Kochelaevskij).

Natürlich machen das Filmeschauen im Wohnzimmer auf einem großen Fernseher, womöglich sogar einem Beamer mit Leinwand, oder das Musikhören über die Hi-Fi-Anlage mehr Spaß. Möchten Sie Kodi also im Wohnzimmer nutzen, dann können Sie zum Ausprobieren auch erst einmal ein Notebook oder einen Desktop-Rechner über die HDMI-Verbindung an den Fernseher oder den Heimkino-Receiver anschließen. Der Einsatz eines Desktop-PCs im Wohnzimmer ist aber keine Dauerlösung, denn er ist weder optisch ansprechend noch (dank der eingebauten Lüfter) akustisch unauffällig. Für die dauerhafte Nutzung im Wohnzimmer sollten Sie sich besser ein spezialisiertes Gerät anschaffen. Kapitel 2, »Die Hardware für Kodi«, wird zeigen, dass Sie so etwas schon für etwa 60 € realisieren können.

Für ein gutes Kodi-Erlebnis sollten Sie natürlich einen schönen großen Fernseher besitzen. Für die hochwertige Tonwiedergabe ist eine ebensolche Wiedergabeanlage erforderlich.

> **INFO**
>
> **Muss ich etwa Computerexperte sein?**
>
> Nein, keineswegs. Zwar arbeitet Kodi auf einem Computer, versucht aber, nicht wie ein kompliziertes Computerprogramm zu wirken. Die Bedienung ist sehr leicht zu erlernen, denn die verwendeten Begriffe sind überwiegend alltagsnah. Auch als absoluter Einsteiger brauchen Sie keine Angst vor einer komplizierten Bedienung zu haben.

Das Mediacenter muss natürlich auch bedient werden. Zwar ist die Bedienung über eine Computertastatur und eine Maus möglich, aber nicht sonderlich angenehm. Je nach verwendetem Gerät lässt sich das Programm sogar ohne Zusatzgeräte über die Fernbedienung des Fernsehers steuern. Meistens ist jedoch die Anschaffung einer eigenen Fernbedienung nötig, wofür rund 20 € fällig werden. Mehr dazu erfahren Sie in Kapitel 5, »Kodi und die Fernbedienung«. Je nach genutzter Funktion sind in Kodi auch Texteingaben erforderlich, etwa bei Suchaufgaben in Internetangeboten. Kodi bietet zwar eine Bildschirmtastatur, aber eine kleine und günstige wohnzimmertaugliche Mini-Tastatur bietet Vorteile. Diese Geräte steigern zwar deutlich den Komfort, sind aber zum ersten Kennenlernen sicherlich nicht zwingend nötig.

Kodi macht natürlich nur wenig Sinn, wenn es keine Medien gibt, die es wiedergeben kann. Zwar lassen sich die Medien auch über den Fernsehempfang oder über Internetfunktionen bereitstellen, aber das volle Potenzial erschließt sich erst, wenn Sie zu Hause bereits über eine Mediensammlung verfügen. Am komfortabelsten nutzen Sie das Mediacenter, wenn die einzelnen Medien in Dateiform vorliegen, denn der der Zugriff auf eine Datei ist wesentlich komfortabler als das Einlegen von DVDs. Wie Sie später sehen werden, können Sie Ihre Mediensammlung durchaus auf der Festplatte des Kodi-Geräts abspeichern. Wenn Sie Ihre Sammlung hingegen über das Heimnetzwerk zentral zur Verfügung stellen, können Sie sogar von mehreren Geräten aus darauf zugreifen. In diesem Fall benötigen Sie eine entsprechende Netzwerkkomponente, die die benötigten Dateifreigaben bereitstellt, etwa ein *NAS-Gerät* oder einen Heimserver.

> **INFO**
>
> **Was ist denn ein NAS-Gerät?**
>
> Der Ausdruck *NAS* steht für *Network Attached Storage* und bezeichnet sinngemäß Speicherplatz, der an ein Netzwerk angeschlossen ist. Ein NAS-Gerät beinhaltet folglich Speichermedien (meist in Form einer Festplatte, seltener werden auch SSDs eingesetzt). Auf den Speicherplatz kann man mit allen Geräten zugreifen, die mit dem Netzwerk verbunden sind. Die Daten lassen sich mit Passwörtern vor unerwünschtem Zugriff schützen. NAS-Geräte beinhalten darüber hinaus fast immer Zusatzfunktionen wie einen zentralen Kalender oder die Möglichkeit, den Datenbestand auf mehreren Geräten synchron zu halten. Auf Wunsch können Sie mit vielen Geräten über eine verschlüsselte Verbindung auch über das Internet auf die eigenen Dateien zugreifen.

Kapitel 2
Die Hardware für Kodi

Nachdem Sie jetzt darüber Bescheid wissen, was Kodi eigentlich genau ist, soll Ihnen dieses Kapitel zeigen, auf welchen Geräten Sie Kodi verwenden können.

Über welche Hardware sollte ich verfügen?

Wie Sie aus Kapitel 1, »Das Kodi-Mediacenter stellt sich vor«, schon wissen, ist Kodi sehr universell einsetzbar und arbeitet unter verschiedenen Betriebssystemen und auf diversen Geräten – angefangen beim Kleinstrechner über normale PCs, Heimkino-PCs, geeignete Satelliten-Receiver und Mediaplayer bis hin zum Smartphone und Tablet. Nicht nur der Einsatzbereich, sondern auch die Nutzergruppe kann sehr unterschiedlich sein: So mancher hat vielleicht schon Erfahrung im Umgang mit Medien am Computer und deren Betrachtung am Fernseher. Er sucht jetzt nach einem richtig guten Mediacenter, das die Verwaltung und Wiedergabe komfortabler gestaltet. Für andere ist dieses Thema hingegen noch Neuland. Sie besitzen zwar schon eine Mediensammlung, haben diese aber bisher nur mit den Bordmitteln am Desktop-Computer betrachtet. Eine weitere Zielgruppe nutzt vielleicht bisher einen kommerziellen Mediaplayer und ist mit dessen beschränktem Funktionsumfang unzufrieden, sodass der Wunsch nach einem offenen Mediacenter aufkommt. Diese Liste ließe sich noch lange fortsetzen.

Da es so viele verschiedene Varianten gibt, soll dieses Kapitel mehrere Möglichkeiten zur Nutzung von Kodi aufzeigen. Aus diesen Möglichkeiten können Sie sich die für Sie geeignete heraussuchen. Los geht es mit einer einfachen Lösung für Einsteiger. Quasi am Ende der Fahnenstange findet sich ein kompletter Heimkino-PC. Zusätzlich stelle ich Ihnen einige weitere Alternativen vor, die vor allem Ihre Flexibilität erhöhen.

Grundsätzlich möchte ich noch einmal betonen, dass Sie Kodi bereits an einem vorhandenen Desktop-Computer, Notebook, Smartphone oder Tablet einsetzen können. Dabei handelt es sich schon um »vollwertige Wiedergabegeräte«. Sie bringen neben der benötigten Rechnerhardware einen Bildschirm, Lautsprecher und Bediengeräte mit – allerdings gibt es für die hochwertige Medienwiedergabe bessere Lösungen.

Möchten Sie Kodi aber »standesgemäß« im Wohnzimmer genießen, dann ist natürlich etwas mehr Aufwand nötig. Neben der Rechnerhardware benötigen Sie logischerweise auch ein Fernsehgerät. Prinzipiell ist jeder Fernseher geeignet, Sie können also einfach das vorhandene Gerät weiter nutzen. Falls Sie die Anschaffung eines neuen Fernsehers planen, werfen Sie doch einen Blick in das Bonuskapitel zum Buch: Dort habe ich weiterführende Informationen für Sie zusammengestellt. Auch zur Tonwiedergabe finden Sie nützliche Hinweise und Tipps. Das Zusatzkapitel können Sie auf der Seite des Rheinwerk Verlags herunterladen: *www.rheinwerk-verlag.de/4408*. Dort finden Sie am Ende einen Kasten **Materialien zum Buch**. Mit dem Thema Bedienung (zum Beispiel über eine Fernbedienung) befasst sich Kapitel 5, »Kodi und die Fernbedienung«.

Viel mehr ist (außer natürlich den Medien und vielleicht einem Kalt- oder Heißgetränk sowie einer Schüssel Popcorn) gar nicht nötig. Beginnen wir also zunächst mit der Hardware für Kodi und einer Lösung für Einsteiger.

Die Sorglos-Lösung: fertige Receiver und Mediaplayer

Ich beginne mit einer Fertiglösung in Form eines kompletten Geräts, das aus dem Stand heraus gleich die benötigte Hardware mitsamt der zugehörigen Software mitbringt. Ein solches Gerät kann direkt nach dem Anschließen und einer kurzen Einrichtung sofort verwendet werden, Kodi steht ohne komplexe Installation zur Verfügung. Diese Geräteklasse eignet sich für Einsteiger, die (derzeit noch) über geringe Kenntnisse über den Umgang mit dem Computer und seine Einrichtung verfügen. Als Plug-and-play-Lösung richtet sie sich auch an Personen, die ohne Bastelaufwand zügig ans Ziel kommen möchten.

Besonders interessant sind für diese Zielgruppen Mediaplayer-Geräte, die unter dem Betriebssystem Android arbeiten. Für dieses Betriebssystem, das vielen vom Smartphone oder dem Tablet bekannt ist, gibt es Kodi als App, die den kompletten Funktionsumfang bietet. Auf einigen Geräten ist sie bereits vorinstalliert und kann direkt nach dem Auspacken eingesetzt werden. Unter Android gibt es darüber hinaus zahlreiche Apps für Streaming-Dienste wie Netflix, Spotify oder Amazon Prime. Diese Dienste können gegenwärtig noch nicht direkt in Kodi genutzt werden, sie lassen sich aber über eigenständige Apps ganz einfach parallel neben einer Kodi-Installation verwenden und können bei vielen Geräten sogar ganz bequem direkt aus Kodi heraus aufgerufen werden.

Noch universeller sind Geräte, in denen auch noch ein TV-Tuner eingebaut ist. Dann wird aus dem Mediaplayer ein vollwertiger TV-/Sat-Receiver. Mit so einer allumfassenden Lösung lassen sich gleich mehrere Funktionen einrichten: Das Gerät dient dem normalen TV-Empfang über DVB-T(2), -C, oder S(2), es kann auf einem Speichermedium Sendungen aufzeichnen, es ermöglicht die Nutzung von Kodi und bietet für die Wiedergabe der Inhalte von Streaming-Diensten den Zugriff auf die entsprechenden Apps.

Für den Anfänger besonders praktisch: vollwertige TV-/Sat-Receiver, die unter Android arbeiten und die Installation von Kodi gestatten (Quelle: Shutterstock, © oksana 2010).

Von der angesprochenen Geräteklasse gibt es mehrere Geräte von verschiedenen Herstellern. Eine Suche im Internet findet rasch diverse Modelle. Ein vielversprechendes Receiver-Gerät, das derzeit recht beliebt ist und viele positive Bewertungen erhält, ist das Modell *Play2* des Herstellers *Wetek*. Dieses Gerät ist für rund 150 € bei diversen Händlern im Internet erhältlich. Es vereint die Nutzung des Android-Betriebssystems mit einem Tuner für Fernsehsignale. Es sind zwei verschiedene Modelle verfügbar. Das eine bietet einen kombinierten DVB-C/-T2-Tuner für den Empfang via Antenne oder Kabel, das andere einen Tuner für den Satellitenempfang via DVB-S(2). So ist für jede Empfangsmöglichkeit ein Empfänger verfügbar. In diesem Gerät befindet sich im Hauptmenü direkt eine Schaltfläche für Kodi. Das Mediacenter kann auf diese Weise komfortabel (ohne vorherige Installation) per Fernbedienung aufgerufen werden.

Über eine Menüfunktion lassen sich weitere Apps für Streaming-Dienste installieren – dazu gehört natürlich ebenfalls eine App für das Videoportal YouTube. Solche Apps können Sie entweder aus dem Hauptmenü oder aus Kodi heraus aufrufen. Wenn Sie also neben Kodi (möglichst unkompliziert) Streaming-Dienste nutzen wollen, dann ist dieses Gerät wie für Sie gemacht. Das Wetek-Gerät ermöglicht über einen HDMI-Anschluss der Version 2.0 und über entsprechend leistungsfähige Hardware außerdem die Wiedergabe von 4K-Videomaterial mit bis zu 60 Bildern pro Sekunde. Ebenso lässt sich Material mit einer Farbtiefe von 10 Bit abspielen, selbst der moderne HEVC-Codec wird bereits unterstützt. Computeraffine Naturen erhalten darüber hinaus eine kleine Spielwiese und können den Betrieb unter dem alternativen Betriebssystem LibreELEC (mehr dazu in Kapitel 4, »Die Installation von Kodi auf Ihrer Hardware«) ausprobieren. Das Gerät bietet jedoch kein optisches Laufwerk, das heißt, es lassen sich weder DVDs noch Blu-ray-Discs wiedergeben.

Wer keine Receiver-Funktionen braucht, sondern nur einen Mediaplayer mit Kodi sucht, der kann sich zum Beispiel auch das Gerät *Orbsmart S84* ansehen, das für knapp 100 € erhältlich ist und ebenfalls gute Bewertungen erhält. Allgemein gilt jedoch, dass der Markt an Android-Medienplayern sehr kurzlebig ist. Von diversen Herstellern (die selbst Technikfreaks eher unbekannt sind) erscheinen laufend neue Geräte, die nach kurzer Zeit wieder verschwinden. Daher sieht es auch mit Updates oftmals eher schlecht aus, es sei denn, die Geräte verlassen sich auf ein unmodifiziertes Android-

System, für das Google selbst Updates liefert. Um auf der sicheren Seite zu sein, halten Sie sich also am besten an einen renommierten Hersteller, der regelmäßig Updates veröffentlicht.

> **INFO**
>
> **Was wären denn Alternativen?**
>
> Neben den vorgestellten Geräten gibt es zahllose Alternativen. Benötigen Sie einen größeren Funktionsumfang und eine noch höhere Flexibilität, dann sind für Sie vielleicht die *VU+*-Satelliten-Receiver mit offenem Linux-Betriebssystem interessant. Für eine umfassende Nutzung müssen Sie sich jedoch bereits etwas intensiver mit der Einrichtung und der Installation von Software befassen. Wenn Sie an Spielfunktionen interessiert sind und der TV-Empfang für Sie keine Rolle spielt, dann ist das deutlich teurere *NvidiaShield*-Gerät des Herstellers *Nvidia* eventuell eine Alternative für Sie, bei der die Installation von Kodi jedoch sehr komplex und nichts für Einsteiger ist – Anleitungen finden Sie jedoch rasch im Internet.

Für all diejenigen, die kein Android-basiertes Gerät nutzen möchten, sondern lieber eine »richtige« Computerlösung wünschen, sind die folgenden Abschnitte gedacht.

Die Einstiegsklasse: ein Raspberry Pi

Das Feld der Computergeräte beginnt mit der Einstiegsklasse für den Anfänger, der zum ersten Mal ein Mediacenter auf einem eigenen Gerät ausprobieren möchte und dafür keine Unsummen ausgeben will. Die hier vorgestellte Hardware eignet sich ebenfalls bestens für Gelegenheitsnutzer. Auch als Zweitgerät im Schlafzimmer macht diese Lösung eine gute Figur. Die Rede ist vom bekannten Raspberry Pi, einem vollwertigen und sehr günstigen Computer in der Größe einer Scheckkarte. Es handelt sich um einen sogenannten Einplatinencomputer, bei dem (fast) alle erforderlichen Komponenten bereits auf der Hauptplatine integriert sind.

Kapitel 2 – Die Hardware für Kodi

> **INFO**
>
> **Warum wurde der Raspberry Pi entwickelt?**
>
> Entwickelt wurde dieser Computer von der britischen Raspberry Pi Foundation, einer gemeinnützigen Gesellschaft. Er dient eigentlich dazu, junge (und technisch interessierte) Menschen mit der Computerwelt vertraut zu machen. Vor allem sollen diese mit dem kleinen Computer das Programmieren erlernen und eigene Lösungen basteln können. Dafür bietet der Raspberry Pi eine Vielzahl von Schnittstellen, mit denen LEDs zum Blinken oder Roboter zum Navigieren gebracht werden können.

Da der Raspberry Pi ein vollwertiger Computer ist, können damit auch »gewöhnliche« Computeraufgaben ausgeführt werden, dazu zählt auch der Betrieb von Kodi. Trotz seines günstigen Preises von gerade einmal rund 40 € bietet er eine so hohe Rechenleistung, dass sich Kodi problemlos bedienen lässt und Filme ruckelfrei wiedergegeben werden können. Da der Computer schon an sich komplett ist, ist kein Bastel- und Konfigurationsaufwand nötig. Na ja – fast keiner. Man kauft den Raspberry Pi als »nackte« Platine, die zwar vollintegriert ist, aber noch kein Gehäuse besitzt. Der Handel bietet eine Vielzahl von unterschiedlichen Gehäusevarianten, von denen eine bestimmt auch sehr gut mit Ihrer Wohnzimmereinrichtung harmoniert. Je nach verwendetem Material (es gibt auch Alu- und sogar Holzgehäuse) müssen Sie mit Preisen zwischen 5 und 30 € rechnen. Sowohl den Raspberry Pi als auch die passenden Gehäuse finden Sie bei großen Auktionshäusern, bekannten Internethändlern, Bastler-

Ein vollwertiger Computer auf nur einer kleinen Platine: der Raspberry Pi.

Die Einstiegsklasse: ein Raspberry Pi

läden und lokalen Elektronikhändlern. Der Einbau in das Gehäuse ist kinderleicht. Für den Betrieb benötigen Sie außerdem noch ein Netzteil. Hier genügt ein Steckernetzteil mit einem microUSB-Anschluss, wie Sie es vom Smartphone kennen. Für einen stabilen Betrieb sollte es fortlaufend einen Strom von mindestens 2,0 A liefern können – diese Information ist bei einem Netzteilangebot meist schon im Titel angegeben. Damit Sie lange Spaß an Ihrem Gerät haben, wählen Sie bitte ein gutes Markengerät und meiden billige Angebote von zweifelhafter Herkunft. Preiswerte No-Name-Geräte nehmen es mit der Sicherheit oft nicht so genau, teilweise findet man sogar Produktfälschungen. Rechnen Sie für ein ordentliches Gerät mit einem Preis von etwa 15 €.

Als Letztes ist noch eine mircoSD-Speicherkarte nötig, auf der das Betriebssystem für den Raspberry Pi gespeichert wird. Auch Kodi wird als Programm darauf gespeichert. Zur Installation genügen bereits grundlegende Computerkenntnisse. Wählen Sie eine Speicherkarte mit einer Kapazität von mindestens 8 Gigabyte. Viel mehr ist nicht nötig, schadet aber auch nicht. Ihre gesamte Mediensammlung werden Sie aufgrund der geringen Speicherkapazität aber nicht auf dieser Speicherkarte ablegen können, dafür benötigen Sie größere Speichermedien, etwa eine externe Festplatte oder ein NAS-Gerät. Darum wird es in Kapitel 7, »Die Mediendateien vorbereiten«, gehen.

Für den Preis von etwa 65 € erhalten Sie in der Summe also einen sehr kleinen, aber recht leistungsfähigen (und sparsamen) Computer. Je nach Nutzungsverhalten reicht dieser für Kodi bereits aus. Im Folgenden habe ich Ihnen seine Vor- und Nachteile aufgelistet, sodass Sie entscheiden können, ob sich das Gerät für Sie eignet. Wenn Sie sich für den Pi entschieden haben, finden Sie am Ende des Abschnitts eine Einkaufsliste.

In einem schlichten Gehäuse eingebaut lässt sich der Raspberry Pi überall unauffällig unterbringen.

> **INFO** — **Ja, läuft denn da auch Windows?**
>
> Nein. Auf dem Raspberry Pi läuft kein Windows mit einer grafischen Oberfläche, wie Sie es vom Desktop-PC her kennen. Stattdessen verwendet dieser Computer ein Linux-Betriebssystem. Davor braucht aber niemand Angst zu haben. Es gibt auch für diesen Rechner Versionen dieses Systems, die direkt ohne Umwege Kodi starten. Vom eigentlichen Betriebssystem bekommt der Anwender überhaupt nichts mit. Sie landen direkt in Kodi und können das Mediacenter problemlos verwenden.

Vorteilhaft ist sicherlich der konkurrenzlos günstige Preis. Aufgrund seiner geringen Größe lässt sich der Rechner unauffällig im Wohnzimmer unterbringen und kann sogar problemlos hinter dem Fernseher oder in einem Schrank versteckt werden. Das ist auch möglich, weil er die HDMI-CEC-Funktion bietet. Darüber lässt sich der Pi (er soll einmal so abgekürzt werden) elegant mit der Fernbedienung des Fernsehers bedienen. Die Fernbedienung richten Sie dabei auf das Fernsehgerät – die Kommunikation läuft über das HDMI-Kabel, mit dem der Raspberry Pi an den Fernseher angeschlossen ist. Der Pi arbeitet komplett lautlos – Freunde ruhiger Umgebungen werden dies sehr zu schätzen wissen. Sein Stromverbrauch ist so gering, dass selbst ein kontinuierlicher Dauerbetrieb nur zu Stromkosten von rund 5 € führt – und zwar pro Jahr.

Der Pi bietet eine Netzwerkschnittstelle für Kabelverbindungen. Diese ist zwar auf eine Geschwindigkeit von 100 MBit/s begrenzt, bietet aber dennoch für übliche Filmdateien (die der Pi abspielen kann) ausreichend Reserven, sodass es kaum zu Problemen kommen wird. Lediglich wenn Sie über die Netzwerkverbindung eine an den Pi über USB angeschlossene Festplatte mit neuen Filmdaten füllen, werden Sie einen entsprechenden Zeitbedarf einplanen müssen. Der Pi bietet (in der aktuellen und zu bevorzugenden Version 3) zusätzlich auch einen eingebauten WLAN-Adapter. Befindet sich der WLAN-Router nahe am Pi, dann kann diese Verbindung gleich für den Zugriff auf ein NAS-Gerät genutzt werden, auf dem sich (alternativ zur externen Festplatte) die Mediensammlung befindet. Die Leistung des

Adapters ist allerdings beschränkt, in entfernten Nachbarzimmern reicht die Datenrate oftmals nicht mehr aus, die Wiedergabe beginnt zu stocken. Nutzen Sie also lieber die Kabelverbindung. Der Raspberry Pi kann darüber hinaus eine Vielzahl von Medien abspielen, dazu zählen fast alle gegenwärtig benutzten Formate. Problemlos funktionieren zum Beispiel Filme in voller HD-Auflösung, die mit dem Videocodec *AVC* (dem *Advanced Video Codec*, auch als h.264 bekannt) komprimiert wurden. Oftmals haben diese Filme die Dateiendung *.mp4*, man findet sie auch mit der Endung *.mkv*. Leider kann der Pi jedoch nicht alle Formate abspielen. Damit sind wir bei den Nachteilen angelangt.

Zur Wiedergabe von Videodateien mit einer 4K-Auflösung reicht die Rechenleistung des Pi leider nicht aus. Auch seine Grafikkarte unterstützt diese Auflösung nicht. Der Pi ist nur für Full-HD-Material geeignet, wenn Sie auch 4K-Filme schauen möchten, dann scheidet der Pi für Sie aus. Ebenso wenig versteht sich der kleine Computer im Videobereich mit der besonders hohen Farbauflösung von 10 Bit – dem sogenannten *HDR-Material*, das gerade so langsam im High-End-Bereich an Bedeutung gewinnt. Es gibt auch leider (noch) keine vollständige Hardwarebeschleunigung für die Wiedergabe von modernem HEVC-codiertem Material (der Codec ist auch als h.265 bekannt). Die Wiedergabe belastet den Prozessor stark, Full-HD-Material mit diesem Codec kann oftmals nicht ruckelfrei wiedergegeben werden, und DVB-T2-Inhalte lassen sich auch nicht abspielen. Der Raspberry Pi hat kein optisches Laufwerk – es lassen sich also keine DVDs oder Blu-ray-Discs abspielen. Wenn dies unbedingt erforderlich ist, dann müssen Sie ein externes Laufwerk verwenden, wie es für Notebooks angeboten wird. Das erhöht aber die Kosten und führt dazu, dass ein weiteres Gerät im Wohnzimmer herumsteht.

Der Pi kann zwar wunderbar auch Mehrkanaltonsignale in den üblichen Formaten ausgeben, dies aber nur über die HDMI-Schnittstelle. Der Anschluss an den Heimkino-Receiver ist überhaupt kein Problem – solange ein einzelner HDMI-Ausgang genügt. Der Pi bietet nämlich keinen separaten digitalen Audioausgang. Dieser lässt sich nur in Form einer Zusatzkarte (für rund 30 €) nachrüsten, dafür sind jedoch erweiterte PC-Kenntnisse erforderlich, die ein Einsteiger normalerweise nicht mitbringt. Außerdem muss noch erwähnt werden, dass der kleine Computer keinen eingebauten Fernbedienungsempfänger hat. Er lässt sich zwar über HDMI-CEC fernbedienen, kann aber nicht mit einer eigenen Fernbedienung umgehen. Dafür ist Zusatzhardware nötig, die (ohne komplizierte Installation) mit einem der USB-Anschlüsse verbunden wird. Die vier USB-Anschlüsse entsprechen der USB-2.0-Norm. Man kann zwar problemlos externe Festplatten anschließen, gigantische Datentransferraten sind aber nicht zu erwarten. Nicht zuletzt ist natürlich die Arbeitsgeschwindigkeit begrenzt. Zwar ist die Bedienung von Kodi durchaus flüssig und die Navigation gelingt flott und angenehm, aber bei komplexen Manövern kann es schon einmal zu einer kurzen Wartezeit kommen. Das ist etwa dann der Fall, wenn umfangreiche Wiedergabelisten aus einer Mediathek im Internet geladen werden sollen. Performance-Freaks kommen also nicht auf ihre Kosten.

> **INFO**
>
> **MPEG 2 kostet extra!**
>
> Neben einem Hardwaredecoder (für die flüssige Wiedergabe) für das AVC-Format bietet der Pi auch einen solchen für das ältere MPEG2-Format. Dessen Aktivierung kostet jedoch extra – und zwar knappe 3 €. Der moderne Pi 3 kommt häufig auch ohne den Hardwaredecoder aus, er ist schnell genug, um auch MPEG2-Videos in Full HD in Software dekodieren zu können, ohne dass es zu Rucklern kommt. Ältere Modelle schaffen das jedoch nicht, insbesondere nicht bei komplexen Videos. Wenn es bei der Wiedergabe ruckelt, dann sollten Sie über die Freischaltung nachdenken. Erwerben können Sie die Aktivierung im Internet auf der Seite *www.raspberrypi.com/license-keys*. Sie ist natürlich nur nötig, wenn Sie in Ihrer Filmsammlung auch noch älteres MPEG2-kodiertes Material haben. Beachten Sie auch, dass ältere DVB-Standards wie DVB-T (in Version 1) ebenfalls noch auf MPEG2 setzen. Sie erhalten eine Lizenznummer, die Sie im Konfigurationsdialog des Kodi-Systems eintragen müssen.

Sollte einer der Negativpunkte für Sie ein Ausschlusskriterium sein, dann müssen Sie leider auf den Raspberry Pi verzichten. Allen anderen sei der kleine Rechner aber bedenkenlos empfohlen – Sie werden es kaum bereuen.

Selbst wenn Sie eines Tages auf eine leistungsfähigere Lösung umsteigen wollen, können Sie mit dem Pi noch eine Menge anderer Projekte realisieren.

Zusammengefasst benötigen Sie:

- einen Raspberry Pi, Modell 3B (etwa 40 €)
- ein Gehäuse für den Pi (zwischen 5 und 30 €, je nach Typ)
- ein Netzteil mit Micro-USB-Anschluss, 5 V, mindestens 2 A (ca. 15 €)
- eine microSD-Speicherkarte mit mindestens 8 GB Kapazität sowie einen passenden Speicherkartenleser an einem PC (ca. 10 €)
- ein HDMI-Kabel zum Anschluss an den Fernseher (je nach Länge ca. 10 €, die mittlere Qualitätsklasse genügt vollkommen)

> **TIPP**
>
> **Ich habe da noch einen alten Pi …**
>
> Natürlich müssen Sie sich keinen neuen Pi kaufen. Kodi läuft auch auf einem älteren Pi der Version 2 oder sogar 1. Selbst auf einem Pi Zero (der kostet nur etwa 5 €) lässt Sie Kodi nicht im Stich. Während der Pi 2 noch eine ausreichend schnelle Arbeitsgeschwindigkeit bietet, müssen Sie beim Pi 1 jedoch bereits deutliche Abstriche machen. Hier kommt es schon einmal zu Verzögerungen bei der Bedienung. Sehr alte Modelle mit einem Hauptspeicher von 256 MB sollten Sie nicht verwenden. Die höchste Geschwindigkeit bietet auf jeden Fall die aktuelle Version 3.

Die Mittelklasse: ein Intel NUC-PC

Als Nächstes folgt die Mittelklasse, die sich für den alltäglichen Gebrauch im Wohnzimmer eignet. Sie ist sozusagen eine Vorstufe zum ausgewachsenen Heimkino-PC. In diesem Abschnitt stelle ich Ihnen äußerst kompakte PC-Systeme mit einer Kantenlänge von 12 cm vor. Es handelt sich dabei um kostengünstige, aber komplette und vollständige Computersysteme, die (fast) alle Funktionen eines Desktop-Computers bieten. Auf diesen Systemen arbeitet auf Wunsch auch ein Windows-Betriebssystem, aber dazu gleich mehr. Möglich macht diese kleine Computerform ein noch relativ junger Mainboard-Standard mit Abmessungen von nur 10 cm × 10 cm. Auf dem Mainboard ist der Prozessor fest aufgelötet und kann nicht getauscht werden. Zum Einsatz kommen gewöhnliche Prozessoren des Herstellers *Intel*. Verwendet werden meistens stromsparende Notebook- beziehungsweise Ultrabook-Prozessoren, die nur wenig Abwärme erzeugen. Diese Prozessoren bieten genug Leistung für einen reibungslosen Betrieb von Kodi.

Auf dem Mainboard befinden sich wie beim klassischen Desktop-PC Steckplätze für den Arbeitsspeicher (verwendet wird Notebook-Speicher). Zusätzlich können eine Festplatte und häufig auch noch eine SSD (als Steckkarte) installiert werden. Bekannte Vertreter dieser Gruppe sind die *NUC*-PCs von Intel. *NUC* steht für *Next Generation of Computing*. Diese Gerätekategorie ist schon seit einigen Jahren auf dem Markt und wird stetig weiterentwickelt. Sie erfreut sich bei Kodi-Benutzern großer Beliebtheit. Ich möchte Ihnen in diesem Abschnitt zwei NUC-Geräte vorstellen, die für eine Kodi-Nutzung sehr interessant sind und preislich in einem akzeptablen Rahmen bleiben.

Erst seit etwa Anfang des Jahres 2017 auf dem Markt ist die 230 € teure NUC-Version *NUC6CAYS*. Sie bietet einen Intel-*Celeron-J3455*-Prozessor (mit einer Taktfrequenz von maximal 2,3 GHz), der für Kodi auf jeden Fall ausreichend schnell ist und dabei sehr stromsparend arbeitet. Das Gerät ist eine sogenannte Kit-Version, bei der (fast) alle wichtigen Komponenten schon im Gerät eingebaut sind. Dazu zählt auch der Arbeitsspeicher mit einer Größe von 2 Gigabyte. Außerdem bietet das Gerät einen eingebauten Datenspeicher in Form eines 32 Gigabyte großen eMMC-Moduls, das ähnlich wie eine SSD funktioniert. Darauf befindet sich bereits eine Installation von Windows 10. Damit eignet sich dieses Gerät also bestens für jemanden, der möglichst unkompliziert Kodi nutzen und dabei vor so viel PC-Bastelei und -Frickelei wie möglich verschont bleiben möchte. Wer seine Mediensammlung auf einer externen USB-Festplatte, einem NAS-Gerät oder einem Heimserver abspeichern möchte, der braucht das Gehäuse des NUC-Geräts niemals zu öffnen. Alternativ lässt sich für die lokale Speicherung aber auch eine gewöhnliche Notebook-Festplatte der Baugröße 2,5 Zoll mit einer Bauhöhe von maximal 9,5 mm einbauen. Der Einbau ist recht einfach, und eine gute Anleitung liegt dem Gerät bei. So ist das Vorhaben auch für weniger PC-erfahrene Anwender unkompliziert möglich. Der Handel bietet mehrere geeignete Festplatten an. Ein gutes Modell ist zum Beispiel das Gerät *BarraCuda 2TB ST2000LM015* des Herstellers *Seagate*. Es bietet eine Speicherkapazität von 2,0 TB und kostet etwa 95 €. Für eine normale Mediensammlung wird so eine ausreichende Speicherkapazität geboten. Ist Ihre Sammlung nicht so groß, dann finden Sie im Modell *Momentus 1,75TB ST1750LM000* des gleichen Herstellers eine rund 20 € günstigere Alternative mit einer Kapazität von 1,75 TB.

Bietet genügend Platz auch für eine größere Mediensammlung: eine interne Festplatte (Quelle: Shutterstock, © Pigprox).

Sie können auf diesem NUC-Gerät Kodi direkt unter Windows 10 betreiben. Dies bringt einen Vorteil: Sie können auf diese Weise eigenständige Streaming-Dienste wie Netflix, Amazon Prime oder Spotify nutzen. Diese Dienste stehen leider derzeit noch nicht direkt unter Kodi zur Verfügung – auch wenn daran fieberhaft gearbeitet wird. Wenn Sie Kodi beenden, dann können Sie jedoch direkt eine Windows-App zur Wiedergabe der Streaming-Dienste starten.

Alternativ ist auch ein Dual-Boot-Betrieb möglich. Dabei installieren Sie ein weiteres Betriebssystem, das Kodi direkt startet – wie das in Kapitel 4, »Die Installation von Kodi auf Ihrer Hardware«, vorgestellte LibreELEC. Dies bietet den Vorteil, dass Kodi hier ungestört arbeiten kann und Sie nicht durch Updates des Betriebssystems oder Systemmeldungen gestört werden. Diese Konfiguration muss aber von Hand eingerichtet werden und ist nicht unbedingt etwas für Einsteiger.

Haben Sie mit Windows aber nichts am Hut und möchten lieber komplett auf ein Linux-System setzen, das speziell auf die Nutzung von Kodi zugeschnitten wurde (und dadurch Geld sparen), dann ist für Sie das etwa 70 € günstigere Gerät des Typs *NUC6CAYH* interessant. Es bietet dieselbe Grundkonfiguration wie das Gerät mit dem *S* als letztem Buchstaben, weist jedoch einige Unterschiede auf. So fehlen diesem Modell der eingebaute Arbeitsspeicher und das eMMC-Modul samt der Windows-Installation. Entscheiden Sie sich für dieses Modell, dann müssen Sie selbst den Arbeitsspeicher einbauen. Erwerben Sie in diesem Fall also SoDIMM-Notebook-Speicher, der unbedingt für eine Spannung von 1,35 V ausgelegt sein muss. Man nennt diesen Speicher auch *Low-Voltage*-Speicher. Sie müssen außerdem zumindest für das Betriebssystem eine Festplatte einbauen, da es ja keinen anderen Speicher gibt. Die vorhin vorgeschlagenen Festplattenmodelle eignen sich natürlich auch für diese NUC-Variante, Sie können aber auch andere geeignete 2,5-Zoll-Modelle mit einer maximalen Bauhöhe von 9,5 mm nutzen – natürlich funktioniert auch eine geräuschlose SSD. Letztere ist eine gute Alternative, wenn Sie Ihre Mediensammlung auf einem NAS- oder Heimserver speichern möchten. Dann können Sie eine kleine und günstige SSD in das NUC-Gerät einbauen. Das Betriebssystem müssen Sie selbst installieren – in einem späteren Kapitel wird genau besprochen, wie das geht. Insgesamt ist dieses Gerät eher für Anwender gedacht, die auch mal gerne (kurz) einen Schraubendreher benutzen möchten.

> **INFO**
>
> **Aber das kann ich nicht!**
>
> Keine Sorge. Der Zusammenbau und die Einrichtung eines NUC-PCs sind in wenigen Minuten erledigt. Sollten Sie sich die Einrichtung nicht zutrauen, bitten Sie einen Freund oder Nachbarn um Hilfe. Er wird Ihnen sicherlich gerne behilflich sein – wenn Sie sich mit einer netten Einladung zum Filmabend bei ihm revanchieren.

Die Mittelklasse: ein Intel NUC-PC

Ein NUC-Gerät bietet mit der Nutzung von Kodi folgende Vorteile: Mit einem Preis von rund 160 beziehungsweise 230 € ist der NUC relativ günstig, wobei im ersten Fall noch die Kosten für den Arbeitsspeicher und eine Festplatte dazukommen – Letzteres kann auch für das zweitgenannte Gerät gelten. Für beide Geräte ist noch ein HDMI-Kabel mit normal großen Steckern erforderlich. Ein Netzteil liegt dem NUC-Computer aber natürlich bei. Ein NUC dieser Preiskategorie bietet ein angenehm schnelles Arbeitstempo, das für Kodi in jedem Fall ausreicht. Zusätzlich ist der Betrieb mit Windows möglich. Bereits vorhandene Versionen lassen sich jederzeit installieren. Die HDMI-Schnittstelle der genannten Modelle entspricht dem Standard 2.0a. So ist mit den NUC-Geräten eine Wiedergabe von Filmen in 4K-Auflösung mit bis zu 60 Vollbildern pro Sekunde möglich – und zwar ruckelfrei. Ein HDR-Betrieb mit einer Farbauflösung von 10 Bit wird ebenfalls geboten. Einschränkungen bei den Videocodecs gibt es praktisch nicht, auch das moderne HEVC wird problemlos wiedergegeben. Die NUC-Geräte bieten einen eingebauten IR-Sensor, der mit einer Vielzahl von Fernbedienungen kompatibel ist (geeignete Modelle lernen Sie im Abschnitt »Mit Kodi über die TV-Fernbedienung kommunizieren: HDMI-CEC« ab Seite 93 kennen). Über die Fernbedienung ist sogar ein Ein- und Ausschalten des Computers möglich – und zwar jederzeit, auch aus dem Stand-by- und Ruhezustand. Der Stromverbrauch dieser Geräte ist relativ niedrig (im normalen Betrieb um die 10 bis 15 Watt) und das Gehäuse unauffällig, also wohnzimmertauglich.

Natürlich haben die NUC-Geräte auch Nachteile. Dazu zählt der vorhandene Lüfter. Dieser ist allerdings so leise, dass man ihn im normalen Betrieb nicht hören wird. Das gilt jedoch nicht unbedingt für die eingebaute Festplatte. Wenn Sie hier ein klassisches mechanisches Modell wählen, dann arbeitet dieses natürlich nicht geräuschlos. Ruhe herrscht erst, wenn Sie eine SSD verwenden (die aber aufgrund ihres hohen Preises nicht für die Mediensammlung geeignet ist) oder Ihre Mediendaten auf ein NAS-Gerät verbannen. Aufgrund der Wärmeentwicklung (und auch bei der Nutzung des eingebauten IR-Sensors) sollte ein NUC nicht in einem geschlossenen Schrank verschwinden. Der NUC bietet darüber hinaus keine vollständige HDMI-CEC-Funktion und lässt sich daher nicht komplett über die Fernbedienung des Fernsehers steuern. Mit der Fernbedienung des Fernsehers ist nur ein Ein- und Ausschalten der Geräte möglich. Für den vollen Funktionsumfang sind Zusatzadapter nötig (zum Beispiel das Gerät *Intel NUC HDMI-CEC Adapter* des Herstellers *Pulse-Eight* für etwa 30 €, dieses Gerät muss jedoch in das Gehäuse eingebaut werden). Natürlich passt in das kleine Gehäuse eines NUC-PCs kein optisches Laufwerk. Ihre DVD- oder Blu-ray-Disc-Sammlung können Sie also ohne zusätzliches externes Laufwerk mit diesen Geräten nicht abspielen.

> **TIPP**
>
> **Ich will aber Ruhe haben**
>
> Wer absolute Ruhe möchte, der wird bei einem anderen Hersteller fündig. Die Firma *Zotac* bietet ähnlich kleine Computer an, die sich mit einem Intel NUC vergleichen lassen. Die *C*-Serie der Zotac-*ZBOX* arbeitet ohne Lüfter, sie ist komplett passiv gekühlt und damit lautlos. Ihr Äußeres mag zwar nicht jedem Geschmack entsprechen, aber bei Verwendung einer SSD gibt sie keine Geräusche von sich. Für Kodi eignet sich zum Beispiel für Einsteiger das mit rund 160 € recht preiswerte Modell *CI323 nano*. Auch hier müssen Sie jedoch noch Arbeitsspeicher und eine 2,5-Zoll-Festplatte beziehungsweise SSD einbauen. Für fortgeschrittene Nutzer mit 4K- und HEVC-Material ist die Leistung aber zu gering, sie sollten ein besser ausgestattetes (und teureres) Modell wählen.

Die Oberklasse: ein Heimkino-/Home-Theater-PC

Jetzt wird es Zeit für die Oberklasse, die für das größte Budget auch die höchste Flexibilität und den größten Funktionsumfang bietet. Sie erfahren jetzt gleich etwas über einen eigenständigen Heimkino- beziehungsweise Home-Theater-PC, der auch als HTPC abgekürzt wird. Dabei handelt es sich um einen ganz üblichen Computer, der mit normalen PC-Komponenten ausgerüstet ist, die allenfalls zur Platzersparnis aus dem Notebook-Bereich stammen. Eine Besonderheit dieser Geräte ist ihr Gehäuse, das häufig Aussehen und Bauform klassischer Hi-Fi-Geräte nachahmt. Ein Heimkino-PC ist also wohnzimmertauglich und gesellt sich unauffällig zur übrigen (technischen) Einrichtung. Es gibt eine Vielzahl an Gehäusevarianten, manche ermöglichen über ausgefeilte Kühlkonstruktionen eine passive Kühlung, die auf Lüfter verzichtet, und erreichen damit (wenn eine SSD verwendet wird) einen lautlosen Betrieb. Andere Geräte bieten ein Display und geben darüber während des Betriebs nützliche Informationen aus. Manche Modelle haben einen Speicherkartenleser, über den sich einfach Fotos von der Digitalkamera betrachten lassen.

Imitiert ein Hi-Fi-Gerät und bietet Platz für ein optisches Laufwerk, einen IR-Empfänger und praktische Frontanschlüsse: ein üblicher HTPC.

Viele Gehäuse bieten sogar die Möglichkeit, ein optisches Laufwerk einzubauen. Zwar lassen sich auch mit den bisher behandelten Lösungen über externe Zusatzgeräte optische Medien wiedergeben, aber nur ein großer HTPC kann alle benötigten Geräte in einem Gehäuse zusammenfassen. Wenn Sie eine entsprechende DVD-Sammlung haben (oder zum Beispiel einen DVD-Onlineverleih nutzen), dann könnte ein solches Gerät für Sie interessant sein. Zwar müssen Sie je nach Gehäuseform möglicherweise auf ein internes Notebook-Laufwerk zurückgreifen, aber auch diese Geräte sind mittlerweile für einen überschaubaren Geldbetrag erhältlich. Je nach Ausstattung ist ein Fernbedienungsempfänger vorhanden, mit dem sich das Gerät auch aus dem stromlosen Zustand einschalten lässt. Übliche PC-Grafikkarten unterstützen leider nicht die HDMI-CEC-Funktion, mit der sich das Gerät über die Fernbedienung des TV-Geräts steuern lässt. Es gibt allerdings für diese Funktion Zusatzadapter etwa von der Firma *Pulse-Eight*.

Da die Modellvielfalt an Heimkino-PC-Gehäusen sehr groß ist und so viele verschiedene Funktionen geboten werden, kann man hier kaum eine Empfehlung geben. Eine Suche im Internet findet rasch diverse Gehäusetypen, die zu den unterschiedlichsten Preisen gehandelt werden. Einfache Modelle sind schon für 50 € erhältlich, teure Modelle kosten 200 € und mehr. Hinzu kommen noch die Komponenten, die Sie für den eigentlichen Computer benötigen. Dazu gehören zumindest ein Mainboard, ein Prozessor, gegebenenfalls ein Kühler, der Arbeitsspeicher und ein Datenspeicher (eine SSD oder eine mechanische Festplatte). Je nach Einsatzzweck kommen noch eine oder mehrere TV-Karten sowie ein optisches Laufwerk, eine hochwertige Soundkarte und eine besonders fähige Grafikkarte hinzu. Letztere ermöglicht auch die Ausführung von aufwendigen Spielen. Mit entsprechenden Spiele-Controllern tritt ein HTPC also in gewisse Konkurrenz zur Spielekonsole.

Der Vorteil dieser Lösung liegt also offensichtlich in der Flexibilität, denn der entsprechend erfahrene Benutzer kann genau die Komponenten auswählen, die er für seinen Zweck benötigt. Neben einem eigenen Betriebssystem für Kodi, wie zum Beispiel LibreELEC, lassen sich auch noch andere Systeme installieren, die etwa Zugriff auf Streaming-Dienste im Internet bieten. Nachteilig gegenüber den anderen Varianten sind neben dem höheren Anschaffungspreis der tendenziell höhere Stromverbrauch, der größere Platzbedarf (insbesondere bei rein passiv gekühlten Versionen, die eine gute Luftzufuhr benötigen) und gegebenenfalls der notwendige Zusammenbau.

Für Nutzer ohne große Erfahrung sind auch Komplettgeräte erhältlich, die alle benötigten Komponenten gleich mitbringen. Dennoch muss erwähnt werden, dass ein großer HTPC eher für technisch interessierte Nutzer infrage kommt, die bereit sind, sich auch mit dem eigentlichen Computersystem zu beschäftigen.

Möchten Sie sich einen eigenen HTPC zusammenstellen, der hauptsächlich für Kodi geeignet sein soll, dann sind die Anforderungen an die Hardware relativ bescheiden. Für den Einstieg genügt bereits ein Prozessor der unteren Leistungs- und Preisklasse, etwa ein *Intel Celeron* beziehungsweise sogar schon ein *Pentium*. Achten Sie jedoch auf ein möglichst neues Modell, bei dem die eingebaute Grafikkarte bereits zur Wiedergabe komplexer Medien geeignet ist. Beim Arbeitsspeicher genügen bereits 4 Gigabyte, ein ausgewachsenes Betriebssystem wie Windows stellt allerdings ganz andere Anforderungen – auch an den Prozessor. Auch der Bedarf an Festplattenspeicher ist für Kodi gering, LibreELEC etwa kommt selbst mit einer 32 GB großen SSD bestens zurecht (selbst noch kleinere Medien wären problemlos möglich). Der Bedarf der Mediensammlung ist natürlich wesentlich größer. Selbst eine überschaubare Sammlung kann die Grenze von einem Terabyte übersteigen. Planen Sie also einen ausreichend großen Massenspeicher ein.

Die Alternative: Desktop-PC und Notebook

Sie können Kodi auch direkt am Desktop-PC oder auf dem Notebook nutzen. Ersterer ermöglicht Ihnen das kurze Kennenlernen von Kodi sowie die (zusätzliche) Nutzung im Arbeits- oder Kinderzimmer. Über eine HDMI-Verbindung können Sie auch ein großes Fernsehgerät anschließen. Interessant ist ebenfalls die Nutzung von Kodi auf einem zweiten Monitor (oder Fernseher), während Sie auf dem ersten spielen oder an geeigneten Aufgaben arbeiten. Negativ sind eventuell das Arbeitsgeräusch des Geräts sowie die fehlende Fernbedienung, die sich jedoch problemlos nachrüsten lässt, wie Sie in Kapitel 5, »Kodi und die Fernbedienung«, erfahren. Der Charme dieser Lösung liegt in der Flexibilität von Kodi. Das Mediacenter lässt sich als normales Programm problemlos auf einem Windows-, Linux- oder Mac-Gerät installieren, denn für alle Systeme gibt es Versionen von Kodi.

Auf einem Notebook wird Kodi mobil und ermöglicht die Wiedergabe einer (kleineren) Filmsammlung auch bequem auf Reisen. Eventuell ist sogar der Anschluss eines Fernsehers im Hotelzimmer möglich. Dazu bieten einige Geräte einen frei zugänglichen HDMI-Anschluss an. Wenn das Hotel nichts dagegen hat, kann man (wenn man ein entsprechendes Kabel dabeihat) sein Notebook anschließen. Es ist auch möglich, das Gerät mit einem

Beamer zu verbinden. So kann Kodi etwa nach Feierabend mit den Kollegen im Büro (wenn der Chef einverstanden ist) oder auch bei Freunden mit entsprechendem Gerät genutzt werden.

Allgemein sind die Anforderungen von Kodi an das Computersystem sehr gering. Auch auf älteren Geräten arbeitet Kodi einwandfrei, das Betriebssystem sollte jedoch neueren Datums sein, mit älteren Windows-XP-Versionen wird es zu Problemen kommen. Die Wiedergabemöglichkeiten sind natürlich von der Ausstattung des Geräts abhängig. Die Wiedergabe von 4K-Inhalten ist zum Beispiel nur auf Bildschirmen mit hoher Auflösung sinnvoll. Viele Computermonitore bieten jedoch lediglich die Full-HD-Auflösung, ältere und einfachere Notebooks kaum mehr als die kleine HD-Variante. Ebenso unterstützten ältere und langsame Geräte üblicherweise noch nicht den modernen HEVC-Videocodec. Daran müssen Sie natürlich denken. Ein Vorteil klassischer Computergeräte ist möglicherweise das Vorhandensein eines optischen Laufwerks zur Wiedergabe von DVDs (und direkt mit Kodi einigen wenigen Blu-ray-Discs). Dennoch sollten Sie diese Geräte eher als mobile Ergänzung oder als Einstiegslösung betrachten.

Für die mobile Nutzung: Tablet und Smartphone

Ebenfalls ergänzenden Charakter hat die Nutzung des Smartphones oder Tablets mit Kodi. Natürlich arbeitet das Mediacenter auch auf solchen Geräten problemlos und lässt sich einfach über die jeweiligen App-Bezugsquellen für Android und iOS installieren, in denen Kodi als reguläre App verfügbar ist.

Ein Vorteil der Geräte ist ihre große Mobilität. Kein anderes Gerät lässt sich so komfortabel mit auf Reisen nehmen. Die Medienwiedergabe kann im Zug oder Bus, ja selbst als Beifahrer oder auf der Rückbank im Auto erfolgen. Ein Tablet lässt sich auch wunderbar mit auf den Balkon oder in den Garten nehmen, wo sogar der Zugriff auf die persönliche Mediensammlung unproblematisch ist. An diesen beiden Orten kann schließlich über das heimische Netzwerk etwa auf ein NAS-Gerät zugegriffen werden. Diese Möglichkeit besteht unterwegs natürlich nicht. Ein großer Nachteil bei der Nutzung von unterwegs ist also, dass Sie nicht auf die gesamte Mediensammlung zugreifen können, sondern sich das Material vorher zusammenstellen und auf das Mobilgerät kopieren müssen. (Je nach Aufenthaltsort können Sie mit Kodi möglicherweise einen Cloud-Speicherdienst per WebDAV-Zugriff nutzen.) Da die Mobilgeräte üblicherweise über eigene Programme zum Abspielen von Medien verfügen, ist der Zusatznutzen von Kodi unterwegs also begrenzt.

Ganz anders sieht es natürlich bei der Nutzung in den eigenen vier Wänden aus. Hier ist es zum Beispiel möglich, einen Film im Wohnzimmer auf dem Fernseher zu beginnen und ihn dann vor dem Einschlafen im Bett auf dem Tablet zu beenden.

Sie können Kodi auch auf älteren Geräten problemlos einsetzen, allerdings benötigt zum Beispiel die neueste Kodi-Version bereits die Android-Version 5. Problematisch können auch Geräte mit geringerer Arbeitsgeschwindigkeit sein. Auf weniger leistungsfähigen Modellen ist etwa die Wiedergabe von HEVC-kodierten Inhalten nicht möglich. Ein weiterer Nachteil ist die geringe Bildschirmgröße, insbesondere von Smartphones. Bei Bildschirmdiagonalen von lediglich fünf Zoll macht das Filmeschauen natürlich nur begrenzt Spaß.

> **TIPP**
>
> **Tipps zur Auswahl des Fernsehers**
>
> Sie planen, Ihr Heimkino mit einem neuen Fernseher auszustatten oder sind sich nicht sicher, wie Sie die Lautsprecher in Ihrem Wohnzimmer positionieren sollen? Im Bonuskapitel zum Buch finden Sie hierzu weitere Informationen. Echte Cineasten werden hier voll auf ihre Kosten kommen, aber auch für den Alltag ist der ein oder andere hilfreiche Trick dabei. Das Zusatzkapitel können Sie auf der Seite des Rheinwerk Verlags herunterladen: *www.rheinwerk-verlag.de/4408*.

Kapitel 3
Welche Medien kann Kodi abspielen?

In diesem Kapitel soll es darum gehen, welche Medien Kodi abspielen kann. Denn was nutzt das beste Mediacenter, wenn man dafür keine passenden Medien hat?

Videodateien: Spielfilme, Serien, Videoclips

Kodi wird vermutlich am häufigsten zur Wiedergabe von Videoinhalten genutzt, die in Form eines Spielfilms, einer Episode einer Fernsehserie oder ganz allgemein als Videoclip vorliegen. Solche Inhalte stehen heutzutage sehr oft als universelle Computerdateien zur Verfügung. In diesem Kapitel lernen Sie, welche Art von Dateien und welche Inhalte Kodi verarbeiten kann. Die hier vorgestellten Inhalte sind technischer Natur. Sie sind für Leser relevant, die schon über eine umfassende Mediensammlung verfügen und nun wissen wollen, welche Inhalte sie problemlos abspielen können. Lassen Sie sich als Einsteiger von den technischen Inhalten bitte nicht entmutigen.

Wenn Sie mit dem Computer zum Beispiel einen Spielfilm aus dem Fernsehen aufnehmen, dann liegt dieser anschließend auf der Festplatte als Datei vor. Darin befinden sich digital codiert die Videodaten, also die Bildinformationen. Für das Datenformat wird ein bestimmter *Videocodec* verwendet. Unter einem Codec versteht man ein Verfahren, meist in Software realisiert, das Videodaten in bestimmter Form codiert. Ein solches Verfahren dient zum Beispiel der Datenkompression, also der Einsparung von Speicherplatz oder des zu übertragenden Datenvolumens. Das Gleiche gilt für die Audiodaten. Zusätzlich enthält die fertige Datei mitunter weitere Daten wie Untertitel oder Steuerinformationen in Form von Kapitelmarken. Alle Informationen sind in der Datei in einem sogenannten *Container* verpackt. Das

Container-Format legt fest, wie die einzelnen Bestandteile in der Videodatei angeordnet und organisiert sind.

Soll eine Videodatei in Kodi abgespielt werden, muss als Erstes geklärt werden, ob Kodi das verwendete Container-Format unterstützt und damit versteht, wie die Datei organisiert ist. Anschließend muss geprüft werden, wie es mit der Kompatibilität der verwendeten Codecs (für den Video-, den Audio- und einen eventuellen Zusatzteil) aussieht. Dann muss verifiziert werden, ob die verwendeten Codec-Einstellungen (zum Beispiel hinsichtlich der Bildauflösung) vom Mediacenter korrekt verarbeitet werden können. Obwohl dies jetzt alles recht technisch und sehr komplex klingt, können Sie sich entspannt zurücklehnen: Kodi kommt nämlich mit sehr vielen Formaten zurecht und kann daher auch sehr viele verschiedene Dateien abspielen. Im Folgenden finden Sie eine Liste der gebräuchlichsten »Bestandteile« von Videodateien, die das Programm unterstützt. Die Liste ist keinesfalls vollständig, enthält aber die im Alltag verwendeten Formate.

> **INFO**
>
> **Worum geht's hier bitte?**
>
> Zugegeben, dieses Kapitel ist recht technisch und mag vielleicht sogar etwas abschreckend wirken. Wenn Sie mit den hier verwendeten Begriffen überhaupt nichts anfangen können, dann macht das gar nichts. Kurz zusammengefasst, sagt dieses Kapitel Folgendes: Kodi unterstützt sehr viele Formate und kann mit sehr vielen verschiedenen Datenquellen umgehen. Deshalb ist die Wahrscheinlichkeit recht groß, dass eine beliebige Mediendatei problemlos abgespielt wird.

Bei den Container-Formaten gibt es natürlich eine Unterstützung für:

- Matroska mit der Dateiendung *.mkv*
- MP4 mit gleichlautender Endung
- QuickTime mit der Endung *.mov*
- die aus der Windows-Welt bekannten AVI- und WMV-Formate (Endungen *.avi* und *.wmv*)

- diverse MPEG-Container (Endung zum Beispiel .*mpg*)
- das Apple-Streaming-Format ASF
- das freie Ogg-Format
- das aus der Mobilwelt bekannte 3gp
- das Flash-Format mit der Dateiendung .*flv*
- die RealMedia-Formate RAM, RM, RV, RA und RMVB
- und die eher weniger bekannten Formate NUT, OGM, VIVO, PVA, NUV, NSV, NSA, FLI, FLC, DVR-MS und WTV

Kodi kann mit sehr vielen Videocodecs umgehen. Die aktuellen Versionen unterstützen folgende Formate:

- MPEG-4 AVC (H.264)
- MPEG-4 SP und ASP
- HEVC (H.265) und VP-9
- MPEG-1 und MPEG-2, Letzteres ist wichtig für die Wiedergabe von DVDs und einigen (beim Fernsehen relevanten) DVB-Varianten
- WMV (bekannt aus der Windows-Welt)
- VP-8 und Theora
- sowie (etwas weniger bekannt): H.263, HuffYUV, Indeo, MJPEG, Real-Video, RMVB, Sorenson und Cinepak

Natürlich müssen die verwendeten Videocodecs zum gewählten Container-Format passen – dies sicherzustellen ist Aufgabe des jeweiligen Encodierprogramms bei der Erstellung der Dateien.

> **ACHTUNG**
>
> **Als Erstes entscheidet die Hardware**
>
> Eines darf man natürlich nicht vergessen: Kodi kann als Software eine ganze Reihe an Formaten unterstützen – Sie werden aber nur Freude daran haben, wenn die verwendete Hardware die relevanten Formate auch wiedergeben kann. Ein gutes Beispiel ist der moderne Videocodec HEVC (auch H.265 genannt). Das Mediacenter unterstützt die Wiedergabe problemlos – aber nicht jeder Rechner bringt geeignete Hardware zum Dekodieren mit. Obwohl Kodi das Format beherrscht, kann es bei der Wiedergabe trotzdem ruckeln. Achten Sie also immer auch auf die Fähigkeiten Ihrer Hardware.

Auch die Liste der unterstützten Audioformate ist umfangreich. Für Videodateien sind vor allem folgende Formate wichtig und gebräuchlich:

- AAC
- MP3 und MP2 (für diverse DVB-Streams)
- Dolby Digital/AC3 (auch in den HD-Formaten)
- DTS (auch in den HD-Formaten)
- AACplus
- Vorbis
- WMA

Die digitalen Mehrkanaltonformate können direkt als Bit-Stream über einen digitalen Ausgang ausgegeben werden – dazu gehören die HDMI-Schnittstelle sowie (je nach Format) ein elektrischer oder optischer S/PDIF-Ausgang. Alle Audiodaten lassen sich auch in Echtzeit in das AC3-Format umwandeln und so zum Beispiel über einen S/PDIF-Ausgang an einen Receiver zur Dekodierung weiterleiten. Dabei ist es auch möglich, eine Tonspur im Stereo-Format mit künstlichen Raumklangeffekten aufzupeppen.

Kodi kann mit folgenden wichtigen Untertitelformaten umgehen:

- SRT
- SUB

Darüber hinaus werden auch folgende Formate unterstützt:

- AQTitle, ASS/SSA, CC, JACOsub, MicroDVD, MPsub
- PJS, RT, SMI, VOBsub und VPlayer

Die sogenannten *3-D-Videos* verschwinden aktuell eher wieder in der Versenkung. Hier kann Kodi problemlos passive 3-D-Formate wie SBS, TAB, anaglyph oder die Verschachtelung über das Zeilensprungverfahren anbieten. Natürlich muss auch das verwendete Fernsehgerät entsprechend mitspielen.

Sollten Sie Image-Dateien von DVDs besitzen, dann wird es Sie freuen, dass Kodi diese direkt abspielen kann – inklusive der Unterstützung von Menütiteln. Das Mediacenter versteht sich mit den Formaten ISO und IMG.

Natürlich werden auch direkt die Dateiformate IFO und VOB unterstützt. Dies ist sogar möglich, wenn sich diese Dateien in unkomprimierten RAR- und ZIP-Archiven befinden.

Zur Verwaltung von Videodateien in der internen Medienbibliothek orientiert sich Kodi vor allem am Dateinamen – wie Sie später noch sehen werden. Datei-Tags spielen im Videobereich bei dieser Aufgabe kaum eine Rolle.

Musikdateien

Auch Musik können Sie heutzutage in Form von Dateien zum Beispiel in Onlineshops erwerben. Musikdateien sind im Vergleich zu Videodateien einfacher aufgebaut – schließlich fehlt der Videoteil. Prinzipiell gibt es aber auch hier einen Audiocodec und eventuell auch ein Container-Format. Die Unterstützung verschiedener Audiocodecs durch Kodi ist sehr groß.

Die Liste umfasst nicht komprimierende Verfahren sowie verlustlos und verlustbehaftet komprimierende Varianten.

Selbstverständlich werden folgende wichtige Formate wiedergegeben:

- MP3
- AAC
- Vorbis
- WMA

Auch komplizierte Bitraten-Einstellungen funktionieren problemlos. Freunde der gehobenen Klangqualität werden sich über die Unterstützung verlustlos arbeitender Formate freuen:

- FLAC
- Monkey's Audio (APE)
- WAV

Darüber hinaus lassen sich folgende Formate abspielen:

- AACplus
- WMA
- MP2
- AIFF

Kodi kann auch mit Audiodaten in entsprechenden Containern umgehen – so werden auch MKA- und M4A-Dateien problemlos verarbeitet.

Neben der Unterstützung von MIDI-Dateien finden sich auf der Liste auch etwas ungewöhnlichere Formate. Dazu zählen:

- ALAC, AMR, RealAudio, SHN, WavPack
- MPC/Musepack/MPEG+, Shorten, Speex, IT, S3M

- MOD (Amiga-Module), XM, NSF (NES-Sound-Format), SPC (SNES), GYM (Genesis), SID (Commodore 64), Adlib, YM (Atari ST), ADPCM (Nintendo GameCube), CDDA (Compact Disc Digital Audio)

Im Unterschied zu den Videodateien sind bei den Musikdateien die sogenannten *Datei-Tags* sehr wichtig, denn diese beinhalten eine Menge an Zusatzinformationen, angefangen beim Titel über den Namen des Künstlers bis hin zum Entstehungsjahr. Diese Informationen sind besonders für die Verwaltung von Musikdateien nützlich. Kodi kann mit vielen Tag-Varianten umgehen und die Daten zur Verwaltung in der Musikbibliothek nutzen. Natürlich müssen die Tags zum jeweiligen Dateiformat passen. Unterstützt werden ID3-Tags in den Versionen ID3v1 und ID3v2 sowie APE-Tags in den Versionen 1 und 2, Vorbis-Informationen und ID666.

Das Mediacenter kann außerdem auch Liedtexte ausgeben, die in den Formaten CD+G, LRC oder KAR hinterlegt sind.

Kodi unterstützt selbstverständlich auch die Wiedergabe von Musikvideos – dabei handelt es sich ja lediglich um Videodateien mit einer Tonspur.

> **INFO**
>
> **Und was nehme ich nun für meine eigenen Dateien?**
>
> Möchten Sie eigene Dateien erstellen oder konvertieren? Dann wählen Sie einen Codec, der eine möglichst hohe Qualität bietet. Für Videodaten ist zum Beispiel der AVC/h.264-Codec gut geeignet. Tonformate mit hoher Wiedergabequalität sind MP3 und AAC, für höhere Ansprüche eignet sich das verlustlos arbeitende FLAC-Format, für Mehrkanalaufnahmen (etwa aus dem Fernsehen) ist AC3 eine gute Wahl. Zukünftig wird der HEVC-Codec im Videobereich an Bedeutung gewinnen. Wichtig sind aber auch die Einstellungen des Encoders. Eine hohe Datenrate sichert eine hohe Wiedergabequalität, auch wenn sie zu großen Dateien führt. Achten Sie auch auf Einstellungen, die zur Quelle passen. Zum Beispiel sollten Sie eine Umrechnung der Bildwiederholrate vermeiden, denn dies führt zu einem Qualitätsverlust oder zu Rucklern. Für Videofilme bieten sich die Container-Formate Matroska oder MP4 an.

Fotos und Bilder

Kodi lässt sich natürlich auch zur Betrachtung der eigenen Fotosammlung einsetzen. Das Programm kommt mit einer Vielzahl von Bildformaten zurecht, allerdings dominieren im Fotobereich recht wenige Formate.

Unterstützt werden natürlich die wichtigen Formate:

- JPEG
- TIFF
- PNG

Im Fotobereich unterstützte Formate sind:

- BMP
- GIF
- MNG, ICO, PCX und Targa/TGA

Darüber hinaus lassen sich mit dem Mediacenter die in Deutschland wenig verbreiteten Comic-Buch-Archive *CBZ* und *CBR* betrachten. Natürlich werden auch Bildinformationen in Form von Exif-Tags unterstützt, diese können auf dem Bildschirm ausgegeben werden.

Netzwerkdienste und Protokolle

An dieser Stelle fragen Sie sich bestimmt, welche Art von Datenträgern das Mediacenter unterstützt und über welche Wege das Programm auf Ihre Daten zugreifen kann? Zunächst kann das Programm natürlich mit Datenträgern umgehen, die direkt an das Kodi-Gerät angeschlossen sind. Dazu zählen vor allem interne und externe Festplatten. Ein spezielles Dateisystem benötigt Kodi auf diesen Datenträgern nicht, denn das Programm nutzt die Schnittstellen des Betriebssystems für den Dateizugriff.

Neben der Nutzung lokal angeschlossener Datenträger beherrscht das Mediacenter auch die Möglichkeit, auf Ressourcen im Netzwerk zuzugreifen. Ihre Mediensammlung kann also auch über das Netzwerk bereitgestellt werden. Hier wird eine sehr umfangreiche Liste geboten. Das Programm versteht sich mit SMB-Freigaben (darauf verweisen auch die Begriffe SAMBA und CIFS) sowie NFS-Freigaben. Kodi kann die Medien aber auch von FTP- und SFTP-Servern beziehen. Das Mediacenter arbeitet mit WebDAV-Freigaben, UPnP-Servern und HTTP(S)-Servern. Unterstützt werden auch AirPlay und AirTunes-Dienste sowie das Zeroconf-Protokoll (auch bekannt als *Avahi* und *Bonjour*).

Kodi kann seine Medienbibliothek aber auch selbst zum Beispiel in Form eines UPnP-Servers anderen Geräten anbieten.

DVDs, Blu-ray-Discs und Video-CDs

Kodi kommt mit einer großen Anzahl an optischen Medien zurecht – vorausgesetzt, das Mediacenter-Gerät hat ein Laufwerk für diese Medien.

Mit dem Programm können normale Audio-CDs wiedergegeben werden. Auch DVDs lassen sich ohne Probleme abspielen, dabei werden die bekannten Menüs dargestellt, in denen Sie navigieren und Aktionen auslösen können. Einige DVDs bieten erweiterte Funktionen in Form kleiner Spielchen – auch diese Funktion wird von Kodi geboten. DVDs lassen sich zur allgemeinen Medienbibliothek hinzufügen und werden bei Suchvorgängen angezeigt, zur Wiedergabe muss das Medium dann natürlich eingelegt werden.

Bei den modernen Blu-ray-Discs sieht es hingegen nicht ganz so gut aus. Kodi unterstützt zwar theoretisch die Wiedergabe dieser Medien, das gilt aber nur für Exemplare ohne Kopierschutz – die es in freier Wildbahn allerdings praktisch nicht zu kaufen gibt. Zwar kann die Unterstützung durch Hinzufügen von externen Wiedergabeprogrammen für Blu-ray-Discs verbessert werden, aber so eine Modifikation erfordert Können. Deswegen ist die (problemlose) Wiedergabe dieser Medien mit dem Mediacenter leider (noch) nicht möglich.

Am Rande sei noch erwähnt, dass Kodi die Wiedergabe von Video-CDs und Super-Video-CDs unterstützt. Diese Formate hatten in den 90er-Jahren eine gewisse Bekanntheit, spielen jedoch heutzutage kaum noch eine Rolle.

Online-Streams

Neben Ihren persönlichen Medien, die entweder als Computerdateien oder auf spezialisierten Datenträgern vorliegen, kann Kodi auch direkt Online-Streams empfangen und wiedergeben. Auf diese Weise wird der Empfang von Internet-Radiostationen oder von Fernseh-Livestreams möglich. Über diese Funktion kann auch auf Podcasts und Videoportale im Internet zugegriffen werden.

Die Liste an unterstützten Formaten ist umfangreich. Kodi kann sowohl über TCP- als auch UDP-Verbindungen auf Online-Streams zugreifen und unterstützt diverse Protokolle. HTTP- und RTP-Streams werden problemlos verarbeitet. Unterstützung erhalten Sie auch für das Microsoft Media Server Protocol (MMS).

> **INFO**
>
> **Was ist mit Netflix, Spotify, Amazon Prime und Co.?**
>
> In letzter Zeit kommen mehr und mehr Streaming-Dienste in Mode, die Video- und Audioinhalte direkt über das Internet als Stream übertragen. Gegen einen monatlichen Betrag können Sie das jeweilige Angebot in beliebigem Umfang nutzen. Damit die hinterlegten Inhalte von berechtigten Nutzern wiedergegeben, aber nicht kopiert und gespeichert werden können, kommen Schutzmaßnahmen (Stichwort: *Digital Rights Management*, kurz: *DRM*) zum Einsatz. Solche Maßnahmen wurden bislang in Kodi noch nicht realisiert, befinden sich aber gerade in Entwicklung. An der Unterstützung der bekannten Streaming-Anbieter wird mit Hingabe gearbeitet, derzeit kann Kodi diese Dienste – zumindest auf einfache Weise – jedoch leider nicht wiedergeben. Streaming-Dienste ohne DRM-Schutzmaßnahmen wie YouTube oder die Mediatheken der öffentlich-rechtlichen Sendeanstalten werden jedoch problemlos unterstützt.

Fernsehprogramme

Mit Kodi können Sie auch fernsehen. Dazu ist eine Empfangsvorrichtung für den Computer nötig – etwa ein USB-TV-Stick für den Empfang von DVB-T(2), DVB-C oder DVB-S(2). Unterstützt werden so alle gebräuchlichen Empfangswege für das Fernsehsignal (per Antenne, Kabel oder Satellit).

Beim Fernsehen kümmert sich Kodi allerdings nicht um den Empfang, sondern nur um die Wiedergabe. Die Aufgaben rund um die Ansteuerung des TV-Empfängers werden von einer Zusatzsoftware übernommen. Dieses Verfahren wird in Kapitel 13, »Live-TV mit Kodi schauen«, noch ausführlich behandelt.

Insgesamt ist das Mediacenter also sehr vielseitig. Nachdem Sie nun erfahren haben, welche Formate wiedergegeben werden können, ist es an der Zeit, die graue Theorie zu verlassen. In den nächsten Kapiteln geht es nun direkt los mit Kodi. Zuerst lernen Sie, wie Sie das Programm auf Ihrer Hardware installieren. Danach erkläre ich Ihnen seine grundlegende Einrichtung, bevor Sie Ihre Medien vorbereiten, importieren und anschließend entspannt betrachten können.

Kapitel 4
Die Installation von Kodi auf Ihrer Hardware

Auf in die Praxis! In diesem Kapitel geht es um die Installation von Kodi und gegebenenfalls des geeigneten Betriebssystems. Welche ist die richtige Lösung für Sie?

Welche Möglichkeiten gibt es?

Nach den ersten drei grauen Theoriekapiteln ist es nun an der Zeit, Kodi auf Ihrem Gerät zu installieren. Wie immer gibt es mehrere Wege, die zum Ziel führen. Dieser erste Abschnitt soll Ihnen als Wegweiser zeigen, welche Installationsart für Sie die richtige ist.

Wie Sie aus den Grundlagenkapiteln wissen, ist Kodi an sich ein »gewöhnliches« Computerprogramm. Dieses wird auf der offiziellen Webseite *www.kodi.tv* für mehrere Betriebssysteme zum Download angeboten, darunter finden Sie auch die drei Standardkandidaten Windows, macOS und Linux. Wenn Sie zum Beispiel einen Windows-PC verwenden, können Sie Kodi wie jedes andere Programm installieren und verwenden, dabei bleibt Ihr bisheriges System vollständig intakt. Wenn Sie das Kodi-Programm nach dem Kinoabend beenden, befinden Sie sich wieder auf dem Windows-Desktop und können den Computer für andere Aufgaben nutzen. Dasselbe gilt natürlich für das macOS-System und auch für einen Linux-Rechner. Die Installation von Kodi als zusätzliches Programm auf einem bestehenden Rechner ist interessant, wenn der Rechner ein Arbeitsgerät ist, das neben Kodi auch noch andere Aufgaben übernehmen soll. Der Ansatz ist also ideal geeignet für Desktop-Rechner und Notebooks. Denken Sie etwa an einen PC im Arbeits- oder Kinderzimmer, wo Kodi einen willkommenen Zusatznutzen bringt. Diese Lösung eignet sich auch bestens für Einsteiger, die Kodi möglichst unkompliziert kennenlernen möchten. In den folgenden Abschnitten wird es um genau diese Installationsmethode gehen.

Die Installation als normales Programm hat jedoch (wie zuvor bereits erwähnt) nicht nur Vorteile. Soll der Computer einzig als Medienwiedergabegerät im Wohnzimmer dienen, ist ein »großes« Betriebssystem wie Windows eigentlich unnötig. Zum einen ist die Startzeit relativ lang, und Kodi muss – solange man nicht manuell eine Autostartfunktion einrichtet – von Hand gestartet werden. Außerdem kann es passieren, dass während der Filmwiedergabe eventuell eine Pop-up-Nachricht über den Update-Wunsch eines weiteren Programms informiert; gerne sind für solche Störungen die Firewall und das E-Mail-Programm gute Kandidaten. Für den Dauereinsatz erscheint diese Lösung also nicht ganz optimal.

Ein alternativer Ansatz besteht darin, auf dem Computer ein schlankes Betriebssystem zu installieren, das hauptsächlich für die Verwendung von Kodi entwickelt wurde. Kodi ist quasi das »Hauptprogramm« dieses Betriebssystems und wird gleich beim Systemstart ausgeführt. Der Computer lässt sich auch direkt aus Kodi heraus ausschalten – der Benutzer bekommt vom Betriebssystem unterhalb von Kodi also praktisch gar nichts mehr mit. Das Gesamtsystem startet sogar recht flott – schließlich bringt es nur die benötigten Dienste mit. So eine Lösung eignet sich also wunderbar für einen Computer, der seinen Platz fest im Wohnzimmer einnehmen soll und vorrangig für den Betrieb von Kodi dient. Bestens geeignet ist für so eine Aufgabe ein entsprechend konfiguriertes Linux-System, das im Regelfall komplett kostenlos ist und ohne Einschränkungen verwendet werden kann. Von solchen Kombinationen aus (angepasstem) Betriebssystem und Kodi gibt es mehrere Varianten. Diese unterscheiden sich darin, wie sich das Linux-Betriebssystem gegenüber dem Nutzer verhält. Man kann dieses so kompakt wie möglich halten, es soll sich ganz auf Kodi konzentrieren und möglichst nur wenige weitere (eigene) Programme ausführen. Es wird nicht davon ausgegangen, dass der Nutzer viel mit dem Betriebssystem interagieren möchte. Stattdessen soll das System leise, schnell, zuverlässig und unauffällig im Hintergrund seinen Dienst tun.

Welche Möglichkeiten gibt es?

Diesen Ansatz verfolgt das System namens *LibreELEC*. LibreELEC mit dem Untertitel *Just enough OS for Kodi* steht für *Libre Embedded Linux Entertainment Center*. Der Vorsatz *Libre* (im Sinne von offen und frei) zeigt an, dass es sich um ein Projekt aus dem Open-Source-Bereich handelt; wie auch bei Kodi kann jeder den Quellcode einsehen, am Projekt mitwirken und die Resultate (nach den Vorgaben) kostenlos benutzen. Die Zuschneidung eines Betriebssystems auf einen bestimmten Anwendungszweck nennt man auch *Just Enough Operating System*. Ein solches Betriebssystem, das »gerade genug« ist, ermöglicht häufig einen schnellen und stabilen Computerbetrieb.

LibreELEC ist ein junges System, das erstmalig im Jahr 2016 vorgestellt wurde und nicht nur aufgrund seiner sehr guten Stabilität bereits sehr hohen Zuspruch erhielt. LibreELEC arbeitet auch sehr gut auf leistungsschwachen Geräten. Es ist sehr gut geeignet für Einsteiger, deren Interesse hauptsächlich der Nutzung von Kodi gilt und die Betriebssysteme und deren Konfigurationsaufgaben nicht interessieren. Das System hat aber auch den Vorteil, dass es sich (trotz der ganz bewusst gewählten Einschränkungen) mit einer relativ umfangreichen Liste an zusätzlichen Programmen ergänzen lässt. Damit eignet es sich ebenfalls für den fortgeschrittenen Nutzer.

> **INFO**
>
> **Gibt es nicht auch noch OpenELEC?**
>
> Aber ja. OpenELEC, das *Open Embedded Linux Entertainment Center*, ist sozusagen der Vater von LibreELEC. Zuerst wurde OpenELEC erfunden, aber aufgrund von Unstimmigkeiten haben sich viele Entwickler vom ursprünglichen Projekt abgewandt und das alternative LibreELEC ins Leben gerufen. Derzeit wird vor allem LibreELEC deutlich schneller weiterentwickelt. In diesem Buch konzentriere ich mich daher auf dieses System.

LibreELEC ist für verschiedene Computersysteme erhältlich und läuft sowohl auf 32- als auch auf 64-Bit-PC-Prozessoren. Das System lässt sich relativ einfach und unkompliziert installieren, die dafür nötigen Schritte zeigt Ihnen der Abschnitt »Einen eigenständigen Home-Theater-PC mit LibreELEC einrichten« ab Seite 71. Von LibreELEC gibt es auch eine Version für den Raspberry Pi, die sich besonders für den Einsteiger anbietet. Deren Installation wird im Abschnitt »LibreELEC auf dem Raspberry Pi installieren« ab Seite 81 behandelt.

> **INFO**
>
> **Kann man LibreELEC auch parallel zu Windows nutzen?**
>
> Im Normalfall wird LibreELEC als einziges Betriebssystem auf einem Computer installiert. Auch die Anleitungen in diesem Buch verfolgen dieses Ziel. Alternativ können Sie LibreELEC auch zusätzlich zu einem weiteren System (etwa Windows) installieren. Beim Systemstart eines solchen Dual-Boot-Systems können Sie das zu startende System auswählen. Das hat Vorteile, wenn der Computer Programme ausführen soll, die Kodi (noch) nicht bietet. Zum Beispiel ist die Nutzung von Netflix unter Kodi nicht möglich, weil es dafür (noch) kein Add-on gibt. Direkt unter Windows können Sie den Dienst aber mit der entsprechenden App nutzen. Die Installation eines Dual-Boot-Systems ist aber nur etwas für den fortgeschrittenen Nutzer. Wenn Sie als Einsteiger ein solches System ausprobieren möchten, sollten Sie einen erfahrenen Bekannten um Hilfe bitten und unbedingt zuvor ein Backup des Systems anlegen. Für Sie ist die Nutzung eines Android-Geräts (siehe Abschnitt »Die Sorglos-Lösung: fertige Receiver und Mediaplayer« auf Seite 28) vielleicht die einfachere Lösung, denn hier ist der Einsatz von Kodi und Streaming-Diensten direkt unter einem gemeinsamen System möglich.

Während sich Einsteiger über ein »zusammengezurrtes« System wie LibreELEC freuen, ärgern sich fortgeschrittene Nutzer schon einmal darüber, dass sie eigene Ideen nicht umsetzen können, weil dem System die notwendigen Funktionen fehlen. Unter LibreELEC ist zum Beispiel die Installation weiterer Programme (die nicht Teil der mittlerweile recht umfangreichen eigenen Programmbibliothek sind) nicht so einfach möglich. Ein alternativer Ansatz besteht daher darin, das Betriebssystem so weit wie möglich offen zu lassen, sodass es auch für eigene Ideen zugänglich bleibt. Verwendet wird natürlich auch ein an sich frei erhältliches Linux-System, das ebenfalls Kodi als Hauptprogramm erhält, aber ansonsten frei konfigurier- und änderbar bleibt.

Ein solches System ist *OSMC* – das *Open System Media Center*. Zunächst einmal ist auch OSMC gut für Einsteiger geeignet, denn die Bedienung und Einrichtung sind sehr einfach. OSMC spricht aber auch Nutzer an, die etwas Erfahrung im Umgang mit dem Computer haben und den Media-PC noch für weitere Aufgaben nutzen wollen. Vielleicht möchten Sie noch einen weiteren Server-Dienst installieren? Oder eine Anwendung wie den Netzwerk-Musik-Player MPD nutzen, den Sie selbst im Quellcode um eine bestimmte Funktion erweitert haben? Dann ist OSMC für Sie die richtige Wahl. Auch dieses System arbeitet sehr stabil und zuverlässig. So ist es kein Wunder, dass es wie LibreELEC viele Anhänger gefunden hat. Da es nicht »bis in den letzten Winkel« auf die Nutzung von Kodi optimiert ist, sondern flexibel bleibt, startet es möglicherweise etwas langsamer als LibreELEC. Im Unterschied zum erstgenannten System kann man OSMC auch etwas einfacher »kaputtspielen«. Ein weiterer und sehr wichtiger Nachteil ist allerdings, dass OSMC derzeit nur für Kleinrechner wie den Raspberry Pi verfügbar ist. Seine Installation auf diesem Rechner wird im Abschnitt »Die Alternative: OSMC auf dem Raspberry Pi installieren« ab Seite 84 beschrieben. Möchten Sie auf einem »großen« HTPC ein möglichst offenes Kodi-Linux betreiben, dann können Sie sich dieses – mit fortgeschrittenen Kenntnissen – auch selbst basteln. Anregungen dazu finden Sie im Abschnitt »Kodi auf einem PC mit Ubuntu, Lubuntu oder Debian-Linux installieren« ab Seite 69.

Relativ einfach haben es die Nutzer eines Smartphones oder Tablet-PCs unter den Betriebssystemen Android und iOS. Hier ist Kodi im App Store bzw. Google Play Store kostenfrei erhältlich und kann ganz einfach installiert werden. Mehr darüber erfahren Sie im Abschnitt »Kodi auf einem Smartphone oder Tablet installieren« ab Seite 80. Noch einfacher haben es die Nutzer eines integrierten Android-Geräts, wie ich es Ihnen bereits im Abschnitt »Die Sorglos-Lösung: fertige Receiver und Mediaplayer« auf Seite 28 gezeigt habe. Hier ist Kodi bereits im Auslieferungszustand installiert und kann mit einem Klick auf die Fernbedienung aktiviert werden.

Und, haben Sie schon die Wahl getroffen, welches System Sie einsetzen oder ausprobieren möchten? Dann geht es jetzt direkt in dem entsprechenden Abschnitt los mit der Installation. Danach können Sie zum ersten Mal Kodi starten und sich auf die Wiedergabe Ihrer Medien freuen.

Kodi auf einem Windows-Rechner installieren

Los geht es mit der Installation von Kodi als zusätzlichem Programm auf einem bestehenden Windows-PC. Wie bereits erwähnt, eignet sich dieser Weg für Sie, wenn Sie Kodi erst einmal kennenlernen möchten oder der PC neben der Medienwiedergabe auch noch für andere Arbeiten zur Verfügung stehen soll. Kodi können Sie so jederzeit als Programm starten. Soll es zur Hauptaufgabe des Rechners werden, ist über eigene Verknüpfungen auch der direkte Start beim Systemstart möglich. Beachten Sie, dass Sie für Kodi direkt unter Windows eine einigermaßen aktuelle Grafikkarte (eine in der CPU eingebaute Variante tut es auch sehr gut) sowie aktuelle Grafiktreiber inklusive einer aktuellen Version von DirectX benötigen. Prüfen Sie also bei dieser Gelegenheit gleich Ihre Grafiktreiber.

1. Das Installationsprogramm für Windows (Vista, 7, 8 und 10) erhalten Sie auf der Website *www.kodi.tv*. Klicken Sie dort in der oberen Menüleiste auf die Download-Schaltfläche. Scrollen Sie ein Stück nach unten, und klicken Sie das Windows-Logo an.

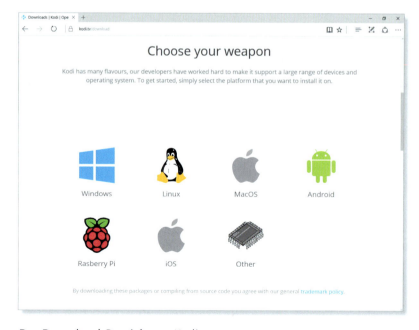

Der Download-Bereich von Kodi

Kodi auf einem Windows-Rechner installieren

2. Wählen Sie anschließend im neuen Fenster den Eintrag **Release**, der die aktuelle stabile Version von Kodi kennzeichnet. Gegenwärtig ist dies zum Beispiel Version 17.3 mit dem Versionsnamen »Krypton«. Der Nachfolger (Version 18) wird übrigens »Leia« heißen.

3. Klicken Sie auf den Eintrag **Installer**, um das Installationsprogramm für dieses Betriebssystem zu erhalten. Nutzer von Windows 10 können alternativ auch den Windows Store benutzen.

4. Nach dem Download können Sie Kodi wie jedes andere Programm installieren (indem Sie das heruntergeladene Installationsprogramm ausführen). Dazu sind Administratorrechte erforderlich, und Sie erhalten eine entsprechende Abfrage, die Sie bestätigen müssen.

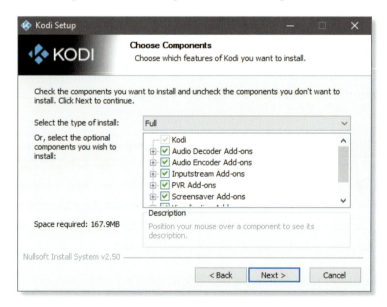

Das Installationsprogramm fragt nach den zu installierenden Komponenten.

5. Als Einsteiger installieren Sie am besten den kompletten Funktionsumfang von Kodi – das Programm benötigt auch so nur relativ wenig Festplattenspeicher. Legen Sie sich (auf Wunsch) nach der Installation für den schnellen Zugriff am besten eine Verknüpfung auf dem Desktop oder in die Taskleiste. Sie können Kodi anschließend direkt starten.

> **TIPP**
>
> **Möchten Sie Kodi automatisch beim Systemstart laden?**
>
> Dann legen Sie einfach eine Verknüpfung zu Kodi in den Autostart-Ordner des Startmenüs. Um in Windows 10 Zugriff auf den Autostart-Ordner zu erhalten, drücken Sie zunächst die Tastenkombination ⊞ + R und geben in das Dialogfeld `shell:startup` ein. Nach der Bestätigung öffnet sich der gewünschte Autostart-Ordner, in dem Sie eine Verknüpfung zu Kodi erstellen können. Dazu reicht es, das Kodi-Symbol aus dem Startmenü in diesen Ordner zu kopieren. Die Verknüpfung können Sie jederzeit wieder löschen, um den Autostart von Kodi abzuschalten.

Kodi auf einem Mac installieren

Die Installation von Kodi unter macOS ist ganz einfach. Das entsprechende Installationsprogramm erhalten Sie auf der Website von Kodi unter *www.kodi.tv*.

1. Auf der Seite öffnen Sie zunächst über die Symbolleiste oben rechts den Download-Bereich. Etwas weiter unten finden Sie die Sektion für das macOS-System. Klicken Sie dieses an, und wählen Sie den Eintrag **Release**, über den Sie die aktuelle stabile Version von Kodi erhalten. Laden Sie den Installer auf Ihre Festplatte herunter. Sie erhalten eine sogenannte *Disk-Image-Datei*, die alles Nötige beinhaltet.

2. Öffnen Sie diese Datei durch einen Doppelklick auf das Symbol im Finder.

3. Im neu geöffneten Fenster befindet sich genau eine Datei, die Sie einfach mit gedrückter Maustaste in Ihren Anwendungsordner ziehen. Daraufhin wird Kodi vollautomatisch installiert – das war leicht! Es kann allerdings sein, dass Ihnen eine Sicherheitsfrage angezeigt wird. Diese soll verhindern, dass arglose Nutzer Software aus nicht vertrauenswürdigen Quellen installieren. Normalerweise können Sie der offiziellen Kodi-Seite aber vertrauen und die Rückfrage entsprechend bestätigen.

4. Nach der Installation können Sie Kodi wie jedes andere Programm öffnen und nutzen.

Kodi auf einem PC mit Ubuntu, Lubuntu oder Debian-Linux installieren

In diesem Abschnitt geht es um die Installation von Kodi unter Linux. Ich zeige Ihnen hier, wie Sie unter Ubuntu und Lubuntu (einer leichtgewichtigen Variante von Ubuntu mit einfacherem Desktop) sowie unter Debian zum Ziel kommen. Auch hier wird Kodi als weiteres Programm unter dem bestehenden Betriebssystem installiert. Alle bereits vorhandenen Programme und Einstellungen bleiben intakt, Kodi kann jederzeit gestartet und beendet werden.

Als Erstes stelle ich Ihnen die Installation unter Ubuntu und Lubuntu vor:

1. Möchten Sie unter einem bestehenden Ubuntu- beziehungsweise Lubuntu-System die aktuelle Version von Kodi installieren, dann öffnen Sie zunächst ein Terminal (also eine Konsole zur Befehlseingabe). Es ist nötig, eine neue Paketquelle zu ergänzen, weil in den offiziellen Paketquellen von Ubuntu meist nur ältere Versionen von Kodi enthalten sind.

2. Führen Sie zunächst (mit aktuellen Paketquellen) folgenden Installationsbefehl aus:

   ```
   sudo apt-get install software-properties-common
   ```

   Dieser wird die notwendige Softwareumgebung einrichten.

3. Nun können Sie mit dem folgenden Befehl das notwendige Repository hinzufügen, das von den offiziellen Kodi-Entwicklern betrieben wird:

   ```
   sudo add-apt-repository ppa:team-xbmc/ppa
   ```

4. Aktualisieren Sie anschließend die Paketquellen mit diesem Befehl:

   ```
   sudo apt-get update
   ```

5. Jetzt können Sie Kodi installieren. Dafür führen Sie folgenden Befehl aus:

```
sudo apt-get install kodi
```

Nach der Installation finden Sie Kodi in den entsprechenden Listen bei Ihren Programmen und können das Mediacenter direkt starten. Dank der manuell hinzugefügten Paketquellen verfügen Sie automatisch über die aktuelle Version.

> **TIPP**
>
> **Einen eigenen HTPC mit umfassendem Linux-System aufsetzen**
>
> Während sich der Einsteiger über ein einfach zu bedienendes System freut, steht dem fortgeschrittenen Nutzer der Sinn nach mehr. Er wünscht sich einen HTPC, bei dem er die volle Kontrolle über das System behält und alles nach seinen Wünschen einrichten kann. Der Experte installiert sich daher zum Beispiel zunächst ein minimales Lubuntu-System ohne Desktop und grafische Benutzerumgebung. Dazu eignet sich die Server-Variante bestens. Anschließend fügt er einen Anzeige-Server wie xorg hinzu und installiert dann Kodi. Das Mediacenter lässt sich als Service direkt beim Systemstart laden. Auf diese Weise erhält man ein recht schlankes und sehr stabiles System.

Falls Sie lieber Debian verwenden möchten, können Sie sich an der folgenden Anleitung orientieren. Wenn Sie bereits die aktuelle Version *Debian Stretch* benutzen, dann können Sie Kodi direkt mit dem Befehl `sudo apt-get install kodi` installieren. Verwenden Sie hingegen noch den Vorgänger *Jessie*, dann führt folgender Weg zum Ziel:

1. Öffnen Sie ein Terminal und darin mit einem Texteditor die Datei */etc/apt/sources.list*. Nutzen Sie Nano, dann erledigt dies folgender Befehl:

```
sudo nano /etc/apt/sources.list
```

2. Ergänzen Sie am Ende der Datei folgende Zeile:

```
deb http://http.debian.net/debian jessie-backports main
```

Speichern Sie die Änderungen, und beenden Sie den Editor.

3. Anschließend aktualisieren Sie die Paketquellen mit dem Befehl

   ```
   sudo apt-get update
   ```

4. Danach installieren Sie schließlich Kodi mit folgendem Befehl:

   ```
   sudo apt-get install kodi
   ```

Beachten Sie, dass die Paketquellen unter Debian möglicherweise schon eine veraltete Fassung von Kodi beinhalten. Für die Nutzung der aktuellen Version ist daher Ubuntu beziehungsweise Lubuntu etwas einfacher einzurichten.

Einen eigenständigen Home-Theater-PC mit LibreELEC einrichten

In diesem Abschnitt zeige ich Ihnen, wie Sie auf einem eigenständigen Heimkino-PC, der auch Home-Theater-PC (HTPC) genannt wird, LibreELEC als einziges Betriebssystem installieren. Als Ergebnis wird nach dem Einschalten des Geräts und einer kurzen Startzeit direkt Kodi auf dem Fernseher erscheinen und auf die Medienwiedergabe warten. Diese Methode ist ideal für Anwender, die möglichst zügig zu einem funktionierenden System gelangen möchten, das auf Wunsch mit einigen weiteren Diensten ergänzt werden kann. Es spielt keine Rolle, ob der HTPC ganz neu ist oder schon unter einem bestehenden Betriebssystem arbeitet. Allerdings wird bei der Installation die primäre Festplatte, auf der LibreELEC installiert wird, automatisch komplett gelöscht. Weitere Festplatten mit bereits vorhandenen Daten bleiben intakt. Zur Sicherheit sollten Sie zuvor ein Backup anlegen, damit keine wichtigen Daten verloren gehen können.

Für die Installation benötigen Sie zunächst einen freien USB-Stick, der als Installationsmedium dient. Für diesen Zweck genügt bereits ein Modell mit 4 GB Speicherkapazität. Sie werden als Erstes an Ihrem normalen Desktop-PC ein Programm aus dem Internet herunterladen, das die Installations-

Kapitel 4 – Die Installation von Kodi auf Ihrer Hardware

dateien auf diesen USB-Stick schreibt. Bei diesem Vorgang wird der bisherige Inhalt des USB-Sticks automatisch komplett gelöscht, legen Sie also gegebenenfalls ein Backup Ihrer Daten an. Anschließend wird der Stick an den HTPC angeschlossen. Dieser Rechner wird vom USB-Stick booten und Ihnen das schlichte Installationsprogramm von LibreELEC anzeigen, das die eigentliche Installation auf dem HTPC vornehmen wird.

1. Schließen Sie den für die Installation vorgesehenen USB-Stick bitte als einziges USB-Speichergerät an Ihren Desktop-PC an (natürlich können Sie auch ein Notebook nehmen).

2. Gehen Sie danach auf die Internetseite *www.libreelec.tv*. Dies ist die offizielle Seite von LibreELEC. Klicken Sie in der oberen Symbolleiste auf den Eintrag **Download**.

Die Internetseite von LibreELEC

Sie gelangen zur Download-Seite, auf der Sie sich das Installationsprogramm namens *LibreELEC USB-SD Creator* herunterladen können. Dieses Programm wird den USB-Stick mit den nötigen Informationen beschreiben. Es werden verschiedene Versionen für Windows-, macOS- und Linux-Betriebssysteme angeboten. Laden Sie das Installationsprogramm für das Betriebssystem herunter, unter dem Ihr Desktop-PC arbeitet, denn mit diesem möchten Sie ja den USB-Stick erstellen.

3. Führen Sie den heruntergeladenen LibreELEC USB-SD Creator aus, der direkt gestartet werden kann. Das Programm ist klar strukturiert und einfach zu bedienen: Zuerst wählen Sie unter Ziffer 1 die gewünschte Zielhardware aus. Für einen normalen HTPC mit einem Intel- oder AMD-Prozessor wählen Sie (unabhängig davon, ob es ein 32- oder 64-Bit-Gerät ist) den Eintrag **Generic AMD/Intel/NVIDIA**. Rechts daneben entscheiden Sie sich im Aufklappfeld für die jeweils neueste Version von LibreELEC, erkennbar an der höchsten Versionsnummer. Während der Entstehung dieses Buches war das zum Beispiel Version 8.0.2.

4. Klicken Sie als Nächstes unter Ziffer 2 auf die Schaltfläche **Herunterladen**. Sie werden aufgefordert, das gewünschte Zielverzeichnis auszuwählen, hier bietet sich Ihr normales Download-Verzeichnis an. Danach startet der Download, der – je nach Internetgeschwindigkeit – einige Minuten dauern kann.

5. Nach dem Download wählen Sie unter Punkt 3 den gewünschten USB-Stick aus. Achten Sie darauf, dass es der richtige ist, denn der Inhalt wird komplett gelöscht – daher mein Rat, möglichst nur diesen einen Stick anzuschließen, das vermeidet eine Verwechslungsgefahr.

Der LibreELEC USB-SD Creator in Aktion

6. Klicken Sie anschließend unter Punkt 4 auf **Schreiben**. Auch der Schreibvorgang dauert einige Minuten. Sobald dieser abgeschlossen ist, erhalten Sie eine Information und können den USB-Stick vom Rechner trennen.

7. Stecken Sie den erstellten USB-Stick anschließend in Ihren HTPC, und starten Sie diesen. Es ist wichtig, dass der HTPC das Betriebssystem vom USB-Stick lädt.

> **TIPP**
>
> **Wie lade ich das Betriebssystem vom USB-Stick?**
>
> Im Regelfall gibt es kurz nach dem Einschalten die Möglichkeit, ein Boot-Menü aufzurufen, in dem der Datenträger für den Systemstart ausgewählt wird. Halten Sie Ausschau nach einem solchen Menü, das häufig mit der Taste F10 oder F11 aufgerufen wird. Alternativ kann es nötig sein, im BIOS oder UEFI-Setup-Programm die Boot-Reihenfolge beziehungsweise -priorität so einzustellen, dass der Start vom USB-Stick erfolgt. Dieser Schritt kann etwas kompliziert sein, wenn Sie nicht zum Ziel kommen, bitten Sie einen PC-erfahrenen Freund um Hilfe.

8. Wenn alles klappt, werden Sie von einem blauen Bildschirm mit einem grauen Fenster begrüßt. Die Installation von LibreELEC beginnt. Wählen Sie den Eintrag **Install LibreELEC**, und drücken Sie die ⏎-Taste.

Los geht es mit der Installation von LibreELEC über den ersten Menüpunkt.

Einen eigenständigen Home-Theater-PC mit LibreELEC einrichten

> **INFO**
>
> **Eventuell muss die Enter-Taste gedrückt werden**
>
> Je nach Hardwareversion erhalten Sie direkt beim Start zunächst einen schwarzen Bildschirm mit dem Text **Wait for installer to start or press <TAB> for more options**. In der zweiten Zeile steht **boot:**. Wenn diese Vorschaltseite erscheint, drücken Sie bitte einfach die Enter-Taste. Nach kurzer Zeit sehen Sie den Installationsdialog.

9. Keine Sorge: Das Installationsprogramm ist relativ kompakt. Sie brauchen jetzt eigentlich nur noch auszuwählen, auf welcher Festplatte LibreELEC installiert werden soll. Bei einem HTPC mit nur einer Festplatte haben Sie hier nicht viel Auswahl. Sind mehrere Festplatten installiert, dann müssen Sie das richtige Gerät auswählen. Häufig soll LibreELEC auf der ersten Festplatte (beziehungsweise SSD) installiert werden. Normalerweise ist dies das Gerät */dev/sda*. Eine zweite Festplatte verbirgt sich üblicherweise unter */dev/sdb*.

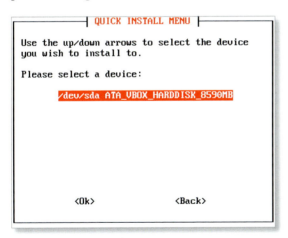

Wählen Sie das Zielgerät für die Installation – bei einem Rechner mit einer einzelnen Festplatte gibt es keine große Auswahl.

Nachdem Sie die Festplatte ausgewählt haben, müssen Sie eine Rückfrage bestätigen: Sie werden darauf hingewiesen, dass alle Daten auf der gewählten Festplatte unwiderruflich gelöscht werden – und diese

Aussage ist definitiv wahr. Bei einem neuen Rechner mit leerer Festplatte ist dies aber nicht weiter schlimm.

Stimmen Sie zu, dass die Festplatte neu formatiert wird.

Sicher ist sicher: Sie erhalten nochmals eine Rückfrage, die Sie ebenfalls bestätigen müssen.

Bestätigen Sie nochmals, dass wirklich alles gelöscht werden darf.

10. Daraufhin startet die eigentliche Installation, die wenige Minuten dauert.

Die Installation läuft…

Nachdem alle Dateien installiert sind, fordert LibreELEC Sie auf, den USB-Stick zu entfernen. Klicken Sie danach auf **Ok**.

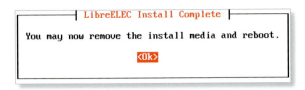

... und ist schließlich fertig. Entfernen Sie den USB-Stick ...,

11. Zum Schluss müssen Sie den Rechner neu starten. Dazu dient der Eintrag **Reboot** im Hauptmenü des Installationsprogramms.

... und starten Sie den Rechner neu.

Nun zeige ich Ihnen die Ersteinrichtung von LibreELEC: Beim Neustart sehen Sie den Startbildschirm von LibreELEC und landen automatisch in Kodi. Dort werden Sie vom Einrichtungsassistenten von LibreELEC begrüßt. Zur Einrichtung ist eine Tastatur hilfreich, die Sie auch jetzt noch anschließen können. Die Einrichtung von LibreELEC läuft folgendermaßen ab:

1. Zunächst sehen Sie einen Begrüßungstext in englischer Sprache. Wenn Sie diesen gelesen haben, drücken Sie Enter/OK (oder klicken auf die Schaltfläche **Next**).

Kapitel 4 – Die Installation von Kodi auf Ihrer Hardware

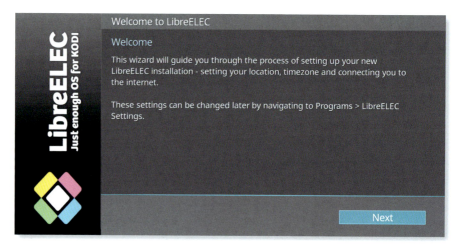

Der Einrichtungsassistent von LibreELEC heißt Sie willkommen.

2. Zunächst können Sie dem Kodi-/LibreELEC-Gerät einen Namen geben. Wenn Sie mehrere Kodi-Geräte haben und diese im Heimnetzwerk voneinander unterscheiden möchten, (zum Beispiel beim Zugriff auf UPnP-Dienste), sind eindeutige Namen für die einzelnen Geräte ein Muss. Der voreingestellte Name lautet LibreELEC. Wenn es nur ein Kodi-Gerät im Netzwerk gibt, können Sie diesen Namen übernehmen. Ist das nicht so, klicken Sie mit ↑ in das Namensfeld unter dem Wort **Hostname**, bestätigen mit der Enter-/OK-Taste und geben einen neuen Namen ein. Es empfiehlt sich, im Namen den Raum zu vermerken, in dem sich das Kodi-Gerät befindet, zum Beispiel »Wohnzimmer«. Drücken Sie abschließend Enter/OK. Verwenden Sie keine Sonderzeichen und keine Leerzeichen. Navigieren Sie anschließend zur Schaltfläche **Next**, und drücken Sie erneut Enter/OK.

3. Jetzt sehen Sie eine Übersicht über die Netzwerkverbindungen. Kodi benötigt zwingend eine Internetverbindung, um die Daten für die Medienverwaltung herunterladen zu können. Am schnellsten und stabilsten ist eine Kabelverbindung. Ist Ihr Rechner so angeschlossen, dann sind auf dieser Seite keine Eintragungen erforderlich, und Sie können gleich auf **Next** klicken. Möchten Sie jedoch – was auf alle Fälle nur die »zweite Wahl« ist – über den WLAN-Adapter des Kodi-Geräts eine drahtlose

Verbindung herstellen, dann navigieren Sie mit den Pfeiltasten zum Namen Ihres Drahtlosnetzwerks. Drücken Sie Enter/OK, und klicken Sie im neuen Fenster auf den Eintrag **Connect**. Geben Sie anschließend das Passwort für Ihr WLAN ein, und bestätigen Sie Ihre Eingabe. Abschließend können Sie auf **Next** klicken.

4. Als Nächstes können Sie zwei wichtige Dienste aktivieren. Es handelt sich um *SSH* und *Samba*. Einsteiger müssen hier keine Änderungen vornehmen. Der SSH-Service dient dazu, über das Netzwerk direkt mit dem Linux-Betriebssystem zu interagieren. Das geschieht in Form einer Art »Fernsteuerung«, bei der eine Eingabeaufforderung des Betriebssystems an einem anderen Rechner angezeigt wird. Einsteiger benötigen diese Funktion nicht, sie kann deaktiviert bleiben. Fortgeschrittene Nutzer können den Dienst aktivieren und verwenden zur Verbindung den Benutzernamen *root* und das Passwort *libreelec*. Auch für Einsteiger wichtig ist der praktische Dienst Samba. Ist er (wie in der Standardeinstellung) aktiv, werden die Datenträger des LibreELEC-Geräts über eine Dateifreigabe im Netzwerk zur Verfügung gestellt. Mit einem anderen Computer können Sie bequem auf die Datenträger zugreifen und neue (oder weitere) Medien auf das LibreELEC-Gerät kopieren. Möchten Sie eine Einstellung ändern, wählen Sie den Eintrag aus und bestätigen mit Enter/OK. Abschließend klicken Sie auf die Schaltfläche **Next**.

Die Dienste SSH und Samba können aktiviert werden.

5. Damit sind Sie schon fertig. Zum Schluss wird Ihnen ein Dankestext angezeigt. Wenn Sie diesen durchgelesen haben, klicken Sie auf **Next**. Jetzt befinden Sie sich direkt in Kodi, und das Abenteuer kann beginnen! Viel Spaß!

Kodi auf einem Smartphone oder Tablet installieren

Die Installation von Kodi ist auf einem Smartphone oder Tablet wirklich ganz einfach, denn das Programm ist sowohl im Google Play Store als auch in Apples App Store verfügbar und kann von dort aus direkt installiert werden. Rufen Sie also den jeweiligen Store für Ihr Gerät auf, und suchen Sie dort nach Kodi. Der offizielle Herausgeber der Kodi-App ist (derzeit) die XBMC Foundation.

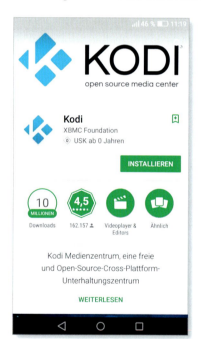

Installieren Sie die Kodi-App durch eine Berührung der Schaltfläche **Installieren** (beziehungsweise des entsprechenden Pendants), und wenige Augenblicke später steht Ihnen das Mediacenter zur Verfügung.

Kodi wird direkt als App angeboten – hier etwa im Google Play Store eines Android-Smartphones.

> **INFO**
>
> **Kein Glück bei einem älteren Smartphone?**
>
> Das kann durchaus sein. Zum Beispiel erfordert die neue Version 17 von Kodi mindestens die Android-Version 5 (Lollipop). Benutzer älterer Android-Geräte, die kein Update mehr auf neuere Android-Versionen erhalten, gehen hier leider leer aus. Natürlich können Sie Kodi stattdessen problemlos auf anderen Geräten nutzen.

Kodi sieht als App auf dem Smartphone sehr vertraut aus – lediglich die Schaltflächen sind bei der Touch-Bedienung etwas größer.

LibreELEC auf dem Raspberry Pi installieren

Nun lernen Sie, wie Sie Kodi auf Ihrem Raspberry Pi installieren. In diesem Abschnitt geht es um LibreELEC, das sich bestens für Einsteiger eignet, die Kodi möglichst schnell zum Laufen bringen möchten. Auch wenn der Raspberry Pi ein Lerncomputer ist und sich vor allem an Bastler wendet, haben Sie keine komplizierte Installation zu fürchten. Auch vom eigentlichen Betriebssystem bekommen Sie so gut wie nichts mit, denn LibreELEC ist auch beim Pi so um Kodi herum angepasst, dass beim Start direkt das Mediacenter geladen wird. Mit LibreELEC erhalten Sie ein stabiles, flottes System, das seine Aufgabe sehr gut erfüllen wird. Die Installation dieser Betriebssystem/Kodi-Kombination nehmen Sie zunächst an einem normalen Computer vor. Es spielt keine Rolle, ob Sie dafür einen Windows-PC, einen Mac oder gar einen Linux-Rechner verwenden. Die Reihenfolge ist immer gleich: Sie starten ein Installationsprogramm aus dem Internet, dieses lädt seinerseits das Betriebssystem, entpackt die erhaltenen Daten und schreibt sie auf die Speicherkarte des Raspberry Pi.

Für die Installation benötigen Sie natürlich Ihren Raspberry Pi, dazu ein Netzteil, eine microSD-Speicherkarte und Ihren (Desktop-)Computer beziehungsweise Ihr Notebook, jeweils ausgerüstet mit einem Speicherkartenleser, der aber auch in Form eines (im Elektronikmarkt kostengünstig erhältlichen) USB-Geräts angeschlossen sein kann.

1. Los geht es mit der Installation von LibreELEC: Sie werden sich darüber freuen, dass es ein komplettes Installationstool gibt, das Ihnen nahezu alle Arbeiten abnimmt. Sie erhalten das Programm auf der offiziellen Internetseite des Projekts unter *www.libreelec.tv*.

   Klicken Sie dort rechts oben in der Menüleiste auf **Download**, und laden Sie das Installationsprogramm für Ihr jeweiliges Arbeitssystem herunter. Da Sie die Speicherkarte mit Ihrem (Desktop)-Computer beschreiben, müssen Sie hier natürlich dessen Betriebssystem auswählen.

2. Nach dem Download können Sie das Installationsprogramm direkt starten. Linux-Nutzer müssen die heruntergeladene Binärdatei zunächst noch mit Ausführrechten versehen (am einfachsten geht das über das Terminal) und dann mit vorangestelltem *sudo*-Kommando ausführen. Nutzen Sie dazu den (angepassten) Befehl `sudo chmod +x Dateiname`.

3. Im Installationsprogramm wählen Sie zunächst unter der farbig unterlegten Ziffer 1 **Version auswählen** Ihr Zielgerät aus. Beachten Sie, dass es für die Raspberry-Pi-Modelle 2 und 3 sowie für die Modelle 1 und Zero jeweils unterschiedliche Versionen gibt.

Das Installationsprogramm für LibreELEC, hier unter Windows 10

4. Im Auswahlfeld rechts daneben wählen Sie die neueste Version mit der höchsten Versionsnummer aus.

5. Klicken Sie anschließend unter Ziffer 2 auf **Herunterladen**. Wählen Sie den Zielordner auf Ihrer lokalen (PC-)Festplatte (es geht hier um das Zwischenspeichern der Installationsdateien), und starten Sie den Download. Legen Sie die Speicherkarte des Raspberry Pi in den Speicherkartenleser Ihres (Desktop-)Computers. Sie müssen die Speicherkarte zuvor nicht neu formatieren, egal, ob sie fabrikneu ist oder bereits Daten enthält. Entfernen Sie sicherheitshalber alle weiteren USB-Speichergeräte, damit diese nicht versehentlich überschrieben werden. Warten Sie, bis der Download im Installationsprogramm komplett ist.

6. Anschließend wählen Sie unter Ziffer 3 die Speicherkarte des Raspberry Pi aus. Wenn die richtige Karte nicht angezeigt wird, aktualisiert die kleine Pfeilschaltfläche die Liste. Wählen Sie unbedingt die richtige Karte aus, denn der bisherige Inhalt wird überschrieben. Klicken Sie anschließend unter Ziffer 4 auf **Schreiben**.

7. Nachdem der Schreibvorgang abgeschlossen ist, können Sie die Speicherkarte aus dem Speicherkartenleser entfernen und in den stromlosen Raspberry Pi einlegen.

> **ACHTUNG**
>
> **Der Pi und die Speicherkarte**
>
> Das Einlegen und Entfernen der Speicherkarte dürfen immer nur im stromlosen Zustand des Raspberry Pi erfolgen. Fahren Sie vorher immer das Betriebssystem herunter, und ziehen Sie den Netzstecker des Raspberry Pi aus der Steckdose.

8. Sie können danach den Pi starten, indem Sie das Netzteil in eine Steckdose stecken. Schließen Sie jedoch zuvor eine Tastatur (eine Maus ist nicht erforderlich, schadet aber auch nicht) sowie ein Netzwerkkabel und Ihren Fernseher an. Ältere Pi-Modelle (Version 1 und 2) benötigten für eine WLAN-Verbindung darüber hinaus einen WLAN-Stick.

9. Beim ersten Start werden Sie von einem Einrichtungsassistenten begrüßt und können grundlegende Einstellungen vornehmen. Die Funktionsweise dieses Assistenten habe ich Ihnen in der Anleitung zur Ersteinrichtung von LibreELEC auf Seite 77 bereits detailliert beschrieben. Bitte fahren Sie jetzt dort fort.

Die Alternative: OSMC auf dem Raspberry Pi installieren

In diesem Abschnitt geht es um die Installation von OSMC für den Raspberry Pi. OSMC verwendet im Gegensatz zu LibreELEC ein »vollständiges« und »offenes« Linux-Grundsystem, das sich nach eigenen Wünschen anpassen lässt. OSMC basiert auf einem kompletten Debian-System und bringt auch die APT-Paketverwaltung mit. Anwender können so also auf einfachste Weise weitere Software installieren und nutzen.

Für OSMC gibt es ein Installationsprogramm, das die nötigen Daten auf die Speicherkarte des Raspberry Pi schreibt und auf Ihrem normalen (Desktop-)Computer (oder Notebook) arbeitet. Sie werden dort zunächst dieses Installationsprogramm aus dem Internet herunterladen und es dann ausführen. Das Programm lädt die benötigten Dateien herunter und schreibt sie anschließend auf die Speicherkarte des Raspberry Pi. Ihr Desktop-Computer muss dafür natürlich mit einem Speicherkartenleser ausgestattet sein.

1. Laden Sie das Installationsprogramm von OSMC von der Website *www.osmc.tv* herunter. Klicken Sie dazu oben rechts auf **Download**. Das Programm laden Sie natürlich für das Betriebssystem Ihres (Desktop-)Computers.

Falls Ihr Computer unter einem Linux-Betriebssystem arbeitet, dann zeigt Ihnen die Webseite detaillierte Hinweise zur Installation des eigentlichen Installationsprogramms. Nutzer anderer Betriebssysteme wie etwa Windows müssen keine Installation vornehmen, sondern können das Programm direkt ausführen.

Die Alternative: OSMC auf dem Raspberry Pi installieren

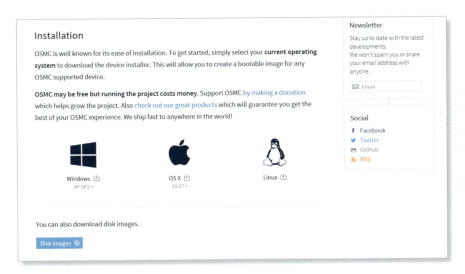

Die Download-Seite von OSMC bietet Installationsprogramme für verschiedene Computer an, die zum Beschreiben der Speicherkarte des Raspberry Pi verwendet werden können.

2. Legen Sie die Speicherkarte des Raspberry Pi in den Speicherkartenleser Ihres (Desktop-)Computers ein, und entfernen Sie alle weiteren USB-Speichermedien, damit diese nicht versehentlich überschrieben werden. Achtung: Ein eventueller Inhalt der Speicherkarte wird bei der Installation von OSMC automatisch vollständig gelöscht.

3. Wenn Sie das Installationsprogramm starten, dann können Sie zunächst in einem Listenfeld die ge-

Das Installationsprogramm von OSMC möchte wissen, in welcher Sprache es mit Ihnen kommunizieren soll und welchen Zielcomputer Sie verwenden möchten. Wählen Sie also Ihr Pi-Modell.

wünschte Sprache auswählen, wobei derzeit nur die Variante **English** sinnvoll ist. Darunter stellen Sie die Version Ihres Raspberry Pi ein. Sie haben die Wahl zwischen dem älteren Modell 1, zu dem auch der Pi Zero gehört, sowie den neueren Varianten Pi 2 und Pi 3. Optional können Sie auch Geräte wie ein älteres Apple TV oder die Vero-Geräte als Zielhardware auswählen, die jedoch nicht so stark verbreitet sind. Weiter geht es mit einem Klick auf die Pfeilschaltfläche unten rechts.

4. Jetzt wählen Sie die zu installierende Version von OSMC aus. Es empfiehlt sich, die neueste Variante mit dem jüngsten Datum auszuwählen. Das Kontrollkästchen darunter aktivieren Sie bitte nicht, denn damit könnten Sie eine bereits heruntergeladene Version installieren. Bitte fahren Sie mit der Pfeilschaltfläche nach rechts fort.

5. Im nächsten Schritt wählen Sie die Art des Speichermediums, das zur Installation genutzt werden soll. Für den Raspberry Pi wählen Sie **SD-Card** aus, denn davon lädt der Pi sein Betriebssystem.

6. Auf der nächsten Seite können Sie auswählen, ob Sie Ihren Pi über ein kabelgebundenes Netzwerk (**wired connection**) oder über eine WLAN-Verbindung (**wireless connection**) mit Ihrem Heimnetzwerk und dem Internet verbinden möchten. Das untere Kontrollkästchen **Configure network manually** erlaubt es fortgeschrittenen Anwendern, die Netzwerkkonfiguration des Pi manuell festzulegen. Hier können Sie direkt eine statische IP-Adresse und den bevorzugten DNS-Server eintragen. Die Einstellungen erfolgen auf der nächsten Seite. Einsteiger lassen das Kästchen deaktiviert und verwenden so eine automatische Netzwerkkonfiguration.

7. Wenn Sie sich für eine drahtlose Verbindung entschieden haben, dann können Sie auf der folgenden Seite die Netzwerkkennung **SSID** Ihres drahtlosen Netzwerks und das zugehörige Passwort angeben. Bitte wählen Sie auch die Verschlüsselungstechnologie Ihres WLANs aus, im Regelfall ist hier **WPA/WPA2 PSK** die richtige Einstellung. Alle Einstellungen lassen sich aber auch später während des Betriebs von OSMC ändern.

Die Alternative: OSMC auf dem Raspberry Pi installieren

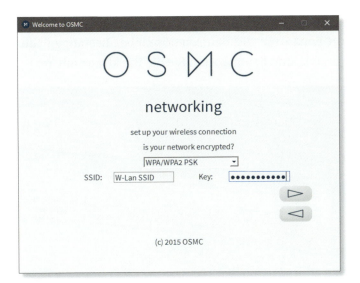

Sehr praktisch: OSMC ermöglicht direkt bei der Erstellung der Speicherkarte die bequeme Eingabe von WLAN-Zugangsdaten.

8. Im Folgenden müssen Sie die zu beschreibende Speicherkarte auswählen. Kontrollieren Sie bitte genau, ob Sie die richtige Speicherkarte beschreiben. Orientieren Sie sich an der Speicherkapazität, der Bezeichnung sowie dem Speicherpfad beziehungsweise dem Laufwerksbuchstaben. Klicken Sie dann auf **Weiter**, und bestätigen Sie die Einstellungen. Das Installationsprogramm wird nun die benötigten Dateien aus dem Internet herunterladen und sie auf die Speicherkarte schreiben.

9. Nach dem Installationsvorgang können Sie die Speicherkarte aus dem Speicherkartenleser entnehmen und in Ihren Raspberry Pi einlegen, den Sie schon mit Ihrem Fernseher (und eventuell dem Netzwerkkabel sowie einer Tastatur) verbunden haben. Sie sind jetzt bereit, Kodi unter OSMC kennenzulernen. Schließen Sie als Letztes das Netzteil an.

10. Beim ersten Systemstart sehen Sie zunächst die Einrichtung des Systems. Der Bildschirm zeigt nacheinander die Meldungen **Formatting device**, **Installing files** (dieser Vorgang dauert recht lange) und schließlich **OSMC installed successfully**. Nach einem automatischen Neustart werden Sie unter Kodi zunächst vom OSMC-Einrichtungsassistenten begrüßt, der sich um die grundlegende Einrichtung kümmert.

11. Als Erstes wählen Sie die Sprache, die Kodi später verwenden soll, also zum Beispiel **German** für die deutsche Sprache. Bestätigen Sie Ihre Wahl mit Enter/OK, und beantworten Sie die Rückfrage mit **Yes**.

Zu Beginn müssen Sie die Sprache einstellen, die Kodi verwenden soll.

12. Weiter geht es mit der Zeitzone. Hier wählen Sie zuerst **Europe** für Europa aus und anschließend die für Ihre Zeitzone passende Stadtvorgabe, zum Beispiel **Berlin**. Bestätigen Sie mit Enter/OK.

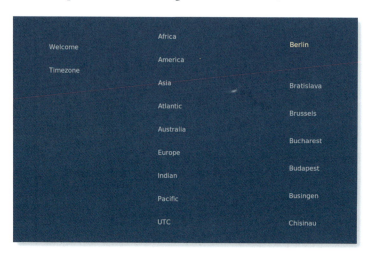

Hier wird die Zeitzone für das OSMC-Gerät eingestellt.

Die Alternative: OSMC auf dem Raspberry Pi installieren

13. Im nächsten Schritt müssen Sie für das OSMC-Gerät einen Namen vergeben. Ein Name ist wichtig, wenn es in Ihrem Netzwerk mehrere OSMC-Geräte geben sollte, die Sie voneinander unterscheiden möchten. Gute Namen weisen auf den Aufstellungsort des Geräts hin, zum Beispiel *OSMC-Wohnzimmer*. Wenn Ihnen nichts einfällt, können Sie sich von OSMC auch einen zufälligen Namen vorschlagen lassen. Klicken Sie abschließend auf **Accept**.

14. Als Nächstes treffen Sie Ihre Wahl bezüglich des SSH-Servers. Mittels des SSH-Protokolls können Sie über das Netzwerk von einem anderen Rechner auf das OSMC-Gerät zugreifen und Einstellungen vornehmen. Dafür müssen Sie den Benutzernamen *osmc* und das gleichlautende Passwort eingeben. Da sich OSMC (auch) an Bastler richtet, die diesen Dienst oftmals benötigen, bleibt der SSH-Server normalerweise aktiviert. Beachten Sie, dass bei aktiviertem SSH-Server natürlich jeder Computer auf das OSMC-Gerät zugreifen kann. Benötigen Sie den SSH-Server nicht, können Sie ihn auch deaktivieren. Die Aktivierung wird durch ein hell leuchtendes kleines Quadrat angezeigt. Klicken Sie auf **Accept**. Anschließend wird Ihnen die Lizenz von OSMC angezeigt.

Vergeben Sie einen Namen für Ihr OSMC-Gerät.

15. Der nächste Schritt ist recht wichtig, denn jetzt geht es um die Wahl des Skins, also die Gestaltung der Benutzeroberfläche von Kodi. OSMC bringt für Kodi einen eigenen Skin mit. Wie bei allen Dingen gefällt dieser Skin dem einen, der andere stört sich aber daran. Auf alle Fälle sehen die Bildschirmanzeigen mit dem OSMC-Skin natürlich anders aus, als sie in diesem Buch mit dem Standard-Skin von Kodi namens **Estuary** dargestellt sind. Als Anfänger, der sich stark an diesem Buch orientiert, sind Sie mit dem Standard-Kodi-Skin vermutlich besser beraten. Obwohl der Estuary-Skin brandneu ist, nennt OSMC ihn trotzdem **Classic**-Skin. Der Skin lässt sich auch später noch jederzeit ändern – mehr darüber erfahren Sie in Kapitel 17, »Tapetenwechsel: mit Skins arbeiten«.

Sie haben die Wahl zwischen zwei Skins, dieses Buch basiert allerdings auf dem modernen »Classic«-Skin.

16. Zum Schluss haben Sie noch die Wahl, sich für einen Newsletter von OSMC anzumelden, bevor Ihnen die Meldung **That's it! You're now ready to enjoy OSMC** angezeigt wird. Nach einem Neustart des Raspberry Pi steht Ihnen Kodi zur Verfügung.

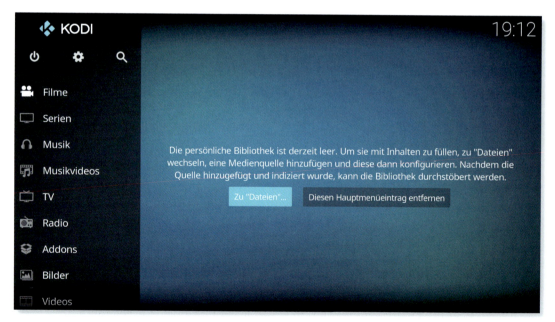

Fertig: Kodi begrüßt Sie zum ersten Mal unter OSMC.

Kapitel 5
Kodi und die Fernbedienung

In diesem Kapitel soll es um die Fernbedienung als Kommandozentrale für Kodi gehen. Schauen Sie sich an, auf welche Weise Sie Kodi fernbedienen können.

Tastatur und Maus – nur eine Notlösung?

Wird Kodi auf einem Desktop-Computer oder Notebook ausgeführt, dann sind Tastatur und Maus zunächst die Hauptgeräte zur Bedienung. Kodi kann mit beiden Geräten bedient werden. Wie man schnell merkt, ist die Nutzung der Maus aber nicht die bequemste Methode. Bewegt man den Zeiger nicht kontrolliert einen Pfad entlang, werden beim Überfahren anderer Schaltflächen möglicherweise unbeabsichtigt Elemente, insbesondere Ansichtsoptionen, aktiviert. Die Maus ist daher tatsächlich eher eine Notlösung und nicht die bevorzugte Methode, um Kodi zu bedienen.

Viel angenehmer ist die Nutzung der Tastatur, denn Kodi wurde für die Bedienung »mit Tasteninstrumenten« entworfen. Neben echten Tastaturen zählen dazu vor allem Fernbedienungen. Mit den Pfeil- beziehungsweise Cursor-Tasten ↑, →, ↓ und ← lässt sich flott in Kodi navigieren, und über die anderen Tasten werden Aktionen ausgelöst. Insbesondere, wenn bei der Einrichtung von Kodi die Fernbedienung zunächst noch nicht eingerichtet ist, wird die Tastatur zum unverzichtbaren Helfer – das gilt nicht nur für den Desktop-Computer, sondern für alle Kodi-Geräte. Zumindest für die Ersteinrichtung sollten Sie also eine Tastatur zur Hand haben, die sowohl kabelgebunden als auch kabellos sein kann. Eine Tastatur hat auch im Alltag Vorteile: Texteingaben können deutlich schneller und bequemer erfolgen als über die Bildschirmtastatur, die auf dem Fernseher angezeigt wird. Wenn Sie zum Beispiel einen Speicherort benennen oder ein längeres Passwort eingeben möchten, ist die Eingabe über die Bildschirmtastatur recht langwierig – auf einer echten Tastatur sind Sie viel schneller. Eine Tastatur hilft auch bei der Eingabe von Suchbegriffen und Schlagwörtern, nicht nur in der Medienbibliothek, sondern auch beim Zugriff auf Onlineinhalte.

Normale Tastaturen, die am PC problemlos arbeiten, funktionieren auch am Kodi-Gerät – und das sogar ohne Treiberinstallation. Deutlich angenehmer und vor allem wohnzimmertauglicher als gewöhnliche »große« PC-Tastaturen sind kleine »Multimedia-Tastaturen«. Diese bieten neben den üblichen Buchstaben- und Zifferntasten häufig noch weitere Tasten zur Steuerung eines Mediaplayers und sind relativ günstig. Ein recht gut funktionierendes und dabei preiswertes Gerät ist zum Beispiel das Modell *Rii i8* (beziehungsweise die »Luxusvariante« *Rii i8+*) des Herstellers *Riitek*, das Sie im Internet für rund 15 € erwerben können.

Viele Aktionen in Kodi lassen sich nicht nur über Schaltflächen, sondern auch über Tastaturkürzel auslösen. In diesem Buch nenne ich für wichtige Aktionen stets auch die zugehörigen Tastaturbefehle, mit denen sich Kodi sehr schnell steuern lässt.

Praktisch für Texteingaben: eine kleine Tastatur mit Funkübertragung, hier sehen Sie das Modell Rii i8 des Herstellers Riitek.

> **INFO**
>
> **Auch möglich: das Gamepad**
>
> Diese Möglichkeit stammt noch »aus der Gründerzeit« von Kodi, das einst als Mediaplayer für die Xbox entstand und so bis heute mit einem Gamepad, also einem Spielecontroller, bedient werden kann. Navigiert wird mit dem Steuerkreuz, die Tasten lösen Aktionen aus. Besitzen Sie ein Gamepad? Dann probieren Sie es doch mal aus – allerdings ist diese Art der Steuerung heutzutage eher unüblich.

Mit Kodi über die TV-Fernbedienung kommunizieren: HDMI-CEC

Keine Frage, für die alltägliche Bedienung von Kodi eignet sich am besten eine Fernbedienung mit einfach zuzuordnenden Funktionen. Kodi lässt sich auf verschiedene Weise fernbedienen. Da wäre zunächst eine angenehme Möglichkeit zu nennen, für die keine neue (und vor allem keine separate) Fernbedienung nötig ist: Ich spreche von der *HDMI-CEC*-Funktion. Die Abkürzung *CEC* steht für *Consumer Electronics Control*. Darüber lassen sich Steuersignale (wie die einer Fernbedienung) zwischen verschiedenen Komponenten über die HDMI-Verbindung austauschen. Mit der Fernbedienung funktioniert das so: Ihr Fernseher empfängt die Signale seiner eigenen Fernbedienung und reicht diese über die HDMI-Verbindung an das Kodi-Gerät weiter. Dort werden die gewünschten Befehle ausgeführt.

Diese praktische Funktion muss natürlich sowohl vom Fernseher als auch vom Kodi-Gerät unterstützt werden. Bei den Fernsehern sieht es mit der Unterstützung recht gut aus. Nahezu alle Modelle der namhaften Hersteller bieten die CEC-Funktion, die allerdings nicht immer so genannt wird. Stattdessen werden eigene Bezeichnungen verwendet. Trotzdem sind verschiedene Geräte untereinander kompatibel – denn dafür wurde diese Funktion ja schließlich entwickelt. Halten Sie bei Ihrem Fernseher also Ausschau nach einem der rechts aufgeführten Begriffe beziehungsweise Funktionen.

Sie sind fündig geworden? Dann unterstützt Ihr Fernseher die gewünschte CEC-Funktion, die sich oftmals nicht nur auf die Übertragung von Fernbedienungssignalen beschränkt.

Name der CEC-Funktion	Gerätehersteller
Anynet+	Samsung
Aquos Link	Sharp
BRAVIA Sync	Sony
Digital Link HD	Loewe
Digi-Link	Grundig
EasyLink	Philips
Regza-Link	Toshiba
Simplink	LG
Viera Link	Panasonic

Unterschiedliche Bezeichnungen für die CEC-Funktionen

Nein, mit dieser Funktion kann zum Beispiel der Fernseher durch den Start von Kodi gleich automatisch eingeschaltet werden, die richtige Signalquelle wählen und sich bei Beendigung von Kodi auch mit ausschalten.

Allerdings ist der Umfang übertragbarer Signale nicht einheitlich. Bei einigen Geräten beschränkt sich der Bedienkomfort etwa auf die Pfeiltasten, andere bieten auch separate Tasten zur Mediensteuerung, etwa Play-, Pause- und Bildsuchlauftasten. Schauen Sie also zuerst im Handbuch Ihres Fernsehers nach, und prüfen Sie, welche Funktionen er bietet und welche Fernbedienungstasten genutzt werden können.

Bei der Unterstützung aufseiten der Kodi-Geräte sieht es deutlich schlechter aus. Leider bieten Desktop-Geräte und HTPCs üblicherweise keine Unterstützung, denn PC-Grafikkarten leiten die CEC-Signale nicht weiter.

> **TIPP**
>
> **Es gibt zumindest Adapterlösungen...**
>
> ... zum Beispiel in Form von HDMI-Zwischensteckern des Herstellers *PulseEight*. Die CEC-Signale werden über eine separate USB-Leitung ausgekoppelt. Treiber müssen im Regelfall nicht installiert werden, die Geräte werden direkt unterstützt. Ein großer Nachteil dieser Lösungen ist allerdings ihr Preis. Je nach benötigtem Modell und Bezugsquelle variiert dieser zwischen 30 und 50 €. Für diese Summe bekommt man auch schon eine eigene Fernbedienung mit größerem Funktionsumfang. Die Anschaffung der Adapter lohnt also nur, wenn die Zahl an Fernbedienungen unbedingt klein gehalten werden soll.

Neuere NUC-Geräte von Intel bringen immerhin schon rudimentäre Funktionen mit, diese beschränken sich allerdings auf das Ein- und Ausschalten der beteiligten Geräte.

Eine sehr gute Unterstützung für CEC-Signale bietet der Raspberry Pi – und zwar ganz ohne jeden Konfigurationsaufwand. Mit diesem Gerät sind Sie also »fein raus«. Ebenso unterstützen viele Mediaplayer (also Fertiggeräte) diese Funktion. Auch viele der in Kapitel 2, »Die Hardware für Kodi«, vorgestellten Android-Mediaplayer bieten die CEC-Steuerung.

Mit Kodi über die TV-Fernbedienung kommunizieren: HDMI-CEC

TIPP

Sind Sie NUC-Besitzer und Bastler?

Die NUC-Geräte haben intern einen Anschluss für einen Adapter, der die gewünschten Funktionen ermöglicht. Dazu gibt es die bereits im Abschnitt »Die Mittelklasse: ein Intel NUC-PC« ab Seite 37 erwähnten Zusatzgeräte des Herstellers *PulseEight*. Das passende Modul (achten Sie auf die Modellnummer) muss im NUC-Gerät eingebaut werden. Bei Unsicherheiten kann Ihnen ein technikaffiner Bekannter rasch aushelfen. Eine Softwareinstallation ist nicht erforderlich. Für den Preis dieser Lösung sind allerdings »ausgewachsene« eigenständige Fernbedienungen erhältlich.

INFO

Einstellungen in Kodi rund um die CEC-Funktion

Auch für die CEC-Funktion bietet Kodi Einstellungsoptionen. Auf einem CEC-fähigen Gerät erreichen Sie die Optionen über das Einstellungsmenü von Kodi, den Menüpunkt **System** und die Kategorie **Eingabe**. Klicken Sie den ersten Punkt auf der rechten Seite namens **Geräte** an. Dort finden Sie den **CEC-Adapter**, den Sie konfigurieren können. Die Optionen sind selbsterklärend. Sie können sich zum Beispiel aussuchen, ob Sie den Fernseher zusammen mit Kodi ein- und ausschalten wollen und wie Kodi auf einen Programm-/Quellenwechsel am Fernseher reagieren soll.

Unter Kodi können Sie die CEC-Funktionen konfigurieren.

Einen eingebauten Infrarotempfänger verwenden

Viele HTPCs bieten einen eingebauten Infrarotempfänger für Fernbedienungssignale, so auch die Intel-NUC-Geräte oder die Zotac-ZBOX-Modelle. Mit einer geeigneten Fernbedienung können solche Geräte problemlos fernbedient werden – natürlich muss dabei stets Sichtkontakt zur Fernbedienung bestehen. Viele Geräte mit eingebautem Infrarotempfänger lassen sich auch aus dem ausgeschalteten Zustand einschalten – so wird das Ganze recht komfortabel. Bleibt natürlich die Frage, welche Fernbedienung sich dafür eignet. Glücklicherweise gibt es einen Standard, der sowohl von Kodi als auch von den allermeisten Geräten für den Heimkinobetrieb – wie etwa den NUC- und ZBOX-Modellen – unterstützt wird. Die Rede ist vom *Windows Media Center Edition Standard* für Fernbedienungen. Eine solche Fernbedienung (häufig auch kurz *MCE Remote* genannt) wird oftmals »out of the box« funktionieren, es ist also keine Einrichtung erforderlich – abgesehen vom Einlegen der benötigten Batterien. MCE-Fernbedienungen verwenden das Protokoll *RC 6*. Eine Fernbedienung, die dieses Protokoll verwendet, besitzt hohe Chancen, gut unterstützt zu werden.

Der Handel bietet MCE-Fernbedienungen schon zu geringen Preisen an. Ein interessantes und recht günstiges Modell ist die *MCR2-Media-Center-Fernbedienung* des Herstellers *Arctic*, erhältlich etwa bei Amazon für knapp 15 €. Bei diversen eBay-Händlern ist das Produkt hin und wieder sogar noch günstiger im Angebot. Wenn der Empfänger Ihres Kodi-Geräts mit dem MCE-Standard kompatibel ist, dann funktioniert diese Fernbedienung sofort. Mit ihr lässt sich Kodi nach etwas Eingewöhnungszeit sehr gut fernbedienen. Übrigens: Bei dieser Fernbedienung gibt es für das in diesem Buch häufig verwendete Kontextmenü keine separate Taste. Das ist aber kein Problem: Unter LibreELEC und OSMC nutzen Sie dafür einfach die Taste GUIDE. Unter Windows erreichen Sie dieses Menü problemlos durch langes Drücken der OK-Taste.

Die Arctic MCR2 folgt dem MCE-Standard und arbeitet sehr gut mit Kodi zusammen.

Einen eingebauten Infrarotempfänger verwenden

> **INFO**
>
> **Funktionieren auch andere Fernbedienungen?**
>
> Nun, die Empfangsvorrichtungen (eigentlich hauptsächlich die beteiligten Programme) können mit vielen verschiedenen Fernbedienungstypen umgehen. Daher können Sie möglicherweise eine ältere Fernbedienung weiterverwenden, die Sie ansonsten nicht mehr benötigen. Leider ist die Einrichtung aber recht komplex und nichts für Einsteiger. Sie sollte Tüftlernaturen vorbehalten bleiben. Anleitungen dazu finden Sie rasch im Internet – planen Sie aber für die Umsetzung lieber etwas mehr Zeit ein.

Natürlich ist der Funktionsumfang dieser relativ günstigen Fernbedienung etwas begrenzt. Mehr bietet Ihnen eine programmierbare Universalfernbedienung. Besitzen Sie eine solche bereits? Dann prüfen Sie bei Gelegenheit doch einfach, ob sie sich nicht auch auf Windows-Media-Center-Funktionen programmieren lässt. Die bekannten *Harmony*-Fernbedienungen des Herstellers *Logitech* bringen die gewünschten Funktionen zum Beispiel mit. Ein günstiges Gerät, das die benötigten Funktionen unterstützt, ist bereits das Einsteigermodell *Harmony 350* für rund 35 €. Einige Modelle bieten verschiedene Einstellungsvarianten, die sich in ihrem Funktionsumfang leicht unterscheiden. Hier müssen Sie ein wenig ausprobieren.

Programmierbare Fernbedienungen haben darüber hinaus den Vorteil, dass sich einzelne Tasten mit gewünschten Funktionen belegen lassen. Sie können sich zum Beispiel eine Taste mit dem Favoritenmenü (siehe Kapitel 18, »Für Fortgeschrittene: erweiterte Funktionen«) belegen.

Eine programmierbare Fernbedienung wie die bekannte Harmony-Serie von Logitech lässt sich ganz nach Wunsch anpassen.

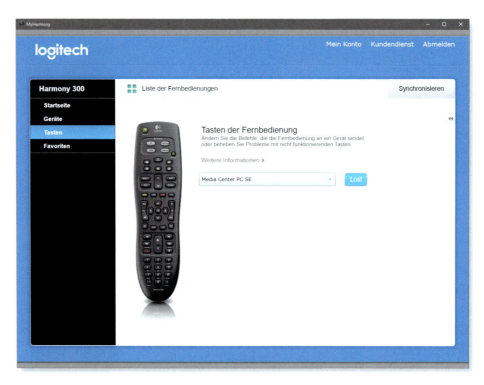

Mit der Einstellung »Media Center PC SE« funktionieren die Harmony-Fernbedienungen wunderbar mit den NUC-Geräten. Auf Wunsch lassen sich sogar einzelne Tasten individuell belegen.

Einen USB-Empfänger mit geeigneter Fernbedienung einsetzen

Wenn sich an Ihrem Kodi-Gerät kein Infrarotempfänger für eine Fernbedienung befindet oder sich dieser nicht zur Zusammenarbeit mit der gewünschten Fernbedienung überreden lässt, dann wechseln Sie einfach auf einen externen Empfänger, der über eine USB-Verbindung angeschlossen wird. Geeignete Empfänger arbeiten häufig ohne Treiberinstallation direkt »out of the box« und können unabhängig vom Kodi-Gerät am optimalen Empfangsort platziert werden. Selbst die moderate Verlängerung mit einem USB-Verlängerungskabel ist möglich.

Einen USB-Empfänger mit geeigneter Fernbedienung einsetzen

Für Einsteiger bietet sich ein Komplettset an. Ein guter Kandidat ist die *Hama MCE Remote Control*, die zum Beispiel bei Amazon für knapp 30 € erhältlich ist. Sparfüchse finden dort offensichtlich baugleiche, aber günstigere Modelle von weniger bekannten Herstellern – etwa die Modelle *GMYLE-MCE-Fernbedienung* und *auvisio-MCE-Fernbedienung* für je rund 17 €. Diese Fernbedienungen bringen ihren eigenen Empfänger mit, und Sie können sicher sein, dass beide Geräte gut zusammenarbeiten. Für den Empfänger muss kein Treiber installiert werden, er funktioniert direkt an diversen Geräten mit den bekannten (Kodi-)Betriebssystemen. Dazu zählen sowohl LibreELEC als auch OSMC und natürlich Windows. Das Set arbeitet ebenso am Raspberry Pi, der von Haus aus keinen Infrarotempfänger besitzt.

Eingespieltes Team: Ein Fernbedienungsset mit passendem Infrarotempfänger garantiert ein reibungsloses Zusammenspiel.

Alternativ können Sie (mit einem anderen Empfänger) auch eine programmierbare Fernbedienung wie die Logitech-Harmony-Serie verwenden. Diese sollten Sie auf den *Windows Media Center Edition Standard* programmieren. Dieser universelle Standard wird von vielen externen Empfängern verstanden, und die übermittelten Signale werden von Kodi (und dem darunterliegenden Betriebssystem) ohne Probleme verarbeitet. Geeignete Empfänger für diese Fernbedienungssignale finden Sie zum Beispiel in

Form des *Infrarotempfängers IR605Q* sowie des *FLIRC USB,* die für etwa 25 € erhältlich sind und laut Tests an modernen Geräten ohne Treiberinstallation arbeiten sollen.

Basteln am Raspberry Pi: einen eigenen Infrarotempfänger anschließen

Für den Raspberry Pi gibt es zur Nachrüstung eines Fernbedienungsempfängers natürlich auch eine Bastellösung. Bereits ab etwa 0,50 € (bis hin zu kleinen Euro-Beträgen) gibt es den integrierten Infrarotempfänger-Chip *TSOP4838*. Dieses Bauteil kann direkt und ohne weitere Komponenten an die GPIO-Pins des Raspberry Pi angeschlossen werden. Bezugsquellen finden Sie rasch im Internet, gute Anlaufstellen sind etwa eBay und Amazon. Auch beim Händler, der elektronische Bauteile vertreibt, werden Sie rasch fündig.

Bereits ab etwa 0,50 € erhältlich: der Infrarotempfänger-Chip TSOP4838.

INFO

Ist dieser Abschnitt etwas für den Einsteiger?

Hauptsächlich ist dieser Abschnitt etwas für den Bastler, der keine Angst davor hat, mit kleinen Elektronikbauteilen zu arbeiten, der auch vor etwas Konfigurationsaufwand (und der möglichen Fehlersuche) nicht zurückschreckt und der schon etwas Erfahrung mitbringt. Als Einsteiger ohne weitere Kenntnisse sind Sie mit einer Fertiglösung (wie im Abschnitt »Einen USB-Empfänger mit geeigneter Fernbedienung einsetzen« auf Seite 98 beschrieben) vermutlich besser beraten.

Für den Anschluss legen Sie den TSOP4838 so vor sich hin, dass die Anschlussbeine zu Ihnen zeigen und der Empfangsteil beziehungsweise dessen abdeckende Kuppel in Richtung der Decke weist. Pin 1 links außen am Sensor führt das Datensignal. Dieses schließen Sie an Pin Nr. 12 des Raspberry Pi an, dieser Pin steuert GPIO-Port 18, den sowohl LibreELEC als auch OSMC für Fernbedienungssignale benutzen. Den mittleren Sensoranschluss verbinden Sie am Pi mit einem Masseanschluss, also einem Ground-Pin. Dazu können Sie dessen Pins Nr. 6 oder Nr. 14 verwenden. Pin 3 des Sensors rechts außen müssen Sie mit einem 3,3-Volt-Ausgangspin am Raspberry Pi verbinden. Dafür nutzen Sie bitte dessen Pin Nr. 1. Während am Raspberry Pi sehr gut sogenannte *Jumperkabel* in weiblicher Ausführung angeschlossen werden können, passen diese nicht gut zum Sensorchip, es kommt zu Wackelkontakten. Direkt am IR-Empfangschip ist eine Lötverbindung, geschützt mit kleinen Schrumpfschläuchen, die bessere Alternative.

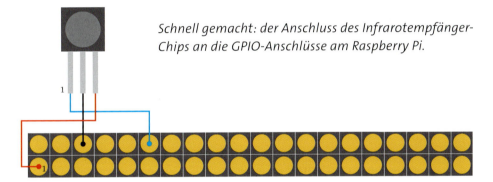

Schnell gemacht: der Anschluss des Infrarotempfänger-Chips an die GPIO-Anschlüsse am Raspberry Pi.

Der Empfänger kann mit sogenannten Cable-Sleeves durchaus optisch wohnzimmertauglich installiert werden. Das sind gewebte Schläuche, mit denen Kabel ansprechend ummantelt werden können. Bekannte Hersteller sind *Phobya* und *Techflex*. Die Meterpreise liegen meist unter 5 €. Sie können entweder drei dünne Sleeves mit einem Durchmesser von 3 mm verwenden und jede Anschlussleitung separat führen oder diese in einem etwas dickeren Sleeve (etwa mit 6 mm Durchmesser) gemeinsam führen. Den Anschluss am Empfänger können Sie mit einem kurzen Stück Schrumpfschlauch abdecken (das natürlich nicht die Empfangsdiode verdecken darf). Das andere Ende kann durch ein Loch im Gehäuse des Raspberry Pi geführt werden, das Sie schnell selbst bohren können. Den Empfänger können Sie mit zweiseitigem Klebeband oder einem Tropfen Klebstoff an geeigneter (unempfindlicher) Stelle festkleben, an der eine Sichtverbindung zur Fernbedienung besteht. Oftmals ist ein Platz nahe am Fernseher günstig.

Als Fernbedienung wählen Sie ein Modell, das mit dem Windows Media Center Edition Standard kompatibel ist. Diese Fernbedienungen haben den Vorteil, dass sie ohne weitere Konfigurationsarbeiten direkt verwendet werden können. Es spielt keine Rolle, ob Sie ein Fertiggerät oder eine programmierbare Fernbedienung einsetzen. Geeignete Modelle haben Sie schon im Abschnitt »Einen eingebauten Infrarotempfänger verwenden« ab Seite 96 kennengelernt.

In LibreELEC und OSMC sind nur kleinere Installationsarbeiten notwendig. Beide Systeme sind bereits so vorkonfiguriert, dass eine Fernbedienung auf GPIO-Port 18 genutzt werden kann. Die Funktion muss lediglich aktiviert werden.

Nutzen Sie *LibreELEC*, dann müssen Sie dafür sorgen, dass das Fernbedienungsmodul LIRC beim Systemstart geladen wird. Die nötigen Einstellungen können Sie nicht innerhalb von Kodi vornehmen, sondern müssen direkt eine Systemdatei verändern. Dazu stehen Ihnen zwei Möglichkeiten zur Wahl:

Die erste führt über eine SSH-Sitzung:

1. Stellen Sie eine SSH-Verbindung zum Raspberry Pi her. Wie Sie die dafür nötige IP-Adresse erhalten, zeigt der Infokasten »Die IP-Adresse des Kodi-Geräts in Erfahrung bringen« auf Seite 149.

> **ACHTUNG**
>
> **Der SSH-Service muss aktiviert sein!**
>
> Ansonsten können Sie diesen Dienst nicht nutzen. Mithilfe des Abschnitts »Systemspezifische Einstellungen: So läuft's mit LibreELEC und OSMC« ab Seite 118 können Sie prüfen, ob der Service aktiv ist, und ihn gegebenenfalls aktivieren.

2. Nachdem Sie die Verbindung hergestellt haben, führen Sie zunächst folgenden Befehl aus:

```
mount -o remount,rw /flash
```

Damit heben Sie den Schreibschutz des Dateisystems auf, sodass Änderungen vorgenommen werden können.

3. Öffnen Sie nun mit folgenden Befehl den Texteditor Nano zur Bearbeitung der Datei */flash/config.txt*:

```
nano /flash/config.txt
```

4. Fügen Sie darin ganz am Schluss folgende Zeile hinzu:

```
device_tree_overlay=lirc-rpi
```

Sie bewirkt, dass das Fernbedienungsprogramm *LIRC* beim Systemstart geladen wird. Verlassen Sie anschließend Nano über die Tastenkombination [Strg] + [X], und bestätigen Sie die Schreibanfrage mit der Taste [Y].

5. Abschließend führen Sie folgenden Befehl aus, mit dem Sie den Schreibschutz des Dateisystems wieder aktivieren:

```
mount -o remount,ro /flash
```

6. Um die Fernbedienung zu aktivieren, ist ein Neustart nötig. Diesen können Sie direkt in Kodi einleiten, alternativ können Sie auch folgenden Befehl in das noch geöffnete Terminal-Fenster eingeben:

```
reboot
```

Nach dem Neustart ist die Fernbedienung aktiv, Sie können sie sofort verwenden.

> **INFO**
>
> **Solange die Fernbedienung noch nicht funktioniert…**
>
> … müssen Sie für die Bedienung von Kodi auf eine Tastatur zurückgreifen, die Sie an einen USB-Anschluss des Pi anschließen. Der Pi arbeitet problemlos sowohl mit kabelgebundenen als auch drahtlosen Geräten und mit Mini-Tastaturen.

Für die zweite Möglichkeit benötigen Sie keine SSH-Verbindung. Schalten Sie den Raspberry Pi aus, stecken Sie das Netzteil ab, und entnehmen Sie die Speicherkarte. Legen Sie diese in den Speicherkartenleser Ihres Desktop-PCs ein. Nutzen Sie Windows, dann wird Ihnen auf der Karte gleich die korrekte Partition namens *LIBREELEC* als Laufwerk angezeigt, das Sie bitte öffnen. Diese Partition müssen Nutzer anderer Betriebssysteme (die im Unterschied zu Windows auch weitere Partitionen lesen können) ebenfalls verwenden.

1. Öffnen Sie direkt im Stammverzeichnis mit einem simplen Texteditor wie dem Windows-Editor (und keinesfalls einer Textverarbeitung wie Word) die Datei *config.txt*.

2. Ergänzen Sie am Schluss folgende Zeile:

   ```
   device_tree_overlay=lirc-rpi
   ```

   Speichern Sie die Datei anschließend ab, und entnehmen Sie die Speicherkarte aus dem PC (denken Sie daran, diese mit den Mitteln des Betriebssystems sicher auszuwerfen beziehungsweise zu entfernen).

3. Legen Sie die Speicherkarte wieder in den Raspberry Pi ein. Nach dem Systemstart können Sie die Fernbedienung direkt benutzen.

Pi Config ist für die Aktivierung der Fernbedienung zuständig.

Wenn Sie *OSMC* verwenden, können Sie die nötigen Konfigurationen direkt in Kodi vornehmen:

1. Öffnen Sie im Hauptmenü von Kodi ganz unten den Menüpunkt **My OSMC**.

2. Öffnen Sie das Modul **Pi Config** mit dem Himbeersymbol. Nach einer Wartezeit erscheint das Fenster **Einstellungen - Pi** mit verschiedenen Hardwareoptionen.

3. Öffnen Sie die Registerkarte **Hardware Support**, und aktivieren Sie dort auf der rechten Seite die Option **Enable LIRC GPIO**

support. Normalerweise sind keine weiteren Änderungen nötig, Sie können direkt auf **OK** klicken.

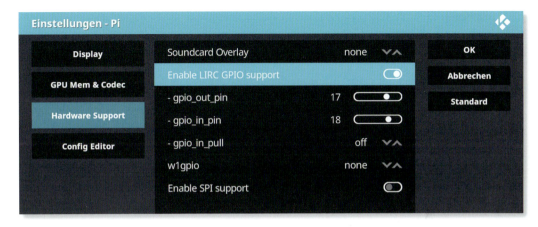

Aktivieren Sie die Option »Enable LIRC GPIO support«.

4. Zur Erhöhung der Kompatibilität können Sie die verwendete Fernbedienung einstellen. Öffnen Sie dazu im **My OSMC**-Konfigurationsfenster den Punkt **Remotes** (der mit dem Fernbedienungssymbol). Es öffnet sich eine Liste mit Fernbedienungen, die von OSMC unterstützt werden.

Wählen Sie in der Liste der Fernbedienungen das genutzte Modell beziehungsweise Protokoll aus.

> **INFO**
>
> **Warum kann man den GPIO-Pin ändern?**
>
> Unterhalb des Eintrags können fortgeschrittene Nutzer auch den verwendeten GPIO-Pin ändern. Dies ist nötig, wenn zusätzliche Erweiterungskarten verwendet werden, die den voreingestellten GPIO-Pin ebenfalls verwenden möchten. Natürlich muss der IR-Empfänger dann auch an den geänderten Pin angeschlossen werden.

Suchen Sie in der Liste den Eintrag **rc6-mce-lircd**. Klicken Sie diesen an, und bestätigen Sie die anschließende Sicherheitsabfrage. Es sind keine weiteren Einstellungen nötig. Klicken Sie unten rechts auf **Exit**, und kehren Sie anschließend zum Hauptmenü zurück.

5. Nach einem Neustart von OSMC sollte Ihnen die Fernbedienung zur Verfügung stehen.

Das Smartphone als Fernbedienung nutzen: »Kore« und »Yatse«

Die Menschen sind unterschiedlich: Der eine besteht auf einer klassischen Hardwarefernbedienung mit richtigen Tasten, dem anderen ist das »viel zu sehr 2015«, und etwas Moderneres muss her. Zum Glück bietet Kodi diverse Fernbedienungsschnittstellen! Eine davon ist die Steuerung über das HTTP-Protokoll, die sich einige Apps für das Smartphone beziehungsweise das Tablet zunutze machen. Sie realisieren eine Touchscreen-Fernbedienung für Kodi. Die Daten werden über die WLAN-Verbindung ausgetauscht und gelangen gegebenenfalls über den Router und eine Kabelverbindung zum Kodi-Gerät. Eine Sichtverbindung muss zwischen Smartphone und Kodi-Gerät also nicht bestehen. Im folgenden Bild sehen Sie die Hauptoberfläche der offiziellen Fernbedienungs-App für Kodi namens *Kore*. Zunächst einmal sehen Sie emulierte Cursor-Tasten und (am rechten Bildschirmrand) Schnellzugriffsflächen für die einzelnen Medienkategorien.

Das Smartphone als Fernbedienung nutzen: »Kore« und »Yatse«

Auf der Hauptseite der Fernbedienungs-App Kore finden sich Schaltflächen, die klassischen Fernbedienungen nachempfunden sind.

Eine solche App kann aber noch viel mehr. Sie können damit die gesamte Medienbibliothek durchsuchen. Direkt auf dem Smartphone oder Tablet werden die Cover von Filmen oder Musikalben angezeigt, es gibt Informationen zu den Schauspielern beziehungsweise den Künstlern und natürlich zum Inhalt – diese Informationen entnimmt die App aus der Datenbank von Kodi. Über die App kann die Wiedergabe direkt auf dem Kodi-Gerät gestartet werden. So etwas hat mehrere praktische Einsatzmöglichkeiten: Zum Beispiel kann bei einem Filmabend jemand auf dem Smartphone die Bibliothek nach dem nächsten Film durchsuchen, während auf dem Fernseher noch der letzte Film abgespielt wird. Über die App kann man auch Musik suchen und hören, ohne dass der Fernseher eingeschaltet ist, was Strom spart. Voraussetzung ist nur, dass das Kodi-Gerät an einen Receiver zur Tonwiedergabe angeschlossen ist. Man kann sogar Inhaltslisten von Add-ons lesen und während der Wiedergabe auf dem Fernseher eine Wiedergabeliste ergänzen. Eine solche App ist also nicht nur etwas für Nerds, sondern bietet auch für weniger technikaffine Nutzer einen großen Mehrwert. Das sollten Sie also auf jeden Fall ausprobieren.

Kore erlaubt komfortablen Zugriff auf die Medienbibliothek von Kodi.

Die offizielle App Kore gibt es sowohl für Android als auch für iOS kostenlos im Google Play Store beziehungsweise App Store, und Sie können sie wie jede andere App problemlos installieren.

Android-Nutzern bietet sich darüber hinaus eine Alternative in Form der äußerst beliebten App *Yatse*, deren Funktionsumfang deutlich über den von Kore hinausgeht. Yatse ist in der Basisversion kostenlos. Für ein kleines Entgelt sind Zusatzfunktionen erhältlich, dazu zählt zum Beispiel das Streaming der Mediensammlung direkt auf das Smartphone. Die App ist auf jeden Fall gelungen – probieren Sie sie doch einfach mal aus.

Äußerst beliebt: die umfangreiche Smartphone- und Tablet-Fernbedienungs-App Yatse, die für Android-Geräte erhältlich ist

Damit eine Fernbedienungs-App reibungslos funktioniert, sind in Kodi einige wenige Einstellungen erforderlich:

1. Öffnen Sie zunächst über das Zahnradsymbol links oben im Hauptmenü das Einstellungsmenü von Kodi.

2. Navigieren Sie dort zur Kategorie **Dienste**. Öffnen Sie darin die Registerkarte **Steuerung**.

3. Auf der rechten Seite sehen Sie ganz oben die Sektion **Webserver** mit der ersten Option **Steuerung über HTTP erlauben**. Aktivieren Sie diese Option. Der Eintrag **Port** legt den Port fest, der für die Kommunikation verwendet wird. Normalerweise sind hier keine Änderungen erforderlich, es sei denn, Sie hätten auf dem Kodi-Gerät noch andere Anwendungen installiert, die diesen Port nutzen würden, zum Beispiel einen anderen Webserver. Ist das nicht der Fall, dann belassen Sie den Wert auf **8080**.

4. Es folgen zwei Felder, mit denen sich Zugangsdaten festlegen lassen. Hier müssen Sie einen **Benutzernamen** und ein **Passwort** eintragen. Im Auslieferungszustand lautet der Benutzername *kodi*, ein Passwort ist nicht gesetzt. Eine Änderung ist nicht zwingend erforderlich. Beachten Sie aber, dass sich über diese Funktion Ihre Kodi-Installation von jedem Rechner Ihres Netzwerks aus fernbedienen lässt, was Streichen und Späßen Tür und Tor öffnet. Das Setzen von Zugangsdaten verhindert dies. Klicken Sie dazu die entsprechenden Einträge an, und geben Sie die jeweiligen Daten ein. Verwenden Sie keine zu komplexen Daten, denn Sie müssen diese auch in der App eintragen.

> **TIPP**
>
> **Fernbedienung per Browser?**
>
> Ja, über das Web-Interface lässt sich Kodi per Browser fernbedienen – und zwar von Ihrem gesamten privaten Netzwerk aus. Öffnen Sie dazu die angepasste Adresse *http://abc:xyz*. Ersetzen Sie dabei *abc* durch die IP-Adresse und *xyz* durch den genutzten Port – im Standardfall die oben erwähnte 8080. In dem soeben vorgestellten Menü können Sie sogar das Design des Web-Interfaces anpassen.

5. Gehen Sie als Nächstes auf die Registerkarte **Allgemein** und dort in die Sektion **Zeroconf**. Aktivieren Sie die Option **Verfügbare Dienste anderen Systemen melden**. Über diese Funktion kann die Fernbedienungs-App auf dem Smartphone/Tablet Ihr Kodi-Gerät leicht finden. Damit sind die Konfigurationen abgeschlossen, und Sie können wieder zum Hauptmenü zurückkehren (über die Zurück-Taste).

Damit die Fernbedienungs-App funktioniert, müssen Sie die Steuerung über HTTP erlauben.

Als Nächstes installieren Sie Kore oder Yatse auf Ihrem Tablet oder Smartphone. Beim Start werden Sie zuerst aufgefordert, eine Verbindung zum Kodi-Gerät herzustellen. Über die Zeroconf-Funktion sollte die App Ihr Kodi-Gerät automatisch finden. Falls das nicht klappt – kein Problem. Sie benötigen in diesem Fall die IP-Adresse Ihres Kodi-Geräts. Diese finden Sie im Einstellungsmenü von Kodi in der Kategorie **Systeminformationen**. Auf der Registerkarte **Info** sehen Sie rechts auf dem Bildschirm gleich als zweiten Eintrag die gesuchte IP-Adresse, die Sie in Yatse oder Kore eintragen. Kontrollieren Sie auch, ob der Port richtig angegeben ist. Haben Sie eigene Zugangsdaten definiert, tragen Sie bitte auch den Benutzernamen und das Kennwort ein. Weitere Eingaben sind nicht nötig. Speichern Sie die Änderungen ab.

Innerhalb von Yatse und Kore müssen die korrekten Zugangsdaten eingegeben werden.

Damit ist die Fernbedienungs-App eingerichtet, und Sie können Kodi von Ihrem Smartphone/Tablet aus bedienen. Haben Sie schon eine Medienbibliothek in Kodi angelegt? Dann dauert es jetzt einen Moment, bis die Daten zwischen App und Kodi synchronisiert sind. Andernfalls ist Ihre Bibliothek natürlich noch leer, und Sie können nicht auf Medien zugreifen. Aber keine Sorge – das wird sich schon bald ändern!

> **ACHTUNG**
>
> **Synchronisieren Sie die Bibliotheksdaten**
>
> Damit die Medien der Kodi-Bibliothek auf der Fernbedienung angezeigt werden, ist eine Synchronisation erforderlich. Bedenken Sie dies unbedingt, wenn Sie jetzt noch eine leere Bibliothek haben und diese erst aufbauen möchten. Um die Synchronisation durchzuführen, navigieren Sie in Kore in der jeweiligen Medienkategorie (etwa **Filme**) auf das Optionsmenü und wählen die Aktion **Aktualisieren**. In Yatse drücken Sie im Hauptmenü mit dem Finger für etwa zwei Sekunden auf die entsprechende Medienkategorie. Dies wird die Synchronisation starten, nach einem Augenblick können Sie Ihre Bibliothek auch auf dem Mobilgerät durchsuchen.

Kapitel 6
So richten Sie Kodi grundlegend ein

Bevor Sie mit Kodi richtig loslegen, müssen Sie zunächst einige Einstellungen vornehmen. Welche die richtigen sind, erfahren Sie in diesem Kapitel.

Kodi bedienen lernen

Wenn Sie Kodi nach der Installation starten, dann landen Sie als Erstes im Hauptmenü, das noch ein wenig leer aussieht. Dieses Menü ist zweigeteilt: Links sehen Sie eine Liste der Medienkategorien, auf die Ihnen Kodi Zugriff bieten wird. Dort finden Sie etwa Filme, Serien und Musikvideos. Im rechten Bereich finden Sie (später) den jeweiligen Inhalt der gewählten Kategorie.

Das Hauptmenü von Kodi – noch ist es ganz leer.

Ansonsten bietet das Hauptmenü links oben noch drei zusätzliche Schaltflächen. Ganz links ist quasi die Power-Taste von Kodi. Hier können Sie Kodi in einem kleinen Auswahlmenü beenden oder neu starten sowie einen Ausschalt-Timer aktivieren, der Kodi nach einer bestimmten Zeit beendet. Es gibt – je nach genutztem Gerät – auch eine Stand-by-Funktion. Viele Geräte (nicht jedoch Smartphones und Tablets) können über dieses Menü sogar direkt komplett ausgeschaltet werden.

Über die Ein-/Aus-Taste ganz links oben im Hauptmenü kann Kodi (mitsamt dem Gerät) abgeschaltet werden. Die gebotenen Optionen unterscheiden sich von Gerät zu Gerät.

Mit der mittleren Schaltfläche, dem Zahnradsymbol, erreichen Sie das Einstellungsmenü von Kodi – dem sich das aktuelle Kapitel widmet. Als drittes bietet das Lupensymbol Zugriff auf eine globale Suchfunktion, die Sie später einmal ausprobieren können, sobald Sie einige Medien zu Kodi hinzugefügt haben. Zu guter Letzt wird oben rechts die aktuelle Uhrzeit angezeigt.

In Kodi navigieren Sie generell mit den Cursor- oder, besser gesagt, den Pfeiltasten ↑, →, ↓ und ← – und zwar unabhängig davon, ob Sie eine Tastatur oder Fernbedienung verwenden. Aktionen lösen Sie mit der Enter- oder der OK-Taste aus (je nachdem, wie Ihr Eingabegerät beschriftet ist). Die einzelnen Ansichten sind hierarchisch geordnet (von der allgemeinen zur speziellen Kategorie), aus einer tieferen Ebene gelangen Sie mit der Zurück-Taste wieder eine Ebene höher. Die entsprechende Taste ist auf der Fernbedienung meist mit einem zurückweisenden Pfeil beschriftet oder trägt den Schriftzug *Back*. Manchmal wird auch die Bezeichnung *Exit* verwendet. Ansonsten funktioniert auch die Backspace-Taste ← auf einer Tastatur. Wichtig ist in Kodi noch die Optionstaste, die bei vielen Einträgen ein Kontextmenü mit wichtigen Optionen öffnet. Auf der Tastatur erreichen Sie dieses über die Taste $\boxed{C}$ (das C steht als Abkürzung für *Contextual Menu*). Auf Fernbedienungen wird häufig die Bezeichnung *Option* verwendet. Bequem sind darüber hinaus die Tasten zum Umschalten der Programme beziehungsweise die Bildlauftasten $\boxed{\text{Bild}\uparrow}$ und $\boxed{\text{Bild}\downarrow}$ auf der Tastatur. Damit schalten Sie beim Fernsehen nicht nur die Programme um, sondern bewegen sich auch rasch durch umfangreiche Dialogfenster. Kodi hat übrigens auch eine vom Wiedergabegerät unabhängige Lautstärkeregelung, die Sie über die Lautstärketasten der Fernbedienung erreichen (auf der Tastatur sind dafür die Tasten $\boxed{+}$ und $\boxed{-}$ zuständig).

Je nach verwendetem Eingabegerät stehen weitere Optionen zur Verfügung. Sofern vorhanden, können Sie die Wiedergabe eines Mediums mit den Tasten Play, Pause, Stopp und Bildsuchlauf steuern. Einige Fernbedienungen bieten auch schnellen Zugriff auf die einzelnen Medientypen, entweder über eigene Tasten oder die farbigen Tasten (rot, grün, gelb und blau).

Die Sprache der Benutzeroberfläche von Kodi einstellen

Nach der Installation empfängt Sie Kodi zunächst in englischer Sprache (eine Ausnahme bildet je nach Einstellung OSMC). Den einen mag das nicht stören, der andere wünscht sich aber eine deutschsprachige Oberfläche, erst recht, wenn das Programm für ihn noch neu ist. Dieser Abschnitt zeigt Ihnen, wie Sie die deutsche Sprache einstellen können.

1. Zunächst einmal müssen Sie in das Einstellungsmenü von Kodi gehen. Dieses erreichen Sie (wie eingangs erwähnt) über die kleine runde Schaltfläche mit dem Zahnradsymbol links oben im Hauptmenü. Die Schaltfläche erreichen Sie über die Pfeiltasten, das Menü öffnet sich durch einen Klick auf die Enter-/OK-Taste. Haben Sie das Hauptmenü schon verlassen, dann nutzen Sie mehrfach die Zurück-Taste, um dorthin zurückzukehren. Im Einstellungsmenü gibt es mehrere Kategorien, die jeweils verschiedene Funktionsbereiche kontrollieren.

Kapitel 6 – So richten Sie Kodi grundlegend ein

Die Sprache von Kodi ändern Sie in den Einstellungen der Benutzeroberfläche – auf Englisch heißt die entsprechende Schaltfläche **Interface settings**. Klicken Sie diese mit Enter/OK an. Daraufhin erscheint das gewünschte Einstellungsmenü. Ein solches hat immer mehrere Unterkategorien, die Sie als Liste am linken Bildschirmrand sehen.

Das Einstellungsmenü von Kodi: Kacheln repräsentieren unterschiedliche Funktionsbereiche.

2. Für die Sprache ist die Kategorie **Regional** zuständig. Wählen Sie diese mit den Pfeiltasten. Auf der rechten Seite des Bildschirms stehen die Einstellungsoptionen. Diese sind in Gruppen angeordnet, die durch horizontale Trennlinien separiert werden. In der obersten Gruppe namens **Language** steht die gleichnamige Option (die die Sprache einstellt) derzeit noch auf **English**. Klicken Sie diesen Eintrag mit Enter/OK an.

3. Es öffnet sich ein neues Fenster mit dem Titel **Languages**, in dem Sie die gewünschte Sprache auswählen können. Wählen Sie mit den Pfeiltasten den Eintrag **German** aus, und drücken Sie Enter/OK. Das Fenster schließt sich, und Kodi präsentiert sich Ihnen in der deutschen Sprachfassung. Von nun an verwende ich in diesem Buch die deutschsprachigen Bildschirmbezeichnungen – wenn Sie eine andere Sprache verwenden, lauten die Bezeichnungen natürlich anders, die Schaltflächen und Einträge befinden sich allerdings stets an derselben Position. Sie sind allerdings noch nicht ganz fertig.

4. Kehren Sie zur Kategorie **Regional** zurück. Sie werden feststellen, dass die Optionen **Tastaturbelegungen** und **Standardformat für Region** noch nicht korrekt eingestellt sind. Wählen Sie daher zunächst die deutsche Tastaturbelegung **German QWERTZ** aus und deaktivieren Sie die Option **English QWERTY** durch Anklicken – damit stellen Sie sicher, dass bei Tastatureingaben später die richtigen Buchstaben verwendet werden.

5. Anschließend ändern Sie das **Standardformat für Region** von **Belgien** auf **Deutschland** (oder die Region, die für Sie zutrifft). Freilich sind auch Einträge für Österreich und die Schweiz verfügbar. Damit sind Sie fertig und können mit der Zurück-Taste zum Hauptmenü zurückkehren.

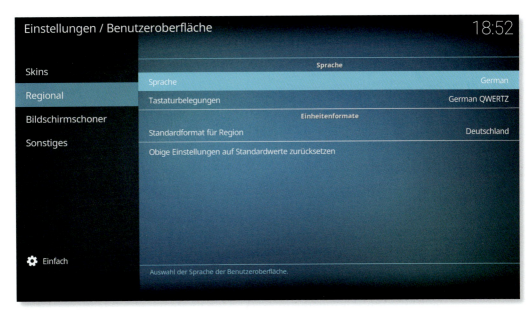

Für Deutschland übliche Einstellungen wurden in der Kategorie »Regional« ausgewählt.

> **TIPP**
>
> **Hilfe, was habe ich denn jetzt gemacht?**
>
> Haben Sie versehentlich eine Option falsch konfiguriert und möchten wieder zurück zu den Standardwerten? Jedes Menü bietet dafür als letzten Eintrag ganz unten die gewünschte Option. Sie ist besonders hilfreich, wenn Sie versehentlich eine Sprache ausgewählt haben, die Sie selbst nicht verstehen.

> **TIPP**
>
> **Kodi für einen Touchscreen optimieren**
>
> Wenn Sie ein Gerät mit einem (kleineren) Touchscreen, wie zum Beispiel ein Smartphone oder ein Tablet, verwenden, dann werden Sie sich spätestens jetzt über die kleinen Schaltflächen und Texte ärgern, die schwierig anzutippen sind. Keine Sorge, Kodi bietet eine extra für den Touchscreen optimierte Benutzeroberfläche, die Sie auf diesen Geräten einsetzen sollten. Tippen Sie im Einstellungsmenü für die Benutzeroberfläche auf die Kategorie **Skins** und dort auf den gleichnamigen ersten Eintrag. Im Auswahldialog (gegebenenfalls erreichbar über die Schaltfläche **Mehr**) wählen Sie bitte den Skin **Estouchy** aus – dieser ist speziell für den Touchscreen optimiert. Nach Bestätigung der Sicherheitsfrage wird Ihnen die Navigation wesentlich besser gefallen.

Systemspezifische Einstellungen: So läuft's mit LibreELEC und OSMC

Für die Distributionen LibreELEC und OSMC gibt es spezifische Konfigurationsmenüs, die sich um Grundeinstellungen des jeweiligen Betriebssystems kümmern, die nicht direkt Kodi betreffen. Die meisten dieser Einstellungen sind bereits in der Grundkonfiguration für einen großen Anwenderkreis passend gewählt. Als Einsteiger müssen Sie im Regelfall keine Werte verändern und können diesen Abschnitt »nur zur Information« lesen (eine Ausnahme

Systemspezifische Einstellungen: LibreELEC und OSMC

ist die Tastaturbelegung für externe Geräte). Da aber auch einige Komfortfunktionen geboten werden, die für den einen oder anderen Leser (eventuell zukünftig) interessant und wichtig sein können, schadet es gewiss nicht, wenn Sie über den gebotenen Funktionsumfang zumindest grob Bescheid wissen. Einige Optionen werden Sie auch bereits vom Einrichtungsassistenten bei der Installation kennen.

Die Konfiguration von LibreELEC nehmen Sie wie folgt vor:

Wenn Sie LibreELEC nutzen, dann finden Sie das Konfigurationsprogramm als sogenanntes *Add-on*, also quasi als Zusatzprogramm. Gehen Sie im Hauptmenü von Kodi mit den Pfeiltasten zu dem Menüpunkt **Addons**, und klicken Sie auf →. In der rechten Hälfte finden Sie den Eintrag **LibreELEC Configuration** – dahinter verbirgt sich das Konfigurationsmenü. Klicken Sie den Eintrag mit Enter/OK an, daraufhin wird sich das Konfigurationsmenü öffnen. Dieses ist in einzelne Kategorien gegliedert, die Sie links auf dem Bildschirm sehen.

In der ersten Kategorie namens **System** können Sie grundlegende Einstellungen zum Betriebssystem außerhalb von Kodi vornehmen. Als Erstes können Sie unter dem Eintrag **Identifikation** den Systemnamen einstellen. Darüber identifiziert sich das LibreELEC-Gerät gegenüber anderen Geräten im Netzwerk. Den vorgegebenen Namen müssen Sie nur verändern, wenn Sie mehrere LibreELEC-Geräte betreiben, die Sie im Netzwerk voneinander unterscheiden möchten, zum Beispiel bei Dateifreigaben oder Medienservern. Am besten hängen Sie an die Bezeichnung den Namen des jeweiligen Raums an, in dem sich das LibreELEC-Gerät befindet. Der zweite Punkt kümmert sich um die Tastaturbelegung und ist auch für Einsteiger wichtig. Wenn Sie eine Tastatur angeschlossen haben, sollten Sie die **Tastaturbelegung** auf **de** für Deutsch ändern, ansonsten sind unter anderem die Tasten Z und Y vertauscht, was insbesondere bei Passworteingaben zu Problemen führt.

> **INFO**
>
> **Auch als Anfänger müssen Sie hier keine Angst haben!**
>
> Einsteiger mit einer externen Tastatur sollten die Tastaturbelegung unbedingt ändern, denn ansonsten leidet der Bedienkomfort später deutlich. Nur Mut! Die Änderung ist sehr einfach.

Die nächste Gruppe kümmert sich um **Aktualisierungen**. LibreELEC wird fortlaufend aktualisiert. In der Standardeinstellung muss der Updatevorgang manuell gestartet werden. Wünschen Sie automatische Updates, dann aktivieren Sie die entsprechende Option. Weiter geht es mit Optionen zur Datensicherung, die wir uns in Kapitel 18, »Für Fortgeschrittene: erweiterte Funktionen«, anschauen werden. Im Folgenden finden Sie Möglichkeiten zum Zurücksetzen von LibreELEC in den Auslieferungszustand. Diese Optionen sind nützlich, falls Sie das System einmal versehentlich falsch eingestellt haben sollten und den Weg zurück nicht mehr finden. Beachten Sie jedoch, dass dabei alle Einstellungen gelöscht werden und Sie wieder ganz von vorne beginnen müssen.

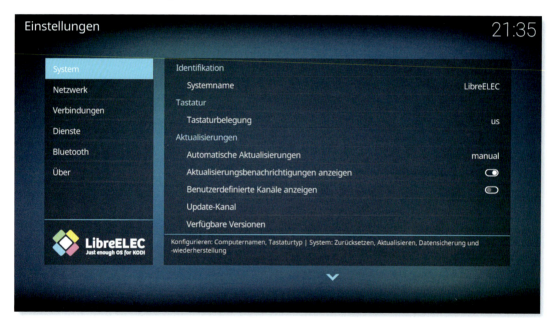

Die Registerkarte »System« bietet grundlegende Optionen.

Auf der Registerkarte **Netzwerk** können Sie einzelne Netzwerkadapter ein- und ausschalten. Ist ein WLAN-Adapter angeschlossen, dann kann dieser zur Einrichtung eines Hotspots dienen (Stichwort: Tethering).

Systemspezifische Einstellungen: LibreELEC und OSMC

> **INFO**
>
> **Wozu dient ein Hotspot?**
>
> WLAN-Clients wie etwa Smartphones können sich mit dem WLAN-Hotspot verbinden, um auf Kodi-Dienste wie den UPnP-Media-Server zuzugreifen. Auch die Internetverbindung wird über den Hotspot weitergeleitet. Die Funktion ist interessant für Räume, in denen es ansonsten keinen (guten) WLAN-Empfang gibt und in denen trotzdem auf Kodi-Dienste und das Internet zugegriffen werden soll. Achten Sie auch auf sichere Zugangsdaten, also ein möglichst langes, komplexes Passwort!

Auf dieser Registerkarte können fortgeschrittene Nutzer auch Zeitserver festlegen, über die das LibreELEC-Gerät die Uhrzeit einstellt. Anfänger sollten hier keine Änderungen vornehmen. Von größerer Relevanz ist die Option **Vor dem Start von Kodi auf das Netzwerk warten**. Sie sollten sie dann aktivieren, wenn der Aufbau der Netzwerkverbindung (etwa in einem WLAN) beim Start des Systems länger dauert und es durch die Verzögerung zu Fehlermeldungen kommt (etwa beim Fernsehempfang).

Die Registerkarte »Netzwerk« erlaubt die Aktivierung einzelner Adapter.

Die Registerkarte **Verbindungen** müssen Sie nutzen, wenn Sie eine WLAN-Verbindung aufbauen möchten. Ihnen werden die verfügbaren WLAN-Netzwerke angezeigt, und durch Anklicken kann eine Verbindung hergestellt werden. Halten Sie dafür die nötigen Zugangsdaten bereit.

> **TIPP**
>
> **Achten Sie auf eine gute Netzwerkverbindung**
>
> An dieser Stelle sei nochmals erwähnt, dass Sie einer Kabelverbindung immer den Vorzug geben sollten. Erst recht in funktechnisch »weit abgelegenen« Räumen mit schlechter Empfangssituation kann eine langsame WLAN-Verbindung den Filmgenuss durch eine stockende Wiedergabe merklich trüben.

Eine Netzwerkverbindung können fortgeschrittene Nutzer darüber hinaus in diesem Menü noch weiter konfigurieren (Einsteiger sollten keine Änderungen vornehmen). Klicken Sie dazu eine Verbindung an, und wählen Sie **Bearbeiten**. Sie können dann netzwerkspezifische Einstellungen vornehmen. So lässt sich zum Beispiel auf der Registerkarte **IPv4** eine feste IP-Adresse eintragen. Dafür stellen Sie die IP-Adressierungsmethode auf **manual** ein. Hier können Sie auch **DNS-Server** manuell eintragen.

Über die Bearbeitungsfunktion lassen sich auch feste IP-Adressen vergeben, worüber sich vor allem fortgeschrittene Anwender freuen.

Über die Registerkarte **Dienste** werden sich eventuell auch Einsteiger freuen. Hier können – sofern das noch nicht bei der Ersteinrichtung nach der Installation erfolgt ist – Dienste aktiviert werden, die LibreELEC bereits mitbringt. Besonders interessant ist der Menüpunkt **Samba**, denn damit können Sie Samba-Dateifreigaben aktivieren. So werden die Datenträger des LibreELEC-Geräts über das Netzwerk verfügbar. Sie können zum Beispiel von Ihrem Windows-PC aus auf die Datenträger des LibreELEC-Geräts zugreifen und darauf Mediendateien kopieren. Das ist vor allem dann sinnvoll, wenn Sie die Mediendateien direkt auf dem LibreELEC-Gerät speichern wollen (dazu später mehr). Im Auslieferungszustand von LibreELEC ist der Samba-Dienst bereits aktiviert. Auf Wunsch können Sie mit dem zweiten Punkt die Dateifreigaben mit einem Passwort schützen. Das ist angebracht, wenn niemand unbefugt auf die Dateien zugreifen soll, zum Beispiel aus Gründen des Jugendschutzes. Der dritte Punkt legt fest, ob auch externe Speichergeräte freigegeben werden sollen, dazu zählen externe Festplatten und USB-Sticks.

Weiter geht es mit dem **SSH**-Server. Über das SSH-Protokoll kann von anderen Rechnern aus direkt auf das Betriebssystem des LibreELEC-Geräts zugegriffen werden (Benutzername: `root`, Passwort: `libreelec`). Diese Funktion ist für fortgeschrittene Anwender interessant. Sie wird zum Beispiel zur Einrichtung eines externen Fernbedienungsempfängers beim Raspberry Pi benötigt, wie sie im Abschnitt »Einen USB-Empfänger mit geeigneter Fernbedienung einsetzen« auf Seite 98 geschildert wird. Wenn Sie sie nicht benötigen, sollten Sie die Funktion deaktivieren, denn auch darüber sind »Angriffe« aus dem Netzwerk möglich.

Über den Punkt **Avahi** können Sie die Zeroconf-Funktion aktivieren. Sie ist für diverse Dienste im Netzwerk nützlich und ermöglicht es, dass sich Dienste und Geräte automatisch »finden«, ohne dass große Konfigurationsarbeiten nötig sind. Die Fernbedienungs-Apps Yatse und Kore machen zum Beispiel davon Gebrauch. Es schadet daher nicht, wenn Sie diese Option aktiviert lassen.

Der **Cron**-Service ist für fortgeschrittene Nutzer interessant: Darüber kann man einen Zeitplan für den Aufruf bestimmter Dienste und Programme erstellen. Es schadet nicht, wenn er einfach aktiviert bleibt.

Kapitel 6 – So richten Sie Kodi grundlegend ein

Als Nächstes kann der **Bluetooth**-Adapter des LibreELEC-Geräts aktiviert werden, sofern ein solcher verfügbar ist. Der Raspberry Pi in Version 3 bietet zum Beispiel eine eingebaute Bluetooth-Funktion. Über diese Funkverbindung können zum Beispiel kabellose Bluetooth-Tastaturen verbunden werden. Möchten Sie Bluetooth verwenden, dann aktivieren Sie hier diesen Dienst. Sie können dann, wie Sie es von anderen Systemen her gewohnt sind, auf der eigenen Registerkarte **Bluetooth** eine Verbindung zu dem externen Gerät herstellten, was auch gerne als *Pairing* bezeichnet wird.

Haben Sie auf einem Raspberry Pi den LIRC-Dienst zur Nutzung einer Fernbedienung aktiviert (siehe dazu Abschnitt »Einen USB-Empfänger mit geeigneter Fernbedienung einsetzen« auf Seite 98), dann können Sie diesen Dienst mit dem (nur in diesem Fall angezeigten) letzten Eintrag dieses Menüs auf Wunsch deaktivieren.

Wichtige Dienste können Sie über die Registerkarte »Dienste« aktivieren.

Abschließend können Sie auf der Registerkarte **Über** allgemeine Informationen zu LibreELEC lesen und wissen jetzt ansonsten alles Wichtige zu diesem Konfigurationsprogramm.

> **TIPP**
>
> **Haben Sie Lust auf mehr?**
>
> LibreELEC lässt sich darüber hinaus mit vielen weiteren Zusatzfunktionen erweitern. Diese werden in Form von Add-ons bereitgestellt und können direkt aus Kodi heraus installiert (und konfiguriert) werden. Mehr dazu erfahren Sie im Abschnitt »Die Installation und Nutzung von Addons« ab Seite 288 und im Abschnitt »Der Addon-Browser als allgemeine Schaltzentrale« ab Seite 294.

Nachdem ich Ihnen die Konfiguration von LibreELEC vorgestellt habe, widmen wir uns nun den Einstellungen von OSMC:

Das Konfigurationsmenü von OSMC erreichen Sie direkt aus dem Hauptmenü von Kodi. Navigieren Sie dazu mit den Pfeiltasten in der Liste der Medienkategorien links auf dem Bildschirm bis ganz nach unten zum Menüpunkt **My OSMC**. Ein Klick auf Enter/OK öffnet das Konfigurationsmenü.

Das Konfigurationsmenü von OSMC arbeitet mit Symbolen.

Im Konfigurationsmenü finden Sie die einzelnen Optionen kreisförmig angeordnet. Zurück in das Konfigurationsmenü gelangen Sie stets mit der Schaltfläche **Exit**, die sich ganz unten befindet. Für Einsteiger sind die gebotenen Optionen nicht relevant, eine Ausnahme bildet eventuell der im Folgenden erklärte App Store, der sich um Zusatzdienste kümmert.

Den **App Store** von OSMC erreichen Sie über das Symbol 🛒. Sie können hier einige Dienste installieren, die im Alltag nützlich sein können. Wenn Sie Ihre Mediensammlung direkt auf dem OSMC-Gerät speichern wollen, dann wünschen Sie sich möglicherweise Netzwerkfreigaben der Datenspeicher. Über diese können Sie die Daten bequem auf die Datenträger des OSMC-Geräts kopieren. Dafür bietet OSMC einen eingebauten Samba-Server. Wenn dieser aktiviert ist, können Sie von anderen Computern im selben Netzwerk bequem über Dateifreigaben auf alle Datenträger des OSMC-Geräts lesend und schreibend zugreifen – das gilt auch für USB-Sticks und externe Festplatten. Möchten Sie diesen Dienst nutzen, dann wählen Sie bitte den Samba-Server aus und klicken ihn an. Wählen Sie nach der Aktivierung rechts unten den Eintrag **Apply**, und drücken Sie Enter/OK. Installierte Dienste müssen jedoch als Nächstes aktiviert werden.

> **INFO**
>
> **Was gibt es sonst noch Interessantes im App Store?**
>
> Neben den bereits besprochenen Samba-Servern gibt es im App Store auch die Möglichkeit, einen FTP-Server herunterzuladen (Benutzerkennung und Passwort lauten auch hier *osmc*). Gegenüber Samba-Freigaben sind FTP-Transfers (erst recht auf leistungsschwachen Rechnern) meist schneller, aber auch unverschlüsselt, was im heimischen Netzwerk jedoch nicht das Problem sein sollte (es sei denn, es geht um den Jugendschutz, dann sollten Sie diese Option nicht verwenden). OSMC bietet auch einen eingebauten Tvheadend-Server, der in Kapitel 13, »Live-TV mit Kodi schauen«, zum Fernsehempfang noch eine wichtige Rolle spielen wird.

Die Sektion **Services** ⚙ kümmert sich um die Aktivierung von Zusatzdiensten, die zuvor im App Store installiert wurden. Zunächst ist hier (auch ohne Installation im App Store) nur der SSH-Service verfügbar, über den Sie über das Netzwerk auf das Linux-Betriebssystem unterhalb von Kodi zugreifen können, Sie können diesen hier aktivieren und deaktivieren. Möchten Sie über das SSH-Protokoll eine Verbindung aufbauen, dann verwenden Sie das Wort *osmc* sowohl für den Benutzernamen als auch das Passwort.

Haben Sie einen weiteren Dienst installiert, dann müssen Sie auch diesen hier manuell aktivieren.

Weiter geht es mit den Optionen für fortgeschrittene Nutzer. Sie interessieren sich möglicherweise für die Netzwerkkonfiguration . Dieses Menü müssen Sie nur verwenden, wenn Sie an den Netzwerkeinstellungen etwas ändern müssen, denn die grundlegenden Einstellungen haben Sie schon bei der Installation vorgenommen.

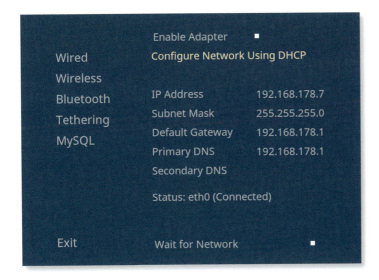

In den Netzwerkoptionen lässt sich auch eine statische IP-Adresse eintragen.

Sie finden hier in verschiedenen Kategorien am linken Bildschirmrand die Optionen für diverse Netzwerkgeräte. Der Eintrag **Wired** kümmert sich um die Kabelverbindung, der Eintrag **Wireless** um das WLAN-Pendant. Dort sehen Sie die zur Verfügung stehenden Drahtlosnetzwerke. Um eine Verbindung aufzubauen, wählen Sie eines an und geben das zugehörige Kennwort ein. Beachten Sie, dass es jeweils ganz oben ein Kontrollkästchen namens **Enable Adapter** gibt. Dieses muss aktiviert werden, damit der Adapter (gemeint ist das jeweilige Netzwerkgerät beziehungsweise die gewählte Netzwerkfunktion) zur Verfügung steht. Eine aktivierte Option erkennen Sie durch ein weiß leuchtendes Quadrat neben dem Eintrag. Die Option **Wait for Network** sorgt dafür, dass beim Systemstart zuerst auf das Zustandekommen der Netzwerkverbindung gewartet wird. Diese Funktion ist beim Fernsehempfang über Kodi (Kapitel 13, »Live-TV mit Kodi schauen«) sowie bei der Synchronisation der Datenbank (Kapitel 15, »Mehrere Kodi-Instanzen synchronisieren«) wichtig, weil es ansonsten zu Fehlermeldungen kommt, weil die Netzwerkverbindung noch nicht hergestellt wurde. Auf beiden Konfigurationsseiten können Sie darüber hinaus auf Wunsch eine feste IP-Adresse eintragen. Dazu klicken Sie den Eintrag **Configure Network Manually** an und geben die entsprechenden Daten ein.

Auf der Registerkarte **Bluetooth** können Sie, sofern Ihr Pi damit ausgerüstet ist, einen Bluetooth-Adapter aktivieren. Hier ist es Ihnen möglich, zum Beispiel eine Verbindung zu einer drahtlosen Bluetooth-Tastatur herzustellen. Wie bei Bluetooth üblich, müssen Sie zunächst nach Geräten suchen und eine Verbindung aufbauen.

Über **Tethering** können Sie einen WLAN-Hotspot einrichten, der die Nutzung der Internetverbindung gestattet, die über das Netzwerkkabel bereitgestellt wird (auch der umgekehrte Weg ist möglich). Dafür muss jedoch auch der WLAN-Adapter explizit aktiviert werden.

Die Registerkarte **MySQL** ist dann von Interesse, wenn Sie Kodi in mehreren Räumen mit einer gemeinsamen Datenbank nutzen möchten. Mit einer solchen Multiroom-Lösung befasst sich Kapitel 15 noch im Detail.

Links neben der Schaltfläche für Netzwerke befindet sich der Eintrag **Remotes**. Hier können Sie auf Wunsch eine Fernbedienung einrichten. Darauf wurde schon im Abschnitt »Einen USB-Empfänger mit geeigneter Fernbedienung einsetzen« ab Seite 98 eingegangen.

Der Menüpunkt **Hardwareoptionen** ist für Bastler interessant, die den Pi mit weiteren Hardwarekomponenten ausstatten möchten. Hier lässt sich eine externe Soundkarte konfigurieren, darüber hinaus ist die Aktivierung eines Fernbedienungsempfängers möglich. Ebenso lassen sich Lizenzschlüssel für den optionalen (und heute fast nicht mehr nötigen) MPEG-2-Decoder eintragen.

Über den Menüpunkt **Log Uploader** können technisch interessierte Nutzer im Fehlerfall Log-Dateien in das Internet laden, um sie mit anderen Nutzern auszutauschen.

Mit dem Punkt **Updates** kann OSMC auf dem aktuellsten Stand gehalten werden. Normalerweise aktualisiert sich OSMC selbstständig, es sind keine Aktionen nötig. In diesem Menü kann allerdings (auf der Registerkarte **Manual Controls**) auch manuell nach Aktualisierungen gesucht werden. Interessant ist auch die **Backup**-Funktion, die sich unter der gleichnamigen Kategorie verbirgt. Darüber erfahren Sie in Kapitel 18, »Für Fortgeschrittene: erweiterte Funktionen«, mehr.

Darüber hinaus gibt es im Konfigurationsmenü noch den Punkt **Overclock**, mit dem sich der Rechner übertakten lässt.

Das Einstellungsmenü von Kodi im Detail

Jetzt geht es im Detail um die Einstellungsoptionen von Kodi. Sie stehen bewusst noch vor der eigentlichen Nutzung des Mediacenters in diesem Buch, denn es gibt einige Optionen von Kodi, die der eine oder andere Anwender bereits vorher verändern muss. Möglicherweise wird es dann und wann etwas technisch, und Sie werden auf Optionen treffen, deren Bedeutung Sie noch nicht verstehen. Das macht aber an dieser Stelle nichts. Eine zunächst merkwürdig klingende Option können Sie getrost überspringen. Oftmals wird sie Ihnen nach einiger Nutzungszeit von Kodi verständlich. Sie müssen beim Lesen generell nur dann »aufhorchen«, wenn Sie auf eine für Sie wichtige Option treffen. Vielleicht markieren Sie interessante Stellen auch einfach und kehren später noch einmal ausführlich zu diesem Kapitel zurück?

Sie werden feststellen, dass Kodi eine sehr große Menge an Optionen bietet. Die meisten sind Komfortfunktionen, die nur das Bedienkonzept oder die Informationsdarstellung ändern, aber nicht das Mediacenter »komplett lahmlegen« können. In diesem einführenden Buch können wir natürlich nicht die gesamte Palette durchgehen, sonst hätten Sie einen viel dickeren Wälzer vor sich, daher beschränke ich mich auf die für den täglichen Gebrauch relevanten Elemente. Nicht alle Elemente, die hier besprochen werden, sind auf allen Geräten verfügbar. Übrigens: Kodi blendet zu allen Optionen in diesem Menü am unteren Bildschirmrand einen kurzen Infor-

Kapitel 6 – So richten Sie Kodi grundlegend ein

mationstext ein. Dieser hilft Ihnen weiter, wenn Sie dieses Buch einmal nicht zur Hand haben.

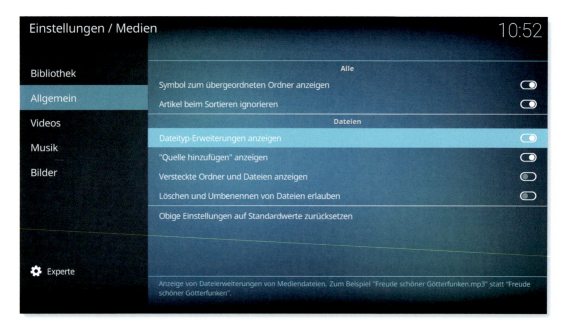

Praktisch: Am unteren Bildschirmrand (blauer Text) blendet Kodi automatisch eine helfende Beschreibung zu einer Option ein.

Öffnen Sie nun einmal das Einstellungsmenü von Kodi über das Zahnradsymbol im Hauptmenü. Ihre Reise durch dieses Menü beginnt am besten mit den Optionen für die jeweiligen Wiedergabegeräte. Damit passen Sie Kodi optimal auf Ihr System an. Klicken Sie also auf die Schaltfläche **System**.

Bevor es richtig losgeht, richten Sie Ihren Blick ganz nach unten links auf dem Bildschirm: Dort sehen Sie ein Zahnradsymbol mit dem Text **Einfach** – dieses legt den Detailgrad des Einstellungsmenüs fest. **Einfach** stellt die niedrigste Ebene dar, es werden nur wenige Optionen angezeigt und die komplizierteren Einstellungsoptionen ausgeblendet. In diesem Abschnitt sollen Sie jedoch ruhig mehr Möglichkeiten kennenlernen. Klicken Sie die Schaltfläche also an, und wählen Sie den Eintrag **Standard**. Einen Blick auf alle Optionen bietet dagegen die Einstellung **Experte**, die sich jedoch an einen ebensolchen Nutzer richtet.

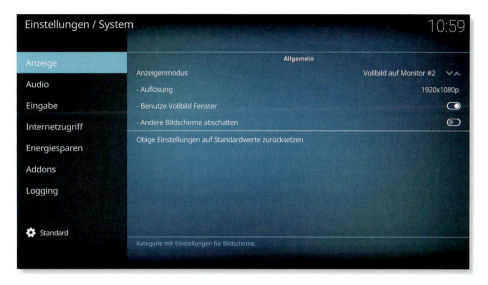

Mit dem Systemmenü (hier gezeigt im Detailgrad »Standard«) passen Sie Kodi an Ihr Wiedergabesystem an.

Mit der Registerkarte **Anzeige** (ihre Inhalte sind abhängig vom Kodi-Gerät) steuern Sie die Optionen für den Fernseher beziehungsweise den Monitor. Die Optionen sind für Benutzer von integrierten Geräten (mit eigenem Bildschirm) wie Smartphones und Tablets nicht wichtig, da hier automatisch passende Werte gewählt werden. Nur wenn Sie ein Notebook mit externem Bildschirm oder einen PC mit mehreren Monitoren nutzen, dann müssen Sie aktiv werden. Wählen Sie in diesem Fall mit der Option **Anzeigemodus** aus, auf welchem Gerät Kodi angezeigt werden soll. Die **Auflösung** stellen Sie dabei so ein, dass sie zur physischen Auflösung des Geräts passt. Damit erhalten Sie die höchste Bildqualität. Für ein Full-HD-Gerät müssen Sie also 1.920 × 1.080 Pixel einstellen. Im Regelfall entspricht der höchstmögliche Wert der korrekten Einstellung. Die dritte Option **Benutze Vollbild Fenster** ist wichtig, wenn Kodi am PC mit mehreren Bildschirmen gleichzeitig neben anderen Programmen betrieben wird. Hier sollte die Option eingeschaltet sein. Ist sie ausgeschaltet, kann es nämlich passieren, dass das Kodi-Bild verschwindet (minimiert wird), wenn mit der Maus andere Programme bedient werden. Mit der vierten Option **Andere Bildschirme abschalten** können Sie auf Wunsch nicht verwendete Monitore während des Betriebs von Kodi abschalten.

> **TIPP**
>
> **Sind Sie 3-D-Fan, oder passt die Anzeige nicht?**
>
> Dann ändern Sie den Detailgrad auf **Experte**. Das Menü bietet Ihnen dann noch Optionen für die 3-D-Wiedergabe. Außerdem können Sie Testbilder anzeigen lassen und die Anzeige von Kodi (sofern diese verzerrt oder nicht bildschirmfüllend sein sollte) auf den Monitor/Fernseher anpassen.

Die zweite Kategorie im Einstellungsmenü **System** mit dem Namen **Audio** ist sehr wichtig – insbesondere für die Nutzer von HTPCs. Über dieses Menü legen Sie etwa die Soundkarte fest, die Kodi zur Wiedergabe nutzen soll, und aktivieren die Ausgabe von digitalem Mehrkanalton. Haben Sie Ihr Kodi-Gerät mit einer HDMI-Verbindung an den Fernseher oder den Heimkino-Receiver angeschlossen, sind zumindest bei der Wahl der Soundkarte keine Änderungen nötig: Der Ton wird in diesem Fall über die HDMI-Verbindung in digitaler Form übertragen. Möchten Sie jedoch stattdessen eine andere Soundkarte oder einen optischen (oder elektrischen) digitalen Audioausgang des Kodi-Geräts nutzen, dann klicken Sie auf die erste Option **Audioausgabegerät** und wählen das entsprechende Gerät aus. Je nach Gerät und Ausstattung ist die Liste mehr oder weniger umfangreich. Einen optischen Audioausgang finden Sie zum Beispiel unter dem Eintrag **SPDIF**. Nutzen Sie Windows als Betriebssystem, haben Sie die Wahl zwischen *Directsound*- und *Wasapi*-Geräten. Die Wahl des zweitgenannten Eintrags ermöglicht eine höhere (bitgenaue) Wiedergabequalität.

> **INFO**
>
> **Wenn kein Ton aus den Lautsprechern kommt ...**
>
> ... dann ist Ihre erste Anlaufstelle dieses Menü. Eventuell ist die falsche Soundkarte eingestellt, sodass der Ton nicht über die richtigen Anschlüsse ausgegeben wird. Kontrollieren Sie also die Einstellung. Kennen Sie sich mit Soundkarten nicht aus, dann probieren Sie einfach alle Geräte aus, bis der Ton aus den Lautsprechern kommt.

Das Einstellungsmenü von Kodi im Detail

Je nach Computersystem kann das Auswahlmenü für das Audioausgabegerät recht umfangreich sein.

Je nach verwendetem Audiogerät ist als zweite Option der Eintrag **Anzahl der Kanäle** sichtbar (was auf die HDMI-Schnittstelle definitiv zutrifft). Hier legen Sie fest, wie viele Audiokanäle über die Audioschnittstelle ausgegeben werden sollen. Sie können einstellen, wie viele Lautsprecher an Ihr Wiedergabegerät angeschlossen sind. Nutzen Sie nur den Fernseher, dann lautet die Einstellung **2.0**, das Gleiche gilt, wenn Sie ein Stereo-Lautsprecherpaar verwenden. Kommt bei Ihnen ein 5.1-Heimkinosystem zum Einsatz, wählen Sie entsprechend **5.1**. Diese Einstellung müssen Sie auch vornehmen, wenn Sie die analogen Ausgänge der Soundkarte nutzen möchten. Über den dritten Eintrag namens **Lautstärkeschritte** legen Sie fest, wie feinfühlig sich die Lautstärke des Tons innerhalb von Kodi verändern lassen soll. Kodi bietet (zusätzlich zum TV-Gerät und dem Heimkino-Receiver) eine eigene Lautstärkeregelung, der voreingestellte Wert ist jedoch bereits alltagstauglich.

Die zweite Gruppe von Optionen mit dem Namen **Klangschemata** stellt ein, ob bei der Navigation in Kodi Systemklänge wiedergegeben werden sollen. Damit sind die kurzen Klick-, Piep-, und Zischtöne gemeint, die etwa beim

Drücken der Pfeiltasten abgespielt werden. Wenn Sie diese Klänge stören, dann können sie über den ersten Eintrag deaktiviert werden, die meisten Nutzer lassen sie aber eingeschaltet.

Wesentlich interessanter und auch für Einsteiger wichtig ist die dritte Gruppe namens **Audio Passthrough**. Hier geht es um digitale Mehrkanaltonformate. Über eine digitale Audioverbindung (über die HDMI- oder die SPDIF-Schnittstelle) können Mehrkanaltonsignale übertragen werden, die von einem Heimkino-Receiver (oder auch einer TV-Soundbar) dekodiert und auf mehreren Lautsprechern wiedergegeben werden. Wichtig ist hier, dass die Signale in einem bestimmten Format kodiert übertragen werden. Sicherlich sind Ihnen die Formate *Dolby Digital* und *DTS* ein Begriff. Damit diese Formate unangetastet von Kodi über die Audioverbindung zum Receiver (oder dem Fernseher oder der Soundbar) übertragen werden, aktivieren Sie die Option **Passthrough erlauben**. Nur wenn diese Option aktiv ist, gelingt die Weiterleitung von Mehrkanaltonsignalen. Ist sie deaktiviert, gibt Kodi bereits dekodierte Audiosignale (in unkomprimierter PCM-Form) über die Audioverbindung aus.

> **ACHTUNG**
>
> **Achtung, wichtig!**
> Möchten Sie mit Ihrem Kodi-Gerät Mehrkanaltonsignale ausgeben, dann müssen Sie diesen Abschnitt besonders gründlich bearbeiten und die Einstellungen auf die Fähigkeiten Ihres Receivers oder Fernsehers abstimmen. Bitten Sie notfalls einen erfahrenen Bekannten um Hilfe.

Bietet Ihr Kodi-Gerät mehrere digitale Audioausgänge an, dann können Sie das Gerät über die Option **Digitales Audiogerät für Passthrough** auswählen. Stellen Sie hier also das entsprechende Gerät ein. Beachten Sie, dass sich moderne, verlustlos komprimierte Mehrkanaltonformate nur über die HDMI-Schnittstelle, nicht jedoch über eine SPDIF-Verbindung übertragen lassen.

> **TIPP**
>
> **Stereo-Ton nur über den Fernseher, Mehrkanalton nur über den Receiver? Geht das?**
>
> So manchem genügt bei einfacheren Inhalten die Wiedergabe von normalen Stereo-Signalen über den Fernseher, an dem vielleicht eine Soundbar angeschlossen ist. Nur bei der Wiedergabe von hochwertigen Mehrkanaltonformaten soll der Receiver zum Einsatz kommen. Hat der Receiver keinen HDMI-Anschluss und lässt sich so nicht zum Zusammenspiel mit dem Fernseher überreden, dann erfüllt sich der Wunsch bei der Nutzung der SPDIF-Schnittstelle. Nur Mehrkanaltonformate werden über dieses Gerät (bei aktiviertem Passthrough) ausgegeben, der Rest erfolgt über die HDMI-Verbindung. Dies ist leider mit HD-Mehrkanaltonformaten nicht möglich.

> **INFO**
>
> **Feintuning im Expertenmenü**
>
> Die Expertenansicht ermöglicht ein Feintuning. Freunde des Mehrkanaltons finden hier etwa die Option **Stereo Upmix**, mit der Kodi ständig ein hochskaliertes AC3-Mehrkanaltonsignal erzeugt, das für ein (künstliches) Raumklanggefühl sorgt. Haben Sie einen älteren Receiver im Einsatz, der nicht alle modernen Tonformate unterstützt, dann können Sie im Expertenmenü einstellen, welche Formate direkt ausgegeben werden sollen. Bei deaktivierten Formaten erfolgt die Wiedergabe als durch Kodi dekodiertes PCM-Signal.

Die dritte Kategorie des Systemeinstellungsmenüs bietet Optionen für Eingabegeräte – also Geräte wie etwa die Fernbedienung, die zur Steuerung von Kodi verwendet werden. Sie enthält wichtige Optionen für Nutzer der HDMI-CEC-Funktion. Zur Erinnerung (siehe Kapitel 5, »Kodi und die Fernbedienung«): Darüber können Sie Kodi mit der Fernbedienung des Fernsehers steuern, was zum Beispiel der Raspberry Pi ermöglicht. Klicken Sie zur Einstellung auf den Eintrag **Geräte**. Sie können hier das jeweilige Gerät auswählen (also den CEC-Controller). In einem Untermenü können Sie viele Optionen steuern, zum Beispiel, ob der Fernseher automatisch beim Beenden von Kodi mit ausgeschaltet werden soll – dies wird von vielen Nutzern geschätzt. Ansonsten bietet das Menü noch Optionen für die Nutzung von Joysticks beziehungsweise Spiele-Controllern, die jedoch eher selten eingesetzt werden. Außerdem lässt sich die Verwendung von Maus und Touchscreen abschalten – hier sind im Regelfall jedoch keine Einstellungen nötig.

Die weiteren Kategorien dieses Einstellungsmenüs sind nicht ganz so wichtig, und es sind normalerweise keine Einstellungen erforderlich. Wenn Sie computeraffin sind und einen Proxyserver für den Internetzugang nutzen, dann können Sie diesen in der Kategorie **Internetzugriff** konfigurieren. In der Kategorie **Energiesparen** können Sie festlegen, dass der Bildschirm während der Leerlaufzeit abgeschaltet wird (diese Funktion unterstützen nicht alle Geräte). Es gibt auch die Möglichkeit, einen Server (etwa einen Heimserver oder ein NAS-Gerät) beim Zugriff über sogenannte *Wake-on-Lan*-Pakete aus dem Stand-by-Betrieb »aufzuwecken«. Diese Funktion hilft beim Stromsparen, sie muss aber von den jeweiligen Geräten unterstützt (und entsprechend konfiguriert) werden und ist grundsätzlich nur bei kabelgebundenen Geräten verfügbar. Die Kategorie **Addons** legt unter anderem fest, ob Zusatzprogramme für Kodi automatisch aktualisiert werden dürfen und dabei Meldungen angezeigt werden (empfohlen). Über **Logging** lassen sich Berichte erstellen, die für die Fehleranalyse ausgewertet werden können.

> **TIPP**
>
> **Den Internetzugang nur moderat auslasten**
>
> Die Expertenansicht der Kategorie **Internetzugriff** ermöglicht eine Reduktion der maximal genutzten Datenrate. Dies kann nützlich sein, wenn Sie sich Ihren Internetzugang mit mehreren Personen teilen und Kodi diesen zu stark belastet. Doch Vorsicht: Wird die maximale Datenrate zu stark reduziert, dann können Onlinevideos in Kodi nicht mehr ohne Ruckeln abgespielt werden. Nutzen Sie die Option also nur im Bedarfsfall.

Nachdem Sie Kodi nun optimal auf Ihre Wiedergabegeräte angepasst haben, geht es um die Einstellungen rund um die Wiedergabe der Medien. Navigieren Sie zurück in das (Haupt-)Einstellungsmenü, und wählen Sie gleich die erste Kategorie oben links namens **Wiedergabe**. Hier gibt es einige Optionen, die für die reibungslose Wiedergabe der einzelnen Medientypen interessant sind.

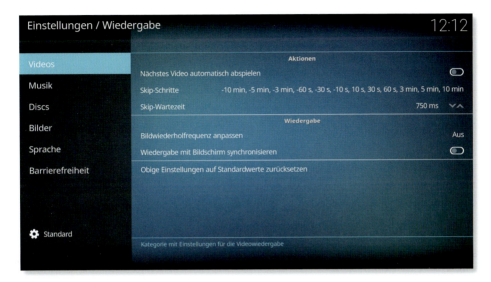

Das Einstellungsmenü »Wiedergabe«, hier mit den Einträgen der Kategorie »Videos«

Die Kategorie **Videos** betrifft alle Videoinhalte. Der Punkt **Nächstes Video automatisch abspielen** kommt zum Zug, wenn Sie Wiedergabelisten abspielen, insbesondere bei Videoportalen im Internet oder auch bei der Wiedergabe von TV-Serien. Ist der Punkt aktiv, startet nach dem Ende eines Videos automatisch die Wiedergabe des folgenden Videos. Diese Möglichkeit lässt sich oft auch über das Kontextmenü (Optionstaste oder Taste C) bei einer Wiedergabeliste temporär aktivieren, die gewünschte Funktion heißt **Ab hier abspielen**. Haben Sie also nur ein gelegentliches Interesse, dann lassen Sie die Funktion in diesem Menü deaktiviert.

Drücken Sie während der Wiedergabe eines Videos mehrfach hintereinander auf die Pfeiltasten ← und →, dann können Sie schnell durch das Video springen. Wie groß die Schritte sind und in welchem Zeitraum Sie die Tasten drücken müssen, steuern die Optionen **Skip-Schritte** und **Skip-Wartezeit**. Hier sind normalerweise keine Änderungen erforderlich.

Sehr wichtig (auch für Einsteiger) sind hingegen die Optionen der Gruppe **Wiedergabe**. Der erste Punkt **Bildwiederholfrequenz anpassen** legt fest, ob die Bildwiederholfrequenz des Bildschirms an die Bildwiederholrate des abgespielten Videos angepasst werden soll. Normalerweise ist dies gewünscht. Dazu ein Beispiel: Sie möchten einen Kinofilm betrachten, der 24 Bilder pro Sekunde enthält. Der Fernseher stellt jedoch 60 Bilder pro Sekunde dar. Wie bringen Sie die beiden Formate auf einen gemeinsamen Nenner? Nun, Sie könnten versuchen, die unterschiedlichen Bildraten über Rechenschritte und Zwischenbilder aneinander anzugleichen, aber dies ist gar nicht mal so einfach und kann zu einer ruckelnden Filmwiedergabe führen. Besser wäre es, wenn der Fernseher ebenfalls mit 24 Bildern pro Sekunde arbeiten würde, denn dann passt alles wunderbar zusammen. Zum Glück erlauben das die meisten modernen Geräte, Sie sollten diese Option also aktivieren. Wählen Sie dazu die Option **Beim Starten/Stoppen**, denn sie vermeidet zu häufige Wechsel. Bei der Einstellung **immer** wird die Bildwiederholrate des Fernsehers auch geändert, wenn Sie während der Filmwiedergabe nur kurz ins Menü zurückkehren.

Die nächste Einstellungsmöglichkeit **Wiedergabe mit Bildschirm synchronisieren** sollte normalerweise deaktiviert bleiben. Sie ist für ältere Fernseher nützlich, die die Bildwiederholrate des Videos nicht unterstützen und bei denen es daher zu Rucklern kommt. Ist sie aktiv, wird das Video ein klein wenig schneller oder langsamer abgespielt, um die Bildwiederholraten aneinander anzugleichen. Dabei ergeben sich unweigerlich kleinere Änderungen der Tonhöhe.

Für fortgeschrittene Anwender sind die Experteneinstellungen interessant, hier kann auch noch festgelegt werden, wie Videos im 4:3-Seitenformat dargestellt werden sollen, außerdem lassen sich schwarze Balken bei der Videowiedergabe verringern (etwa durch die Anwendung eines Zooms).

Die Kategorie **Musik** steuert die Wiedergabe von Audiodateien. Für den normalen Betrieb sind die Voreinstellungen bereits passend gewählt und keine Änderungen nötig. Sie können hier einstellen, ob der nächste Titel etwa aus einem Musikalbum automatisch wiedergegeben werden soll – dies ist üblicherweise gewünscht. Mit der zweiten Option legen Sie fest, ob ein Musiktitel, wenn Sie diesen mit der Enter-/OK-Taste anklicken, entweder direkt wiedergegeben werden oder nur zu einer Wiedergabeliste hinzugefügt werden soll. Näheres dazu erfahren Sie in Kapitel 10, »Musik in Kodi«. Ansonsten können Sie – wie bei der Videowiedergabe – die Skip-Schritte zur Navigation definieren. Der eine oder andere nutzt gerne ein automatisches Überblenden zwischen Titeln – damit werden Pausenzeiten ohne Musikklänge reduziert, und es wird ein Disco-Gefühl erzeugt. Auf Wunsch können Sie diese Funktion aktivieren und sogar auf ein zusammenhängendes Album beschränken. Unter **Visualisierung** versteht man die Anzeige grafischer Elemente bei der Musikwiedergabe, die sich (mehr oder weniger passend) im Takt der Musik verändern. Darüber erfahren Sie ebenfalls mehr im Musik-Kapitel; an dieser Stelle können Sie das dafür genutzte System festlegen (es sind derzeit keine Änderungen erforderlich). Die Experteneinstellungen bieten Optionen zum **ReplayGain**, also zur Vereinheitlichung der Wiedergabelautstärke.

In der Kategorie »Musik« sind normalerweise keine Änderungen nötig.

Die Einstellungsmöglichkeiten der Kategorie **Discs** sind nur interessant, wenn das Kodi-Gerät auch ein optisches Laufwerk zur Wiedergabe von CDs, DVDs und Blu-ray-Discs hat – und Sie dieses nutzen möchten. Die Optionen steuern hauptsächlich, ob bei einem neu eingelegten Medium die Wiedergabe automatisch starten soll. Die Expertenoptionen steuern die Möglichkeit, mit Kodi auch Audio-CDs zu kopieren – neudeutsch »rippen« genannt. Eingefleischte Audiofans werden dafür jedoch spezialisierte Software einsetzen.

Die Kategorie **Bilder** kümmert sich hauptsächlich um die Wiedergabe von Fotos als Diashow. Die einzelnen Optionen behandelt ausführlich der Abschnitt »Optionen für verschiedene Einstellungen« ab Seite 281. Gegenwärtig sind keine Änderungen erforderlich.

Für die Kategorie **Sprache** werden Sie sich interessieren, wenn Sie sich Filme ansehen möchten, die in mehreren Sprachfassungen vorliegen, also mehrere Tonspuren oder auch mehrere Untertitelfassungen beinhalten. Die einzelnen Optionen steuern etwa, welche Sprache bevorzugt zur Wiedergabe ausgewählt werden soll. Normalerweise wird die **Ursprüngliche Sprache des Streams** verwendet, Sie können jedoch auch zum Beispiel eine Einschränkung auf Deutsch vornehmen. Außerdem können Sie die **Schriftart für Untertitel** auswählen (über die Experteneinstellungen auch deren Größe und Farbe). Mit den Untertiteln befasst sich Abschnitt »Untertitel anzeigen« ab Seite 217 noch im Detail. Die Optionen zur **Barrierefreiheit** steuern, ob spezielle Tonspuren und Untertitel bevorzugt angezeigt werden sollen. Damit wissen Sie schon alles, was im **Wiedergabe**-Menü wichtig ist.

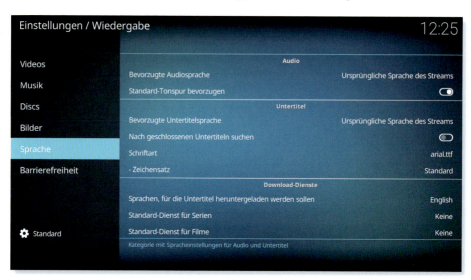

Die Einstellungen der Kategorie »Sprache« sind interessant, wenn etwa Videodateien in mehreren Sprachfassungen vorliegen.

Weiter geht es mit den Einstellungen des Menüs **Medien** – erreichbar über die zweite Schaltfläche im Einstellungsmenü.

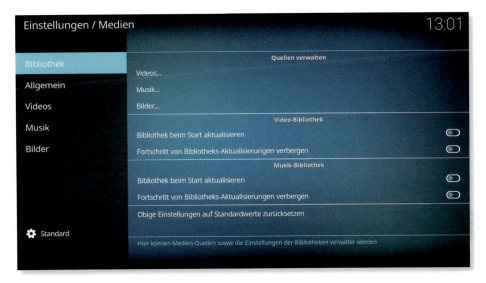

Im Menü »Medien« geht es zunächst einmal um die Medienbibliotheken.

Dort gibt es zunächst einmal die Kategorie **Bibliothek**. Sie steuert das Verhalten der zentralen Medienbibliothek von Kodi, in der (fast) alle Ihre Medien erfasst sind. Einsteiger können möglicherweise mit diesen Optionen noch nicht viel anfangen – aber das wird sich sicher in Kürze ändern. Für Einsteiger sind auch noch keine Anpassungen erforderlich. Die Gruppe **Quellen verwalten** enthält Shortcuts zu den jeweiligen Medienquellen (und Dateimenüs) für Videos, Musik und Bilder. Diese Begriffe werden Ihnen jetzt vielleicht noch nicht viel sagen, aber wenn Sie die folgenden Kapitel durchgearbeitet haben, werden Sie sich eventuell über diese Schnellzugriffe freuen. Es folgen zwei Gruppen mit jeweils identischen Optionen, die die Video- und die Musik-Bibliothek steuern (für Bilder gibt es keine zentrale Bibliothek). Die Bibliothek ist normalerweise recht statisch. Das soll heißen, dass sie aktualisiert werden muss, wenn ein neues Medium, etwa ein neuer Videofilm, zu Ihrer Sammlung hinzugefügt wird. Die Aktualisierung läuft sehr schnell und automatisiert ab, sie muss jedoch von Hand angestoßen werden. Ändert sich Ihr Medienbestand häufiger, dann bietet es sich an, diese Aktualisierung automatisch beim Start von Kodi (also dem Einschalten des Kodi-Geräts) vornehmen zu lassen. Dies ermöglicht die Option **Bibliothek beim Start aktualisieren**. Dabei wird ein Fortschrittsbalken in der rechten oberen Ecke eingeblendet. Wenn dieser Balken Sie stört, können Sie ihn mit der zweiten Option deaktivieren. Sie werden im Umgang mit Kodi schnell merken, ob Sie diese Option brauchen. Sie kann jederzeit ein- und ausgeschaltet werden.

> **TIPP**
>
> **Der Experte muss aufräumen …**
>
> In der Expertenansicht sind – wie üblich – noch weitere Optionen verfügbar. Interessant ist die Option **Bibliothek bereinigen**. Wenn Sie im Dateisystem außerhalb von Kodi mehrere Filme löschen, dann kommt es innerhalb von Kodi zu sogenannten »Karteileichen«. Diese können über die Reinigungsfunktion entfernt werden. Aber Vorsicht: Befinden sich einige Medien auf einer externen Festplatte, die derzeit nicht angeschlossen ist, dann werden auch diese entfernt. Außerdem werden Optionen zum Backup der Bibliothek geboten. Darüber erfahren Sie mehr in Kapitel 18, »Für Fortgeschrittene: erweiterte Funktionen«.

Als Nächstes ist die Kategorie **Allgemein** an der Reihe (siehe Abbildung auf Seite 141). Man könnte sie auch »gemischt« nennen. In der Gruppe **Alle** steuern Sie, ob Sie ein Symbol zum übergeordneten Ordner angezeigt bekommen möchten. Was damit gemeint ist, werden Sie sehen, wenn Sie sich mit den einzelnen Medientypen befassen. Die Rede ist von einer kleinen Schaltfläche, die am Anfang einer Gruppenansicht zum Beispiel von Spielfilmen gezeigt wird. Sie erlaubt die Navigation zurück zur höheren Ebene, etwa der Genre-Übersicht. Da die Funktion auch über die Zurück-Taste auf der Fernbedienung zugänglich ist, wünschen Puristen häufig die Deaktivierung – Anfänger lassen sie zunächst aktiv.

Bei der Sortierung der Medien in der Bibliothek haben Sie die Wahl, ob ein dem Titel vorangestellter Artikel berücksichtigt werden soll oder nicht. Die Frage lautet also: Soll der Film *Der Morgen am Abend* unter dem Buchstaben

D oder *M* einsortiert werden? – Treffen Sie Ihre Wahl. Die Gruppe **Dateien** ist nicht ganz so wichtig. Hier geht es nicht direkt um die Bibliotheksansicht, sondern um die Dateimenüs. (Die feinen Unterschiede lernen Sie später bei den einzelnen Medientypen kennen.) Wenn Sie in der Dateiansicht die Anzeige von Dateitypen wie etwa AVI wünschen, dann lassen Sie die Option aktiv (empfohlen), andernfalls deaktivieren Sie sie. Die zweite Option **"Quelle hinzufügen" anzeigen** sollten Sie unbedingt aktiviert lassen. Wenn sie deaktiviert wird, entfällt die Schaltfläche, die es ermöglicht, weitere Medienquellen (also Verzeichnisse mit Mediendateien) zur Bibliothek von Kodi hinzuzufügen. Die Schaltfläche ist nur interessant, wenn alle Quellen definiert sind und die Option nicht mehr benötigt wird. Sie wird in Kapitel 16, »Verantwortlich für die Liebsten: Kinder- und Jugendschutz«, nochmals aufgegriffen.

Über die Experteneinstellungen lassen sich auch versteckte Dateien einblenden. Sie können Kodi erlauben, Dateien zu löschen und umzubenennen. So lassen sich Filme aus Kodi heraus direkt löschen – die Aktivierung verlangt aber nach Schreibrechten auf Dateiebene und kann in Mehrpersonenhaushalten mit unerfahrenen Mitgliedern gefährlich sein.

Im Einstellungsmenü **Medien** gibt es jetzt noch die drei Kategorien **Videos**, **Musik** und **Bilder**. Sie werden in den entsprechenden Abschnitten zu den jeweiligen Medientypen behandelt.

Im Einstellungsmenü **PVR & TV** geht es um die Funktionen von Kodi, mit denen über zusätzliche TV-Empfänger (also USB-TV-Sticks oder Einbaukarten) ferngesehen werden kann. Die Optionen werden erst im Rahmen einer solchen Aufgabe relevant und daher in Kapitel 13, »Live-TV mit Kodi schauen«, näher betrachtet.

Weiter geht es mit dem Einstellungsmenüpunkt **Dienste**. Hier geht es um Steuergeräte, Medienserver und die Wetteranzeige.

In der Kategorie **Allgemein** befindet sich in der Gruppe **System** zunächst die Option **Gerätename**. (Diese und die nächste Funktion kennen Sie schon von den Einstellungsmenüs von LibreELEC und OSMC.) Über diesen Eintrag können Sie Ihrer Kodi-Installation einen Namen geben. Das machen Sie dann, wenn es in Ihrem Netzwerk mehrere Kodi-Installationen gibt, die Sie voneinander unterscheiden möchten. Andernfalls belassen Sie es einfach bei der Voreinstellung. Die zweite Option sorgt dafür, dass Ihr Kodi-System über den **Zeroconf**-Dienst anderen Systemen bekannt gemacht wird. Darüber kann zum Beispiel eine App Ihr Kodi-Gerät einfach im Netzwerk finden. Vielleicht erinnern Sie sich daran, dass die Funktion schon einmal im Abschnitt »Das Smartphone als Fernbedienung nutzen: ›Kore‹ und ›Yatse‹« ab Seite 106 bei der Einrichtung der Fernbedienungs-App Thema war. In diesem Zusammenhang war auch schon die Rede vom Webserver sowie dem Web-Interface auf der Registerkarte **Steuerung**. Über diese Schnittstellen lässt sich Kodi von anderen Rechnern aus fernsteuern – wie es etwa eine Fernbedienungs-App auf dem Smartphone tut.

Die Einstellungsoptionen der Kategorie »Allgemein« im Menü »Dienste«.

In der Gruppe **Anwendungskontrolle** können Experten externen Anwendungen die Fernsteuerung von Kodi erlauben. Die Anwendungen arbeiten entweder auf dem Kodi-Gerät oder greifen über das Netzwerk auf Kodi zu. Im Rahmen der Dienste, die in diesem Buch besprochen werden, sind an diesen Einstellungen keine Änderungen nötig.

Nutzen Sie ein umfassendes Heimnetzwerk, dann werden Sie sich vielleicht über die Kategorie **UPnP/DLNA** freuen. Hier geht es um Medienserver und Wiedergabegeräte, die dieses Protokoll verwenden. Das Schöne an den UPnP-Funktionen ist, dass sich die beteiligten Geräte automatisch im Heimnetzwerk finden – es ist also keine weitere Konfiguration nötig. Das Kodi-Gerät erkennen Sie dabei an seinem Namen. Sind mehrere Kodi-Instanzen im Heimnetzwerk aktiv, dann bietet es sich an, diese mit der zuvor beschriebenen Funktion eindeutig zu benennen. In diesem Menü stehen zwei Optionen zur Verfügung: Zunächst können Sie Ihre Bibliotheken freigeben – damit aktivieren Sie einen UPnP-Media-Server, der fortan Ihre Medienbibliotheken in Ihrem Heimnetzwerk anbietet. Die zweite Option **Fernsteuerung über UPnP erlauben** aktiviert wiederum einen UPnP-Wiedergabepunkt.

> **TIPP**
>
> **Wofür nutze ich den Media-Server und den Wiedergabepunkt?**
>
> Wenn Sie den Media-Server aktiviert haben, dann können Sie mit einem geeigneten Programm, zum Beispiel *BubbleUPnP*, auf einem Smartphone direkt auf die Medienbibliotheken Ihres Kodi-Geräts zugreifen und sich zum Beispiel einen Spielfilm ansehen. Auf dem mobilen Gerät ist dafür keine eigne Kodi-App nötig. Die Option eignet sich also wunderbar, wenn Sie auf die (etwas größere) Kodi-App verzichten möchten.
>
> Ist der UPnP-Wiedergabepunkt aktiv, dann wartet Kodi im Hintergrund auf eingehende Verbindungen. Sie können fortan Medien, die sich etwa auf dem Smartphone befinden, direkt als Stream an Kodi senden. So lässt sich zum Beispiel schnell ein Videoclip oder eine Fotoreihe auf dem Fernseher wiedergeben. Das ist ideal, wenn Sie von einem Ausflug oder einer Party nach Hause zurückkehren und Erlebnisse teilen möchten. Eine geeignete App ist ebenfalls *BubbleUPnP*, oftmals sind solche Funktionen auch direkt in der Grundausstattung eines Mobilgeräts integriert.

Über die Experteneinstellungen ist auch noch ein Punkt verfügbar, der es erlaubt, direkt aus Kodi heraus eine Mediendatei an ein weiteres UPnP-Gerät zur Wiedergabe zu senden – dazu wird in den Medienbibliotheken das Kontext- beziehungsweise Optionsmenü verwendet.

Als Nächstes beschäftigt sich die Registerkarte **AirPlay** mit dem gleichnamigen Dienst, den Kodi ebenfalls beherrscht. Sie können hier die Unterstützung aktivieren und einen Zugriffsschutz einschalten. Über die Registerkarte **Wetter** steuern Sie die Wetteranzeige innerhalb von Kodi – diese wird im Detail im Abschnitt »Einstellen der Wetteranzeige« ab Seite 151 behandelt.

Kapitel 6 – So richten Sie Kodi grundlegend ein

Das Einstellungsmenü **Benutzeroberfläche** war am Anfang dieses Kapitels schon einmal Thema, als es um die Sprache von Kodi ging. Es bietet aber noch mehr Optionen. Nutzer eines Touchscreen-Geräts haben sich bereits mit der Kategorie **Skins** befasst. Darüber können Sie das Erscheinungsbild von Kodi grundlegend verändern – dafür unterstützt Kodi sogenannte **Skins**. Mehr darüber erfahren Sie in Kapitel 17, »Tapetenwechsel: mit Skins arbeiten«.

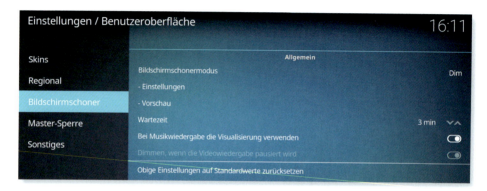

Die Einstellungsoptionen für den Bildschirmschoner

Kodi bietet auch einen Bildschirmschoner. Dieser wird über die Kategorie **Bildschirmschoner** gesteuert. Der Bildschirmschoner ist für Einsteiger zunächst nicht weiter interessant. Der erste Eintrag bietet ein Auswahlmenü mit einigen Bildschirmschonern, darunter auch recht ansehnliche. Wenn Sie den Eintrag anklicken, erscheint ein Auswahlfenster. Klicken Sie dort auf die Schaltfläche **Mehr**. Sie können dann einen Kandidaten aus der Liste auswählen und installieren. Alternativ können Sie den Bildschirmschoner auch direkt deaktivieren.

In der Grundkonfiguration ist der Bildschirmschoner **Dim** aktiviert, der die Helligkeit der Benutzeroberfläche von Kodi bei Inaktivität reduziert und damit einem Einbrenneffekt der Bildschirminhalte entgegenwirkt. Strom sparen kann man damit aber nicht – denn er reduziert nicht die Bildhelligkeit des Bildschirms (Stichwort: Hintergrundbeleuchtung bei LCD-Geräten). Eine Ausnahme bilden moderne OLED-Fernseher, deren Stromverbrauch direkt von der Helligkeit der Bildelemente abhängt. Über den eigenen Punkt **Einstellungen** kann der Grad der Abdunklung eingestellt werden, außerdem gibt es Optionen zur Steuerung der Wartezeit. Bei der Musikwiedergabe lässt sich auch die Visualisierung als Bildschirmschoner verwenden.

Weiter geht es mit der Registerkarte **Master Sperre**. Darüber lässt sich für den »Chef-Benutzer« von Kodi eine Zugangssperre einrichten. Diese Einstellungen spielen beim Kinder- und Jugendschutz in Kapitel 16, »Verantwortlich für die Liebsten: Kinder- und Jugendschutz«, eine große Rolle. Zum Schluss lässt sich auf der Registerkarte **Sonstiges** als Erstes das gewünschte **Startfenster** von Kodi definieren. Hier ist normalerweise das Hauptfenster **Hauptmenü** eingestellt. Anfänger sollten es erst einmal auch bei dieser Option belassen. Sollten Sie irgendwann eine Präferenz für eine bestimmte Funktion von Kodi haben, dann können Sie hier den gewünschten Bereich auswählen. Danach können Sie **RSS-Newsfeeds** aktivieren. Ein solcher Feed läuft als Ticker am unteren Bildschirmrand im Hauptmenü durch. Normalerweise sind dies Informationen rund um Kodi, aber der Feed lässt sich auch anpassen. Klicken Sie dazu auf den entsprechenden Eintrag. Es erscheint ein Hinweisfenster, das Ihnen mitteilt, dass das Add-on *RSS Editor* installiert werden muss – stimmen Sie zu. Sie können anschließend in einem Dialogfenster eigene RSS-Feeds hinzufügen. Ein beliebter Feed stammt zum Beispiel von der Tagesschau und ist unter der Adresse *www.tagesschau.de/xml/rss2* erreichbar. Geben Sie die Adresse des gewünschten Feeds ein. Anschließend werden Sie gefragt, wie oft Kodi den Feed aktualisieren soll – 30 Minuten sind ein gängiger Wert. Wenn Sie (nachdem Sie auf **OK** geklickt haben) anschließend in das Hauptmenü zurückkehren, sehen Sie am unteren Bildschirmrand bereits den gewünschten Newsticker.

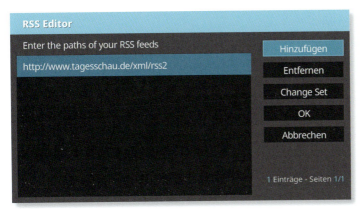

Das Add-on RSS Editor ermöglicht die Nutzung eigener RSS-Feeds.

Kapitel 6 – So richten Sie Kodi grundlegend ein

Jetzt sind Sie mit dem wichtigsten Einstellungsmenü von Kodi schon fast durch. Die beiden Schaltflächen **Skin** und **Benutzerprofile** steuern weitere Optionen zum verwendeten Skin beziehungsweise erlauben das Anlegen eigener Benutzerprofile in Mehrpersonenhaushalten. Die Kategorien werden im Detail in Kapitel 14, »Ganz persönlich: Profile in Kodi«, und Kapitel 17, »Tapetenwechsel: mit Skins arbeiten«, behandelt. Die beiden Schaltflächen **Systeminformationen** und **Ereignisse** haben informierenden Charakter und sind hauptsächlich für technisch interessierte Nutzer spannend.

Über die Systeminformationen erhalten Sie auch Auskunft über die IP-Adresse des Kodi-Geräts (roter Pfeil).

Lesen Sie sich die dort gebotenen Informationen einmal durch. Sie sind besonders bei der Fehlersuche hilfreich und geben zum Beispiel Auskunft darüber, ob Kodi korrekt mit dem Netzwerk und dem Internet verbunden ist und wie es um den verfügbaren Speicherplatz auf den verbundenen Datenträgern bestellt ist.

Zum Schluss gibt es noch den **Dateimanager**, um den es im folgenden Abschnitt geht.

> **TIPP**
>
> **Die IP-Adresse des Kodi-Geräts in Erfahrung bringen**
>
> Auch für weniger technikaffine Anwender bietet die Funktion **Systeminfo** ein wichtiges Detail in Form der IP-Adresse. Für einige Funktionen, die in diesem Buch erläutert werden, benötigen Sie die IP-Adresse des Kodi-Geräts in Ihrem Netzwerk. Sie steht als zweiter Eintrag auf dem Bildschirm, wenn Sie die Kategorie **Info** aufrufen.

Der Dateimanager und sein Einsatz

Eine wichtige Funktion verbirgt sich im Einstellungsbereich von Kodi hinter der Schaltfläche **Dateimanager**. Über dieses Zusatzprogramm haben Sie Zugriff auf die lokalen Datenträger des Kodi-Geräts. Der Dateimanager ist praktisch, etwa wenn Sie einen USB-Stick mit einem Film oder Fotos anschließen und die Inhalte unkompliziert wiedergeben möchten. Bei der Nutzung des Dateimanagers entfällt die Notwendigkeit, einen Film erst zur Bibliothek hinzufügen zu müssen, er ist ideal für die einmalige Nutzung eines Datenträgers.

Der Dateimanager ist wie viele Kollegen aus dem PC-Bereich zweispaltig aufgebaut. Dateien lassen sich von einer Spalte (der Quelle) zur anderen Spalte (dem Ziel) kopieren oder verschieben. Es gibt keine feste Zuordnung zur linken oder rechten Spalte. Zunächst sehen Sie nur die Optionen **Profil-Ordner** und **Quelle hinzufügen**. Über den Eintrag **Profil-Ordner** gelangen Sie in das Verzeichnis auf der lokalen Festplatte beziehungsweise Speicherkarte, in dem Kodi seine Konfigurationsdateien abspeichert.

> **ACHTUNG**
>
> **Vorsicht vor Änderungen im Profil-Ordner**
>
> Nutzer mit erweiterten Kenntnissen können im Profil-Ordner grundlegende Einstellungen vornehmen und Sonderfunktionen aktivieren. Einsteiger sollten diesen Ordner jedoch unangetastet lassen. Die Gefahr ist groß, dass man versehentlich wichtige Dateien löscht, ohne die Kodi nicht mehr ordnungsgemäß arbeiten kann – dann müssen Sie mit der Installation komplett von vorne beginnen.

Kapitel 6 – So richten Sie Kodi grundlegend ein

Mit dem Dateimanager lassen sich Dateien kopieren, verschieben, löschen und im Falle von Medieninhalten auch direkt wiedergeben.

Über den Eintrag **Quelle hinzufügen** definieren Sie als Erstes einen Dateispeicherort, auf den Sie mit dem Dateimanager zugreifen möchten. Es öffnet sich ein Fenster, in dem Sie zum gewünschten Zielort navigieren können. Dabei werden nicht nur lokale Speichergeräte unterstützt, sondern auch Netzwerkquellen. Gehen Sie also zum gewünschten Verzeichnis, und wählen Sie es aus. Unter LibreELEC und OSMC werden übrigens externe Datenträger (Festplatten oder USB-Sticks) direkt in den Dateimanager eingebunden, man kann also ganz bequem ohne Umwege darauf zugreifen.

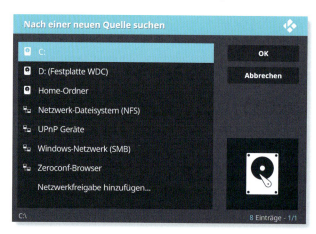

Bevor Sie auf ein Verzeichnis zugreifen können, müssen Sie es zuerst als Quelle hinzufügen.

Ein Klick auf einen hinzugefügten Speicherort zeigt die enthaltenen Dateien. Klicken Sie eine Mediendatei an, dann wird diese direkt abgespielt – so können Sie zum Beispiel einen Spielfilm wiedergeben. Über das Kontextmenü mit der Taste C oder der Optionstaste können Sie eine Datei löschen, kopieren oder verschieben (sofern Sie dafür die nötigen Dateirechte haben). Wählen Sie also in der einen Spalte den Quellbereich, in der anderen Spalte den Zielbereich aus, und kopieren oder verschieben Sie zum Beispiel Mediendateien in das gewünschte Zielverzeichnis – ganz ohne Hilfe eines weiteren Computers.

Einstellen der Wetteranzeige

Die Anzeige von Wetterinformationen gehört heutzutage zu einem Mediacenter dazu, das ist fast schon so etwas wie ein ungeschriebenes Gesetz, auch wenn es sich dabei eher um eine nette Spielerei handelt. Auch in Kodi lassen sich Wetterdaten direkt im Hauptmenü unter einem eigenständigen Menüpunkt abrufen und in Kurzform oben rechts neben der Uhrzeit einblenden (siehe dazu den Abschnitt »Den Basis-Skin Estuary anpassen« ab Seite 421). Die auch für den Einsteiger interessante Wetteranzeige steuern Sie über die Schaltfläche **Dienste** im Einstellungsmenü. Wählen Sie dort die Kategorie **Wetter**. Auf der rechten Seite des Bildschirms sehen Sie, dass zunächst kein Wetterdienst ausgewählt ist. Klicken Sie diesen Eintrag an, es öffnet sich ein Fenster, in dem Sie einen Dienst auswählen können. Ist das Fenster bei Ihnen noch leer, dann klicken Sie auf die Schaltfläche **Mehr**. Gute Kandidaten für die Wetterinformationen sind **OpenWeatherMap Extended** sowie (etwas weniger umfangreich) **Yahoo! Weather**. Wählen Sie einen der Dienste aus, und fügen Sie ihn zu Kodi hinzu.

Wählen Sie den gewünschten Wetterdienst aus – mit OpenWeatherMap Extended treffen Sie eine gute Wahl.

Als Nächstes müssen Sie Ihren Standort eingeben, damit Sie auch die richtigen Wetterinformationen für Ihren Wohnort erhalten. Klicken Sie also in der Gruppe **Allgemein** auf den Punkt **Einstellungen**. Sie sehen eine leere Liste von Standorten. Klicken Sie auf den ersten Standort. Es wird sich ein Suchfenster öffnen. Geben Sie dort Ihren Wohnort beziehungsweise die nächste größere Stadt an. Sie erhalten eine Ergebnisliste und können gegebenenfalls zwischen mehreren Einträgen wählen. Selektieren Sie die gewünschte Stadt. Wenn Sie auf Enter/OK drücken, wird diese als Standort im Einstellungsdialog eingetragen. Mehr ist gar nicht nötig – damit steht Ihre kleine Wetterstation bereits. Je nach Wetterdienst gibt es noch weitere Optionen, die Sie sich gerne anschauen können. OpenWeatherMap bietet zum Beispiel auch an, den Wochentag für den Beginn der Woche festzulegen. Außerdem ist es möglich, mehrere Orte anzugeben.

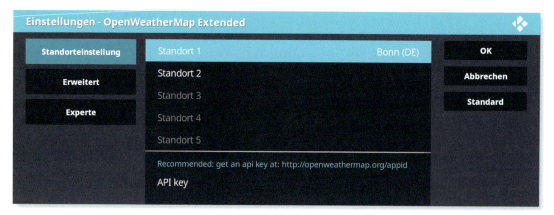

Wählen Sie Ihren Heimatort aus, damit Sie auch die richtigen Informationen angezeigt bekommen.

Nachdem Sie nun wissen, welche Einstellungsoptionen Ihnen Kodi bietet, wird es im nächsten Kapitel Zeit, sich um Ihre Mediensammlung zu kümmern und diese vorzubereiten.

Kapitel 7
Die Mediendateien vorbereiten

In diesem Kapitel geht es um Ihre Mediendateien. Sie werden lernen, wie Sie diese richtig benennen und abspeichern, sodass Kodi alles richtig zuordnen kann.

Dateien lokal oder im Netzwerk speichern

Jetzt beginnt ein sehr wichtiges Kapitel dieses Buches, denn die richtige Vorbereitung der Mediendateien ist für die Nutzung von Kodi essenziell. Ohne eine ordentliche Dateiorganisation und ohne korrekte Benennung wird das mit Kodi einfach nichts Vernünftiges werden. Zunächst soll es um die Frage gehen, auf welchem Speichergerät Sie Ihre Mediensammlung am besten ablegen. Die Mediendateien können auf lokalen Festplatten (eingebaut im Kodi-Gerät oder als externe Variante) oder auf Netzwerkspeichern (wie einem NAS-Gerät beziehungsweise einem Heimserver) verfügbar sein. Welches System eignet sich für Sie am besten?

Der einfachste Fall ist die Nutzung der eingebauten Festplatte des Kodi-Geräts, die man zur Gruppe der sogenannten *lokalen* Speichermedien zählt. Solche Geräte sind quasi »direkt am Ort« verfügbar und bieten mehrere Vorteile: Auf die eingebauten Festplatten kann besonders zügig zugegriffen werden, und es ist kein Netzwerkdatenverkehr nötig, sodass man keine Angst vor einer zu geringen Datenübertragungsrate haben muss. Nachteilig ist, dass die Medien zunächst nur für das eine Kodi-Gerät nutzbar sind und andere Systeme keinen direkten Zugriff haben.

Die Verwendung der eingebauten Festplatte eignet sich also vor allem für Einsteiger, die Kodi erst einmal (auf einem Gerät) kennenlernen möchten und noch kein Netzwerkspeichergerät besitzen oder mit diesem noch nicht so vertraut sind. Die Variante ist auch dann interessant, wenn keine Mehrbenutzerlösung angestrebt wird oder nur gelegentlich mit weiteren Wiedergabegeräten auf die Mediensammlung zugegriffen werden soll.

> **INFO**
>
> **Moment mal, es gibt doch auch hier Dateifreigaben!**
>
> Ja, man muss ein wenig differenzieren: In den verschiedenen Betriebssystemen lassen sich Dateifreigaben aktivieren, die einen Zugriff auf die Festplatten und damit die Mediendateien über das Netzwerk erlauben. LibreELEC und OSMC bieten diese Funktionen direkt an (mehr darüber erfahren Sie in Kapitel 4, »Die Installation von Kodi auf Ihrer Hardware«). Über diese Dienste lassen sich die Medienverzeichnisse nicht nur bequem über das Netzwerk warten und etwa neue Filme auf die lokale Festplatte kopieren. Nein, auch andere Geräte zur Medienwiedergabe erhalten Zugriff auf die lokal gespeicherten Medien. Man kann auch über Kodis eigenen UPnP-Medienserver Zugriff erhalten (siehe dazu Abschnitt »Das Einstellungsmenü von Kodi im Detail« ab Seite 129). Die Medien stehen allerdings nur dann für andere Nutzer bereit, wenn auch das Kodi-Gerät mit der Freigabe eingeschaltet ist. Eine permanent verfügbare echte Mehrbenutzerlösung ist dies also nicht.

Natürlich bietet die eingebaute Festplatte nur eine begrenzte Kapazität, und eine Mediensammlung kann einen beachtlichen Speicherbedarf haben. Bereits ein einzelner Spielfilm überschreitet deutlich die Grenze von einem Gigabyte, bei einer hohen Qualität sogar sehr deutlich. Nutzen Sie einen Raspberry Pi, dann ist dessen Speicherkarte folglich keinesfalls zur Aufnahme der Mediensammlung geeignet. Arbeitet Kodi auf einem größeren Gerät (wie einem Desktop-PC), dann kann oftmals eine weitere Festplatte speziell für die Mediensammlung eingebaut werden. Möglich ist auch die Nutzung einer externen Festplatte. Mit dieser Lösung bleiben die Daten mobil, eine Veränderung oder Wiedergabe an einem weiteren Rechner ist zügig möglich. Sensible Medien können einfach unter Verschluss gehalten werden – schließlich lässt sich die Festplatte abstecken und in einem Schrank einschließen. Kodi startet auch dann einwandfrei, wenn die externe Festplatte mit den Medien nicht angeschlossen ist, und beschwert sich erst, wenn ein in diesem Fall nicht vorhandenes Medium abgespielt werden soll. Die externe Festplatte bedeutet jedoch auch ein weiteres Gerät im Wohnzimmer (möglicherweise mit eigenem Netzteil) und sorgt somit eher für Unordnung. USB-Sticks und Speicherkarten sind aufgrund ihrer begrenzten Speicherkapazität keine so gute Lösung. Solche hochgradig mobilen Speichermedien (mit eher kleiner Speicherkapazität) sollten nur für die temporäre Wiedergabe von Mediendateien genutzt werden, die nicht permanent in die Bibliothek eingebunden sind. Ein gutes Beispiel für die sinnvolle Nutzung wäre es, wenn ein Freund den neuesten Urlaubsfilm auf einem USB-Stick zum Anschauen mitbringt.

Natürlich kann Kodi auch mit DVDs umgehen, wobei dieser Medientyp mehr und mehr an Bedeutung verliert. Sie können zwar eine DVD-Sammlung ebenfalls in die Bibliothek von Kodi einbinden (vorausgesetzt, das Kodi-Gerät hat ein DVD-Laufwerk, notfalls als externes Zusatzgerät). Zur Wiedergabe müssen Sie aber jedes Mal erst die entsprechende DVD aus dem Regal nehmen und sie in das Laufwerk einlegen – der Zugriff auf eine Filmdatei auf einer Festplatte ist nicht nur schneller, sondern auch komfortabler.

So viel zu den lokalen Speichermedien. Weiter geht es mit Netzwerkspeichern, oftmals realisiert durch Geräte, die Speichermedien für Dateien (meist Festplatten) beinhalten und den Speicherplatz über eine Netzwerkverbindung für andere Geräte anbieten. Die einfachste Form ist eine Netzwerkfestplatte. Dieser Begriff ist jedoch eher unüblich, häufiger spricht man von einem NAS-Gerät (siehe Infokasten am Ende von Kapitel 1, »Das Kodi-Mediacenter stellt sich vor«). Neben den NAS-Geräten gibt es noch die Heimserver, die meistens von fortgeschrittenen Nutzern betrieben werden. Auch diese Geräte bieten Speicherplatz über eine Netzwerkverbindung, haben jedoch im Unterschied zu einem NAS-Gerät im Regelfall einen noch größeren Funktionsumfang oder eine höhere Leistung.

Beide Gerätetypen bieten den Speicherplatz in Form von Freigaben an, die auch *Dateifreigaben* genannt werden. Die Daten werden also für den Zugriff durch andere Personen oder Rechner freigegeben. Es gibt dafür verschiedene Konzepte oder, besser gesagt, verschiedene *Protokolle*. Im Heimbereich werden häufig SMB-Freigaben verwendet, die (außerhalb von Windows) oftmals von einer Software namens *Samba* bereitgestellt werden. SMB-Freigaben (die Abkürzung steht für *Server Message Block*) sind vor allem Windows-Nutzern ein Begriff, denn dabei handelt es sich um die üblichen Freigaben, die Windows im Netzwerk verwendet. Eher im Linux-Bereich werden hingegen NFS-Strukturen genutzt. Die Abkürzung bezeichnet das *Network File System*, also ein speziell für Netzwerkanwendungen entwickeltes Dateisystem. Welches der beiden Systeme Sie einsetzen, spielt keine Rolle, da Kodi mit beiden Systemen umgehen kann. Die Einrichtung von NFS-Freigaben ist jedoch gerade für Einsteiger deutlich komplexer und mit Einschränkungen verbunden. Einsteiger verwenden daher am besten SMB-Freigaben, die auch von Windows-Geräten im Netzwerk problemlos gelesen werden können. Fortgeschrittene Nutzer mit rein Linux-basiertem Gerätepark können auch NFS-Freigaben einsetzen.

Der Vorteil von Netzwerkfreigaben liegt darin, dass diese von mehreren Computern im Netzwerk genutzt werden können. So können verschiedene Kodi-Geräte gemeinsam auf die Medienbibliothek zugreifen.

> **INFO**
>
> **Kann eine Mediendatei auch »besetzt« sein?**
>
> Vielleicht kennen Sie von Büroanwendungen beim Netzwerkzugriff die Meldung »Die Datei kann nicht geöffnet werden, weil ein anderer Benutzer sie gerade verwendet« und fragen sich nun, ob das unter Kodi auch passieren kann? Das ist zum Glück nicht so. Derselbe Film lässt sich gleichzeitig auf verschiedenen Geräten wiedergeben, eine Mediendatei ist für die Wiedergabe also nicht wie ein Telefonanschluss »besetzt«.

Zur Verwaltung der Mediensammlung kann jedes verbundene Netzwerkgerät verwendet werden. Natürlich lassen sich Netzwerkfreigaben auch mit einem Passwort vor unerwünschtem Zugriff schützen. Wenn man geeignete Zugriffsmechanismen einsetzt, dann ist bei vielen Geräten sogar ein sicherer Zugriff über das Internet möglich. Dateifreigaben sind also ideal, wenn mehrere Personen oder mehrere Geräte auf die Medien zugreifen werden. Nachteilig ist, dass die gewünschten Daten beim Zugriff über das

Netzwerk übertragen werden müssen. Es ist also eine ausreichend schnelle Netzwerkverbindung nötig, damit es bei der Wiedergabe nicht zu nervigen Unterbrechungen und Aussetzern kommt. Das gilt insbesondere, wenn die Verbindung von mehreren Nutzern gleichzeitig verwendet wird. Am besten sollten Sie Netzwerkspeicher über eine Kabelverbindung an das Netzwerk anschließen. WLAN-Verbindungen sind, gerade bei größeren Distanzen (und durch mehrere Decken oder Wände hindurch), häufig sehr langsam und keinesfalls für die zentrale Verteilung der Mediensammlung geeignet – erst recht nicht bei einer Mehrpersonennutzung.

Die zentrale Speicherung auf Netzwerkspeichern sollte von Nutzern eingesetzt werden, die bereits über etwas Erfahrung mit Netzwerkverbindungen verfügen und sich zutrauen, diese korrekt einrichten zu können. Einsteiger setzen besser zunächst auf lokale Medien – zumindest, bis sie die Grundzüge verstanden haben und Netzwerkgeräte sicher einsetzen können.

> **INFO**
>
> **Muss alles am selben Ort sein?**
>
> Vielleicht fragen Sie sich, ob alle Medien zentral auf einem gemeinsamen Speichermedium vorhanden sein müssen. Das ist keinesfalls so. Sie können Ihre Mediensammlung über beliebig viele Speichergeräte verteilen. Die Musiksammlung kann also auf einer, die Filmsammlung auf einer zweiten Festplatte liegen. Kodi vereint alles in der zentralen Bibliothek. Es ist sogar möglich, einzelne Elemente getrennt zu speichern. Einige Folgen einer bestimmten TV-Serie können so auf der lokalen Festplatte, weitere auf einem NAS-Gerät gespeichert sein – Kodi vereint alles in der Bibliothek. Eine verteilte Mediensammlung erschwert allerdings Wartung und Backup.

Eine Sonderrolle bei den Netzwerkspeichern nehmen UPnP- oder auch DLNA-Medienserver ein. Mit ihnen lassen sich Mediendateien im Heimnetzwerk als Stream übertragen. So kann etwa die Musiksammlung elegant auf dem Smartphone wiedergegeben werden. Kodi kann zwar auch mit diesen Medienservern umgehen, sie eignen sich allerdings nicht zur Einbindung in die Medienbibliothek. Das liegt daran, dass Kodi für die Bibliotheksfunktionen Zugriff auf die Mediendateien benötigt. Das ist mit UPnP-Medienservern so nicht direkt möglich, denn hier stehen ja Streaming-Anwendungen im Vordergrund. Über UPnP-Medienserver lassen sich Medien in Kodi zwar wiedergeben, aber nicht verwalten. Sie sind also nur eine Zusatzfunktion, keinesfalls aber Hauptquelle für die Medien. Nutzen Sie stattdessen entweder lokale Speichermedien oder direkte Netzwerkfreigaben.

> **INFO**
>
> **Und was ist mit Cloud Storage?**
>
> Fortgeschrittene Nutzer interessiert es vielleicht, ob Kodi auch mit Cloud-Storage-Systemen umgehen kann. Ja, das kann es. So lassen sich in Kodi zum Beispiel WebDAV-Ressourcen einbinden, ebenso ist die Nutzung von FTP-Servern oder, was wesentlich sicherer ist, SFTP-Servern möglich. Dies ist insbesondere für die mobile Nutzung interessant. So lässt sich die Mediensammlung nicht nur unterwegs etwa im Urlaub nutzen, sondern auch (eine Internetverbindung vorausgesetzt) in der Ferienwohnung oder Gartenlaube.

Die Bedeutung von Datei- und Verzeichnisnamen

In Kodi werden Ihre Medien wie Filme, Serien, Musikdaten und Fotos in sogenannten *Bibliotheken* verwaltet. Dort wird alles ordentlich nach Kategorien sortiert und mit Informationen aus dem Internet ergänzt. Wie bereits erwähnt, zählen dazu unter anderem Cover-Fotos, Inhaltsbeschreibungen und Fotos der Schauspieler. Um die nötigen Informationen zu erhalten, untersucht Kodi zunächst Ihre Mediensammlung, erkennt, worum es sich handelt, und geht mit diesen Daten zu einer zentralen (und freien) Datenbank im Internet, wo es die zusätzlichen Informationen abruft. Natürlich muss Kodi dabei die Medien eindeutig identifizieren und zuordnen. Allerdings hat Kodi gar nicht allzu viele Möglichkeiten, um zu erkennen, was sich unter einer bestimmten Mediendatei verbirgt, die als Nächstes in die Bibliothek aufgenommen werden soll. Um welchen Film, welche Serienepisode oder welches Musikstück mag es sich wohl handeln? Im einfachsten

Fall stehen lediglich der Datei- und eventuell noch der Verzeichnisname zur Verfügung. Wenn die MP3-Dateien allerdings nur »Taylor Swifts neues Album – Lied 01, Lied 02, Lied 03« heißen, findet Kodi im Internet sicher keine Entsprechungen. Offensichtlich müssen die Dateinamen den Inhalt also wesentlich exakter und vor allem eindeutig beschreiben.

Viele Mediendateien bieten sogenannte *Tags*. Das sind Informationen über den Inhalt, die zusätzlich in der Datei gespeichert sind. Musikstücke etwa beinhalten häufig Daten zum Interpreten oder zum Album, auf dem sie veröffentlicht wurden. Über die Dateiendung finden Sie oftmals auch Informationen über die Art des Mediums. Allerdings gibt es diese Metadaten nicht in allen Dateien, sodass die Dateinamen also sehr wichtig sind. Das Gleiche gilt für die Namen der Verzeichnisse. Hier ist die richtige Vorbereitung wichtig.

Das Medienverzeichnis vorbereiten

Jetzt geht es an die Sortierung und Benennung Ihrer Medien. Nachdem Sie sich entschieden haben, welches Speichergerät Sie nutzen wollen, legen Sie als Erstes die benötigten Verzeichnisse an. Für Anfänger empfiehlt es sich, die Medien zunächst an einem Desktop-Computer vorzubereiten. Wenn die Medien komplett geordnet sind, können sie in einem Rutsch auf das entsprechende Zielgerät kopiert werden. Sollten Sie jedoch bereits eine Mediensammlung (zum Beispiel auf einem NAS-Gerät) angelegt haben, so ist es natürlich auch möglich, direkt damit zu arbeiten.

Bereiten Sie das Medienverzeichnis zunächst mit leeren Unterverzeichnissen vor.

Legen Sie auf Ihrem Arbeitsrechner zunächst leere Verzeichnisse für die einzelnen Medienkategorien an. Je nach Umfang Ihrer Sammlung benötigen Sie Verzeichnisse für Spielfilme, Fernsehserien, die Musiksammlung und die Bildersammlung. Benennen Sie die Verzeichnisse am besten mit den Namen *Filme*, *Serien*, *Musik* und *Fotos*. Diese Unterscheidung erlaubt später eine einfache Verwaltung in Kodi.

Möchten Sie ein Netzwerkspeichergerät verwenden, dann legen Sie jetzt schon Freigaben für diese Medien an und erstellen auch die entsprechenden Verzeichnisse. Vergeben Sie die nötigen Benutzernamen und Passwörter, die Sie später bei der Einrichtung von Kodi gleich zur Hand haben sollten. Verzichten Sie bei den Zugangsdaten (zunächst) auf komplizierte Sonderzeichen, die sich später nur schwierig über eine Bildschirmtastatur (sofern Sie keine Hardware-Tastatur verwenden) eingeben lassen.

> **Sicherheit durch Passwörter?**
>
> Wenn Sie Freigaben vor unberechtigtem Zugriff mit einem Passwort schützen möchten, müssen Sie beachten, dass Kodi die Zugangsdaten im Klartext speichert. Die Daten sind also relativ leicht auszuspionieren. Sie sollten daher für die Mediensammlung eigene Zugangsdaten nehmen, die Sie nicht auch an anderer Stelle nutzen.

Wenn die Medien alle ordentlich vorbereitet sind, geht es zum Schluss dieses Kapitels schließlich darum, die Dateien auf das gewünschte Zielgerät zu kopieren.

Spielfilme verwalten

Die Sortierung und Benennung von Spielfilmen ist relativ einfach. Erstellen Sie in Ihrem Filmverzeichnis zunächst für jeden Film ein eigenes Unterverzeichnis. Benennen Sie dieses mit dem exakten Filmtitel. Einsteiger nutzen am besten den jeweiligen deutschen Titel.

Spielfilme verwalten

> **TIPP**
>
> **Wie war der Name noch gleich?**
>
> Wenn Sie den genauen Titel des Films nicht kennen (weil etwa der Vorspann bei der TV-Aufnahme fehlt), dann schauen Sie einfach im Internet auf die Seite, von der auch Kodi später die Informationen beziehen wird. Dies ist die Seite *www.themoviedb.org*. Das ist eine freie Seite, die zahlreiche Informationen für Spielfilme verschiedenster Herkunftsländer und Sprachfassungen archiviert. Es gibt daneben auch noch andere Seiten, aber der Informationsgehalt dieser Seite ist bereits beachtlich, und es ist recht wahrscheinlich, dass Sie Ihren Film hier finden.

Achten Sie bei der Benennung auch auf eine eventuelle Zeichensetzung. Sonderzeichen, die im Dateisystem verboten sind, dürfen Sie jedoch nicht verwenden. Dazu zählen Fragezeichen, Anführungszeichen, das Sternsymbol, der Doppelpunkt sowie der Schrägstrich. Sollte der Filmtitel eines dieser Zeichen beinhalten, dann lassen Sie es einfach aus. So bleibt die Kompatibilität mit vielen Betriebssystemen gewahrt, und alle Dateien können problemlos angesprochen werden.

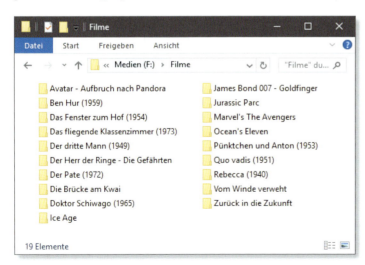

Legen Sie Unterverzeichnisse für die einzelnen Filme an.

161

Kapitel 7 – Die Mediendateien vorbereiten

> **TIPP**
>
> **Die Jahreszahl kann auch wichtig sein!**
>
> Manche Ideen wurden im Laufe der Zeit mehrfach verfilmt. Beispiele sind etwa »Doktor Schiwago« und »Krieg und Frieden«. Alle Filme tragen dabei denselben Titel. Damit Kodi später genau weiß, welche Fassung Sie besitzen, sollten Sie dem Verzeichnisnamen am Ende noch in Klammern das Erscheinungsjahr des Films hinzufügen. Die Angabe finden Sie ebenfalls auf *www.themoviedb.org*.

In das entsprechend benannte Verzeichnis kopieren Sie nun die Filmdatei. Diese benennen Sie bitte exakt so, wie auch das übergeordnete Verzeichnis heißt. Achten Sie darauf, dass Sie die Dateiendung beibehalten. Eventuell verfügen Sie auch über zusätzliche Dateien zum Film, zum Beispiel Untertiteldateien. Diese Dateien speichern Sie ebenfalls in dieses Verzeichnis und verwenden denselben Dateinamen (unter Beibehaltung der ursprünglichen Dateiendung).

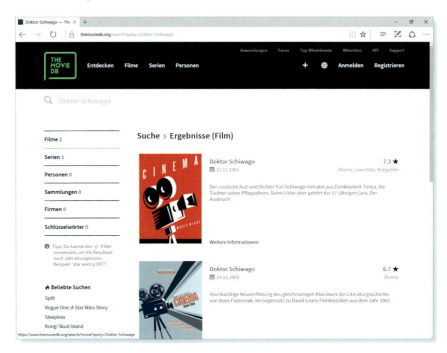

Hilft bei der Suche nach den richtigen Filmtiteln: die Seite www.themoviedb.org

Spielfilme verwalten

Viel mehr müssen Sie für die korrekte Erkennung eines Spielfilms gar nicht tun. Damit es bei einer großen Filmsammlung nicht zu unübersichtlich wird, können Sie noch weiter strukturieren. Oftmals gibt es zu erfolgreichen Filmen Fortsetzungen, sodass eine Filmreihe entsteht, die mehrere Teile umfasst. Ein Beispiel ist die *Ocean's*-Trilogie. Sie können solche Filme auch im Filmverzeichnis gruppieren. Dafür erstellen Sie ein neues Unterverzeichnis, dem Sie einen passenden und frei wählbaren Namen geben. In dieses Verzeichnis verschieben Sie die zu der Reihe gehörenden Filme. Beachten Sie, dass auch in diesem Unterverzeichnis jeder Film sein eigenes Verzeichnis mit dem genauen Filmtitel benötigt.

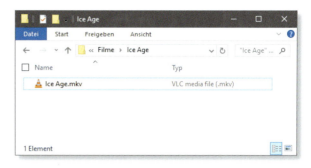

Die Filmdatei muss mit dem gleichen Namen wie das übergeordnete Verzeichnis benannt werden.

Ist Ihre Filmsammlung sehr groß, dann kann es sogar angebracht sein, innerhalb des Haupt-Filmverzeichnisses zunächst Unterverzeichnisse für die verschiedenen Filmgenres zu erstellen. In diese Genre-Verzeichnisse legen Sie dann die einzelnen Unterverzeichnisse für die Filme ab. Wichtig ist lediglich, dass die Verzeichnisse, in denen direkt die Filmdateien liegen, mit dem jeweiligen Filmtitel benannt sind.

> **INFO**
>
> **Werden meine Filme in Kodi genauso sortiert wie im Dateisystem?**
>
> Oh nein! Bei der pingelig genauen Benennung der Dateien geht es einzig darum, dass Kodi die Filme korrekt erkennt und zuordnet. Die Hierarchie des Dateisystems hat aber nichts mit der Ordnung in der Bibliothek von Kodi zu tun. Also: Selbst, wenn Sie sich ein Verzeichnis namens »ulkige Filme« erstellen und entsprechend füllen, wird es später in Kodi weder einen Hinweis auf dieses (erfundene) Genre noch eine Filmgruppe mit diesem Namen geben. Die Hierarchie im Dateisystem dient nur für Sie selbst und ist dann praktisch, wenn Sie die Filmsammlung warten möchten. Dazu zählen etwa das Einsortieren, Kopieren und Löschen von Filmen.

TV-Serien ordnen

Bei den TV-Serien wird es noch ein wenig komplexer, denn hier gilt es, ein genaues Ordnungsprinzip zu beachten: Eine TV-Serie besteht aus einzelnen *Episoden*, die auch *Folgen* genannt werden. Die Serie hat – wie ein Spielfilm – einen übergeordneten Titel, der für alle Episoden verwendet wird. Dies ist der *Serientitel*. Üblicherweise hat darüber hinaus jede Episode einen zusätzlichen *Episoden-* oder *Folgentitel*. Häufig werden mehrere aufeinanderfolgende Episoden zu Gruppen zusammengeschlossen, die sich *Staffeln* nennen. Innerhalb einer Staffel werden die einzelnen Episoden durchnummeriert.

> **INFO**
>
> **Staffeln? Das höre ich zum ersten Mal!**
>
> Das Konzept der Staffeln mag nicht jedem Fernsehzuschauer geläufig sein, denn es wird nur selten in Programmankündigungen und Fernsehzeitschriften verwendet. Stattdessen werden die Folgen einer Serie oftmals einfach kontinuierlich durchnummeriert, was eingefleischte Serienfans gehörig stört, denn diese nutzen gerne das Staffelkonzept. Auf Englisch wird für eine Staffel der Begriff *season* oder auch *series* verwendet. Besonders das erste Wort deutet an, was sich hinter Staffeln genau verbirgt: Sie fassen im Regelfall die Episoden eines Produktionsjahres (oder -zeitraums) zusammen. Zwischen den Staffeln kommt es so auch öfter zu (inhaltlichen) Änderungen, die Fans einer Serie rasch auffallen. Natürlich sieht auch Kodi dieses Konzept zur Verwaltung von Serien vor, deswegen sollten Sie es ebenso anwenden.

Fassen wir zusammen: Eine Episode einer Serie kann über folgende Attribute verfügen:

- den Titel der Serie
- den Titel der Episode
- die Staffel der Episode
- die Nummer der Episode innerhalb der Staffel

Dabei lässt sich im Regelfall aus der Staffel- und Episodennummer auf den Titel der Episode schließen.

Die zentralen Angaben, an denen sich Kodi bei der Erkennung und Zuordnung von Serienepisoden orientiert, sind der *Serientitel*, die *Staffel* und die *Nummer* der Episode innerhalb der Staffel. Den Serientitel entnimmt Kodi dem Namen des Verzeichnisses, in dem sich die Dateien der einzelnen Episoden befinden. Legen Sie also für jede Serie ein Verzeichnis an, das mit dem Serientitel benannt ist. In dieses Verzeichnis speichern Sie die Folgen der Serie. Diese müssen im Dateinamen eine Information über die Staffel und die Folgennummer tragen. Kodi unterstützt hier mehrere Möglichkeiten, ich möchte mich in diesem Buch jedoch auf eine beschränken, die besonders leicht verständlich ist.

Für die korrekte Zuordnung muss es im Dateinamen folgendes Konstrukt geben: **S***ab***E***xy*

Darin stehen

- *S* fest für die *season*, also die *Staffel*

- *ab* für die Staffelnummer, sodass etwa Staffel 2 mit *S02* gekennzeichnet wird

- *E* als festes Zeichen für die *Episode*

und

- *xy* für die jeweilige Episodennummer.

Folglich bezeichnen Sie die zehnte Folge der dritten Staffel mit *S03E10*. Es empfiehlt sich dabei, einstellige Zahlen stets mit vorangestellten Nullen zu ergänzen, damit sich die Dateien besser im Datei-Browser sortieren lassen. Hat eine Staffel mehr als 100 Folgen, dann sollten Sie eine Folge also mit *S02E007* benennen. Sollte eine Serie nur eine einzelne Staffel haben, benennen Sie den Staffelanteil mit *S01*.

Im Prinzip reicht Kodi diese Angabe für die korrekte Zuordnung einer Episode schon aus. Ein Mensch hätte es damit jedoch recht schwer, denn nur die Wenigsten können Episoden- und Staffelnummern einer Serie auswendig korrekt zuordnen. Deswegen hat es sich bewährt, zusätzlich den Serientitel und den Titel der Episode in den Dateinamen aufzunehmen. Das Ende des Dateinamens bildet freilich die Dateiendung, die auf den Medientyp hinweist.

Zusammengefasst sollten Sie eine Folge also beispielhaft so benennen:

Titel der Serie - SabExy - Name der Folge.mp4

Wie Sie sehen, wurden hier noch Bindestriche zur Trennung eingesetzt.

> **INFO**
>
> **Sind Leerzeichen okay?**
>
> Häufig findet man den Ratschlag, Leerzeichen in den Dateinamen zu vermeiden und stattdessen Punkte oder Unterstriche zu verwenden. Das ist im Falle von Kodi jedoch unnötig. Allerdings stören diese Zeichen auch nicht weiter. Kommen sie in Ihrer Sammlung vor, dann können sie ohne Weiteres in den Dateinamen verbleiben.

Betrachten wir ein Beispiel. Die bekannte Folge *Kennen Sie Tribbles?* aus der Serie *Raumschiff Enterprise* ist die Episode *15* aus der *zweiten* Staffel. Die Datei bekommt also folgenden Namen:

Raumschiff Enterprise - S02E15 - Kennen Sie Tribbles.mp4

Da haben wir auch gleich einen Sonderfall: Diese Folge hat nämlich ein Fragezeichen im Titel. Wie vorhin gesagt, können Sonderzeichen üblicherweise problemlos im Dateinamen verwendet werden, es gibt jedoch Ausnahmen. Einige Zeichen werden vom Betriebssystem beziehungsweise vom verwendeten Dateisystem nicht unterstützt. Folglich muss die Folge *Kennen Sie Tribbles?* ohne das Fragezeichen auskommen, was aber nichts ausmacht, da Kodi diesen Teil ja ignoriert.

> **ACHTUNG**
>
> **Welche Zeichen darf ich nicht verwenden?**
>
> Bitte verwenden Sie in den Dateinamen auf keinen Fall ein Fragezeichen, ein Anführungszeichen, ein Sternsymbol, einen Doppelpunkt oder einen Schrägstrich. Auch spitze Klammern sind nicht zulässig. Das gilt zumindest für die Dateisysteme unter Windows, die die meisten Einschränkungen verlangen. Andere Dateisysteme sind zwar möglicherweise weniger restriktiv, aber zur Wahrung der Kompatibilität mit Windows sollten Sie generell auf die genannten Zeichen verzichten.

> **INFO**
>
> **Für den technisch interessierten Leser:**
>
> Kodi verwendet sogenannte *reguläre Ausdrücke* bei der Erkennung von Serienepisoden. Ein Filter sucht im Dateinamen nach *S*, gefolgt von mindestens einer Ziffer, gefolgt von *E*, mit mindestens einer folgenden Ziffer. Der Rest wird ignoriert. Daraus erkennt man, dass Kodi sich gar nicht für den Namen der Folge interessiert und dieser durchaus auch verkehrt oder abgekürzt geschrieben sein kann.

Wenn Sie nun anfangen, die Episoden einer Serie zu ordnen, dann kann es passieren, dass Sie auf eine Serie mit sehr vielen Episoden und Staffeln stoßen. Bereits der Nachfolger von Raumschiff Enterprise, *Raumschiff Enterprise - Das nächste Jahrhundert* bringt es auf sieben Staffeln mit über 100 Episoden. Diese große Anzahl an Episoden führt zu einer gewissen Unübersichtlichkeit im Verzeichnis der Serie, in dem Sie aber weitere Unterverzeichnisse anlegen können. Es bietet sich an, für jede Staffel ein eigenes Verzeichnis zu erstellen. Kodi ignoriert den Namen der Unterverzeichnisse und sucht selbst nach allen Folgen. Als Namen für die Unterverzeichnisse bieten sich *SeasonXY*, *SeriesXY* oder auch *StaffelXY* an. Innerhalb eines Unterverzeichnisses sollten sich dann die Folgen finden, die zur jeweiligen Staffel gehören. Diese Gliederung ist jedoch rein optional und dient nur der besseren Übersicht, genauso gut können alle Folgen in einem Verzeichnis liegen. Auch dann zeigt Kodi später Staffelinformationen korrekt an.

> **TIPP**
>
> **Und was mache ich bei zusammengefügten Doppelfolgen?**
>
> Bei TV-Serien gibt es öfter Doppelfolgen. Doppelfolgen sind normalerweise zwei einzelne Folgen und können so auch als Dateien abgelegt werden. Hin und wieder werden solche Folgen jedoch zum Beispiel direkt hintereinander gesendet. Es kann also passieren, dass Sie diese als eine zusammenhängende Datei auf der Festplatte haben. Kodi kann damit problemlos umgehen. Sie müssen dies nur im Dateinamen kenntlich machen. Dafür nutzen Sie die Formel *SxyEabEcd*. Ein Beispiel lautet: *Serienname - S01E01E02 - Folgenname*.

Folglich erstellen Sie bitte ein Serienverzeichnis, in diesem Serienverzeichnis befinden sich Unterverzeichnisse mit dem Namen einer Serie, und in diesen Unterverzeichnissen befinden sich die Folgen der benannten Serie. Auf Wunsch können Sie weitere Unter-Unterverzeichnisse für die Staffeln verwenden.

> **TIPP**
>
> **Und wenn mal eine Folge aus mehreren Einzeldateien besteht?**
>
> Manchmal kommt es vor, dass eine einzelne Serienfolge aus mehreren Dateien besteht. Kodi kann diese Dateien virtuell zusammenfügen und Ihnen in der Bibliothek eine einzelne, zusammenhängende Episode anzeigen. Die Wiedergabe erfolgt ebenfalls nahtlos. Sie müssen die Dateien also nicht umständlich mit externen Programmen zusammenfügen. Allerdings müssen Sie eine bestimmte Benennung beachten. Hängen Sie manuell an das Kürzel *SabExy* den Eintrag *.Z* an. Dabei ersetzen Sie *Z* durch fortlaufende Ziffern (angefangen bei 1). Es entstehen zum Beispiel die Dateien *Serienname - S01E02.1 - Folgenname.mp4* und *Serienname - S01E02.2 - Folgenname.mp4*. Den Rest erledigt Kodi für Sie.

Jetzt stellen Sie sich womöglich die Frage, woher Sie die benötigten Informationen bekommen. Wie heißt eine bestimmte Serie genau? Welche Nummer hat welche Folge, und zu welcher Staffel gehört sie? Wie lautet

TV-Serien ordnen

der Folgentitel? Wenn Sie sich diese durchaus berechtigten Fragen stellen, dann finden Sie Hilfe und Antworten im Internet. Befragen Sie einfach diejenige Website, von der auch Kodi (gemäß den Einstellungen, die Sie später vornehmen) die Informationen erhält. Für Serien ist dies die Seite *www.thetvdb.com*. Dies ist eine freie Seite, die Informationen rund um TV-Serien verwaltet. Oben rechts auf der Seite befindet sich ein (kleines) Suchfeld. Dort suchen Sie nach dem Titel der Serie. In der Ergebnisliste wählen Sie die passende Serie aus. Sie erhalten auch Informationen zu den enthaltenen Staffeln sowie die Episodennummern. Diese Informationen können Sie nun zur Benennung der Dateinamen nutzen.

So, wie es www.thetvdb.com angibt, sollten Sie die Serien und deren Episoden benennen.

Bitte machen Sie sich die Mühe und benennen Sie alle Folgen von allen Serien sorgfältig nach dem angegebenen Schema, und nutzen Sie bei Bedarf die Informationen von der Seite *www.thetvdb.com*. Seien Sie bitte bei diesem Schritt sehr sorgfältig. Später wird Ihre Arbeit durch ein gelungenes Kodi-Erlebnis belohnt!

Musikdateien leicht auffindbar machen

Zugegeben, die Sortierung und Benennung der TV-Serien kann schon recht aufwendig werden. Bei der Musiksammlung kann der Arbeitsbedarf jedoch meist noch deutlich größer sein, denn hier kommen ja neben dem Dateinamen auch noch die eingangs erwähnten Datei-Tags dazu. Bei einem Musikstück können im Tag zum Beispiel der Name des Stücks, der Interpret, das Album, auf dem der Titel enthalten ist, und dessen Erscheinungsjahr gespeichert werden. Dies sind aber nur ganz wenige (essenzielle) Beispiele, denn die Menge an Informationen, die ein Tag bei Musikstücken speichern kann, ist sehr groß. So nimmt das Tag üblicherweise auch noch (mindestens) ein Cover-Bild auf, es kann auch Daten über Komponisten, das Codierungsformat, den Dirigenten, die Titelnummer, das Label und natürlich das Genre enthalten. Diese Informationen lassen sich zur Sortierung der Musikbibliothek verwenden, die sich etwa nach Genre oder Interpret durchsuchen lässt. Kodi kann eine beachtliche Anzahl dieser Informationen aus den Datei-Tags auswerten und für die Verwaltung Ihrer Musiksammlung nutzen. Bevor es jetzt ins Detail geht, lernen Sie aber erst einmal, wie Sie Ihr Musikverzeichnis am besten organisieren.

Da Kodi sich bei der Zuordnung von Musikstücken auf die Tags verlässt, ist die Ordnerstruktur mit ihren Dateinamen von untergeordneter Bedeutung. Natürlich sollten Sie in Ihrem eigenen Interesse auch im Dateisystem Ordnung halten. Wenn Ihre Musiksammlung nicht allzu groß ist (< 100 Alben), dann können Sie direkt in Ihrem Musikordner für jedes Album einen eigenen Ordner erstellen. Bei größeren Sammlungen bietet es sich an, eine weitere Hierarchieebene einzuführen und die Alben zuerst nach Interpret vorzusortieren. Besteht Ihre Sammlung aus mehr als 250 Alben, dann wird dies jedoch schnell unübersichtlich. Sie sollten Ihre Sammlung zunächst nach dem Genre vorsortieren. Erstellen Sie also im Musikverzeichnis zunächst weitere Unterverzeichnisse, die Sie mit den Genres benennen, die in Ihrer Sammlung vorkommen. Kandidaten sind etwa *Pop, Rock, Metal, Oldies, Elektronisch, Klassik, Soundtracks, Instrumental* oder sogar *Naturgeräusche*, es kommt hier ganz darauf an, welche Art von Musik Sie besitzen. Wie üblich gilt, dass diese Sortierung nur Ihrem Überblick dient und für Kodi irrelevant ist.

Erstellen Sie zum Schluss jeweils ein Verzeichnis für jedes Album, und benennen Sie dieses mit dem Künstler und dem Albumtitel. Ein Beispiel wäre *Bruce Springsteen - Greatest Hits*. Auf Wunsch können Sie noch das Erscheinungsjahr ergänzen. Kopieren Sie alle zugehörigen Titel in dieses Verzeichnis. Als Minimalanforderung wählen Sie dabei folgende Benennung: *Liednummer - Liedtitel.Dateiendung*. Füllen Sie bei der Liednummer unbedingt vorangehende Nullen auf (schreiben Sie also *01* und *02*). Ein Beispiel wäre *12 - Human Touch.mp3*. Je nach Ihrem persönlichen Geschmack können Sie optional auch noch den Künstlernamen und/oder den Albumnamen voranstellen, allerdings besteht möglicherweise die Gefahr, dass der Dateiname dann zu lang wird. Ein komplettes Beispiel lautet also *Bruce Springsteen - Greatest Hits - 12 - Human Touch.mp3*. Die umfangreiche Benennung erleichtert später jedoch die Erstellung von Datei-Tags ungemein, versuchen Sie also, diese umzusetzen. Diese Benennung sollten Sie auch für Singles vornehmen. Handelt es sich bei einem Album um einen Sampler, der Titel diverser Künstler vereint, dann sollten Sie stets versuchen, den Künstlernamen mit in den Dateinamen aufzunehmen (und notfalls den Sampler-Titel abkürzen oder sogar weglassen). Der Künstler sollte an dritter Position eingefügt werden. Ein Beispiel wäre *Internationale Hits 92 - 01 - Snap - Rhythm Is A Dancer.mp3*. Diese korrekte Benennung ist zwar für Kodi nicht so wichtig, Sie können sich allerdings jederzeit die Titel in korrekter Folge in einem Dateibrowser anzeigen und so auch in vielen Musikplayern wiedergeben lassen. Auch lassen sich Datei-Tags leicht erstellen. Besitzen Sie von einem Album nicht alle Titel, dann lassen Sie diese einfach aus, halten Sie aber trotzdem die korrekte Nummerierung der Titel ein. Besteht ein Album aus mehreren CDs, dann sollten Sie für jeden Tonträger ein eigenes Verzeichnis hinzufügen (zum Beispiel *CD 1*).

Was machen Sie aber, wenn Sie gar kein Fan von kompletten Alben sind, sondern überwiegend einzelne Titel sammeln? So etwas passiert sehr schnell, denken Sie etwa an (legale) Bezugsquellen im Internet. Hier werden häufig einzelne Titel von Alben angeboten, und man neigt dazu, nur solche Stücke zu erwerben, die man auch kennt oder hören möchte. So kommt es dazu, dass man von vielen Künstlern nur einzelne Titel hat. Hier gibt es jetzt mehrere Möglichkeiten, wie Sie vorgehen können. Sehr konsequent ist es, trotzdem für jeden Einzeltitel ein eigenes Verzeichnis anzulegen und dieses entweder mit dem Titel des ursprünglichen Albums zu benennen oder aber aus dem Titel ein Single-Album zu machen. In diesem Fall trägt das Verzeichnis den Titel der Single. Wenn Sie korrekte Tags vergeben, dann wird Kodi solche Titel später auch konsequent nicht als Album, sondern als Single behandeln. Diese konsequente Benennung und Sortierung wird von vielen Musikfreunden auch so umgesetzt. Sie ist durchaus empfehlenswert. Allerdings führt sie zu einer wahren Verzeichnisflut mit vielen Ordnern, in denen sich nur ein Musikstück befindet. Das dient auf der Ebene des Dateisystems nicht unbedingt der Übersichtlichkeit.

Musikfreunde, die nicht nur Kodi nutzen, sondern auch über Dateiplayer (zum Beispiel am PC) Musik hören, setzen daher gelegentlich noch eine andere Möglichkeit ein: Sie stellen sich eigene Sampler mit eigenem Namen zusammen. Diese gibt es so nicht im Handel zu erwerben, die eigene Bezeichnung dient nur der Sortierung. So können Sampler mit den Titeln »Best of Pop« oder auch »Meine Hits von 2014« erzeugt werden. Diese eigenen Sampler werden – korrekte Datei-Tags vorausgesetzt – so auch in Kodi verwendet. Diese Art der Sortierung kann auch für weitere Zwecke sinnvoll sein. Denken Sie etwa an Digitalisierungen alter, lieb gewonnener Audiokassetten. Eine eigene Reihenfolge von verschiedenen Titeln kann so ins digitale Zeitalter gerettet werden. Ebenso können Aufnahmen geringer Tonqualität, etwa Rundfunkmitschnitte, zusammengefasst werden. Wofür Sie sich entscheiden, bleibt Ihrem persönlichen Geschmack überlassen. Es sind auch Mischformen möglich. Wichtig ist nur, dass die Musikstücke ordentlich sortiert sind.

Bei dieser Aufgabe könnten Sie allerdings auf Probleme stoßen. Möglicherweise wissen Sie gar nicht so genau, wie ein bestimmter Titel genau heißt, von welchem Album er stammt oder welche Titelnummer er hat. Schnelle Hilfe bietet natürlich die jeweilige CD, falls Sie sie zur Hand haben. In anderen Fällen hilft das Internet weiter. Schauen Sie einfach auf die Seiten von Musikhändlern. Große Händler bieten detaillierte Informationen und erlauben ein kurzes Anspielen der einzelnen Stücke. Mit ein wenig Arbeitsaufwand lässt sich so schon einiges erreichen.

> **TIPP**
>
> **Wie heißt dieses Lied nur, ich komm nicht drauf ...**
>
> Was tun Sie, wenn Sie zum Beispiel ein schönes Lied aus dem Radio aufgenommen haben und nun weder den Interpreten noch den Titel kennen? Hier helfen Ihnen Apps für das Smartphone weiter, die über das Mikrofon einen Ausschnitt des Musikstücks aufzeichnen und den Inhalt mit einer Datenbank vergleichen. Sie brauchen dazu nur das Musikstück mit einem beliebigen Gerät wiederzugeben und das Smartphone in Richtung der Lautsprecher zu halten. Zu den bekanntesten Vertretern gehören *Shazam*, *SoundHound* oder auch *MusicID*. Sie bekommen direkt den Interpreten und den Titel und je nach Programm noch weitere Informationen angezeigt.

Wenn Ihnen dieser Prozess zu mühsam oder zu zeitraubend ist, dann werden Sie sich darüber freuen, dass es auch Hilfsprogramme für den Computer gibt, die sich dieses Problems annehmen. Der Klassiker trägt den Namen *Picard* und stammt von der Firma *MusicBrainz*. Dieses kostenlose Programm (erhältlich auf der Seite *picard.musicbrainz.org*) dient der Verknüpfung von Informationen mit Musikstücken. Es kann eine Datei »Probe hören« und die benötigten Informationen aus dem Internet herunterladen. Dafür muss das Musikstück nicht wiedergegeben werden, Picard schaut sich direkt den Dateiinhalt an. Das Verfahren ist sehr schnell und unkompliziert. Picard kann aber noch viel mehr, zum Beispiel automatisch Datei-Tags erzeugen und die Informationen aus dem Internet korrekt eintragen. Wenn Ihre Musiksammlung umfangreich ist, sollten Sie sich dieses Programm auf alle Fälle einmal ansehen.

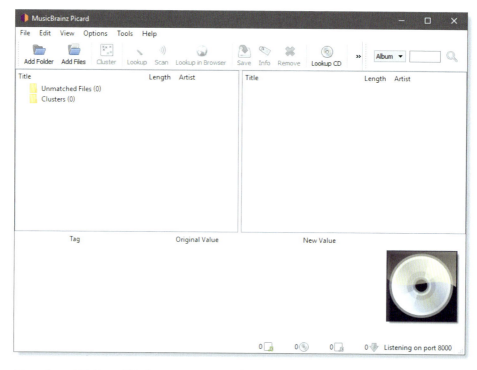

Ein sehr mächtiges Werkzeug zum Erstellen von Datei-Tags: MusicBrainz Picard

Damit sind wir bei den Datei-Tags angelangt. Für die Nutzung von Kodi ist es essenziell, dass Ihre Musikstücke korrekte Datei-Tags enthalten, damit Kodi alles korrekt zuordnen kann. Ein sehr nützliches Programm, das bei vielen Nutzern sehr beliebt ist, ist *Mp3tag*. Es ermöglicht die komfortable Verwaltung von Datei-Tags für verschiedene Dateiformate. Neben dem populären MP3-Format werden so auch die Tags von OGG-, FLAC- und AAC-Dateien unterstützt. Sie erhalten das kostenlose Programm auf der Seite *www.mp3-tag.de*. Keine Sorge, Sie müssen nicht alle Informationen nochmals eingeben. Mp3tag kann einige Tags bereits anhand der Dateinamen automatisch erstellen. Spätestens jetzt zahlt sich Ihre gründliche Vorarbeit also aus.

Die Programmoberfläche bietet im rechten Bereich zunächst eine umfangreiche Tabelle, die neben dem Dateinamen und den Pfadangaben auch die Informationen zu den Titeln und den Interpreten enthält. Die Tags lassen sich problemlos im linken Teil des Fensters bearbeiten. Am besten ist es,

Musikdateien leicht auffindbar machen

wenn Sie die Sammlung Verzeichnis für Verzeichnis durchgehen. Dazu klicken Sie zunächst in der Menüleiste von Mp3tag auf das vierte Symbol von links, das ein Ordnersymbol mit einem grün unterlegten Pfeil zeigt. Hier navigieren Sie zum Verzeichnis, das Sie bearbeiten wollen. Wenn Sie dieses öffnen, werden die enthaltenen Dateien zur Arbeitstabelle von Mp3tag hinzugefügt.

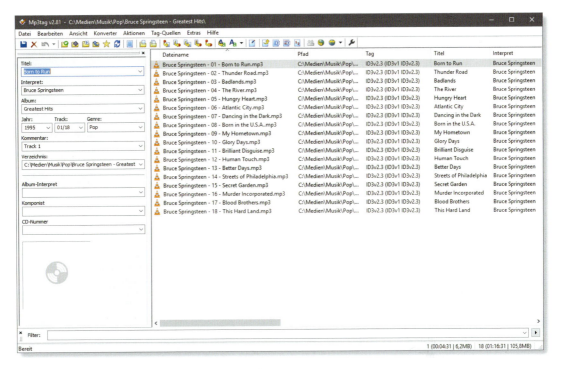

Nützlich für die Arbeit mit Datei-Tags: Mp3tag

Sehr komfortabel sind die Funktionen zum automatischen Bearbeiten und Erstellen von Tags. Mp3tag kann die Informationen, die Sie bereits in den Dateinamen eingegeben haben, automatisch in Tags aufnehmen. Wählen Sie dazu einfach alle Musikstücke des Verzeichnisses aus (drücken Sie [Strg] + [A], oder markieren Sie sie mit der Maus). Wählen Sie nun im Menü **Konverter** die Funktion **Dateiname – Tag**, oder drücken Sie [Alt] + [2]. Es öffnet sich ein Fenster, das die gewünschte Funktion anbietet. Sie müssen dem Programm nun mitteilen, wie der jeweilige Dateiname aufgebaut ist und welche Tags erstellt werden sollen. Dazu hilft Ihnen die kleine dreieckige Schaltfläche ganz rechts neben dem Eingabefeld. Bestimmte Tags werden mit englischer Bezeichnung zwischen Prozentzeichen codiert. Trennstriche im Dateinamen werden direkt angegeben. Betrachten Sie den Dateinamen *Bruce Springsteen - Greatest Hits - 12 - Human Touch.mp3*. Hier sehen Sie zuerst den Künstler, dann den Albumtitel, es folgen die Titelnummer und schließlich der Name des Titels. Dieses Muster wird in Mp3tag durch folgenden Format-String beschrieben: *%artist% - %album% - %track% - %title%*. Die Dateiendung wird nicht mit eingegeben. Wenn der Dateiname keinen Künstlernamen beinhaltet, dann lassen Sie dieses Feld samt dem Trennstrich einfach weg. Bei korrekter Formatierung zeigt das Fenster automatisch die erkannten Tags an. Ein Klick auf **OK** führt die Aktionen aus. Die Tags werden automatisch abgespeichert.

Mp3tag kann automatisiert aus dem Dateinamen Datei-Tags erzeugen.

Auf Wunsch können Sie die Informationen jetzt noch per Hand bearbeiten und zum Beispiel das Erscheinungsjahr hinzufügen. Bei einer Bearbeitung in der linken Spalte von Mp3tag müssen Sie die Veränderung direkt abspeichern. Dazu klicken Sie auf das Diskettensymbol in der Symbolleiste.

Ein sehr wichtiges Komfortmerkmal ist das Cover-Bild, das später innerhalb von Kodi angezeigt wird und das Suchvorgänge in der Bibliothek erleichtert. Es schmückt auch die Abspielfunktion von Kodi. Mit Mp3tag lässt es sich ganz einfach einbinden. Sie können zum Beispiel das Cover einer CD einscannen. Alternativ ist es auch möglich, das Cover-Foto von einem Musikhändler aus dem Internet zu nutzen. Verwenden Sie die Cover-Bilder nur zum eigenen, rein privaten Gebrauch. Achten Sie auf die Nutzungsrechte und auf die jeweilige Dateigröße. Um Speicherplatz zu sparen, sollten

Cover-Bilder nicht größer als 200 oder maximal 300 Kilobyte sein. Bei den Abmessungen genügen zum Beispiel 500 × 500 Pixel. Sie können ein Foto direkt mit der Maus aus dem Browser oder dem Datei-Explorer auf das Cover-Symbol unten links in Mp3tag ziehen. Alternativ kann es mit einem Klick auf die rechte Maustaste auch direkt eingebunden werden. Am besten markieren Sie zunächst wieder alle Musikstücke und fügen dann das Cover-Foto ein. Damit ist es gleich für alle Musikstücke dieses Verzeichnisses vorhanden. Zum Schluss müssen Sie die Änderungen unbedingt abspeichern. Nutzen Sie dazu wieder die Schaltfläche in der Symbolleiste, Mp3tag wird Sie über den Fortschritt informieren.

Jetzt fragen Sie sich bestimmt, welche Tags Sie in die Dateien aufnehmen und wie Sie mit Samplern, Singles und normalen Alben verfahren sollten. Grundsätzlich ist es vorteilhaft, so viele Informationen wie möglich einzugeben, denn dadurch werden die Sortier- und Suchfunktionen von Kodi besonders umfangreich und komfortabel. Sie sollten sich beim Umfang an der linken Spalte von Mp3tag orientieren. Das Feld **Komponist** ist oftmals nur bei klassischer Musik relevant. Früher war das Feld **Album-Interpret** wichtig, denn es half bei der Erkennung von Samplern. Heutzutage hat das Feld (zumindest für Kodi) keine Bedeutung mehr. Sie können (optional) bei Alben eines Interpreten hier dessen Namen wiederholen, bei Samplern bleibt das Feld einfach leer. Im Feld **Genre** können Sie grundsätzlich eigene (deutsche) Genres wie zum Beispiel **Hörspiel** definieren. Besteht ein Album aus mehreren CDs, machen Sie dies im Feld **CD-Nummer** deutlich.

Möchten Sie Singles in Kodi eigenständig verwalten und nicht als Album betrachten, dann lassen Sie bei jedem betreffenden Musikstück das **Album-Tag** leer und fügen nur Titel, Interpret sowie Track, Jahr und Genre in die Tag-Felder ein.

Fotos sortieren

Zu Abschluss wird es ganz entspannt, denn für die Sortierung von Fotos gibt es kaum Regeln. Das liegt daran, dass Kodi diese nicht in Form einer Bibliothek verwaltet (und damit leider auch keine ausgefuchsten Suchfunktionen anbietet). Stattdessen werden Fotos einfach gemäß ihrer Sortierung im Dateisystem präsentiert. Mit anderen Worten: Wählen Sie eine für Sie passende Sortierung und Anordnung der Fotos, denn genau so sortiert werden Sie diese auch in Kodi wiederfinden.

Es gibt mehrere Konzepte, die bei der Sortierung von Fotos angewandt werden können. Am häufigsten wird die chronologische Sortierung genutzt. Erstellen Sie in Ihrem Foto-Verzeichnis für jedes Jahr, in dem Sie Fotos gemacht haben, ein Unterverzeichnis mit dem jeweiligen Jahr als Namen. In diesem Verzeichnis können Sie weitere Unterverzeichnisse erstellen. Sie können das Jahr zum Beispiel nach den Monaten aufschlüsseln – dieses Konzept nutzen auch große Programme zur Verwaltung von Bildern. Es ist auch möglich, die Fotosammlung nach Ereignissen (zum Beispiel Urlaubsreisen oder Familienfesten) zu gruppieren. Gelegentlich wird auch eine Unterscheidung nach Kameratypen oder nach der Art des Bildes (Porträts, Schnappschüsse, Experimente…) vorgenommen. Hier entscheidet Ihr persönlicher Geschmack.

Bitte machen Sie sich also – sofern noch nicht geschehen – die Mühe, und sortieren Sie auch Ihre Fotosammlung ansprechend. Diese Mühe wird sich später in Kodi auszahlen.

Die Medien an Ort und Stelle kopieren

Jetzt ist es an der Zeit, Ihre fertig geordnete Mediensammlung auf das Zielgerät zu kopieren. Am einfachsten haben Sie es dabei mit externen Festplatten, denn diese können Sie einfach an Ihren Desktop-Computer anschließen und die Dateien direkt auf die gewohnte Weise kopieren. Aber keine Sorge, auch das Kopieren auf andere Geräte ist ganz einfach.

Haben Sie sich für ein NAS-Gerät entschieden oder nutzen Sie einen eigenen Heimserver, dann verwenden Sie eine Freigabe für Ihre Mediensammlung, die Sie bereits am Anfang dieses Kapitels angelegt haben. Zum Kopieren der Medien benötigen Sie selbst natürlich Schreibrechte auf die Freigabe. Kodi benötigt später im Alltag keinen Schreibzugriff auf die Mediensammlung.

Möchten Sie die Mediensammlung aber auch in Kodi verwalten, also zum Beispiel nicht mehr benötigte Filme löschen, dann ist ein Schreibzugriff natürlich erforderlich. Das gilt auch, wenn Sie neue Dateien über den Dateimanager ergänzen möchten (mehr dazu erfahren Sie im Abschnitt »Der Dateimanager und sein Einsatz« ab Seite 149).

> **TIPP**
>
> **Soll ich die Medien anschließend von meinem PC löschen?**
>
> Wenn Sie auf Ihrem Desktop-PC genügend Speicherplatz haben, dann können Sie die Mediendateien dort als Backup behalten, ansonsten können Sie die Dateien dort anschließend löschen. Achten Sie in diesem Fall aber darauf, dass Sie andernorts ein Backup der Mediensammlung anlegen. Gehen die Daten nämlich auf dem Kodi- oder NAS-Gerät verloren, dann war auch Ihre gesamte Sortier- und Umbenennungsarbeit umsonst.

Möchten Sie Ihre Mediensammlung nicht auf ein Netzwerkgerät, sondern lokal auf dem Kodi-Gerät speichern, dann stehen Ihnen mehrere Möglichkeiten zur Verfügung.

Die erste Möglichkeit besteht darin, die Mediensammlung zunächst am Desktop-Rechner auf eine externe Festplatte als Zwischenmedium zu kopieren. Diese schließen Sie an das Kodi-Gerät an und nutzen dort den Dateimanager, wie er im Abschnitt »Der Dateimanager und sein Einsatz« ab Seite 149 beschrieben wurde. Mit seiner Hilfe können Sie die Medien in das gewünschte Zielverzeichnis auf die internen Festplatten kopieren. Wie bereits erwähnt, können Sie mit Kodi natürlich auch direkt eine externe Festplatte verwenden und ersparen sich somit das Kopieren der Daten auf ein weiteres Speichergerät.

Die zweite Möglichkeit besteht darin, auf dem Kodi-Gerät Samba-Dateifreigaben zu aktivieren, wie es in Kapitel 4, »Die Installation von Kodi auf Ihrer Hardware«, für LibreELEC und OSMC gezeigt wurde. Sind die Freigaben aktiv, dann können Sie die Medien einfach über eine Netzwerkverbindung kopieren.

Kapitel 7 – Die Mediendateien vorbereiten

INFO

OSMC und LibreELEC haben da schon mal was vorbereitet …

Diese Systeme haben bereits leere Verzeichnisse für die Medien auf der (ersten) internen Festplatte angelegt, die Sie für die Mediensammlung nutzen können, solange die lokale Festplatte genügend Speicherkapazität bietet. (Das ist bei der kleinen Speicherkarte eines Raspberry Pi nicht der Fall.) Sie können die Verzeichnisse sowohl mit dem Dateimanager als auch über Dateifreigaben füllen. Während die Verzeichnisse bei Dateifreigaben direkt angezeigt werden, müssen diese über den Dateimanager erst geöffnet werden. Klicken Sie dort also auf **Quelle hinzufügen**, und wählen Sie dann **Home-Ordner**. Dort finden Sie verschiedene Verzeichnisse, etwa **videos** (LibreELEC) oder **Movies** (OSMC) für die Spielfilme, **tvshows** (LibreELEC) oder **TV Shows** (OSMC) für die Serien, **music** (oder **Music**) für die Musiksammlung und **pictures** (beziehungsweise **Pictures**) für die Bildersammlung. Hier können Sie die entsprechenden Medien ablegen. Dabei müssen Sie nicht etwa jedes Musikalbum einzeln kopieren, sondern können über das Kontextmenü mit der Taste `C` bequem alle Verzeichnisse auf einmal markieren. Denken Sie aber daran: Sie können grundsätzlich jedes Verzeichnis auf jeder Festplatte und Netzwerkfreigabe nutzen, solange Kodi dafür Leserechte hat.

TIPP

Nutzen Sie Kodi direkt unter Windows und benötigen Freigaben?

In diesem Fall müssen Sie manuell eine Dateifreigabe erstellen. Dazu können Sie zum Beispiel die Heimnetzgruppe unter Windows verwenden. Klicken Sie dazu den Eintrag im Datei-Explorer an, und folgen Sie den Anweisungen. Denken Sie daran, die benötigten Datenträger und Ordner zur Verwendung freizugeben. Klicken Sie dazu den Medienordner mit der rechten Maustaste an, und wählen Sie **Freigeben für** und dann **Heimnetzgruppe (Lesen/Schreiben)**. Gelingt Ihnen die Einrichtung nicht, dann verwenden Sie alternativ einfach eine externe Festplatte als Zwischenmedium.

Die Medien an Ort und Stelle kopieren

Sind Sie noch nicht vertraut damit, wie man Daten auf ein Netzwerkgerät kopiert? Nach der Aktivierung der Dateifreigaben gehen Sie zu Ihrem Desktop-Rechner, der über eine Netzwerkverbindung mit Ihrem Kodi-Gerät verbunden ist. Windows-Nutzer öffnen den Datei-Explorer und darin in der linken Registerleiste den Eintrag **Netzwerk**.

> **INFO**
>
> **Den Eintrag gibt es bei mir nicht!**
>
> Ist die linke Spalte nicht sichtbar, dann klicken Sie in der Menüleiste auf die Punkte **Organisieren** und dann auf **Layout**. Aktivieren Sie den **Navigationsbereich**. Alternativ können Sie (sofern vorhanden) natürlich auch das entsprechende Desktop-Symbol benutzen.

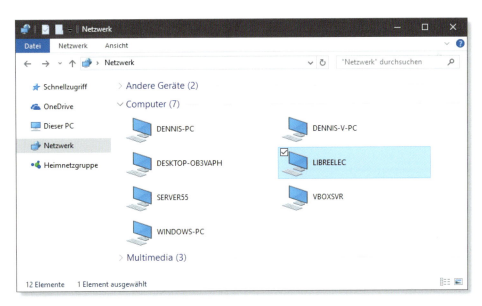

Im linken Navigationsbereich bietet die Kategorie »Netzwerk« Zugriff auf das Kodi-Gerät (hier unter LibreELEC).

In der Übersicht der Computer finden Sie in der rechten Hälfte des Fensters auch Ihr Kodi-Gerät. Doppelklicken Sie auf den Eintrag. Eventuell müssen Sie – sofern Sie dies aktiviert haben – die Zugangsdaten für das Kodi-Gerät eingeben.

Ist die Anmeldung erfolgt, dann sehen Sie die einzelnen Datenträger und Freigaben, die für das Kodi-Gerät verfügbar sind. Unter LibreELEC sehen Sie die vorhin erwähnten vordefinierten Ordner auf der internen Festplatte, die direkt zum Abspeichern der Medien verwendet werden können. Externe Datenträger werden (je nach Einstellung) ebenfalls als Dateifreigabe aufgeführt. Unter OSMC finden Sie die vom System vorbereiteten Verzeichnisse unter dem Eintrag **osmc**. Die folgende Abbildung zeigt beispielhaft die Freigaben eines LibreELEC-Systems. Unter diesen Freigaben finden Sie auch die weiteren Datenträger des Systems. Sie können die Daten wie gewohnt kopieren.

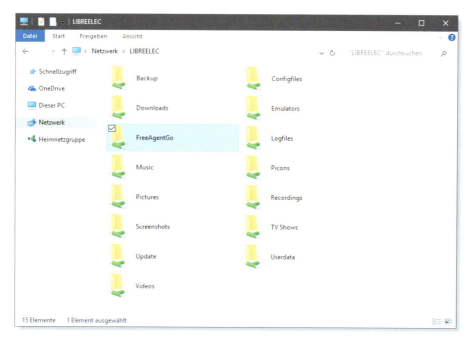

Der Explorer zeigt die verfügbaren Verzeichnisse. Sie können die Medien direkt kopieren. »FreeAgentGo« ist eine externe Festplatte des Kodi-Geräts, auf die ebenfalls Medien kopiert werden können.

Nutzer anderer Betriebssysteme können auf dem dort üblichen Weg auf die Netzwerkfreigaben zugreifen und die Daten kopieren. Halten Sie Ausschau nach entsprechenden Einträgen (zum Beispiel **auf Netzwerkressource zugreifen** oder **mit Netzlaufwerk verbinden**).

Die Medien an Ort und Stelle kopieren

> **INFO**
>
> **Welche Verzeichnisse muss ich denn hier erstellen?**
>
> Wenn Sie die vorbereiteten Verzeichnisse von LibreELEC oder OSMC nicht nutzen möchten, etwa weil Sie eine zweite Festplatte verwenden wollen, dann müssen Sie eigene Verzeichnisse anlegen. Es empfiehlt sich, diese nach den Medieninhalten zu benennen. Legen Sie also die Verzeichnisse *Musik*, *Filme*, *Serien* und *Fotos* an, und kopieren Sie Ihre Medien dorthin. Es ist auch möglich, zunächst ein Oberverzeichnis *Medien* zu erstellen. Sie haben hier die freie Wahl, weil Sie Kodi später selbst mitteilen, wo sich die Medien genau befinden.

Als dritte Möglichkeit kann zum Kopieren der Daten auch der *SFTP*-Dienst genutzt werden. Dabei handelt es sich um eine FTP-Dateiübertragung über eine verschlüsselte SSH-Sitzung. Diese Methode richtet sich an experimentierfreudige Anwender. Dazu muss auf dem Kodi-Gerät der SSH-Dienst aktiviert werden. Der SSH-Dienst kann nur unter LibreELEC sowie OSMC und direkt unter Linux verwendet werden, schlagen Sie zu seiner Aktivierung gegebenenfalls noch einmal in Kapitel 4, »Die Installation von Kodi auf Ihrer Hardware«, nach. Ist der SSH-Zugang aktiv, dann können Sie über ein geeignetes Programm, das SFTP unterstützt, auf die Speichergeräte des Kodi-Geräts zugreifen. Ein geeignetes Programm ist zum Beispiel das kostenlos erhältliche *Filezilla*, das es unter *filezilla-project.org* auch als portable Version gibt, die ohne Installation auskommt.

Bauen Sie eine SFTP-Verbindung zu Ihrem Kodi-Gerät auf. Dafür benötigen Sie ❶ die *IP-Adresse des Geräts*, ❷ den *Benutzernamen* und ❸ das *Passwort*. Verwenden Sie ❹ *Port 22*, denn darauf arbeitet SFTP. Kennen Sie die IP-Adresse des Kodi-Geräts nicht? Dann hilft Ihnen der Tippkasten »Die IP-Adresse des Kodi-Geräts in Erfahrung bringen« auf Seite 149 weiter. Ist die Verbindung aufgebaut, werden Ihnen die Verzeichnisse der Datenträger auf dem Kodi-Gerät angezeigt. Den bereits für Medien vorbereiteten Speicherplatz auf der internen Festplatte beziehungsweise der Speicherkarte erreichen Sie bei LibreELEC unter dem Pfad */storage*. Unter OSMC ist */home/osmc* der richtige Pfad. Sie finden dort bereits leere Verzeichnisse für Musik, Filme und Serien, in die Sie die Medien kopieren können. Externe Datenträger und weitere interne Festplatten erreichen Sie bei beiden Systemen unter */media*. Achten Sie unbedingt auf die Groß- und Kleinschreibung.

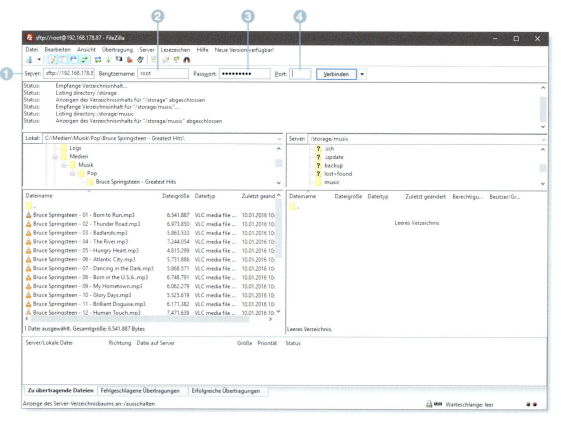

Mit einem Programm wie Filezilla können Sie über SFTP bequem auf die Datenträger des Kodi-Geräts zugreifen.

Kapitel 8
Spielfilme in Kodi

Nach der umfangreichen Vorarbeit können Sie Kodi nun mit Ihren Medien bekannt machen. Den Anfang machen die Spielfilme.

Spielfilme zu Kodi hinzufügen

Los geht es: Als Erstes werden Sie Kodi mitteilen, wo sich Ihre Spielfilme befinden. Dazu definieren Sie eine sogenannte *Medienquelle*. Diese beinhaltet nicht nur Informationen über den Speicherort der Medien, sondern auch über deren Art – nämlich, dass es sich um Spielfilme handelt. Über diese Medienquelle macht sich im Anschluss automatisiert der sogenannte *Scraper* her. Er vergleicht die Datei- und Ordnernamen mit der schon zuvor erwähnten Datenbank im Internet. Bei einer Übereinstimmung lädt er Inhaltsinformationen und Fotos (wie Cover-Bilder) herunter und trägt diese in die interne Mediendatenbank von Kodi ein. Anschließend können Sie diese Datenbank durchsuchen und Filme anschauen.

> **ACHTUNG**
>
> **Ist alles vorbereitet?**
>
> Zuerst müssen Sie sicherstellen, dass Kodi auf den Speicherort der Filme (lesenden) Zugriff hat. Klären Sie, dass zum Beispiel alle benötigten NAS-Freigaben eingerichtet sind, und halten Sie gegebenenfalls die Zugangsdaten für die Freigaben bereit. Sind Ihre Filme hingegen auf einer externen Festplatte gespeichert, dann schließen Sie diese an Ihr Kodi-Gerät an. Kontrollieren Sie, dass das Kodi-Gerät einen einwandfreien Internetzugang hat und dass Sie es problemlos bedienen können, sei es über eine Fernbedienung oder eine Tastatur. Letztere kann bei der gleich nötigen Benennung der Medienquelle einen kleinen Komfortgewinn bedeuten.

Das Hinzufügen der Filme beginnt im Hauptmenü von Kodi, in dem Sie beim Start des Programms automatisch landen. Haben Sie sich vom Hauptmenü entfernt, dann kehren Sie bitte durch mehrmaliges Drücken der Zurück-Taste wieder dorthin zurück.

Selektieren Sie durch Drücken der Pfeil- beziehungsweise Cursor-Tasten ↑ , → , ↓ und ← den Eintrag **Filme**, ohne Enter/OK zu drücken. Kodi wird Sie im rechten Teil des Bildschirms darauf hinweisen, dass die persönliche Bibliothek derzeit noch leer ist – das ist logisch, denn noch sind keine (Datei-)Quellen für Ihre Sammlung definiert, und Kodi weiß nichts von Ihrer Filmsammlung. Klicken Sie einmal auf Enter/OK. Sie sehen die Hauptansicht der Videobibliothek.

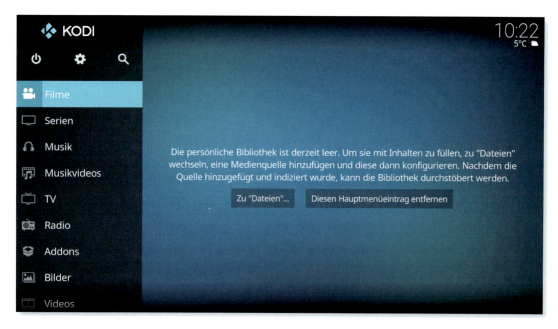

Ihre Bibliothek ist noch leer.

Medienquellen definieren Sie im Dateimenü, dort können Sie auch direkt und ohne die Unterstützung eines Scrapers auf Ihre Filmdateien zugreifen.

Die neue Bildschirmansicht zeigt Ihnen die Dateiansicht Ihrer Medienquellen. Hier ist allerdings noch nicht viel zu sehen. (LibreELEC hat hier zwar schon zwei Einträge, die hier jedoch zunächst ignoriert werden.) Um dies zu ändern, klicken Sie auf den Eintrag **Videos hinzufügen**.

> **TIPP**
>
> **Entfernen nicht benötigter Hauptmenüeinträge**
>
> Die Schaltfläche **Diesen Hauptmenüeintrag entfernen** blendet tatsächlich den Eintrag **Filme** aus dem Hauptmenü aus. Das wäre für ein Mediacenter natürlich recht ungewöhnlich. Allerdings kann es vorkommen, dass die anderen Kategorien im Hauptmenü für Sie keine Bedeutung haben – weil Sie zum Beispiel kein Radio hören. So können Sie die überflüssigen Einträge entfernen. Warten Sie damit aber bitte noch ab, bis Sie Kodi sicher beherrschen und die Einträge auch wieder einblenden können, falls das doch einmal nötig wird.

Daraufhin öffnet sich ein neues Fenster, das den Titel **Videoquelle hinzufügen** trägt. In diesem Fenster bestimmen Sie die eigentliche Medienquelle. Dieses Fenster wird Ihnen bei der Arbeit mit Kodi noch häufiger begegnen. Eine Medienquelle beinhaltet mindestens ein (Datei-)Verzeichnis mit beliebig vielen Unterverzeichnissen. Es fasst die Medien eines Typs zusammen. Sie werden nun das Verzeichnis mit Ihrer Filmsammlung auswählen. Wie Sie sehen, ist als Speicherort hier derzeit noch <Keine> eingetragen. Klicken Sie rechts auf die Schaltfläche **Durchsuchen**.

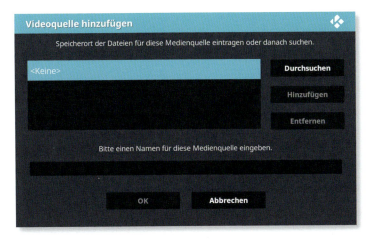

Kodi möchte wissen, wo sich Ihre Filmsammlung befindet.

Nun sehen Sie das Fenster **Nach einer neuen Quelle suchen**. Es enthält eine Liste mit Speichergeräten, mit denen Kodi umgehen kann. Jetzt kommt es darauf an, auf welchem Speichergerät Sie Ihre Filme gespeichert haben:

Als Erstes werden in diesem Fenster die Speichergeräte des Kodi-Geräts aufgeführt. Das sind die eingebaute Festplatte beziehungsweise die Speicherkarte. Je nach Ausstattung Ihres Geräts und verwendetem Betriebssystem sieht das Fenster bei Ihnen anders aus als in der folgenden Abbildung.

Windows-Nutzer mit Filmen auf einer lokalen Festplatte haben es hier leicht, weil ihnen die gewohnten Laufwerksbuchstaben angezeigt werden. Sie können auf gewohntem Wege zu dem Verzeichnis navigieren, das die Filme enthält. Klicken Sie abschließend auf **OK**.

Verwenden Sie LibreELEC oder OSMC und haben die Filme auf der ersten Festplatte in die bereits vom Betriebssystem vorbereiteten Verzeichnisse abgelegt, dann wählen Sie den ersten Eintrag namens **Home-Ordner**. Im Untermenü können Sie das Verzeichnis auswählen, das die Filme enthält. Unter LibreELEC ist dies *videos*, unter OSMC *Movies*.

Haben Sie Ihre Filme unter LibreELEC oder OSMC auf einer weiteren internen oder externen Festplatte abgelegt, wählen Sie den Eintrag **Root-Dateisystem** und im Unterverzeichnis den Eintrag **media**. Dort finden Sie die weiteren Datenträger und können zu Ihrem Filmverzeichnis navigieren. Öffnen Sie das Zielverzeichnis, und klicken Sie auf **OK**.

Nutzen Sie hingegen ein zentrales NAS-Gerät oder einen Heimserver, dann ist der Punkt **Windows-Netzwerk (SMB)** richtig. Darüber erreichen Sie die Netzwerkspeicher, die dieses Protokoll verwenden. Dazu gehören üblicherweise auch die NAS-Geräte. Wenn Sie dort eine SMB-kompatible Dateifreigabe eingerichtet haben, wählen Sie diesen Eintrag aus. Ist Ihre Netzwerkfreigabe passwortgeschützt, dann wird Kodi Sie nach den Zugangsdaten fragen, die Sie in einem entsprechenden Dialog eingeben. Dort sollten Sie die Option **Für diesen Pfad merken** aktivieren. Damit speichert Kodi die Daten, und Sie müssen sie später nicht erneut eingeben.

Es gibt noch weitere Möglichkeiten, um auf Netzwerkspeichergeräte zuzugreifen. Sie finden in der Liste auch das Linux-typische Netzwerk-Dateisystem NFS, das aber von Einsteigern eher selten genutzt wird.

> **INFO**
>
> **Bitte keine UPnP-Geräte verwenden!**
>
> Über den Eintrag **UPnP-Geräte** können Sie einen solchen (beziehungsweise einen DLNA-kompatiblen) Medienserver als Quelle auswählen. Das ist für die Filmsammlung aber ungünstig und sollte an dieser Stelle auf keinen Fall so eingestellt werden. Bei einem UPnP-Medienserver kann die Sammlung nämlich nicht wie ein normales Verzeichnis vom Scraper durchsucht werden. Die Filme würden gar nicht zu Ihrer Bibliothek hinzugefügt, sondern nur als simple Liste ohne weitere Informationen im Dateimenü angezeigt werden.

Der Eintrag **Video-Wiedergabelisten** bezieht sich auf Playlisten, die wiederum auf Dateien verweisen – diese Option richtet sich eher an fortgeschrittene Anwender.

Um es kurz zusammenzufassen: Befindet sich Ihre Filmsammlung auf einem lokal angeschlossenen Speichergerät, wählen Sie (unter Windows) direkt das Laufwerk oder unter Linux entweder den *Home*-Ordner oder das *Root*-Dateisystem mit dem Unterordner *media*. Nutzen Sie einen zentralen Server wie ein NAS-Gerät, dann wählen Sie das Windows-Netzwerk (es sei denn, Sie haben als fortgeschrittener Nutzer ein NFS-Dateisystem eingerichtet). Klicken Sie sich durch die jeweilige Verzeichnishierarchie, und wählen Sie den obersten Ordner Ihrer Filmsammlung aus, in dem sich die einzelnen (Unter-)Ordner mit Ihren Filmen befinden. Klicken Sie anschließend auf **OK**.

> **INFO**
>
> **Was, mehr gibt es nicht auszuwählen?!**
>
> Fortgeschrittene Nutzer finden unter dem letzten Punkt **Netzwerkfreigabe hinzufügen** noch weitere Möglichkeiten für Dateispeicherorte. Hier lassen sich auch WebDav-Ressourcen und SFTP-Server festlegen.

Kapitel 8 – Spielfilme in Kodi

Hier wird nach dem Verzeichnis gesucht, das die Filmsammlung enthält. Kodi kann mit vielen Gerätetypen umgehen. Das Bild ist unter Windows entstanden.

> **ACHTUNG**
>
> **Kodi speichert Zugangsdaten unverschlüsselt**
>
> Beachten Sie unbedingt, dass Kodi Zugangsdaten unverschlüsselt abspeichert. Neugierige und findige Personen können so rasch Zugriff auf Ihre Mediensammlung erhalten. Es empfiehlt sich dringend, die Mediensammlung mit einem separaten Kennwort vom Rest der NAS-Daten zu trennen und sie auf diese Weise zu schützen.

Bei geschützten Netzwerkspeichern fragt Kodi nach den Zugangsdaten.

Nachdem Sie den Speicherort festgelegt haben, sollten Sie der Medienquelle noch einen Namen geben, damit Sie diese später auch jederzeit zwei-

Spielfilme zu Kodi hinzufügen

felsfrei wiedererkennen. Gehen Sie mit den Pfeiltasten in das Feld namens **Bitte einen Namen für diese Medienquelle eingeben**, drücken Sie Enter/OK, und geben Sie den Namen entweder über die Bildschirmtastatur oder eine Hardware-Tastatur ein. Klicken Sie zum Speichern auf **OK** und schließen das Fenster **Videoquelle hinzufügen**.

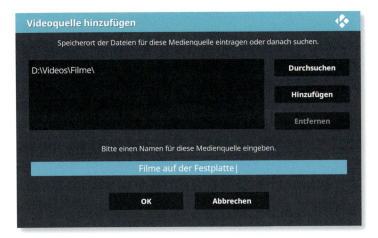

Ein Verzeichnis wurde als Quelle bestimmt und mit einem Namen versehen.

> **TIPP**
>
> **Mehrere Verzeichnisse zu einer Medienquelle hinzufügen**
>
> Wie bereits angedeutet, können Sie zu einer Medienquelle auch mehrere Verzeichnisse hinzufügen. Dieser Schritt ist rein optional. Er ist dann sinnvoll, wenn sich Ihre Filmsammlung über mehrere Speichergeräte erstreckt – etwa, weil sie sehr groß ist. Der Sinn liegt darin, dass Sie auf diese Weise mehrere Speichergeräte virtuell vereinen können. Alle Inhalte werden gemeinsam verwaltet. So können zum Beispiel die ersten fünf Filme einer Reihe auf einem Gerät und die restlichen auf einem anderen Gerät liegen, sie werden trotzdem gemeinsam in Ihrer Bibliothek angezeigt. Haben Sie also noch ein weiteres Verzeichnis mit Filmen, dann klicken Sie auf **Hinzufügen** und dann auf **Durchsuchen**, wo Sie zum weiteren Verzeichnis navigieren. Wenn Sie alle Verzeichnisse angegeben haben, klicken Sie abschließend auf die **OK**-Schaltfläche.

Nun wird Kodi ein Fenster namens **Inhalt festlegen** öffnen. In diesem Fenster teilen Sie Kodi mit, welcher Medientyp in den genannten Ordnern vorhanden ist. Sie bestimmen außerdem, welcher *Scraper* zum Einsortieren in die Bibliothek verwendet werden soll und wie die einzelnen Medienverzeichnisse aufgebaut sind.

Los geht es mit dem Eintrag **Dieser Ordner beinhaltet**. Hier stellen Sie die Option **Filme** ein – schließlich beinhaltet die Medienquelle diesen Medientyp. Der zweite Eintrag **Bitte Informationsquelle auswählen** bestimmt, welche Datenbank der Scraper im Internet befragen soll (beziehungsweise welcher Scraper zum Einsatz kommt). Hier ist üblicherweise **The Movie Database** ausgewählt. Diese Datenbank ist sehr umfangreich, und viele Anwender haben damit sehr gute Erfahrungen gemacht, denn sie lässt sich bei einem Fehler über die Internetseite *www.themoviedb.org* sehr komfortabel von Hand abfragen. Sie sollten daher diese Einstellung beibehalten.

> **TIPP**
>
> **Für Fortgeschrittene**
>
> Wenn Sie schon einige Erfahrung mit Kodi gesammelt haben und einige »ungewöhnliche« Filme in Ihrer Sammlung haben, kann der alternative Scraper *Universal Movie Scraper* für Sie interessant sein. Wenn *The Movie Database* keine Treffer erzielt, lohnt ein Experimentieren mit diesem Scraper.

Weiter geht es mit den Optionen unterhalb der Trennlinie **Inhalt-Scanning-Einstellungen**. Die Option **Filme liegen in getrennten Ordnern, die dem Filmtitel entsprechen** ist für Sie ohne Bedeutung, da Sie (wie in Kapitel 7, »Die Mediendateien vorbereiten«, dargestellt) sowohl für die Ordner- als auch die Dateinamen den exakten Filmtitel verwendet haben. (Die Option ist nützlich, wenn nur einer der beiden Namen exakt ist.) Sie können sie deaktiviert lassen. Lassen Sie die Option **Rekursives Scannen** aktiv. Sie sorgt dafür, dass auch verzweigte Unterordner (etwa bei Kompilationen) mit durchsucht werden. Die Option **Pfad von Aktualisierungen der Bibliothek ausschließen** sollten Sie nicht aktivieren, denn damit würde eine statische Quelle definiert, die sich im Laufe der Zeit nicht mehr ändert – neue Filme würden so nicht mehr berücksichtigt.

Spielfilme zu Kodi hinzufügen

> **INFO**
>
> **Wann sollte man eine Medienquelle von der Aktualisierung ausschließen?**
>
> Diese Option kann in sehr großen Sammlungen einen Zeitvorteil beim Suchen nach neuen Filmen bieten, wenn tatsächlich einige Teile der Sammlung statisch bleiben und sich nicht mehr ändern.

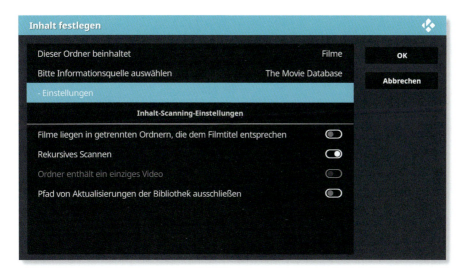

Der Inhalt der Medienquelle wird auf »Filme« festgelegt.

Zum Schluss müssen Sie sich mit einigen Einstellungen des Scrapers befassen. Dazu klicken Sie auf den Punkt **Einstellungen** in der oberen Hälfte. Es öffnet sich das Fenster **Einstellungen – The Movie Database**. Für den alltäglichen Betrieb sind hier vor allem die Spracheinstellungen wichtig. Aber der Reihe nach: Als Erstes finden Sie die Option **Verwende Original-Titel**. Ist diese aktiviert (was standardmäßig nicht der Fall ist), dann verwendet Kodi in der Bibliothek nicht den übersetzten Titel, sondern den (eigentlichen) Titel in der Originalsprache des Films. Einige Cineasten bevorzugen den Originaltitel, der jedoch oft stark vom Titel der übersetzten Fassung abweicht. Entscheiden Sie nach Ihrem persönlichen Geschmack.

Im zweiten Punkt geht es um **Fanart**. Darunter versteht Kodi Bilder zum jeweiligen Film, die zu Illustrationszwecken zum Beispiel als Hintergrundbild in der Bibliothek angezeigt werden. Da diese Option hübsche Ergebnisse bringt und für »Kino-Feeling« sorgt, bleibt sie üblicherweise aktiviert. Freunde einer schlichten, »aufgeräumten« Oberfläche können sie deaktivieren. Mit der Einstellung **Aktiviere Trailer** wird es in der Filmbibliothek später eine Trailer-Schaltfläche geben. Wenn man sie anklickt, wird ein Trailer aus YouTube geladen und abgespielt. Diese Option ist nützlich für Videoabende mit Freunden, wenn es um die Wahl des Films geht. Lassen Sie sie daher ruhig aktiviert.

Nun kommen zwei wichtige Punkte: Zuerst müssen Sie die **Bevorzugte Sprache** einstellen. Hier geht es unter anderem darum, in welcher Sprache später die Inhaltsbeschreibungen der Filme angezeigt werden. Zwar arbeitet der Scraper (der stets auf die Dateinamen schaut) recht »robust« und kann häufig auch deutsche Dateinamen mit englischen Filmnamen und -beschreibungen verknüpfen, am sichersten ist es aber, wenn die eingestellte Sprache mit der Sprache der Dateinamen übereinstimmt. Beinhalten die Dateinamen deutsche Filmtitel, dann sollten Sie die Spracheinstellung ändern. Klicken Sie den Punkt an, und wählen Sie den Eintrag **de** für die deutsche Sprache aus. Nur wenn Ihre Sammlung ausschließlich aus englischsprachigen Filmen besteht und Sie die Originaltitel auf Dateiebene zur Benennung genutzt haben, sollten Sie die Einstellung auf Englisch (**en**) belassen.

> **TIPP**
>
> **Haben Sie Filme mit verschiedenen Sprachfassungen?**
>
> Manchmal kommt es vor, dass man einige Filme auf Deutsch und einige Filme nur auf Englisch hat. Jetzt wäre es natürlich unschön, wenn die nur auf Englisch verfügbaren Filme mit deutschen Titeln und Texten in der Bibliothek stehen. Sortieren Sie englische Filme in ein eigenständiges übergeordnetes Verzeichnis, und verwenden Sie zur Benennung englische Titel. Fügen Sie den Ordner (über **Videos hinzufügen**) als separate Medienquelle (nicht als weiteren Ordner einer bestehenden Quelle) hinzu, und belassen Sie die Spracheinstellung auf Englisch. Die enthaltenen Filme landen nun mit ihrem englischen Titel neben den deutschen Filmen in der Bibliothek, und jeder weiß beim Stöbern, dass es diesen Film nur auf Englisch gibt.

Weiter geht es mit der Altersbewertung. Spielt diese für Sie eine Rolle, dann können Sie die Einstellung **Bevorzugtes Land für die Altersbewertung** auf **de** umstellen und verwenden somit das deutsche System. Die letzte Option kümmert sich um die Filmbewertung. Wie bei vielen Produkten gibt es auch bei Filmen im Internet die Möglichkeit, sie nach persönlichem Geschmack mit Sternen zu bewerten. So erhält man beim Videoabend bei der Wahl des anzuschauenden Films ein Qualitätsmerkmal zur Orientierung. Es stehen verschiedene Optionen zur Verfügung, die meisten Nutzer werden aber mit der Standardeinstellung **TMDb** (kurz für: The Movie Database) sehr gut fahren. Klicken Sie zum Abschluss auf **OK**, und tun Sie dies auch beim vorangegangenen Fenster.

Der Scraper wird konfiguriert – unter anderem auf die deutsche Sprache.

Zum Schluss fragt Sie ein kleines Fenster: **Sollen die Informationen für alle Einträge aktualisiert werden?** Kodi möchte damit wissen, ob der Scraper nun mit seiner Arbeit beginnen darf. Klicken Sie auf **Ja**. Daraufhin wird sich der Scraper mit Ihrer Filmsammlung befassen und sie mit der Datenbank im Internet abgleichen. Er wird Ihre persönliche Filmbibliothek aufbauen.

Kodi fragt, ob der Scraper loslegen darf.

Dieser Vorgang dauert je nach Umfang Ihrer Filmsammlung, der Geschwindigkeit der Internetverbindung und der Rechenleistung des Kodi-Geräts mehrere Minuten. Am oberen rechten Bildschirmrand werden Sie über den Fortschritt der Aktion informiert. Bitte warten Sie ab, bis der Vorgang vollständig abgeschlossen ist.

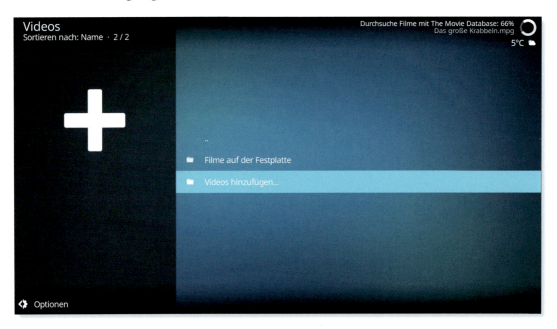

Der Scraper arbeitet und zeigt oben rechts auf dem Bildschirm den Fortschritt an.

Die Ansichten in der Bibliothek

Nachdem der Scraper seine Arbeit beendet hat, können Sie das Ergebnis im Hauptmenü bewundern. Selektieren Sie dort den Eintrag **Filme** (ohne Enter/OK zu drücken). Sie werden sehen, dass sich die Bildschirmanzeige in der rechten Hälfte deutlich verändert hat. Oben rechts gibt es diverse Kategorien, darunter eine Liste mit **Zuletzt hinzugefügten Filmen** und am unteren Bildschirmrand eine Übersicht über **Ungesehene Filme**.

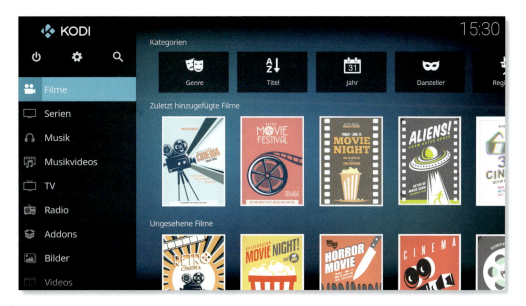

Der Eintrag »Filme« im Hauptmenü hat seine Gestalt nach der Arbeit des Scrapers ziemlich verändert.

Klicken Sie nun einmal nach rechts und dann innerhalb der rechten Bildschirmhälfte nach unten. Sie werden sehen, dass diese Ansicht nach unten weitergeht. Es folgen **Zufällige Filme**, eine Übersicht verschiedener **Genre** und Ihre **Filmkollektionen**.

Diese Listen sind Schnellzugriffe für den Alltag. Mit den Tasten ← und → können Sie durch die verschiedenen Optionen blättern. Im Detail zeigt die Liste **Zuletzt hinzugefügte Filme** immer die Filme an, die Sie zuletzt Ihrer Bibliothek hinzugefügt haben. Sie sind sozusagen Ihre persönlichen »Neuerscheinungen«. Derzeit ist dieser Eintrag bei einer komplett neuen Bibliothek natürlich sinnlos, aber im Laufe der Zeit werden Sie ihn sehr zu schätzen lernen. Die zweite Kategorie zeigt einige Filme, die Sie sich noch nicht angesehen haben. Auch diese Liste hilft nach einer gewissen Nutzungszeit von Kodi bei der Wahl eines Films für einen Videoabend. Ebenso hilfreich ist die Auswahl **Zufällige Filme**, die bei der Wahl eines Films helfen möchte. Die Liste **Genre** geht diese Aufgabe etwas strukturierter an, sie wird gleich im Detail betrachtet. Zuletzt werden die **Filmkollektionen** angezeigt, die mehrteilige Filmreihen umfassen.

Dies sind allerdings längst noch nicht alle Ansichtsoptionen Ihrer Filmbibliothek. Klicken Sie nach links zurück auf den Eintrag **Filme** im Hauptmenü, und drücken Sie Enter/OK. Sie sehen jetzt eine alphabetisch sortierte Liste aller Filme. Diese Ansicht ist sehr praktisch, wenn Sie gezielt nach einem bestimmten Film suchen möchten, dessen Titel Sie bereits kennen. Mit den Pfeil- und den Bildlauftasten (auf der Fernbedienung die Tasten zum Umschalten der Programme) können Sie durch die Liste scrollen. Ist Ihre Filmliste länger, dann zeigt Kodi während des Scrollens am oberen Bildschirmrand den Anfangsbuchstaben der momentan angezeigten Filme an – ein hübsches und nützliches Detail.

> **TIPP**
>
> **Nutzen Sie die Zifferntasten zum schnellen Navigieren**
>
> Wenn Ihre Fernbedienung über Ziffertasten verfügt, dann können Sie diese zur schnellen Navigation in langen Listen benutzen. Das funktioniert wie früher die Texteingabe beim Handy. Durch mehrmaliges Drücken der Taste 8 springen Sie zum Beispiel zu den Anfangsbuchstaben t, u und v.

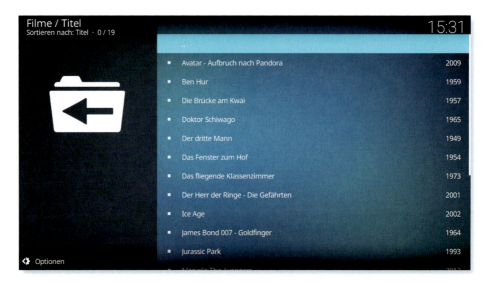

Wird der Eintrag »Filme« im Hauptmenü direkt angeklickt, zeigt Kodi eine Übersicht aller Filme (und Kompilationen).

Die Ansichten in der Bibliothek

Unten links auf dem Bildschirm sehen Sie den Schriftzug **Optionen** mit einem halben Zahnrad und einem Pfeil. Er weist auf ein Menü mit weiteren Optionen hin – es wird auch als *Optionsmenü* oder *Seitenmenü* bezeichnet. Um es aufzurufen, klicken Sie mit der Taste ← bis ganz an den linken Bildschirmrand. Das Optionsmenü öffnet sich.

Dieses Menü gibt es in den meisten Bildschirmen von Kodi. Je nach Kategorie bietet es unterschiedliche Optionen, allerdings gibt es einige Kandidaten, die in fast allen Optionsmenüs anzutreffen sind.

In der Filmansicht ist das Menü in die beiden Hauptkategorien **Ansichts-Optionen** und **Aktionen** aufgeteilt. Mit dem Eintrag **Ansicht** steuern Sie die Darstellung beziehungsweise die Art der grafischen Aufbereitung der Filmliste. Bei der Standarddarstellung **WideList** werden die Filme als Liste angezeigt. Im linken Bildschirmbereich gibt es einen Informationsbereich, in dem das Film-Cover und eine Inhaltsangabe angezeigt werden. Unten rechts auf dem Bildschirm

Am linken Bildschirmrand befindet sich ein Seitenmenü mit verschiedenen Optionen zur Steuerung der Ansicht.

befinden sich Angaben zu den »technischen Daten« des Films. Im Hintergrund sehen Sie die Fanart, also ein charakteristisches Bild zum Film.

Die Ansicht »WideList« in der Filmbibliothek

Neben der Ansicht **WideList** gibt es noch andere Ansichtsoptionen. Klicken Sie diesen Eintrag im Optionsmenü an, dann sehen Sie die anderen Kandidaten. Da wäre zunächst einmal die Option **Wall**, die auf dem Bildschirm lediglich die Cover-Bilder der einzelnen Filme ohne weiteren beschreibenden Text anzeigt. Freunde grafisch visualisierter Inhalte kommen hier auf ihre Kosten.

Die Ansicht »Wall« bietet Cover-Ansichten der Filme.

Die Option **Fanart** konzentriert sich hingegen auf die Anzeige charakteristischer Bilder oder Szenen aus dem Film. Das Cover wird dezent links im Hintergrund der Filmliste angezeigt.

Als nächste Einstellung wird der Eintrag **Liste** angeboten. Dies ist eine Abwandlung der Option **WideList**, die dem Cover-Bild etwas mehr Platz im rechten Bildschirmdrittel bietet.

Bei der Einstellung »Liste« erhalten Sie links auf dem Bildschirm zusätzliche Informationen.

Die Ansichten in der Bibliothek

Die Ansichtsoption **Poster** ist eher auf eine horizontale Informationsdarstellung ausgelegt. Hier navigieren Sie mit den Pfeiltasten ← und →, das Optionsmenü erreichen Sie mit ↑. Neben dem Cover-Foto und der Fanart im Hintergrund wird ein Informationstext geboten. Von einigen weiteren Filmen wird ebenfalls das Cover angezeigt. Die Darstellung von Kompilationen unterscheidet sich etwas, denn hier werden zunächst die enthaltenen Filme angezeigt – was für viele Ansichtsoptionen gilt. Ein Druck auf Enter/OK zeigt dann auch detailliert die enthaltenen Einzelfilme an.

Die Ansicht »Poster« versucht, verschiedene Optionen zu kombinieren.

Ebenfalls horizontal sind die Filme bei der Option **Shift** angeordnet. Hier wird auf einen Informationstext verzichtet, der Fokus wird auf die Cover-Bilder gelegt.

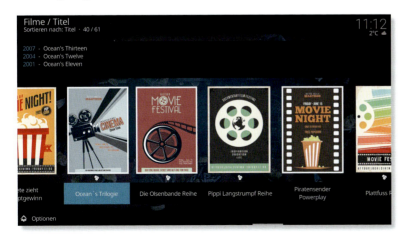

Eine horizontale Darstellung ermöglicht die Ansicht »Shift«.

Als Letztes gibt es noch die Möglichkeit **InfoWall**, die schließlich eine Inhaltsangabe mit der Cover-Darstellung **Wall** vereinigt. Wählen Sie Ihren Favoriten!

Die Einstellung »InfoWall« bietet eine Kombination aus Cover-Bildern und Informationstext.

Als Nächstes geht es im Optionsmenü um die Sortierung der angezeigten Filme. Momentan werden diese alphabetisch aufsteigend nach ihrem Titel sortiert, aber das lässt sich ändern. Klicken Sie den Eintrag **Sortieren nach** an, dann haben Sie in einem neuen Fenster die Wahl zwischen verschiedenen Sortieroptionen. Sie können sich die Filme nach ihrem Titel, dem Erscheinungsjahr, der Bewertung (aus dem Internet), der persönlichen Bewertung, der Altersfreigabe, der Spielzeit, dem Datum der Aufnahme in Ihre Bibliothek und der Anzahl bisheriger Filmwiedergaben sortieren lassen. Ob die Anzeige aufsteigend oder absteigend erfolgen soll, legen Sie im dritten Eintrag des Optionsmenüs fest (der **Reihenfolge** heißt).

Der vierte Eintrag des Optionsmenüs heißt **Filter** und ist sehr mächtig. Damit können Sie die Anzeige Ihrer Filmbibliothek nach umfangreichen Kriterien begrenzen. Die Nutzung eines Filters macht besonders bei großen Filmsammlungen Sinn, wenn Sie etwa einen bestimmten Film suchen oder für einen Videoabend eine Vorauswahl beziehungsweise Eingrenzung vornehmen möchten. Wenn Sie den Punkt **Filter** anklicken, können Sie den Filter in einem neuen Fenster einstellen. Ihnen werden verschiedene Optionen angeboten, die Sie beliebig miteinander kombinieren können. Zunächst sind alle Optionen so eingestellt, dass sie die gesamte Filmsammlung erfassen.

Die Ansichten in der Bibliothek

Sicherheitshalber gleich vorweg: Einen Filter können Sie jederzeit mit der Schaltfläche **Löschen** rechts im Fenster wieder entfernen. Sie können Ihre Filmbibliothek zunächst nach einem **Titel** filtern lassen, hier genügt freilich ein Teil des Titels. Sie können die Liste nach der **Bewertung** aus dem Internet (vom Scraper erfasst) oder nach Ihrer **persönlichen Bewertung** (dazu kommen wir später) einschränken. Der Filter **Im Gange** erfasst entweder Filme, deren Wiedergabe bereits begonnen wurde, die noch nie abgespielt wurden, oder schlicht alle Filme. Danach können Sie optional das **Erscheinungsjahr** des Films begrenzen. Weiter geht es mit Filtern zu den **Tags** (also Schlagworten, die eher für fortgeschrittene Nutzer interessant sind), **Genres**, **Darstellern**, **Regisseuren** und dem jeweiligen **Studio**. Ein Klick auf einen dieser Filter öffnet eine Liste mit den jeweiligen Daten, die der Scraper aus dem Internet ermittelt hat. Mit der Enter-/OK-Taste können Sie einzelne beziehungsweise mehrere Optionen dieser Listen auswählen. Bei der Definition eines Filters sehen Sie im Hintergrund quasi in Echtzeit das Ergebnis. Ein Klick auf die **OK**-Schaltfläche rechts zeigt schließlich das Ergebnis komplett an. Sie können einen Film durch Drücken von Enter/OK sofort abspielen.

Mächtig, aber selten genutzt: die Möglichkeit, die gesamte Filmbibliothek detailliert zu filtern

Im Menü gibt es noch den Eintrag **Alle Videos**. Dieser Eintrag lässt sich umstellen, sodass entweder nur Filme, die noch nicht gesehen, oder solche, die bereits angeschaut wurden, angezeigt werden. Diese Option ist praktisch, wenn Sie nach diesen Kriterien eine Wahl treffen möchten.

Im Menü gibt es eine sehr wichtige Option, die Sie unbedingt kennen müssen. Sie heißt **Bibliothek aktualisieren** und ist in fast allen Optionsmenüs vorhanden. Sie bewirkt ein Neueinlesen der jeweiligen Medienbibliothek. Dabei werden neue Medien erkannt (oder gelöschte entfernt). Wenn Sie Ihrer Filmsammlung einen neuen Film hinzufügen möchten, kopieren Sie ihn zunächst in das entsprechende Verzeichnis auf Ihrem Speichermedium und klicken dann im Optionsmenü auf **Bibliothek aktualisieren**. Kodi wird sich daraufhin noch einmal mit Ihrem Speichermedium befassen und bei neuen Filmen den Scraper beauftragen. Anschließend befinden sich die neuen Filme in Ihrer Bibliothek und werden zum Beispiel unter der Kategorie **Zuletzt hinzugefügte Filme** gleich im Hauptbildschirm angezeigt.

> **TIPP**
>
> **Und wie lösche ich einen Film?**
>
> Möchten Sie einen Film entfernen, dann löschen Sie einfach den zugehörigen Ordner direkt im Dateisystem. Starten Sie danach die Wiedergabe des gelöschten Films in Kodi. Das Programm erkennt den fehlenden Film und fragt, ob der Eintrag gelöscht werden soll. Stimmen Sie zu.

So, nun kennen Sie das gesamte Optionsmenü. Aber keine Sorge, Kodi hat darüber hinaus noch mehr an Ansichts- und Sortieroptionen zu bieten. Schließlich haben Sie Zugriff auf eine umfangreiche Datenbank an Filminformationen – und die können entsprechend vielfältig dargestellt werden. Verlassen Sie das Optionsmenü (mit einem Klick nach rechts), und gehen Sie ganz an den Anfang Ihrer Filmliste. Dort sehen Sie ein Symbol mit drei Punkten beziehungsweise (je nach Ansicht) einem Zurück-Pfeil. Klicken Sie dieses erste Symbol an. Sie landen eine Ebene höher in Ihrer Filmbibliothek. Der Bildschirm zeigt eine Liste, die ähnlich aussehen wird wie das folgende Bild. Wenn Sie sich diese Liste etwas genauer anschauen, dann finden Sie die Kategorienliste wieder, die Sie schon zuvor im Hauptmenü gesehen haben (schauen Sie sich dazu das erste Bild aus dem Abschnitt »Die Ansichten in der Bibliothek« auf Seite 197 an). Sie können die einzelnen Kategorien natürlich auch direkt aus dem Hauptmenü (rechte Bildschirmhälfte) aufrufen.

Die Ansichten in der Bibliothek

Jede der dargestellten Kategorien ermöglicht eine andere Ansicht beziehungsweise Sortierung Ihrer Filmsammlung. Der erste Eintrag befasst sich mit den **Genres**. Wenn Sie ihn anklicken, sehen Sie eine Übersicht aller Genres Ihrer Filmsammlung. Sie können ein Genre auswählen und finden dann eine Liste der Filme, die diesem Genre entsprechen.

Neu ist im Optionsmenü am linken Bildschirmrand der Eintrag **Suchen**. Darüber öffnen Sie ein Suchfeld, in dem Sie Anfangsbuchstaben eines Genres eingeben können und dieses so in einer umfangreichen Bibliothek schnell wiederfinden.

Die Kategorienliste kann über das »Filme«-Menü aufgerufen werden.

Die Kategorie »Genre« zeigt entsprechende Inhalte Ihrer Filmsammlung.

Die nächste Kategorie **Titel** führt Sie zur bekannten Gesamtansicht Ihrer Filme. Als Nächstes gibt es die Kategorie **Jahr**, die natürlich das Erscheinungsjahr meint. Auch hier erhalten Sie eine Übersichtsseite mit einem Optionsmenü und können sich passende Filme auswählen. Als Nächstes folgen die Kategorien **Darsteller**, **Regisseure** und **Studios**. Sie erhalten jeweils eine Liste der in Ihrer Sammlung vorkommenden Elemente. Interessant ist wieder die Möglichkeit der Suche im Optionsmenü am linken Bildschirmrand. Ebenso funktionieren die beiden Kategorien **Länder** und **Tags**. Bei der erstgenannten Kategorie werden Ihre Filme nach dem entsprechenden Ursprungsland kategorisiert. *Tags* sind auf Deutsch Schlagwörter, mit denen Sie Ihre Filmbibliothek auszeichnen können. So etwas kennen Sie vielleicht schon von der Lesezeichenverwaltung Ihres Internet-Browsers oder anderen Internetdiensten. Anschließend sehen Sie Ihre Schlagwörter in diesem Menü und können die Filme entsprechend filtern. Zunächst gibt es in diesem Menü nur die Schaltfläche **Neuer Tag**. Damit können Sie Ihr erstes Tag (also Ihr erstes Schlagwort) definieren.

In diesem Tag-Menü wurden bereits zwei eigene Schlagwörter definiert.

Anschließend zeigt Kodi Ihnen eine Liste aller Filme. Sie können hier die Filme auswählen, die Sie dem Tag zuordnen wollen. Natürlich können Sie auch mehrere Filme anwählen.

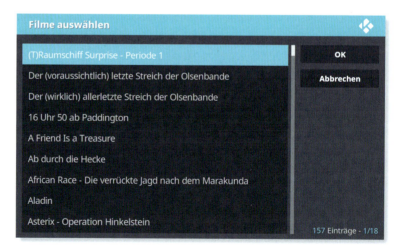

Wählen Sie die zu dem Tag passenden Filme aus.

Jetzt fragen Sie sich sicher, wie Sie später weitere Filme zu diesem Schlagwort ergänzen oder auch wieder davon lösen können. Dazu klicken Sie das entsprechende Schlagwort entweder mit der rechten Maustaste, der Taste C oder der Optionstaste an, sodass sich das *Kontextmenü* öffnet. Klicken Sie auf **Verwalten**, dann sehen Sie ein Menü, in dem Sie weitere Filme hinzufügen oder entfernen können. Sie können auch das gesamte Tag löschen.

Über die Options- oder Kontexttaste erreichen Sie das Kontextmenü, das über den Eintrag »Verwalten« das Hinzufügen und Entfernen von Filmen zum jeweiligen Tag erlaubt.

Jetzt fehlt noch ein Punkt aus der Kategorienauswahl: die **Zusammenstellungen** (oder Kompilationen). Sie sehen alle Filme, die als mehrteilige Reihe vorhanden sind. Auch hier erreichen Sie links wieder ein bereits bekanntes Optionsmenü. Wenn Sie eine Kompilation anwählen und das Kontextmenü öffnen, dann finden Sie in dem Menü den Eintrag **Verwalten**. Sie haben hier die Option, den Titel zu bearbeiten, eine eigene Grafik auszuwählen, die Kollektion aus der Bibliothek zu entfernen oder die Filmkollektion zu verwalten. Wenn Sie diesen Punkt auswählen, können Sie zusätzliche Filme aufnehmen oder Filme aus der Kollektion entfernen.

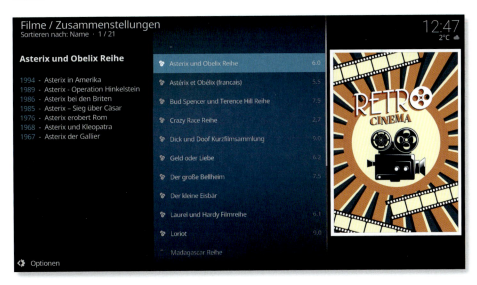

Eine Beispielansicht für die Kompilationen. Mehrere Filme einer Reihe werden hier zusammengefasst.

Bleibt ganz zum Schluss eigentlich nur noch der allererste Eintrag im Kategorienmenü: Die zwei Punkte führen eine weitere Ebene nach oben. Sie gelangen in die Übersicht für allgemeine Videodateien, zu denen die Filme und die Serien gehören. Hier finden Sie auch den wichtigen Eintrag **Dateien** wieder, der die Bearbeitung von (Video-)Medienquellen erlaubt. Über das Dateimenü können Sie jederzeit direkt auf Ihre Medienquellen zugreifen und direkt auf Dateiebene Ihre Filmsammlung durchsuchen – ganz ohne die Unterstützung eines Scrapers beziehungsweise ganz ohne Nutzung der Bibliothek. Filme lassen sich auch hier durch Drücken von Enter/OK direkt abspielen.

In diesem obersten Menü gibt es noch die Punkte **Wiedergabelisten** und **Video-Addons**. Mit beiden Kandidaten wird sich dieses Buch später (bei den Fortgeschrittenen-Features in Kapitel 18, »Für Fortgeschrittene: erweiterte Funktionen«, beziehungsweise bei den Onlineinhalten in Kapitel 12, »Add-ons und Onlineinhalte«) beschäftigen.

Das oberste »Video«-Menü bietet auch Zugriff auf den Punkt »Dateien«, der die Bearbeitung der Medienquellen ermöglicht.

Spielfilme abspielen

Nachdem Sie die verschiedenen Ansichtsoptionen der Filmbibliothek kennengelernt haben, möchten Sie sich vielleicht zur Abwechslung auch einmal einen Film ansehen. Nichts leichter als das: Ein Klick auf einen Filmeintrag in der Bibliothek mit Enter/OK startet die Filmwiedergabe. Ein Druck auf die Stop-Taste (oder die Taste ⟨X⟩) beendet sie wieder. Aber Kodi wäre nicht Kodi, wenn es bei diesen Optionen bliebe.

Wenn Sie während der Wiedergabe die Enter-/OK-Taste drücken, wird unter anderem eine Symbolleiste eingeblendet. Am oberen Bildschirmrand werden der Filmtitel und – was recht praktisch ist – die aktuelle Uhrzeit sowie die Zeit, zu der der Film komplett wiedergegeben sein wird, angezeigt. Diese Angabe erweist sich im Alltag bei der Terminplanung als besonders praktisch.

Die Symbolleiste während der Filmwiedergabe kann über die Enter-/OK-Taste aufgerufen werden.

Unten in der Symbolleiste sehen Sie links zunächst fünf Schaltflächen. Mit ⏮ gelangen Sie einen kompletten Film zurück. ⏸ pausiert die aktuelle Wiedergabe – dafür können Sie natürlich auch die Pause-Taste der Fernbedienung nutzen oder die Leertaste drücken. Mit ⏹ beenden Sie die Wiedergabe und kehren zum Menü zurück. Alternativ können Sie auch die Taste auf der Fernbedienung oder die Taste ⟨X⟩ auf der Tastatur drücken. ⏭ bringt Sie direkt zum nächsten Film. Die Schaltfläche ⌂ ist nur sehr selten sichtbar, nämlich dann, wenn Sie ein sogenanntes *DVD-Image* beziehungsweise eine DVD oder BD abspielen. Sie führt zum Disk-Menü, wie Sie es vom DVD-Player kennen.

In der Mitte der Symbolleiste sehen Sie die verstrichene Zeit in Relation zur gesamten Filmlänge. Den Filmfortschritt zeigt darüber auch ein Scroll-Balken, den Sie mit der Taste ⟨↑⟩ anwählen können. Mit den Tasten ⟨←⟩ und ⟨→⟩ können Sie innerhalb des Balkens navigieren. Das geschieht sogar mit angepasster Geschwindigkeit – abhängig davon, wie schnell hintereinander Sie die Tasten drücken. Probieren Sie das unbedingt einmal aus. Sie können auch unabhängig von dieser Symbolleiste jederzeit mit den Tasten ⟨←⟩ und ⟨→⟩ im Film navigieren. Kodi blendet daraufhin den Scroll-Balken ein. Auch die Pause- und Stopptasten funktionieren unabhängig von der Anzeige der Symbolleiste. Mit den Spultasten auf der Fernbedienung beziehungsweise den Tasten ⟨F⟩ und ⟨R⟩ können Sie auch ganz klassisch den Film vor- und zurückspulen. Je öfter Sie diese Tasten drücken, desto schneller wird die Spulgeschwindigkeit. Ein Druck auf die Wiedergabetaste beziehungsweise P bringt Sie wieder zur normalen Geschwindigkeit zurück.

Kommen wir zu den Schaltflächen unten rechts auf dem Bildschirm. **i** blendet einen Text mit der Handlung des Films ein, die Ansicht lässt sich auch auf die Filmbesetzung umschalten.

Über das kleine i-Symbol lassen sich Informationen zur Handlung oder zur Besetzung des Films einblenden.

Das Symbol ▮ führt zu den Kapiteln und den Lesezeichen. Sie können ein Kapitel mit den Pfeiltasten anwählen und es mit Enter/OK direkt abspielen. Zu jedem Kapitel wird ein Vorschaubild angezeigt. Einige wenige Filme verwenden für die Kapitel sogar Namen, die hier angezeigt werden. Zusätzlich erlaubt dieses Menü das Anlegen von eigenen Lesezeichen, mit denen sich wichtige Stellen im Film markieren und so später wieder auffinden lassen. Dazu dienen die beiden Schaltflächen **Lesezeichen erstellen** und **Lesezeichen löschen**, die sich direkt über den Kapitelsymbolen befinden. Am besten pausieren Sie den Film an der relevanten Stelle und öffnen dann in Ruhe dieses Menü zur Anlage eines Lesezeichens. Die Lesezeichen bleiben auch nach einem Neustart von Kodi erhalten.

Spielfilme abspielen

Der Eintrag »Lesezeichen« ist auch für die Kapitel zuständig.

Das Symbol ■ ist für die Untertitel zuständig, mit denen sich der Abschnitt »Untertitel anzeigen« auf Seite 217 befasst.

Es geht weiter mit ⌘. Es steuert die 3-D-Wiedergabe. Sie können in einem Untermenü zunächst die 3-D-Wiedergabe aktivieren und aus einer Liste den entsprechenden Modus, angefangen bei der Darstellung **nebeneinander** über die **Interlaced**-Darstellung bis hin zur Anaglyphen-Darstellung, wählen. Ein geeignetes Fernsehgerät und passende 3-D-Brillen sind natürlich erforderlich. Alternativ lassen sich über dieses Menü auch 3-D-Filme in einer 2-D-Ansicht anschauen.

Sehr wichtig ist das Zahnradsymbol ⚙ am rechten Bildschirmrand. Hier können Sie Audio- und Untertiteloptionen sowie Videoeinstellungen bearbeiten und die Tonspur wechseln. Zunächst geht es um die **Audio- und Untertitel-Einstellungen**. Sie können die **Lautstärke** des Tons verändern oder zusätzlich verstärken (**Lautstärkeanhebung**). Falls bei einem Film einmal Bild und Ton nicht in Gleichklang sein sollten, können Sie sich als Nächstes einen **Audioversatz** einstellen, mit dem Sie die Wiedergabe synchronisieren. Über den nächsten Punkt können Sie in einem Untermenü die Tonspur des Films auswählen. Viele Filme bieten mehrere Tonspuren etwa für verschiedene Sprachfassungen oder einen zusätzlichen Kommentar des Regisseurs. Alternativ lässt sich die Tonspur im übergeordneten kleinen Menü mit dem Eintrag **Tonspur wechseln** umschalten.

Weiter geht es mit den Optionen **Stereo Upmix** und **Passthrough erlauben**. Die erste Option versucht, aus einem Stereo-Audiosignal eine Mehrkanaltonfassung zu erzeugen. Es werden dann mehr Lautsprecher genutzt, als vom Film vorgesehen ist. Die zweite Option ist für Besitzer eines Mehrkanalton-Receivers zur Tonwiedergabe wichtig. Wenn sie aktiv ist, wird das Mehrkanaltonsignal des Films direkt über den digitalen Ausgang der Soundkarte (oder die HDMI-Schnittstelle) ausgegeben, ohne bearbeitet zu werden. Daher auch *Passthrough*, was so viel wie *durchreichen* bedeutet. Der Receiver kümmert sich um die Dekodierung des Signals und aktiviert die entsprechenden Lautsprecher. Beachten Sie, dass der Receiver das Tonformat des Films verstehen muss, und denken Sie auch an das Einstellungsmenü aus Kapitel 6, »So richten Sie Kodi grundlegend ein«.

Nun folgen die Optionen zu den Untertiteln. Sie können Untertitel aktivieren (siehe Abschnitt »Untertitel anzeigen« auf Seite 217) und deren Abstand einstellen – damit ist ein zeitlicher Versatz gemeint, der nötig ist, wenn der Film geschnitten ist und der Untertitel nachhängt (oder »davonläuft«). Sie können gezielt eine Untertiteldatei und die Sprache auswählen.

Das Einstellungsmenü für Audio- und Untertitel-Einstellungen

Das Menü für die **Video-Einstellungen** wird normalerweise nur selten benötigt. Es bietet zunächst die Option, die angezeigte **Videospur** auszuwählen – einige wenige Filme bieten nämlich mehrere Kameraperspektiven. Im zweiten Feld kann die gewünschte **Deinterlace-Methode** ausgewählt werden. Sie wird für älteres Videomaterial benötigt, das im Zeilensprungverfahren aufgenommen wurde. Darunter fallen zum Beispiel ältere Fernsehmitschnitte oder Heimvideos (auch vom DV-Standard), im Regelfall jedoch keine Kinofilme.

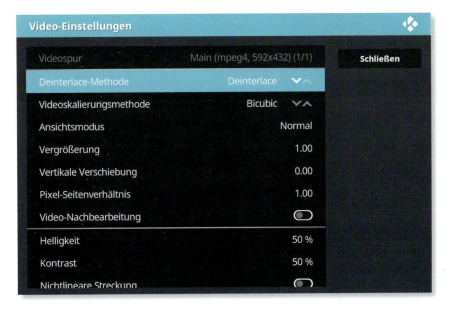

Das Einstellungsmenü für Video-Einstellungen wird eher selten benötigt.

> **INFO**
>
> **Was ist denn das Zeilensprungverfahren?**
>
> Beim Zeilensprungverfahren wurden jeweils zwei Halbbilder mit halbierter vertikaler Auflösung und alternierenden Bildschirmzeilen schnell hintereinander aufgenommen, um auf Röhrengeräten das Bildflimmern zu reduzieren. Die beiden Halbbilder müssen für moderne Fernseher wieder zu einem Vollbild verrechnet werden. Dazu gibt es verschiedene Methoden (zum Beispiel DXVA, MMAL, BOB und Skipping), über die Sie im Internet einiges in Erfahrung bringen können.

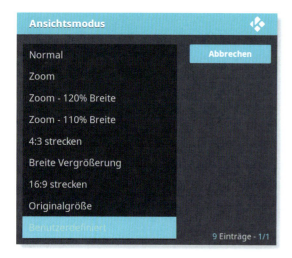

Die Optionen des »Ansichtsmodus« dienen zur Anpassung des Bild-Seitenverhältnisses.

Ebenfalls wichtig ist die **Videoskalierungsmethode**, die genutzt wird, wenn die Auflösung des Films nicht zur Bildschirmauflösung passt und umgerechnet werden muss. Dafür gibt es verschiedene Methoden mit unterschiedlicher Qualität und Rechenkomplexität. Sie können diese ausprobieren und Ihren persönlichen Favoriten finden. Gelegentlich ist das Ergebnis auch vom Filmmaterial abhängig.

Der **Ansichtsmodus** ist eine wichtige Anlaufstelle, wenn etwas mit den Proportionen im Bild nicht stimmt und die Schauspieler lange Gesichter haben oder klein und dicklich wirken. Dann ist das Seitenverhältnis nicht richtig eingestellt. Hier können Sie es korrigieren und zum Beispiel anamorphotisch aufgenommenes 16:9-Material, das im 4:3-Format vorliegt, korrekt auf den ganzen Bildschirm strecken oder einen Film vergrößern, der schwarze Balken direkt im Videobild zeigt.

> **INFO**
>
> **Weniger häufig benötigte Optionen**
>
> Mit der **Vergrößerung** können Sie das ganze Videobild einheitlich vergrößern. Mit der **vertikalen Verschiebung** lässt sich das Bild in der Vertikalen verschieben. Diese Optionen sind nützlich, um ein kleines, falsch dargestelltes Video bildschirmfüllend darzustellen. Das **Pixel-Seitenverhältnis** berücksichtigt Pixelformate, die vom quadratischen Standardwert abweichen. Ein gutes Beispiel sind DV-Heimvideos, die ein rechteckiges Pixelverhältnis mitbringen und oftmals nicht richtig kodiert werden. Der Fehler in der Darstellung lässt sich aber oft auch durch den Ansichtsmodus korrigieren. Mit der **Video-Nachbearbeitung** können einige Optionen eingeschaltet werden, die versuchen, das dargestellte Videobild zu verbessern.

Die nächste Dreiergruppe kümmert sich um die Einstellung von **Helligkeit** und **Kontrast**. Bei alten Filmen in schlechter Qualität kann sich eine Veränderung der Regler vorteilhaft auswirken. Die **Nichtlineare Streckung** vergrößert das Bild ohne Rücksicht auf das Seitenverhältnis auf die volle Bildschirmgröße.

Die nächsten beiden Punkte steuern die Wiedergabe von 3-D-Inhalten. Hier können Sie – ähnlich wie in dem bereits diskutierten eigenständigen Menü – Optionen einstellen, die die beiden Teilbilder beim 2-Bilder-Verfahren nebeneinander oder übereinander darstellen, und festlegen, ob die Bilder für das rechte und linke Auge vertauscht werden sollen. Beachten Sie auch den Funktionsumfang Ihres Fernsehgeräts.

Als Nächstes können Sie die Einstellung als Voreinstellung speichern – das macht aber nur Sinn, wenn Sie die Parameter zum Deinterlacing und zur Skalierung angepasst haben, ansonsten sollten Sie die Einstellungen lieber getrennt für jeden Film vornehmen. Zum Schluss lässt sich die **Videoanzeige kalibrieren**, was nur für ältere Röhrenfernsehr erforderlich ist, bei denen das Bild den ganzen Bildschirm ausfüllen soll.

TIPP Für den Technikfan ...

Während der Filmwiedergabe können Sie jederzeit die Informationstaste (beziehungsweise 0) drücken. Sie erhalten einige technische Informationen zur aktuellen Videowiedergabe.

Für Technikfreaks sind die technischen Informationen interessant.

Die Einstellungen rund um die Videowiedergabe

Es gibt noch weitere Grundeinstellungen rund um die Videowiedergabe. Gehen Sie zurück in das Hauptmenü und über das Zahnradsymbol in das Einstellungsmenü. Öffnen Sie die Kategorie **Medien** und ihre Registerkarte **Videos**.

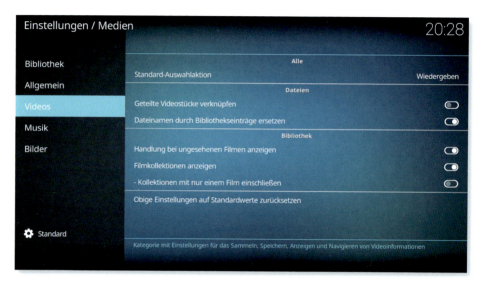

Die Einstellungen rund um die Video-Wiedergabe

Als Erstes können Sie sich aussuchen, was passieren soll, wenn Sie einen Film anklicken. Normalerweise beginnt sofort die Wiedergabe. Sie können jedoch auch einstellen, dass zuerst die Informationsseite angezeigt wird oder eine angefangene Wiedergabe fortgesetzt werden soll. Unter der Gruppe **Dateien** können Sie wählen, ob Sie **Geteilte Videostücke verknüpfen** möchten. Dieser Eintrag gilt für die Dateiansicht, nicht aber für die Bibliotheksansicht und ist normalerweise ausgeschaltet. So sehen Sie in der Dateiansicht sofort, ob ein Film aus nur einer Datei oder aus mehreren Dateifragmenten besteht. Ebenfalls ist es günstig, wenn Sie die **Dateinamen durch Bibliothekseinträge** ersetzen, wie es bei der Installation automatisch eingeschaltet wird. Damit erkennen Sie im Dateimenü, welche Filme nicht in der Bibliothek vorkommen, und können entsprechend einschreiten.

Die nächsten Optionen in der Gruppe **Bibliothek** steuern die Anzeige in der Bibliotheksansicht. Als Erstes können Sie die Option **Handlung bei ungesehenen Filmen anzeigen** aktivieren oder deaktivieren. Wenn Sie die Überraschung lieben (und Spoiler vermeiden möchten), können Sie diese Option deaktivieren. Damit verrät die Bibliothek nichts über den Filminhalt – und vor allem nichts über dessen Ende. Die zwei nächsten wichtigen Optionen steuern die Darstellung von Filmkollektionen. Die erste Option legt fest, ob Filme einer Reihe überhaupt in Filmkollektionen zusammengefasst werden sollen – dies werden wohl die meisten Kodi-Nutzer wünschen. Mit der zweiten Option steuern Sie, ob dies auch gelten soll, wenn Sie nur einen einzelnen Film einer Filmreihe besitzen. Soll dieser trotzdem als Kollektion angezeigt werden?

Die Experteneinstellungen bieten noch mehr Optionen. Sie können unter anderem auswählen, wie Kodi mit Serienstaffeln verfahren soll. Sollen stets alle Staffeln getrennt aufgeführt werden, oder bevorzugen Sie eine Gesamtübersicht der Folgen? Sie können auch festlegen, ob Kapitelbilder erstellt und Fotos der Schauspieler heruntergeladen werden sollen. Manche Nutzer möchten gerne den Eintrag **Alle Einträge** aus den Übersichten entfernen oder die Bibliothek nicht mit einer hierarchischen Übersicht beginnen, sondern direkt die Titelliste betrachten.

Untertitel anzeigen

Untertitel dienen nicht nur der Barrierefreiheit, sondern sind auch zu nachtschlafender Zeit nützlich und bieten sich an, wenn man einen Film in der Originalsprache hören möchte, die man aber nicht völlig versteht. So helfen sie mitunter sogar beim Lernen einer Fremdsprache. Am einfachsten ist es, wenn Sie zu einem Film eine passende Untertiteldatei haben. Das ist eine Textdatei, in der die jeweilige Zeitposition und der anzuzeigende Untertitel vermerkt sind. Eine häufig genutzte Dateiendung ist *.srt*, davor steht ein Sprachkürzel. Der deutsche Untertitel für den Film *Butterblume* heißt dann also *Butterblume.de.srt*. Kopieren Sie diese Datei in das Verzeichnis, in dem sich auch die Filmdatei befindet. Nach einer Aktualisierung der Bibliothek können Sie den Untertitel während der Wiedergabe aktivieren. Öffnen Sie dazu das Wiedergabemenü, indem Sie die Taste Enter/OK drücken. Das Symbol ▭ ist für die Untertitel zuständig.

Das Menü »Untertitel« erlaubt es, die Anzeige von Untertiteln zu aktivieren.

In einem Untermenü können Sie die Anzeige von Untertiteln aktivieren. Falls mehrere Sprachfassungen vorliegen, lässt sich hier auch die Sprache der Untertitel einstellen. Zusätzlich ist der Abstand der Untertitel einstellbar, gemeint ist damit ein zeitlicher Versatz (der entsteht, wenn aus der Originalfassung des Films einige Szenen herausgeschnitten wurden).

Dem Scraper unter die Arme greifen

Enthält Ihre Filmbibliothek Fehler? Selten kann es passieren, dass ein Film nicht gefunden wurde und fehlt; es kann sein, dass ein Film falsch zugeordnet wurde und nicht richtig aufgeführt ist oder dass ein Teil einer Filmreihe nicht richtig einsortiert wurde. In diesem Abschnitt lernen Sie, wie Sie solche Probleme lösen.

Wenn es bei einem Film Probleme gibt, liegt das in der Regel daran, dass der Name des Films keinen eindeutigen Treffer in der Datenbank im Internet erzielte. Ein Beispiel liefert der Film *Ocean's Thirteen*. Beachten Sie, dass die Zahl im Titel ausgeschrieben ist. Falls der Datei- beziehungsweise Verzeichnisname des Films jedoch *Oceans 13* lautet – wobei auch noch der Apostroph fehlt –, hat es der Scraper schwer, eine eindeutige Zuordnung zu treffen. In diesem Fall ist es möglich, dass der Film komplett ausgelassen wird oder ein falscher Film mit ähnlichem Namen verknüpft wird. Ein weiteres gutes Beispiel ist der Animationsfilm *Madagascar 3 – Flucht durch Europa*. Hier kommt man leicht auf die Idee, den Film beziehungsweise den

Dateiordner einfach nur *Madagascar 3* zu nennen. Prompt kommt es zu einem Fehler bei der Zuordnung.

Falscher Film: Eigentlich sollte hier der dritte Teil der Animationsreihe »Madagascar« mit dem Löwen Alex stehen.

Es gibt mehrere Möglichkeiten, wie sich dieses Problem korrigieren lässt. Der einfachste und sicherste Weg ist die Suche im Internet auf der Seite *www.themoviedb.com*. Von dieser Seite bezieht der Kodi-Scraper in der Grundeinstellung seine Informationen. Geben Sie den Titel des Films in das Suchfeld ein. Versuchen Sie mehrere Kombinationen, etwa auch *Madagascar 3*, bis Sie den korrekten Titel des Films finden.

Aha: Der Film heißt also gar nicht nur »Madagascar 3«, sondern hat einen längeren Titel.

Sie müssen den Datei- und Ordnernamen des Films exakt so umbenennen, wie er auf der Webseite von *The Movie DB* aufgeführt wird.

Manchmal gibt es auch mehrere Verfilmungen einer Vorlage, etwa bei Verfilmungen bekannter Bücher. Hat der Scraper die falsche Verfilmung ausgewählt, hilft es, wenn Sie an das Ende des Datei- und Ordnernamens noch das Erscheinungsjahr in Klammern setzen – genau so, wie es auf der Webseite von *The Movie DB* angegeben ist.

Der Weg, die Dateien korrekt zu benennen, ist der sicherste Weg. Er garantiert, dass auch weitere Kodi-Instanzen (oder eine zukünftige Neuerstellung der Bibliothek) ein korrektes Ergebnis liefern. Es gibt allerdings noch einen zweiten Weg zur Problemlösung. Er ist dann sinnvoll, wenn das Problem zügig gelöst werden soll oder kein Schreibzugriff auf die Filmsammlung besteht (weil Sie etwa das Passwort gerade nicht zur Hand haben). Wählen Sie den falsch bestimmten Film in Ihrer Bibliothek aus, und öffnen Sie das Kontextmenü – entweder mit C, der Info-Taste oder der rechten Maustaste. Wählen Sie aus dem Menü den Eintrag **Informationen** – daraufhin wird sich der Informationsbildschirm öffnen, der den falschen Film zeigt.

Um den Film neu zuzuordnen, wählen Sie im Informationsbildschirm die Schaltfläche »Aktualisieren«.

Klicken Sie in diesem Bildschirm auf die Schaltfläche **Aktualisieren**. Kodi wird ein Menü öffnen, das verschiedene ähnliche Filmtitel zur Auswahl anbietet. Wählen Sie den richtigen Titel aus, und drücken Sie auf Enter/OK – schon lädt Kodi die richtigen Informationen aus dem Internet nach. Eventuell fragt Kodi Sie, ob es **lokale Informationen verwerfen und stattdessen Daten aus dem Internet laden soll**. Diese Frage erscheint, wenn Kodi in der Datenbank oder in Informationsdateien bereits Informationen zum Film gefunden hat. Die Frage müssen Sie also bejahen. Erscheint der passende Film nicht in der Liste, können Sie über die Schaltfläche **Manuell** direkt nach dem Titel suchen.

> **TIPP**
>
> **Im Informationsmenü die Bewertung einstellen**
>
> Wenn Sie schon einmal im Informationsmenü sind, dann finden Sie vielleicht auch die Schaltfläche **Persönliche Bewertung** interessant. Darüber können Sie dem Film eine eigene Bewertung geben – die Sie zum Beispiel als Filter bei der Suche eines Films einstellen können. So können Sie persönliche Favoriten festlegen.

Kodi zeigt Ihnen eine Liste ähnlicher Titel an – wählen Sie den gewünschten Film aus.

Jetzt bleibt nur noch zu klären, wie Sie Filme aufspüren, die gar nicht zu Ihrer Bibliothek hinzugefügt wurden. In diesem Fall hilft das Dateimenü von Kodi. Öffnen Sie – wie im Abschnitt »Die Ansichten in der Bibliothek«

auf Seite 196 gezeigt – das Dateimenü und darin Ihre Medienquelle. Sehen Sie sich die einzelnen Ordner und ihre Einträge an. Bei Filmen, die nicht in die Bibliothek aufgenommen wurden, steht nicht der Filmtitel, sondern der Dateiname, den Sie an der Dateiendung (zum Beispiel *.mkv*) erkennen. Um das Problem zu lösen, passen Sie entweder den Dateinamen an (was die bessere Lösung ist), oder öffnen das Kontextmenü und den Eintrag **In Bibliothek aufnehmen**. Es erscheint ein Eingabefenster, in dem Sie den Namen des Films so eingeben müssen, wie er im Internet bei *The Movie DB* aufgeführt wird.

Nun gibt es natürlich noch Sonderfälle, in denen es im Internet in *The Movie DB* gar keinen Eintrag zu einem Film gibt, etwa bei kleineren Filmproduktionen von Fernsehsendern. Da kann der Scraper natürlich keine Informationen finden. Aber auch dieses Problem lässt sich lösen. Wenn Sie Zeit (und Lust) haben, können Sie verschiedene Scraper durchprobieren, die unterschiedliche Datenquellen im Internet befragen – vielleicht findet sich der Film ja irgendwo. Der oftmals leichtere Weg führt jedoch über das Anlegen der benötigten Informationsdatei. Wie das geht, zeigt der nächste Abschnitt, der nicht nur auf eigene Filme beschränkt ist, sondern auch auf »offizielle« Filme übertragbar ist, bei denen der Scraper kein Glück hatte.

> **TIPP**
>
> **Oder fragen Sie doch die IMDB**
>
> Für Experimentierfreudige gibt es eine weitere Möglichkeit: Neben der Seite *The Movie DB* gibt es den bekannten »Ur-Vater« der Filmdatenbanken *www.imdb.com* – die *Internet Movie Database*. Dort finden sich Informationen zu den meisten Filmen. Suchen Sie dort nach einem fehlenden Film. Werden Sie fündig, dann kopieren Sie die URL der Seite (zum Beispiel *www.imdb.com/title/zz04017b*) als einzige Zeile in eine Textdatei, die Sie mit dem Dateinamen des Films und der Endung *.nfo* benennen und neben der Filmdatei im passenden Ordner ablegen. Bei einer Aktualisierung der Bibliothek werden die Informationen übernommen, und der Film ist vorhanden.

Eigene Heimvideos als Spielfilm hinzufügen

Haben Sie auch selbst erstellte Videofilme und Heimvideos, die Sie gerne über Kodi anschauen und verwalten möchten? Zwar gibt es in den Datenbanken im Internet zu privaten Heimvideos keine Informationen, aber die Scraper von Kodi verlassen sich nicht ausschließlich auf diese Onlinedatenbanken. Sie können die Informationen zur Aufnahme in die Filmbibliothek (wie das Genre, den Inhalt, die Schauspieler …) auch aus Informationsdateien beziehen, die sich im gleichen Verzeichnis wie die Filmdatei befinden. Dabei handelt es sich um einfache Textdateien mit der Dateiendung *.nfo*, die nach einem genau definierten Muster aufgebaut sind und eine einfach umzusetzende XML-Struktur verwenden. Diese Textdateien enthalten nicht nur die benötigten Informationen, sondern können auch auf Bilddateien verweisen.

Mit diesen Zusatzdaten ist es möglich, beliebige Filme als Spielfilme zur Videobibliothek von Kodi hinzuzufügen. So lassen sich auch solche Spielfilme einbinden, die der Scraper im Internet nicht gefunden hat – wie etwa die vorhin erwähnten kleineren Filmproduktionen der Fernsehsender, für die in den Onlinedatenbanken (noch) kein Eintrag existiert.

> **TIPP**
>
> **Infodateien sind schneller als das Internet**
>
> Das Einlesen von Infodateien ist häufig schneller als das Zusammentragen der Informationen aus dem Internet. Mit der Backup-Funktion mit getrennten Dateien (siehe Kapitel 18, »Für Fortgeschrittene: erweiterte Funktionen«) lassen sich solche Dateien für die gesamte Medienbibliothek anlegen. Wenn die Filme auch auf anderen Kodi-Geräten eingelesen werden sollen, führt ihre Nutzung dabei zu einer deutlichen Zeitersparnis.

Möchten Sie ein Heimvideo zu Kodi hinzufügen, speichern Sie es zunächst in einem Format ab, mit dem Kodi umgehen kann – nutzen Sie also zum Beispiel den AVC-Videocodec und den AAC-Toncodec in einem passenden Container-Format wie MP4 oder Matroska. Legen Sie die fertige Filmdatei wie jeden anderen Spielfilm in einen eigenen Ordner, und benennen Sie

Ordner und Filmdatei mit dem Titel des Films. Erstellen Sie neben der Videodatei mit einem Texteditor eine Informationsdatei, die den gleichen Dateinamen bekommt wie die Filmdatei, jedoch als Dateiendung *.nfo* verwendet. Sie können dafür etwa den Windows-Editor oder das Notepad++ verwenden. Eine Erstellung mit einer Textverarbeitung wie Microsoft Word ist nicht möglich.

Füllen Sie die Informationsdatei mit den benötigten Informationen. Zunächst zeige ich Ihnen dafür ein Grundgerüst, mit dem sich der Film bereits zu Kodi hinzufügen lässt:

```xml
<?xml version="1.0" encoding="UTF-8" standalone="yes" ?>
<movie>
  <title>Mallorca 2016</title>
  <outline>Impressionen vom Mallorca-Urlaub 2016</outline>
  <plot>Unser Mallorca-Urlaub im September 2016 mit Aufnahmen
vom Strand, vom Hotel, von der Bergtour und den Tauchgängen im
Meer.</plot>
  <genre>Urlaub</genre>
  <set>Eigene Filme</set>
</movie>
```

Alle Klammerausdrücke müssen Sie exakt in die Textdatei übernehmen. Zur Wahrung der Übersichtlichkeit achten Sie bitte auch auf die Einrückungen, die mit Leerzeichen erfolgen. Die erste Zeile dürfen Sie nicht verändern, sie enthält Informationen zum Dateiformat. Die eigentlichen Informationen stehen immer zwischen Tags. Ein Tag wird von einem Ausdruck in spitzen Klammern gekennzeichnet. Ein Ausdruck öffnet das Tag, ein zweiter schließt es. Letzterer enthält am Anfang einen Schrägstrich, aber ansonsten denselben Inhalt.

Das Tag `<title>` enthält den Filmtitel. Dieser muss nicht identisch mit dem Dateinamen des Films sein, aber eine Konsistenz bietet sich an. Diesen Titel wird Kodi später anzeigen. Ersetzen Sie den Ausdruck `Mallorca 2016` durch den Titel Ihres Films, und behalten Sie die Tags vollständig bei.

Das nächste Tag namens `<outline>` enthält eine Kurzbeschreibung des Inhalts, die später auf der Übersichtsseite in der Filmbibliothek angezeigt wird. Eine ausführliche Inhaltsbeschreibung nimmt das `<plot>`-Tag auf. Dieser Text wird auf der Detailseite zum Film angezeigt. Theoretisch sind diese Felder bereits optional, aber ein vernünftiger Inhalt hilft beim späteren Stöbern weiter. Das folgende Tag legt das Genre des Films fest. Mithilfe der Genres können Sie auch Ihre eigenen Filme kategorisieren. Verwenden Sie entweder bereits eingetragene Genres, oder definieren Sie einfach neue.

Das Tag `<set>` ist optional und dient der Erstellung einer Kompilation. Es ist dann interessant, wenn Sie mehrere Heimvideos gruppieren möchten. Sie können zum Beispiel eine Kompilation namens *Eigene Filme* oder auch *Eigene Urlaubsfilme* erstellen. Sie müssen nur darauf achten, dass alle zugehörigen Filme exakt dasselbe `<set>`-Tag verwenden. Kodi wird später eine entsprechende Kompilation erstellen und alle zugehörigen Filme einsortieren. Möchten Sie diese Funktion nicht nutzen und alle Filme eigenständig lassen, entfernen Sie die komplette Zeile mit dem `<set>`-Tag. Ein Film kann nur in einer Kompilation vorhanden sein.

Das ist die Basiskonfiguration, mehr Angaben sind nicht nötig. Gleichwohl können Sie noch weitere Angaben hinzufügen, die ebenfalls in der Filmbibliothek angezeigt werden. Interessant ist vielleicht die Möglichkeit, die »Schauspieler« eines Films anzugeben. Dies ist vor allem für eigene Kurzspielfilme interessant. Dafür fügen Sie folgenden Block *vor* der letzten (schließenden) Zeile `</movie>` in die Datei ein:

```
<actor>
  <name>Hans</name>
  <role>Hans</role>
  <thumb>hans.jpg</thumb>
</actor>
```

Das Tag `<name>` kodiert den bürgerlichen Namen des Schauspielers. Das Tag `<role>` ist für die Rolle des Schauspielers im Film zuständig. Das Feld `<thumb>` benennt ein Foto des Schauspielers. Sie können hier zum Beispiel einen (Internet-)Link oder einen Netzwerkpfad zu einem Bild eingeben, im privaten Rahmen ist es jedoch einfacher, auf eine lokale Datei zu verweisen. Erstellen Sie also ein Foto und speichern Sie es mit dem Dateinamen entsprechend des `<name>`-Tags (nicht des `<thumb>`-Tags) in einem neuen Unterordner namens *.actors*. Verwenden Sie zum Beispiel ein JPEG-Bild, am besten eignen sich Fotos im Hochformat. Haben Sie kein passendes Bild, dann können Sie das `<thumb>`-Tag auch weglassen.

> **TIPP**
>
> **Was kann ich denn noch alles einfügen?**
>
> Zusätzlich gibt es noch viel mehr Tags, die wir hier nicht alle besprechen können. Eine Übersicht finden Sie im Internet unter dieser Adresse: *kodi.wiki/view/NFO_files/Movies*.

Als Nächstes können Sie zwei Bilddateien erstellen, die zur Schmückung der Filmbibliothek verwendet werden. Beide Bilddateien sind optional.

Nummer eins ist die Fanart, die im Hintergrund der Bibliothek angezeigt wird. Dafür eignet sich eine charakteristische Szene des Films oder eine thematisch passende Darstellung. Nutzen Sie das Bildformat 16:9, damit es auf modernen Fernsehern gut dargestellt wird. Die Auflösung sollte entweder 1.280 × 720 (das entspricht der kleinen HD-Auflösung) oder 1.920 × 1.080 Pixel (das entspricht der Full-HD-Auflösung) betragen. Es sind auch höhere Auflösungen möglich, die sich anbieten, wenn Sie ein UHD-Fernsehgerät verwenden. Benennen Sie die Datei mit dem Namen der Filmdatei, und setzen Sie den Zusatz *-fanart* vor die Dateiendung, zum Beispiel

```
Mallorca_2016-fanart.jpg
```

Danach können Sie eine Posterdatei erstellen, die wie ein DVD-Cover oder Filmplakat in der Bibliothek angezeigt wird. (Ohne selbst erstellte Posterdatei verwendet Kodi ein zufälliges Bild aus der Videodatei.) Verwenden Sie das Hochformat und zum Beispiel eine Auflösung von 480 × 720 Pixeln. Benennen Sie die Datei wie die Filmdatei, und setzen Sie den Zusatz *-poster* vor die Dateiendung, zum Beispiel

```
Mallorca_2016-poster.jpg
```

Jetzt kann der Film eingebunden werden. Kopieren Sie den Filmordner in Ihren Medienordner. Für eine bessere Übersicht verwenden Sie für Ihre eigenen Filme ein eigenes (Ober-)Verzeichnis namens *Eigene_Filme*. (Dies gilt jedoch nicht, wenn Sie tatsächlich einen »normalen« Spielfilm zur Bibliothek hinzufügen möchten. Dessen Ordner legen Sie einfach zu den anderen Filmen, der Film sollte nach einer Aktualisierung der Bibliothek in dieser aufgeführt werden.)

Gehen Sie in Kodi in die Dateiansicht der Filme. Dort sehen Sie Ihre bisherigen Medienquellen. Klicken Sie auf **Videos hinzufügen**, navigieren Sie zum Ordner *Eigene_Filme*, und wählen Sie diesen aus. Im folgenden Dialog **Inhalt festlegen** wählen Sie unter **Dieser Ordner beinhaltet** die Einstellung **Filme**. Nun klicken Sie den Eintrag **Bitte Informationsquelle auswählen** an und wählen im folgenden Fenster den Scraper **Local information only**. Er wird nicht im Internet nach Informationen suchen, sondern nur die NFO-Dateien beachten. Aktivieren Sie im Fenster **Inhalt festlegen** nur die Option **Rekursives Scannen** (für den Fall, dass es eventuell zukünftig noch Filme in Unterordnern gibt oder sich die Organisation verändert). Klicken Sie abschließend auf **OK**.

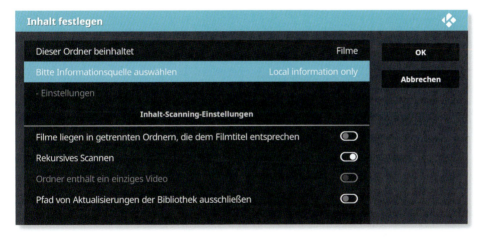

Mit diesen Einstellungen landen Ihre Filme korrekt in der Bibliothek.

Sie werden abschließend gefragt, ob die neuen Medien zur Bibliothek hinzugefügt werden sollen – bejahen Sie dies. Der Scraper wird arbeiten und Ihre Filme in der Bibliothek bereitstellen. Bei zukünftigen Erweiterungen der Sammlung kopieren Sie die neuen Filme in den Ordner *Eigene_Filme* und nehmen eine Aktualisierung der Bibliothek vor, die auch die neuen eigenen Filme berücksichtigen wird.

Kapitel 9
TV-Serien in Kodi

Jetzt kommen die Fans von TV-Serien auf ihre Kosten! Sie werden lernen, wie Sie TV-Serien zu Kodi hinzufügen, anschließend in der Serienbibliothek stöbern und eine ausgewählte Serienepisode abspielen.

TV-Serien zu Kodi hinzufügen

Genau wie bei den Spielfilmen in Kapitel 8, »Spielfilme in Kodi«, werden Sie als Erstes Ihre TV-Serien zu Kodi hinzufügen. Danach weiß das Programm, wo Ihre Serien gespeichert sind, kann mit dem Scraper das Serienverzeichnis durchsuchen und die gefundenen Elemente mit Informationen aus dem Internet ergänzen. Anschließend finden Sie die Inhalte in der zentralen Bibliothek und können diese durchsuchen.

Kodi kann Ihre Serien nur dann richtig zuordnen, wenn die Serienfolgen korrekt benannt und in Verzeichnisse einsortiert wurden, wie im Abschnitt »TV-Serien ordnen« auf Seite 164 beschrieben. Sollte dies noch nicht der Fall sein, holen Sie diesen Schritt unbedingt nach, bevor Sie fortfahren. Wenn alles erledigt ist, geht es los!

Markieren Sie als Erstes im Hauptmenü von Kodi den Menüpunkt **Serien**, der anfangs natürlich noch leer ist. Drücken Sie Enter/OK. Sie gelangen zur Dateiansicht für Serien- und Filmquellen. Wenn Sie das vorangegangene Kapitel zu den Spielfilmen schon durchgearbeitet haben, sehen Sie auf dem Bildschirm Ihre Filmquelle(n). Das liegt daran, dass die aktuelle Dateiansicht von Filmen und Serien gemeinsam verwendet wird – deswegen heißt dieses Menü auch allgemein **Videos** (siehe oben links auf dem TV-Schirm). Klicken Sie auf **Videos hinzufügen**.

Filme und Serien teilen sich eine gemeinsame Video-Quellenverwaltung. Hier ist daher bereits eine Filmquelle sichtbar.

Das folgende Fenster mit dem Titel **Videoquelle hinzufügen** kennen Sie schon aus Kapitel 8, »Spielfilme in Kodi«. Genau wie bei den Spielfilmen müssen Sie nun zu dem Verzeichnis navigieren, das Ihre TV-Serien enthält. Sie haben auch bei den Serien die Möglichkeit, entweder ein lokales Verzeichnis auf einer eingebauten oder externen Festplatte oder ein Verzeichnis auf einem Netzwerkspeichergerät einzubinden. Es werden automatisch alle vorhandenen Unterordner berücksichtigt. Ebenfalls lassen sich optional mehrere Ordner zu einer Videoquelle zusammenfassen.

> **TIPP**
>
> **Nutzen Sie OSMC oder LibreELEC und die vorbereiteten Verzeichnisse?**
>
> Dann finden Sie diese im Fenster **Nach einer Quelle suchen** unter dem Eintrag **Home-Ordner ▶ tvshows** (OSMC: **TV Shows**). Weitere lokale Speichermedien finden Sie in beiden Systemen unter **Root-Dateisystem ▶ media**.

TV-Serien zu Kodi hinzufügen

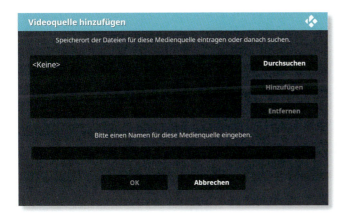

In diesem Fenster tragen Sie den Ordner ein, in dem sich Ihre Seriensammlung befindet.

Vergessen Sie nicht, Ihre Medienquelle eindeutig zu benennen.

Nachdem Sie das Verzeichnis für die Medienquelle bestimmt haben, müssen Sie den Scraper für die TV-Serien konfigurieren. Kodi öffnet ein neues Fenster, in dem Sie den **Inhalt festlegen**. Teilen Sie Kodi mit, dass es sich bei Ihrer Medienquelle um Serien handelt. Klicken Sie dazu den Punkt **Dieser Ordner beinhaltet** an, und wählen Sie **Serien** aus.

Sie müssen Kodi mitteilen, welche Medien in Ihrer Quelle sind.

Als Scraper beziehungsweise als Informationsquelle ist derzeit **TheTVDB** eingestellt. Dies ist eine gute Wahl, denn hier gibt es Informationen zu den meisten TV-Serien, es sind keine Änderungen nötig. Klicken Sie also direkt darunter auf den Punkt **Einstellungen**.

Das Einstellungsmenü für den Scraper TheTVDB. Hier müssen Sie die Sprache einstellen.

Der Scraper TheTVDB bietet ein übersichtliches Konfigurationsmenü. Der erste Menüpunkt lautet **Verwende DVD-Sortierung** und ist normalerweise deaktiviert. Dadurch ordnet Kodi die einzelnen Folgen in der Bibliothek nach ihrem Erscheinungsdatum an. Auf (Kauf-)DVDs wird manchmal eine andere Sortierung verwendet. Wenn Kodi die DVD-Reihenfolge nutzen soll, dann müssen Sie diesen Menüpunkt aktivieren. Als Anfänger lassen Sie den Punkt besser deaktiviert.

Der zweite Punkt heißt **Verwende absolute Sortierung**. Auch dieser Punkt ist normalerweise deaktiviert. Wenn er aktiviert wird, verwirft Kodi das Staffelkonzept und sortiert alle Folgen hintereinander weg. Entscheiden Sie selbst, was Ihnen lieber ist. Unterhalb des Trennstrichs befindet sich die Option **Aktiviere Fanart**. Diese ist normalerweise aktiv und bewirkt, dass Kodi in der Bibliothekssuche thematisch zur Serie passende Hintergrundbilder verwendet. Es ist also eine »Hingucker«-Option, Puristen können sie auch abschalten.

Es folgt der einzige Punkt, der (mit großer Wahrscheinlichkeit) geändert werden muss: Das ist die **Sprache**. In der Grundeinstellung ist hier Englisch eingestellt. Der Scraper sucht also in einer englischsprachigen Datenbank nach Ihren Serien und lädt auch englische Folgentitel und Beschreibungen herunter. Dafür erwartet der Scraper aber auch englische Dateinamen in Ihrer Medienquelle. Betrachten wir ein Beispiel, die Serie *Raumschiff Enterprise*, wie diese zumindest auf Deutsch heißt. Ist der Scraper auf Englisch eingestellt, wird er die Serie in seiner Datenbank nicht finden, denn im englischsprachigen Original heißt sie *Star Trek*. Es ist also wichtig, dass der Scraper auf dieselbe Sprache eingestellt ist, in der auch die Serien in den Dateiverzeichnissen benannt sind. Vermischungen sollten Sie vermeiden. Haben Sie Ihre Serien auf Deutsch benannt und möchten diese auch so in Kodi wiederfinden, dann ändern Sie die Sprache auf Deutsch. Wenn Sie englische Texte wünschen, benennen Sie auch die Serien in den Ordnern mit ihrem englischen Originaltitel und belassen die Einstellung auf Englisch. Als Anfänger werden Sie vermutlich deutsche Beschreibungen bevorzugen und hier entsprechend eingreifen müssen.

Die letzte Option kümmert sich um Bewertungen der einzelnen Folgen. Hier wird ebenfalls auf TheTVDB zugegriffen, diese Wahl ist für die meisten Zwecke passend, Änderungen sind nicht nötig. Klicken Sie zum Schluss auf **OK** und im übergeordneten Fenster auf **OK**, weitere Einstellungen sind nicht nötig. Die beiden unteren Optionen im Fenster »Inhalt festlegen« müssen deaktiviert bleiben.

Kodi fragt nun: **Sollen die Informationen für alle Einträge aktualisiert werden?**. Wenn Sie die Frage bejahen, beginnt der Scraper mit der Arbeit.

Letzte Rückfrage: Soll der Scraper loslegen?

Der Scraper gleicht jetzt alle Dateien Ihrer Seriensammlung und deren Namen mit der Datenbank im Internet ab. Er lädt die gefundenen Informationen herunter und fügt sie der zentralen Bibliothek hinzu. Je nach Umfang Ihrer Seriensammlung kann dieser Vorgang einige Minuten dauern.

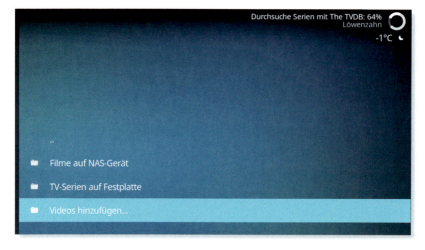

Der Scraper arbeitet im Hintergrund, oben rechts auf dem Bildschirm werden Sie über den Fortgang informiert.

Die Ansichten in der Bibliothek

Nachdem der Scraper seine Arbeit abgeschlossen hat, sind die TV-Serien in der Bibliothek verfügbar. Wenn Sie im Hauptmenü mit den Pfeiltasten den Eintrag **Serien** ansteuern, werden Sie sehen, dass sich die Ansicht deutlich geändert hat. Wie schon bei den Spielfilmen sehen Sie am oberen Bildschirmrand mehrere Kategorien, mit deren Hilfe Sie die Bibliothek detailliert durchsuchen können. Sie können die Serien nach *Genre*, *Titel*, *Entstehungsjahr* und den beteiligten *Darstellern* sortieren. Darunter sehen Sie Listen, die analog zu denen der Spielfilme aufgebaut sind: die *zuletzt hinzu-*

gefügten *Episoden*, die *ungesehenen Serien*, darüber hinaus die *Genres* und die *Studios*, in denen die Serien gedreht wurden.

Bei den Serien haben Sie rechts auf dem Bildschirm Zugriff auf Ihre Bibliothek.

Klicken Sie den Eintrag **Serien** mit der Enter-/OK-Taste an (anstatt ihn nur zu markieren), dann sehen Sie eine Übersicht Ihrer Serien – mit Bildern und Texten aus dem Internet.

In der Bibliothek erhalten Sie zu jeder Serie Informationen sowie Cover- und Hintergrundbilder.

Kapitel 9 – TV-Serien in Kodi

Am linken Bildschirmrand finden Sie wieder ein Menü mit der Möglichkeit, zum Beispiel die Ansicht einzustellen.

Auch im Serienteil von Kodi gibt es am linken Bildschirmrand ein Optionsmenü, das sich öffnet, wenn Sie mit den Pfeiltasten ganz nach links navigieren. Die meisten Optionen dürften Ihnen schon von den Spielfilmen bekannt sein – inklusive der wichtigen Option **Bibliothek aktualisieren**. Bei den Serien gibt es darüber hinaus noch weitere Ansichtsoptionen.

Dazu zählt die Option **Banner**. Hier werden auf dem Bildschirm schmale Banner mit einem für die Serie charakteristischen Bild gezeigt. Wählen Sie ein Banner an, finden Sie an dessen unterer Kante Informationen über den Titel der Serie, die Bewertung (laut Internet) sowie die Anzahl der – bezogen auf die Gesamtzahl der vorhandenen Episoden – bereits gesehenen Folgen. Diese Ansicht ist bei vielen Serienfans beliebt.

Einzig bei den TV-Serien verfügbar: die Ansicht »Banner«. Beachten Sie die Informationsicons im angewählten Banner.

Wenn Sie – unabhängig von der gewählten Ansicht – die Zurück-Schaltfläche am Anfang der Liste drücken, landen Sie in der Hauptansicht der Serienbibliothek. Hier sehen Sie die bereits bekannten Kategorien **Genre**, **Titel**, (Entstehungs-)**Jahr**, **Darsteller**, **Studios** und **Tags**. Diese Elemente funktionieren genauso wie bei den Spielfilmen. In allen Ansichten haben Sie auch Zugriff auf das Optionsmenü am linken Bildschirmrand. Am besten ist es, wenn Sie sich zunächst mit den verfügbaren Ansichtsoptionen und Sortiermöglichkeiten vertraut machen.

Serienepisoden abspielen

Wenn Sie eine Serie anklicken und Enter/OK drücken, gelangen Sie (zumindest mit den Standardeinstellungen von Kodi) in die Staffelübersicht. Bei einem hohen Bekanntheitsgrad gibt es meistens für jede der Staffeln ein eigenes Cover sowie einen angepassten Informationstext. Zusätzlich wird das Entstehungsjahr der jeweiligen Staffel angezeigt. Wenn Sie mit dem Konzept der Staffeln (noch) nicht viel anfangen können, beachten Sie den ersten Eintrag: **Alle Staffeln** führt Sie zu einer Liste aller Folgen der Serie. Ansonsten werden Ihnen bei einem Klick auf eine Staffel die jeweils enthaltenen Folgen angezeigt. Auch hier stehen (ganz links) im Optionsmenü diverse Ansichten zur Verfügung – wählen Sie Ihren Favoriten!

In der Episodenliste sehen Sie – je nach Ansicht – neben der Episodennummer und der Bewertung ein Foto einer charakteristischen Szene sowie den Inhaltstext. Am unteren Bildschirmrand werden Sie (soweit verfügbar) über das Datum der Erstausstrahlung sowie über die Laufzeit und die Ton- und Bildformate informiert.

Als Erstes werden die Staffeln gezeigt – diese spiegeln oft die Produktionsjahre wider.

Im Hintergrund ist wie immer eine Fanart zu sehen. Möchten Sie eine Episode abspielen, genügt ein Druck auf Enter/OK. Über den ersten Eintrag gelangen Sie (sofern Sie ihn in den Einstellungen nicht deaktiviert haben) wieder zurück zur Staffelübersicht. Alternativ funktioniert auch die Zurück-Taste.

Die einzelnen Folgen werden mit Inhaltsbild und Infotext angezeigt.

Während der Wiedergabe können Sie wie bei den Filmen mit den Pfeiltasten innerhalb der Episode navigieren. Auf Wunsch öffnet ein Druck auf Enter/OK den bekannten Optionsbildschirm.

Mit dem Scraper Serien der Bibliothek hinzufügen

Auch bei den TV-Serien können sich Fehler einschleichen, die dafür sorgen, dass der Scraper nicht mit allen Elementen zurechtkommt. Wenn Sie feststellen, dass Serien in Ihrer Bibliothek fehlen oder falsch zugeordnet wurden, dann sollten Sie als Erstes *www.thetvdb.com* konsultieren. Suchen Sie dort nach der fehlenden Serie. Werden Sie fündig, korrigieren Sie den Dateinamen in Ihrem Dateiverzeichnis entsprechend. Achten Sie auch darauf, in welcher Sprache die Serie vorliegt und wie die Serie in dieser Sprache

Mit dem Scraper Serien der Bibliothek hinzufügen

heißt. Starten Sie danach in Kodi über das Optionsmenü am linken Bildschirmrand eine Aktualisierung der Bibliothek. Prüfen Sie, ob die Serie nun korrekt angezeigt wird.

Hat das nicht geklappt, dann überprüfen Sie die Einstellungen des Scrapers. Insbesondere die Sprache muss korrekt eingestellt sein. Testen Sie auch, ob Kodi auf das entsprechende Dateiverzeichnis der Serie Lesezugriff hat.

Wenn auch das nicht weiterhilft, öffnen Sie das Kontextmenü der Serie (direkt in der Serienansicht). Im aktuellen Zusammenhang interessiert Sie im Kontextmenü der erste Eintrag **Informationen**, den Sie anklicken müssen.

Das Kontextmenü ist sehr hilfreich, merken Sie sich insbesondere den letzten Punkt für die Aktualisierung der Bibliothek bei neu hinzugefügten Folgen.

Zur Lösung des aktuellen Problems klicken Sie auf die Schaltfläche **Aktualisieren**.

Das Kontextmenü einer Serie kurz erklärt

Im Kontextmenü lässt sich die Serie als komplett gesehen oder ungesehen markieren, und Sie können die Serie zu einer Abspielliste hinzufügen (was aber für eine ganze Serie eher ungewöhnlich ist). Eine schnelle Aktualisierung der Bibliothek bei neu hinzugekommenen Episoden ermöglicht der Eintrag **Neue Inhalte suchen** – diesen sollten Sie sich merken, er ist recht praktisch. Über den Eintrag **Verwalten** erhalten fortgeschrittene Nutzer unter anderem die Möglichkeit, den Titel der Serie (wie er in der Bibliothek angezeigt wird) zu verändern.

TIPP

Der Informationsbildschirm hat noch mehr zu bieten

Er informiert zunächst detailliert über die jeweilige Serie und zeigt neben Inhaltstexten auch Fotos der Schauspieler. Über die Symbolleiste am unteren Bildschirmrand können Sie eine **Persönliche Bewertung** vergeben und die Grafiken nach eigenem Wunsch verändern. Diesen Bildschirm gibt es über das Kontextmenü übrigens auch separat für jede Serienfolge. Hier erhalten Sie eine Inhaltsbeschreibung und finden damit schnell eine interessante Episode. Sie können auch hier eine persönliche Bewertung vornehmen.

Auch der Informationsbildschirm hält wichtige Details bereit.

Kodi führt erneut eine neue Suche nach der Serie durch und zeigt Ihnen eine Liste mit infrage kommenden Serien. Ist die richtige Serie dabei, wählen Sie diese aus und bestätigen mit der Enter-/OK-Taste. War die Suche erfolglos, klicken Sie rechts auf die Schaltfläche **Manuell**. Geben Sie über die Tastatur den Titel der Serie ein. Probieren Sie verschiedene Suchbegriffe. Wenn Sie fündig geworden sind, bestätigen Sie den passenden Vorschlag. Im Vergleich zur direkten Dateimethode hat dieser Weg den Nachteil, dass er nur im aktuell verwendeten Kodi-Gerät funktioniert. Nur wenn Sie die

Synchronisation (aus Kapitel 15, »Mehrere Kodi-Instanzen synchronisieren«) oder das Backup der Bibliothek auf Dateiebene (aus Kapitel 18, »Für Fortgeschrittene: erweiterte Funktionen«) nutzen, bekommen auch andere Kodi-Instanzen Ihre Änderungen mit.

Am Beispiel der Serie Eureka sehen Sie, dass durchaus mehrere Einträge infrage kommen.

Bei ausgefallenen Serien kann es vorkommen, dass der Scraper partout nicht fündig wird. In diesem Fall bleibt Ihnen nur übrig, die Serie manuell zu Kodi hinzuzufügen (fortgeschrittene Nutzer können auch einen alternativen Scraper probieren). Auf diese Weise können Sie übrigens auch eigene Heimvideos als Serie zu Kodi hinzufügen, was sich etwa für mehrteilige Urlaubsvideo-»Serien« anbietet. Eine detaillierte Anleitung finden Sie im Bonuskapitel zum Buch unter *www.rheinwerk-verlag.de/4408*.

Kapitel 10
Musik in Kodi

Mithilfe dieses Kapitels lassen Sie Musik erklingen und fügen Ihre Musiksammlung der Bibliothek von Kodi hinzu. Danach heißt es: zurücklehnen, stöbern und genießen …

Musik zu Kodi hinzufügen

Als Erstes werden Sie Ihre Musiksammlung zu Kodi hinzufügen. Wie schon bei den Filmen und Serien ist auch die Musikbibliothek unter dem Menüpunkt **Musik** im Hauptmenü anfangs noch leer.

Um das zu ändern, drücken Sie Enter/OK. Sie erhalten ein Untermenü mit den Einträgen **Wiedergabelisten**, **Dateien** und **Musik-Addons**. Über den ersten Punkt können Sie eigene Wiedergabelisten anlegen. Der dritte Punkt behandelt Zusatzprogramme, die weitere Funktionen zur Musikwiedergabe bieten. Darüber können Sie etwa Internetradiostationen abspielen.

Das »Musik«-Menü ist zunächst noch recht übersichtlich.

Jetzt geht es erst einmal um den Punkt **Dateien**, mit dem Sie Ihre Musikdateien zu Kodi hinzufügen. Wenn Sie diesen Menüpunkt anklicken, erscheint ein Untermenü mit dem Eintrag **Musik hinzufügen**, den Sie auch anklicken müssen. Später wird dieses Menü auch Ihre Musikquellen auflisten.

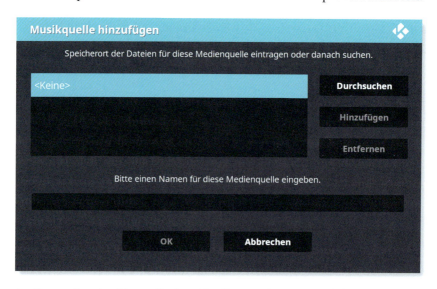

In diesem Fenster fügen Sie Ihre Musiksammlung zu Kodi hinzu.

Sie sehen nun ein neues Fenster mit dem Titel **Musikquelle hinzufügen**. Die jetzt nötigen Schritte kennen Sie schon von den Spielfilmen und den TV-Serien aus Kapitel 8, »Spielfilme in Kodi«, und Kapitel 9, »TV-Serien in Kodi«: Sie navigieren zu Ihrem Musikverzeichnis und fügen dieses zur neuen Medienquelle hinzu. Klicken Sie also auf **Durchsuchen**. Sie erhalten den bekannten Auswahldialog für lokale interne und externe Festplatten sowie Netzwerkspeichergeräte. Fügen Sie das Musikverzeichnis hinzu, auf Wunsch können Sie auch mehrere Verzeichnisse eintragen.

> **TIPP**
>
> **Nutzen Sie OSMC oder LibreELEC und die vorbereiteten Verzeichnisse?**
>
> Dann finden Sie diese im Fenster **Nach einer neuen Quelle suchen** unter dem Eintrag **Home-Ordner ▸ music** (OSMC: **Music**). Weitere lokale Speichermedien finden Sie in beiden Systemen unter **Root-Dateisystem ▸ media**.

Musik zu Kodi hinzufügen

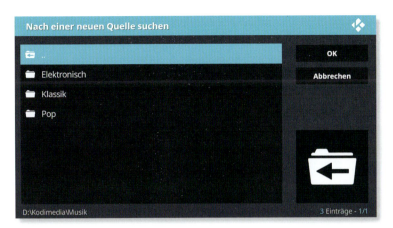

Wählen Sie den Hauptordner Ihrer Musiksammlung aus.

Im Unterschied zu den Spielfilmen und Serien müssen Sie bei der Musik keinen Scraper festlegen. Kodi wird Sie stattdessen direkt fragen: **Sollen die Medien dieser Quelle zur Bibliothek hinzugefügt werden?** Bejahen Sie die Frage. Darauf werden Sie am oberen rechten Bildschirmrand über den Fortschritt der Aktion informiert, bei einer umfangreichen Sammlung kann diese einige Minuten dauern.

Kodi fragt, ob die erstellte Musikquelle zur Bibliothek hinzugefügt werden soll. Klicken Sie auf »Ja«.

> **INFO**
>
> **Gibt es Fälle, in denen ein »Nein« sinnvoll wäre?**
>
> Ja, die gibt es: Denken Sie etwa an Mitschnitte eines Überwachungsmikrofons. Diese Aufnahmen möchten Sie sich vielleicht ab und zu einzeln anhören, sie aber nicht zwischen den Einträgen Ihrer Musikbibliothek wiederfinden. In diesem Fall möchten Sie nicht, dass die Medien zur Bibliothek hinzugefügt werden; es genügt, wenn Sie darauf einzig über die Dateiansicht zugreifen.

Das war es schon. Sie können später jederzeit weitere Quellen hinzufügen oder vorhandene verändern, was im Kontextmenü einer existierenden Quelle möglich ist.

Jetzt können Sie in Ihrer Bibliothek stöbern und Titel und Alben abspielen. Im Moment befinden Sie sich noch in der Dateiansicht Ihrer Musiksammlung, die wie ein Datei-Explorer die Ordnerstruktur Ihrer Musiksammlung anzeigt. Sie finden (zunächst alphabetisch sortiert) die einzelnen Alben, deren Inhalt Sie sich mit Enter/OK anzeigen lassen können.

In Ihrer Bibliothek können Sie im Dateimodus in den einzelnen Ordnern und Alben stöbern.

Wenn Sie einen Titel anklicken, startet die Wiedergabe. Der Dateimodus bietet aber keine ausgefeilten Such- und Organisationsfunktionen. Diese bietet die »richtige« Bibliothek, die Sie im nächsten Abschnitt kennenlernen.

Die Titelansicht eines Musikalbums. Durch Drücken von Enter oder OK startet die Wiedergabe des ausgewählten Titels.

Die Musikbibliothek im Detail kennenlernen

Die Musikbibliothek rufen Sie direkt aus dem Hauptmenü auf. Für den Schnellzugriff selektieren Sie den Eintrag **Musik**, ohne ihn anzuklicken. Mittlerweile ähnelt der Anblick dem der Filme und Serien: Im oberen Teil sehen Sie Schnellzugriffsfelder für **Genre**, **Interpreten**, **Alben** etc. Darunter zeigen zwei Listen **Zuletzt hinzugefügte Alben** und **Zufällige Alben**. Insbesondere der erste Punkt wird zukünftig interessant, weil er stets einen Schnellzugriff zu Ihren Neuerwerbungen bietet. Die Übersichtsseite enthält im unteren Bereich noch die Listen **Zufällige Interpreten** sowie **Ungespielte Alben**.

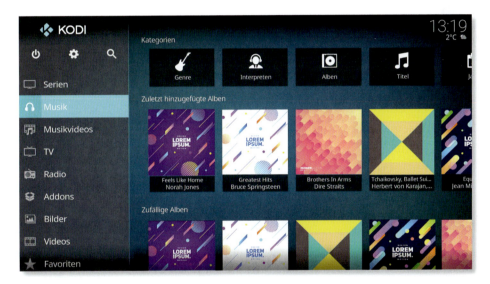

Die Musikansicht von Kodi sieht jetzt deutlich gefüllter aus.

Neben diesen Schnellzugriffen gibt es (wie bei den Filmen und Serien) noch die umfangreiche Hauptansicht der Musikbibliothek. Klicken Sie dafür den Eintrag **Musik** im Hauptmenü direkt an. In der Hauptansicht Ihrer Bibliothek finden Sie einige Elemente aus der Schnellzugriffsansicht wieder. Die Bibliothek hat aber noch deutlich mehr Funktionen. Je nach Umfang Ihrer Musiksammlung ist es möglich, dass Ihnen nicht alle der folgenden Einträge angezeigt werden.

Die Hauptansicht der Bibliothek mit allen Optionen

Über den Eintrag **Genre** können Sie Ihre Musikbibliothek nach Genres durchsuchen. Sie erhalten eine Übersicht aller Genres, die Ihre Bibliothek zu bieten hat. Kodi übernimmt diese Informationen aus den (völlig frei wählbaren) Datei-Tags.

Mit der »Genre«-Ansicht Ihrer Bibliothek haben Sie ein erstes und mächtiges Filterinstrument zur Hand.

Der Klick auf ein Genre zeigt eine Übersicht aller Künstler in Ihrer Sammlung, die sich diesem Genre zuordnen lassen.

Die Musikbibliothek im Detail kennenlernen

Ein Beispiel für das Pop-Genre mit den zugehörigen Interpreten

Wenn Sie einen Künstler auswählen, sehen Sie links auf dem Bildschirm eine Übersicht aller Alben (inklusive Samplern), auf denen dieser Künstler vertreten ist. Das Drücken von Enter/OK zeigt die Liste bildschirmfüllend, und Sie können darin navigieren.

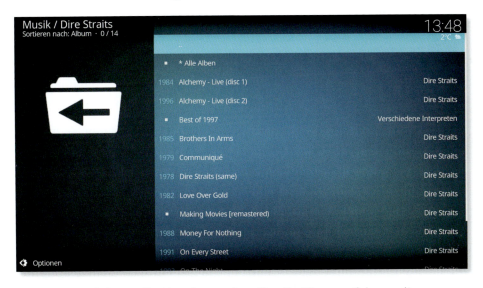

Klicken Sie auf einen Künstler, dann sehen Sie alle Alben, auf denen dieser Künstler mit dem aktuellen Genre vorkommt.

In dieser Liste ist der erste Eintrag ***Alle Alben** interessant: Er öffnet eine Liste aller Titel des gewählten Künstlers über alle Alben hinweg, die zum gewählten Genre passen. Sie können bequem einen Titel aussuchen und direkt abspielen.

»*Alle Alben« zeigt eine Liste aller Titel des gewählten Interpreten, die zum gewählten Genre gehören.*

Das Optionsmenü in der Genre-Ansicht

Alternativ können Sie sich in der Liste die einzelnen Alben ansehen, ein Klick darauf öffnet die Titelliste. Bei Samplern werden nur die Titel des gerade gewählten Künstlers angezeigt.

Auch in der Musikbibliothek gibt es am linken Bildschirmrand ein Optionsmenü. Sie erreichen es, indem Sie mit der Taste ← ganz nach links gehen.

Je nachdem, welchen Punkt der Musikbibliothek Sie gerade betrachten, hat dieses Menü einen anderen Aufbau. Beim Unterpunkt **Genre** lässt sich zum Beispiel als Erstes die Übersicht alphabetisch auf- oder absteigend sortieren. Als Zweites wird die Möglichkeit geboten, nach einem Genre zu suchen. Dabei genügt es, die Anfangsbuchstaben einzutippen und Enter/OK zu drücken. Sie erhalten eine Auswahlliste der passenden Genres.

Die Musikbibliothek im Detail kennenlernen

Die wichtige Option **Bibliothek aktualisieren** ist in (fast) allen Unterpunkten der Musikbibliothek verfügbar und bewirkt, dass Kodi den Inhalt der Musikquellen neu einliest und Änderungen erkennt. Führen Sie diesen Befehl aus, nachdem Sie Ihrer Musiksammlung ein neues Album hinzugefügt haben.

> **TIPP**
>
> **Wie füge ich meiner Sammlung ein neues Album hinzu?**
>
> Kopieren Sie das Album in ein Dateiverzeichnis, das bereits als Musikquelle zu Kodi hinzugefügt wurde. Sie können darin auch neue Unterverzeichnisse anlegen. Kodi findet es bei einer Aktualisierung der Bibliothek und fügt die neuen Musikstücke zur Bibliothek hinzu.

Der letzte Punkt des Menüs nennt sich **Partymodus**. Wenn Sie diese Option aktivieren, wird eine zufällige Liste mit Titeln Ihrer Musikbibliothek erstellt, die nacheinander abgespielt werden. Die Liste wird fortlaufend ergänzt, sodass Sie bei einer Party die Möglichkeit haben, kontinuierlich Musik zu spielen. Auf dem Fernseher wird stets angezeigt, was als Nächstes gespielt wird – so können sich die Gäste darauf freuen.

Der nächste Punkt in der Bibliotheks-Hauptansicht (in die Sie wie immer mit der Zurück-Taste zurückkehren) heißt **Interpreten**. Diese Funktion arbeitet so ähnlich wie die Genre-Option, filtert aber direkt nach den Interpreten, ohne das Genre zu berücksichtigen. Der Vorteil der Interpretenansicht liegt darin, dass ein Interpret häufig auf mehreren (angrenzenden) Genres aktiv ist und so bei einer Genre-Wahl nur ein Teil seines Repertoires angezeigt wird.

> **TIPP**
>
> **Schneller mit den Bildlauftasten**
>
> Um zügig durch eine lange Liste (etwa von vielen Interpreten) zu navigieren, können Sie auch die Bildlauftasten beziehungsweise die Programmwippen nutzen. Dabei wird am oberen Bildschirmrand zur besseren Übersicht der momentane Anfangsbuchstabe angezeigt.

Ein Klick auf einen der Interpreten zeigt die Alben und Sampler, auf denen dieser Interpret vertreten ist. Der bekannte Punkt *Alle Alben führt zu einer Liste aller Titel dieses Interpreten.

Auch in der Interpretenansicht gibt es am linken Bildschirmrand ein Optionsmenü. Einige Einträge kennen Sie bereits vom **Genre**-Menü. Auch die Ansichtsoption ist Ihnen bereits von den Filmen und Serien bekannt. Sie steuern damit das Aussehen der Liste der Interpreten. Sie kennen schon die Ansicht **WideList**. Die Option **Wall** zeigt derzeit nur kleine Stellvertreter. Sie wird erst dann interessant, wenn Sie Ihre Bibliothek mit Onlineinhalten ergänzen, wie es der Abschnitt »Onlineinformationen ergänzen« auf Seite 269 zeigen wird. Damit werden die Platzhalter durch Fotos der entsprechenden Künstler ersetzt. In der Ansicht **Shift** werden die Fotos der Interpreten als horizontale Liste angezeigt. In dieser Ansicht erreichen Sie das Optionsmenü am Anfang der Liste mit einem Klick auf ↑ . Die letzte Ansichtsoption **InfoWall** ähnelt der Ansicht **Wall**, hat jedoch im linken Bildschirmbereich noch eine breite Liste. Diese bleibt so lange leer, bis Onlineinhalte hinzugefügt wurden, und enthält dann neben einem Künstlerfoto eine kurze Biografie (siehe dazu den Abschnitt »Onlineinformationen ergänzen« auf Seite 269).

Das Optionsmenü in der Interpretenansicht

Über **Sortieren nach** können Sie in einem Unterfenster zwischen der Sortierung nach Interpret oder dem Datum wählen, an dem die Alben der Bibliothek hinzugefügt wurden (was bei einer neuen Bibliothek natürlich noch nicht allzu interessant ist.)

Die Musikbibliothek im Detail kennenlernen

In der Kürze liegt die Würze: die Optionen zur Sortierung der Interpretenliste

Die Reihenfolge der Sortierung können Sie mit dem nächsten Menüpunkt steuern. Es folgt die Option mit dem Namen **Filter**.

Die Interpretenliste können Sie auch filtern lassen.

In einem Unterfenster können Sie die Sammlung nach einem Suchbegriff für einen Interpreten oder/und einem (oder mehreren) Genre(s) filtern. Es genügt, wenn Sie wenige Buchstaben aus dem Namen eines Interpreten eintragen.

In diesem Beispiel sehen Sie nur Interpreten, die ein »br« im Namen tragen und dem Genre »Pop« zuzuordnen sind.

Probieren Sie die Filter unbedingt einmal aus, denn sie erleichtern eine Suche ungemein. Die weiteren Punkte des Menüs sind Ihnen bereits bekannt.

Weiter geht es im Menü **Musik** mit dem Punkt **Alben**, der Ihnen alle Alben Ihrer Bibliothek anzeigt. Diese Ansicht kommt dem klassischen CD-Regal im Wohnzimmer am nächsten. Die Grundeinstellung sortiert alle Alben alphabetisch nach dem Titel. Vorangestellt sehen Sie das Erscheinungsjahr. Links erhalten Sie eine Übersicht der Titel des ausgewählten Eintrags. Ein Klick auf ein Album zeigt die Liste vollflächig. Einzelne Titel können Sie wie immer durch Anklicken abspielen.

Die Albumliste in der Bibliothek

Das Optionsmenü der Albenansicht ähnelt dem der Interpretenliste. Hier sind die Optionen zur Sortierung und zur Filterung jedoch wesentlich umfangreicher. Sortierkriterien sind Albumtitel, Interpreten und/oder Erscheinungsjahr, Datum der Bibliotheksaufnahme, Abspielzähler (Ihre Favoriten kommen zuerst), Datum der letzten Wiedergabe, Bewertung und persönliche Bewertung. Mehr darüber erfahren Sie auf Seite 261.

Die Musikbibliothek im Detail kennenlernen

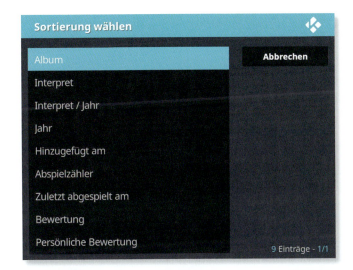

Umfangreich: die Möglichkeiten zur Sortierung der Alben

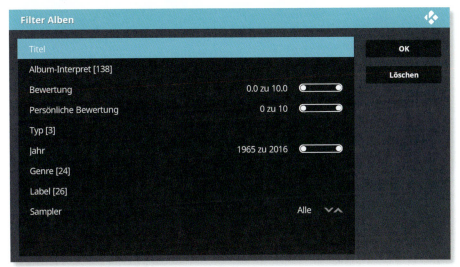

Ebenfalls recht komplex sind die verschiedenen Filtermöglichkeiten.

Filtern können Sie die Albenansicht nach Buchstaben oder Wörtern, nach der (persönlichen) Bewertung, nach dem Typ (zum Beispiel Studioalbum oder Live-Konzert), nach Genre und Label (also dem Musikverlag). Außerdem können Sie in der Albendarstellung Sampler (also Kompilationen mit mehreren Interpreten) mit anzeigen lassen. Für Sampler gibt es eine eigene Ansicht der Bibliothek, die Sie bald kennenlernen werden.

Die nächste Option in der Bibliotheksübersicht heißt **Singles** und zeigt die entsprechenden Vertreter Ihrer Musiksammlung. Zur Erinnerung: Ist bei einem Musikmedium das Album-Tag leer, behandelt Kodi dieses als Single. In der Standardansicht ist die Liste alphabetisch nach Interpreten sortiert. Die Optionen im Menü **Singles** kennen Sie schon von den anderen Kategorien.

Die Ansicht »Singles« listet alle Singles auf, die nicht zu einem Album gehören. Dafür müssen aber die Tags in den Dateien passen!

Der nächste Punkt in der Bibliotheksübersicht heißt **Titel**. Darüber erhalten Sie eine umfangreiche Liste aller Titel Ihrer Sammlung. Das Optionsmenü enthält die bereits bekannten Einträge. Die Sortierung erfolgt alphabetisch nach Interpreten.

Der nächste Punkt der Bibliotheksoptionen ist dann interessant, wenn Sie etwa eine 70er-Jahre-Party machen möchten, denn er sortiert Ihre Alben nach dem jeweiligen Erscheinungsdatum. Ein Klick auf ein Jahr listet alle zugehörigen Alben auf, alle weiteren Optionen sind Ihnen schon bekannt.

Die Musikbibliothek im Detail kennenlernen

Auch nach dem Erscheinungsjahr können Sie Ihre Musiksammlung sortieren.

Weiter geht es in der Bibliothek mit einem interessanten Punkt: den **Top 100**. Hinter diesem Punkt verbirgt sich eine Liste Ihrer 100 am meisten gespielten Titel beziehungsweise Alben. Für jede dieser Kategorien gibt es ein eigenes Untermenü. Sie können einzelne Titel direkt abspielen.

Den folgenden Punkt im Bibliotheksmenü kennen Sie schon: **Zuletzt hinzugefügte Alben** listet die Neuzugänge Ihrer Musiksammlung auf.

Wenn Sie gerne Stücke öfter hören, dann ist der Menüpunkt **Zuletzt gehörte Alben** für Sie interessant. Wenn Sie einige Zeit mit Kodi Musik gehört haben, können Sie hier zum Beispiel am folgenden Tag noch einmal die Musik des Vortags Revue passieren lassen.

Unter dem Menüpunkt **Sampler** verbergen sich Kompilationen mit mehr als einem Interpreten. In der Grundeinstellung erscheint das Album auch in der Liste aller Alben, dies können Sie aber (wie im Filter der Albenansicht gezeigt) deaktivieren. Über diesen Eintrag haben Sie also schnellen Zugriff auf Alben mit den Titeln *Best of…* oder *Hits des Jahres…* oder *Die schönsten Weihnachtslieder am Kamin*. Das dazugehörige Optionsmenü enthält nichts Neues.

Kapitel 10 – Musik in Kodi

Über die Tags erkennt Kodi ein Album als Sampler und reiht es im gleichnamigen Menü ein.

Nun sind Sie fast am Ende des Bibliotheksmenüs. Als Nächstes geht es um den Punkt **Wiedergabelisten**. Damit können Sie eine Auswahl an Musikstücken erstellen und abspeichern. Mehr zu diesem Menüpunkt erfahren Sie im Abschnitt »Mit Wiedergabelisten arbeiten« auf Seite 263.

Darüber hinaus gibt es den Menüpunkt **Rollen**. Hinter diesem etwas umständlich klingenden Begriff verbirgt sich eine Filterfunktion für »selten« genutzte Tags in den Musikdateien. Wenn Sie zum Beispiel mit dem Programm *MP3Tag* arbeiten, werden Sie sicher schon einmal das Tag **Komponisten** gesehen haben. Darüber hinaus gibt es weitere Tags wie **Dirigent**, **Orchester**, **Texter** oder **Arrangeur**. Das Programm *Picard* schreibt auch solche Tags in Dateien. In dem hier besprochenen Menü können Sie Ihre Bibliothek nach solchen Tags filtern lassen. Freunde der klassischen Musik dürfte dieses Menü besonders ansprechen, denn damit lässt sich, korrekte Tags vorausgesetzt, die Sammlung nach einem bestimmten Dirigenten oder Orchester filtern. Ein paar Experimente mit diesem Menü schaden nicht, seien Sie aber bitte nicht enttäuscht, wenn Sie hier nicht viel finden (weil nur wenige Dateien diese Tags beinhalten). Die Navigation bleibt wie gehabt.

Über den Menüpunkt »Rollen« können Sie die Bibliothek auch nach weiteren Tags, zum Beispiel nach Dirigenten, sortieren.

Über den vorletzten Punkt der Bibliothek gelangen Sie zum bekannten Menü **Datei**. Hier können Sie direkt in Ihren (Datei-)Verzeichnissen navigieren. Dieses Menü können Sie nutzen, wenn Sie genau wissen, wo sich ein gewünschter Titel auf der Festplatte befindet, und so ohne Nutzung der Bibliothek schneller zum Ziel kommen.

Der letzte Menüpunkt heißt **Musik-Addons**. Mit Add-ons können Sie, wie Sie schon wissen, den Funktionsumfang von Kodi erweitern. Ein wichtiger Einsatzzweck ist der Empfang von Internetradiostationen. Dieser Menüpunkt wird in Kapitel 12, »Add-ons und Onlineinhalte«, noch genauer erklärt.

Die Wiedergabe steuern

Sie wissen bereits, dass Sie mit einem Klick auf einen Musiktitel dessen Wiedergabe starten. Sie aktivieren damit den Musikplayer, der zunächst im Hintergrund arbeitet. Lediglich eine kleine Infoleiste am oberen Bildschirmrand zeigt die aktuelle Wiedergabe an. Wenn Sie (unabhängig von der Bibliotheksansicht) das Optionsmenü am linken Bildschirmrand öffnen, sehen Sie dort schon etwas mehr. Am unteren Rand des Menüs gibt es wäh-

rend der Wiedergabe vier neue Schaltflächen, mit denen Sie die Wiedergabe pausieren (etwa wenn das Telefon klingelt) und stoppen können. Mit der dritten Taste (dem Pfeil mit Balken) springen Sie zum nächsten Titel des aktuellen Albums oder der aktuellen Wiedergabeliste – dies ist ein praktischer Schnellzugriff, wenn Ihnen der aktuelle Titel nicht gefällt. Richtig interessant ist die vierte Schaltfläche (die mit den vier Pfeilen), die den Musikplayer im Vollbild anzeigt.

Während der Wiedergabe eines Musikstücks gibt es im Optionsmenü Schaltflächen zur Steuerung.

TIPP

Die Vollbildansicht...

... erreichen Sie jederzeit über die ⤺-Taste – nicht nur bei der Musikwiedergabe, sondern in allen Medienkategorien. Sie können damit zwischen Medienwiedergabe und Menübildschirm wechseln.

Der Musikplayer in der Vollbildansicht

Die Wiedergabe steuern

Zunächst sehen Sie hier nur Informationen zum aktuellen Titel und eine Fortschrittsanzeige. Das Drücken von Enter/OK bringt am unteren Bildschirmrand eine Steuerleiste zum Vorschein.

Ein Druck auf Enter oder OK öffnet die Steuerleiste.

Dort sehen Sie links vier bekannte Schaltflächen zur Steuerung der Wiedergabe. Rechts neben der Zeitanzeige gibt es weitere fünf Schaltflächen. Mit dem Sternsymbol ❶ können Sie eine persönliche Bewertung vornehmen und in einem neuen Fenster Noten von 1 bis 10 vergeben. Die persönliche Bewertung können Sie auch als Filter nutzen. So können Sie sich zum Beispiel nur Titel anzeigen lassen, die Ihnen besonders gut gefallen. Mit dem einfachen Pfeilsymbol ❷ können Sie festlegen, ob Sie eine Wiederholung des aktuellen Titels oder des Albums/der Wiedergabeliste als Endlosschleife (**repeat**) wünschen. Das Doppelpfeilsymbol ❸ steuert die Reihenfolge der Wiedergabe, Sie können zwischen einer linearen oder zufälligen Wiedergabe (**shuffle**) der einzelnen Titel des Albums oder der Wiedergabeliste wählen.

Über das vorletzte Symbol ❹ können Sie aus dem Internet den Text des gerade gespielten Titels herunterladen. Häufig wird dort wie in einer Karaoke-Bar die gerade gesungene Zeile markiert. Möchten Sie diese (optionale) Funktion ausprobieren, klicken Sie die Schaltfläche an. Sie erhalten den Hinweis, dass für die Funktion ein Add-on erforderlich ist. Klicken Sie auf **Mehr**, und wählen Sie im neuen Fenster das Add-on **CU LRC Lyrics** aus. Mit einem Klick auf **OK** wird das Add-on installiert.

Kodi informiert Sie über ein benötigtes Add-on und bietet an, dieses zu installieren.

Es steht sofort zur Verfügung, sucht nach den Texten des aktuellen Liedes und zeigt sie auf dem Bildschirm an. Zukünftig können Sie die Anzeige des Textes direkt über die Schaltfläche ❹ einschalten. Ein Druck auf die Zurück-Taste beendet die Anzeige. Beachten Sie, dass es im Internet nicht zu allen Musikstücken Liedtexte gibt. Darüber hinaus sind Liedtexte urheberrechtlich geschützt, und der Download wirft möglicherweise rechtliche Fragen auf.

Ganz rechts in der Symbolleiste des Musikplayers finden Sie ein Zahnradsymbol ❺, mit dem Sie weitere Einstellungen vornehmen können. Unter anderem können Sie die Musikwiedergabe mit Visualisierungen aufpeppen und die Anzeige von Liedtexten steuern. Für die Visualisierung stehen mehrere Möglichkeiten zur Verfügung, die jedoch zunächst deaktiviert sind. Mehr dazu erfahren Sie im Abschnitt »Die Visualisierung bei der Musikwiedergabe einsetzen« auf Seite 267.

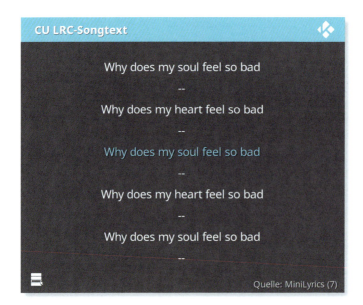

Nach der Installation erfolgt umgehend die Anzeige des Liedtextes.

Das Untermenü für die Liedtexte ist umfangreich. Sie können auswählen, welche Quellen das Add-on im Internet abfragen soll, die Einstellungen richten sich jedoch eher an fortgeschrittene Anwender. Für Einsteiger ist möglicherweise die Registerkarte **Optionen** interessant, die Sie im linken Fensterteil aufrufen können. Hier können Sie wählen, ob die Liedtexte automatisch angezeigt werden oder nur auf Wunsch über die Schaltfläche eingeblendet werden sollen. Außerdem können Sie die Texte von unschönen Steuerzeichen bereinigen.

Den Musikplayer können Sie auch direkt mit den Tasten der Tastatur oder der Fernbedienung steuern. Probieren Sie es am besten gleich aus: Mit den Tasten ← und → springen Sie im aktuellen Titel um jeweils zehn Sekunden vor beziehungsweise zurück, mit den Tasten ↑ und ↓ kommen Sie zum vorangegangenen beziehungsweise nächsten Titel. Mit der Zurück-Taste gelangen Sie jederzeit vom Player zur Titelübersicht (die Wiedergabe wird fortgesetzt). Mit der Info-Taste der Fernbedienung beziehungsweise der Taste I schalten Sie die Anzeige von Informationen und des Cover-Bildes aus und vergrößern damit die Visualisierung.

Mit Wiedergabelisten arbeiten

In diesem Abschnitt geht es um die Wiedergabelisten, die auch *Playlisten* oder *Abspiellisten* genannt werden. In einer Wiedergabeliste legen Sie fest, welche Titel Sie in welcher Reihenfolge hören möchten; Sie stellen sich also ein eigenes Musikprogramm zusammen. Wiedergabelisten lassen sich abspeichern und jederzeit erneut wiedergeben.

Kodi arbeitet im Hintergrund ständig mit einer Wiedergabeliste, normalerweise bekommen Sie davon jedoch nichts mit. Beim Programmstart ist die Wiedergabeliste zunächst leer. Möchten Sie einen Titel zur Wiedergabeliste hinzufügen, wählen Sie ihn an, ohne Enter/OK zu drücken. Es spielt keine Rolle, in welcher Ansicht der Bibliothek Sie sich befinden. Um den Titel zur Wiedergabeliste hinzuzufügen, drücken Sie die Taste Q (für Englisch: queue, also einreihen). Alternativ können Sie das Kontextmenü öffnen und den Eintrag **In Abspielliste einreihen** auswählen. Der Titel wird im Hintergrund zur Wiedergabeliste hinzugefügt, und der Cursor springt in der Anzeige um einen Titel weiter. Die Wiedergabe der neuen Liste startet nun automatisch, kann aber mit der Stop-Taste oder der Taste X abgebrochen werden. Sie können nun beliebig viele Titel (auch aus anderen Teilen der Musikbibliothek) zur Wiedergabeliste hinzufügen. Auch ganze Alben fügen Sie mit der Taste Q hinzu.

> **ACHTUNG**
>
> **Drücken Sie nicht versehentlich Enter oder OK**
>
> Achten Sie beim Zusammenstellen Ihrer Wiedergabeliste darauf, nur die Taste Q oder das Kontextmenü zum Einreihen zu verwenden. Benutzen Sie keinesfalls die Enter-/OK-Taste, denn damit wird die Wiedergabe des selektierten Titels direkt gestartet und die aktuelle Wiedergabeliste gelöscht – Sie müssen dann wieder von vorne beginnen.

Wenn Ihre Auswahl vollständig ist, können Sie sich die Wiedergabeliste ansehen. Sie finden sie im Optionsmenü am linken Bildschirmrand, unabhängig von der gerade dargestellten Musikansicht. Klicken Sie auf **Zur Playlist**. Falls die Wiedergabe nicht ohnehin schon gestartet wurde, können Sie dies jetzt in diesem Fenster (!) mit der Enter-/OK-Taste nachholen.

In der Ansicht der Wiedergabeliste finden Sie Schaltflächen zur zufälligen Wiedergabe aller enthaltenen Titel, die Möglichkeit der Wiederholung eines Einzeltitels oder der ganzen Liste sowie die Option zum Leeren beziehungsweise Löschen der aktuellen Zusammenstellung. Wenn Ihnen die Playlist besonders gut gelungen ist, können Sie sie für eine erneute Nutzung abspeichern. Ebenfalls am linken Bildschirmrand finden Sie dafür die Schaltfläche **Speichern**. Sie werden zuerst um einen Namen für die Wiedergabeliste gebeten.

Vor dem Abspeichern müssen Sie der Wiedergabeliste einen Namen geben.

Die abgespeicherten Wiedergabelisten werden zentral für Sie aufbewahrt – das geschieht im sogenannten *Userdata*-Ordner auf der Festplatte des aktuellen Kodi-Geräts. Möchten Sie eine abgespeicherte Wiedergabeliste wieder laden, rufen Sie den Unterpunkt **Wiedergabelisten** in der Musikbibliothek auf.

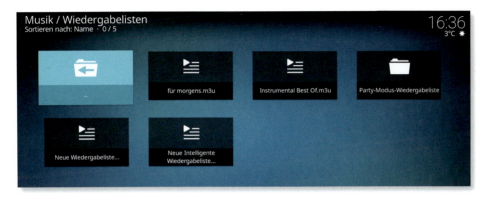

Ihre abgespeicherten Wiedergabelisten finden Sie unter dem gleichnamigen Menüpunkt des »Musik«-Menüs.

In diesem Menü sehen Sie neben drei Funktionsschaltflächen (**Party-Modus-Wiedergabeliste**, **Neue Wiedergabeliste** und **Neue Intelligente Wiedergabeliste**) alle bisher abgespeicherten Wiedergabelisten. Sie können sie direkt mit Enter/OK öffnen und auf einem beliebigen Titel die Wiedergabe starten. Öffnen Sie im **Wiedergabelisten**-Menü das Kontextmenü einer Liste, erhalten Sie verschiedene Optionen.

Sie können hier die komplette Liste zur momentanen Wiedergabeliste hinzufügen – so lassen sich mehrere Listen hintereinanderreihen. Sie können die Wiedergabe der Liste starten, diese bearbeiten und zur Bibliothek hinzufügen. Wenn Ihnen die Liste ganz besonders gefällt, kann sie auch zu den Favoriten hinzugefügt werden, dazu erfahren Sie mehr in Kapitel 18, »Für Fortgeschrittene: erweiterte Funktionen«. Hinter der Schaltfläche **Durchsuchen** verbirgt sich eine simple Ansicht der enthaltenen Titel. Der letzte Punkt löscht die Liste (nach einer Rückfrage) vollständig.

Das Kontextmenü einer Wiedergabeliste hält diverse Optionen bereit.

> **TIPP**
>
> **Für technisch Interessierte**
>
> Kodi legt die Wiedergabelisten im *M3U*-Format im *Userdata*-Verzeichnis ab. Dieses finden Sie auf einem Windows-Rechner unter *C:\Users\%BENUTZERNAME%\AppData\Roaming\Kodi\userdata\playlists\music*, unter LibreELEC unter */storage/.kodi/userdata/playlists/music* und unter OSMC unter */home/osmc/.kodi/userdata/playlists/music*. Sie können die Dateien in diesem Verzeichnis von Hand editieren (verwenden Sie dazu vollständige Pfadangaben) oder auch eigene Wiedergabelisten anlegen.

Daneben gibt es noch eine weitere Möglichkeit, Wiedergabelisten anzulegen. Öffnen Sie den Menüpunkt **Wiedergabelisten** des **Musik**-Menüs. Sie finden darin den Menüpunkt **Neue Wiedergabeliste**, der einen Editor öffnet. Sie können Ihre gesamte Musiksammlung entweder in der Datei- oder Bibliotheksansicht (mit allen Kategorien) durchsuchen. Klicken Sie bei einem Titel auf Enter/OK, können Sie ihn Probe hören (das gilt aber nur für dieses Menü). Mit der [Q]-Taste oder dem Kontextmenü fügen Sie den Titel zur Wiedergabeliste hinzu. Den Inhalt der Liste sehen Sie in der rechten Hälfte des Bildschirms. Ist die Wiedergabeliste fertig, kann sie über die Schaltfläche links abgespeichert werden. Diese Methode ist eher dafür gedacht, Wiedergabelisten in Ruhe zu erstellen und gleich abzuspeichern. Sie finden die fertige Playlist nach dem Speichern direkt im Menü und können sie dort auch abspielen.

Einstellungen rund um die Musikwiedergabe

Zum Schluss erfahren Sie noch etwas über die Einstellungsmöglichkeiten bei der Musikwiedergabe. Sie erreichen das entsprechende Menü über das Einstellungsmenü und die Kategorie **Medien**. Die Optionen sind auf der Registerkarte **Musik** angeordnet. Die Voreinstellungen sind bereits gut gewählt, Einsteiger müssen daran keine Änderungen vornehmen.

Der Einstellungsdialog für die Musikoptionen fällt angenehm kompakt aus.

Hier können Sie festlegen, ob überhaupt Tag-Informationen aus den Musikdateien ausgelesen werden sollen. Normalerweise ist dies erwünscht – in großen Sammlungen kann es aber beim Einlesen zu einem beachtlichen Zeitbedarf führen, weswegen es auch ausgeschaltet werden kann. Als Nächstes können Sie wählen, ob Titel- und Albuminterpreten angezeigt werden sollen. Darüber haben Sie die Wahl, ob Sie Onlineinformationen den Datei-Tags vorziehen möchten. Diese Option ist natürlich nur von Relevanz, wenn Sie auch Onlineinhalte beziehen. Dies ist für die Musiksammlung fakultativ. Sie können einstellen, ob die (mühsam) in die Dateien eingetragenen Informationen passender sind oder Sie die Internetdaten bevorzugen. Zum Schluss können Sie die beiden Standardanbieter jeweils für die Informationen zu Album und Interpret auswählen. Die Expertenoptionen bieten noch Einstellungen zu Vorschaubildern sowie die Möglichkeit, beim Aktualisieren der Bibliothek gleich zusätzliche Informationen zu laden – beide Optionen sind standardmäßig bereits aktiviert.

Die Visualisierung bei der Musikwiedergabe einsetzen

Möchten Sie bei der Musikwiedergabe eine Visualisierung verwenden? Deren Installation ist mit wenigen Schritten erledigt:

Unter Windows wählen Sie im Hauptmenü von Kodi den Eintrag **Addons**. Klicken Sie dort auf das kleine Installationsicon oben links, das einen aufgeklappten Karton darstellt. Wählen Sie den Eintrag **Benutzer-Addons** und die Kategorie **Look & Feel**. Darin öffnen Sie die Unterkategorie **Visualisierung**. Wählen Sie eines der aufgeführten Add-ons, und klicken Sie es an, schöne Ergebnisse erzielt zum Beispiel *MilkDrop*. Sie erhalten einen Informationsbildschirm, klicken Sie dort auf **Aktivieren** und anschließend links auf **Benutzen**. Damit ist das Add-on aktiviert und steht zur Verfügung. Sie können es jetzt im Optionsmenü des Musikplayers (über das Zahnradsymbol) konfigurieren.

Die Visualisierung muss zunächst installiert werden.

Unter LibreELEC rufen Sie das Einstellungsmenü von Kodi auf und klicken dort auf die Kategorie **Wiedergabe**. Wählen Sie die Registerkarte **Musik** aus. Sie finden in der Kategorie **Wiedergabe** den Eintrag **Visualisierung**, wählen Sie diesen an. Klicken Sie auf die Schaltfläche **Mehr**. Darauf wird eine Liste mit verfügbaren Visualisierungen angezeigt. Wählen Sie eine aus, und drücken Sie Enter/OK. Die Visualisierung wird automatisch installiert und aktiviert. Sie steht sofort zur Verfügung und kann über das Optionsmenü im Musikplayer (über das Zahnradsymbol) konfiguriert werden.

Leider enthält die OSMC-Version 17.1 einen Fehler, sodass hier keine Visualisierungen installiert werden können. Sie können auch nicht über die Kommandozeile oder den App Store von OSMC nachgeladen werden.

Die Musikwiedergabe ohne eingeschalteten Fernseher nutzen

Vielleicht stört es Sie ein wenig, dass Sie zur Musikwiedergabe einen Fernseher benötigen. Zwar verbrauchen moderne LED-Fernseher nur wenig Strom, und die Visualisierungen sind hübsch anzusehen, besonders sparsam ist das allerdings nicht. Sie können beim Musikhören aber auch auf den Fernseher verzichten. Die einfachste Option ist es, eine Wiedergabeliste zu erstellen und die Wiedergabe zu starten, danach können Sie den Fernseher ausschalten. Titel lassen sich jederzeit mit der Fernbedienung überspringen – aber nur, wenn diese unabhängig vom Fernseher arbeitet.

Darüber hinaus sind Smartphone und Tablet interessant: Denken Sie an die Möglichkeit, Kodi über Apps wie Kore und Yatse fernzusteuern. Sie haben Zugriff auf Ihre gesamte Musikbibliothek, können sich bequem ein Musikprogramm zusammenstellen und es abspielen. Mehr dazu finden Sie im Abschnitt »Das Smartphone als Fernbedienung nutzen: ›Kore‹ und ›Yatse‹« auf Seite 106.

Onlineinformationen ergänzen

Im Unterschied zu Filmen und TV-Serien spielen zusätzliche Daten aus dem Internet in der Musiksektion von Kodi keine so große Rolle. Zumindest sind sie nicht essenziell, Musikwiedergabe und -verwaltung funktionieren auch wunderbar ohne die zusätzlichen Informationen. Auf Wunsch kann Kodi zusätzlich Datenbanken im Internet abfragen und zum Beispiel Künstlerfotos, Biografien und Informationen für Alben in der Bibliothek ergänzen. Damit dies funktioniert, sind in den Musikdateien jedoch spezielle Tags in Form von *MusicBrainz-IDs* nötig. Diese Daten sind oftmals nur in sehr wenigen Dateien enthalten. Ein Programm, das sie automatisiert hinzufügen kann, ist das in Kapitel 7, »Die Mediendateien vorbereiten«, erwähnte *MusicBrainz Picard*. Anhand der generierten IDs erkennt Kodi den jeweiligen Interpreten und lädt die Informationen aus dem Internet herunter.

Um die Onlineinformationen zu laden, prüfen Sie zunächst, ob im Einstellungsmenü unter **Medien ▸ Musik** sowohl für den Eintrag **Standardanbieter für Album-Informationen** als auch für den Eintrag **Standardanbieter für Interpreten-Informationen** die Einträge **Universal Album Scraper** und **Universal Artist Scraper** eingetragen sind. Gehen Sie dann in die Dateiansicht Ihrer Musikbibliothek, und wählen Sie Ihre Musik-Medienquelle aus. Öffnen Sie das Kontextmenü, und klicken Sie auf den Eintrag **In Bibliothek aufnehmen**. Danach müssen Sie sowohl die Interpretenliste als auch die Albenliste in der Musikbibliothek aufrufen. Wählen Sie in beiden Listen jeweils einen beliebigen Künstler beziehungsweise ein beliebiges Album aus, und öffnen Sie das Kontextmenü. Klicken Sie auf den Eintrag **Lade Informationen für alle Interpreten** beziehungsweise **Alle Alben-Infos laden**. Darauf wird der Scraper erneut aktiv und lädt passende Inhalte aus dem Internet, die an verschiedenen Stellen (zum Beispiel in der Künstlerliste) Ihrer Bibliothek angezeigt werden. Die Informationen werden im Regelfall in englischer Sprache geladen. Zwar gibt es im Kontextmenü auch eine Einstellungsoption für die Sprache (über den Eintrag **Informationsanbieter wechseln**), doch sind die meisten Texte im Internet nur auf Englisch verfügbar, sodass die Einstellung einer anderen Sprache wirkungslos bleibt.

Dank spezieller MusicBrainz-Tags kann Kodi auch weitere Informationen aus dem Internet laden.

Kapitel 11
Fotos in Kodi

Haben Sie Lust auf eine gemütliche Diashow? In diesem Kapitel lernen Sie, welche Funktionen Kodi rund um Fotos anbietet.

Verglichen mit den Möglichkeiten, die Kodi bei der Verwaltung und Wiedergabe von Filmen, TV-Serien und Musikstücken bietet, erscheint der Funktionsumfang bei den Fotos und Bildern auf den ersten Blick eher zurückhaltend. Kodi beschränkt sich auf das reine Anzeigen dieser Medien und bietet keine Fotoverwaltung (und natürlich auch keine Bearbeitungsfunktionen). Folglich spiegelt die Fotobibliothek lediglich die Ordnerstruktur des jeweiligen Speichermediums wider. Fotos aus verschiedenen Ordnern werden also nicht zusammengefasst, und es gibt (zumindest direkt in Kodi) auch keine Suchfunktion, die Fotos zum Beispiel anhand ihrer *Exif*-Tags durchsucht oder nach bestimmten Kriterien gruppiert. Kodi kann in diesem Bereich also nicht mit eigenständigen Verwaltungsprogrammen wie etwa *Adobe Photoshop Lightroom* konkurrieren. Für eine gemütliche Diashow sind aber selbstverständlich alle wichtigen Funktionen vorhanden.

Bei den Fotos kommt es also besonders darauf an, bereits im Vorfeld »Ordnung zu halten« und sie in eine passende Ordnerstruktur einzusortieren, wie Sie es im Abschnitt »Fotos sortieren« auf Seite 177 gelernt haben. Auf diese Weise finden Sie sowohl die Urlaubsfotos des Jahres 2015 als auch die Geburtstagsfotos des Vorjahres zügig und ohne zeitraubende Suchvorgänge. Wissen Sie, in welchem Verzeichnis die gewünschten Fotos abgelegt sind, dann können Sie sich dessen Inhalt in Kodi anzeigen lassen. Das Programm bietet Ihnen eine Übersicht der enthaltenen Fotos in Form von Vorschaubildern und kann Fotos einzeln oder als Diashow im Vollbildmodus anzeigen. Zusätzlich werden ein paar »Komfortfunktionen« geboten, die Sie im Folgenden kennenlernen werden. Zuerst geht es aber darum, Kodi Ihre Fotoverzeichnisse hinzuzufügen.

Fotos zu Kodi hinzufügen

Zunächst müssen Sie Kodi mitteilen, an welchem Speicherort sich Ihre Fotosammlung befindet. Kodis Funktionen rund um Fotos und Bilder befinden sich unter dem Menüpunkt **Bilder** im Hauptmenü. Wenn Sie diesen anklicken, öffnet sich eine neue Ansicht, und Sie können im Grundzustand aus zwei Einträgen wählen: **Bilder-Addons** und **Bilder hinzufügen**.

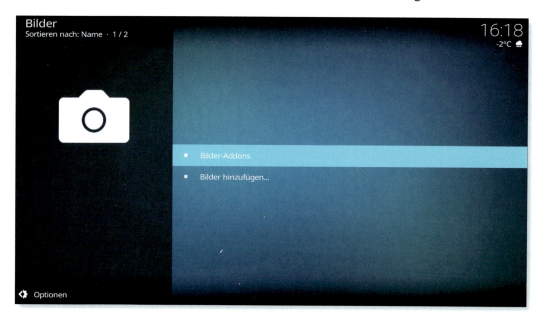

Das »Bilder«-Menü im Grundzustand

Der erste Menüpunkt führt zu den Bilder-Add-ons, die zum Beispiel auf Onlinebilderdienste zugreifen können. Mehr über Installation und Einrichtung erfahren Sie in Kapitel 12, »Add-ons und Onlineinhalte«. Zunächst geht es jedoch um den zweiten Eintrag, den Sie nun anklicken. Daraufhin öffnet sich ein Fenster mit dem Titel **Bildquelle hinzufügen**. Der Aufbau ist Ihnen bereits von den anderen Medientypen bekannt. Ihre Aufgabe ist es, eine Medienquelle für die Fotos zu definieren, indem Sie Kodi die relevanten Speicherorte mitteilen. Navigieren Sie über die Schaltfläche **Durchsuchen** zum Speicherort Ihrer Fotosammlung, und wählen Sie diesen aus. Auch bei den Fotos ist es möglich, mehrere Verzeichnisse zu einer Quelle hinzuzufügen.

Fotos zu Kodi hinzufügen

> **TIPP**
>
> **Haben Sie Ihre Fotos auf der lokalen Festplatte gespeichert?**
>
> Nutzer von Windows haben es hier leicht, denn die Anzeige enthält direkt die lokalen Laufwerke mit ihren Laufwerksbuchstaben. Nutzen Sie die vorbereiteten Verzeichnisse auf der ersten Festplatte unter LibreELEC oder OSMC, dann navigieren Sie zu **Home-Ordner ▶ pictures** (OSMC: **Pictures**). Weitere lokale Speichermedien finden Sie in beiden Systemen unter **Root-Dateisystem ▶ media**.

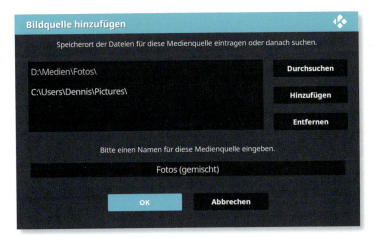

Zwei Verzeichnisse werden zu einer Bilderquelle hinzugefügt.

Haben Sie alle gewünschten Verzeichnisse eingetragen, können Sie die Medienquelle im Feld **Bitte einen Namen für diese Medienquelle eingeben** benennen. Klicken Sie abschließend auf **OK**. Kodi kehrt zum **Bilder**-Menü zurück, das die soeben erstellte Medienquelle beinhaltet.

> **TIPP**
>
> **Das Anlegen mehrerer Quellen dient der Übersicht**
>
> Als Option besteht für umfangreiche Bildersammlungen die Möglichkeit, mehrere getrennte Bildquellen anzulegen. Sie erhalten dann im **Bilder**-Menü mehrere Einträge, die eine grobe Vorsortierung der Fotos ermöglichen. Auf diese Weise lassen sich etwa Fotos der einzelnen Familienmitglieder voneinander trennen.

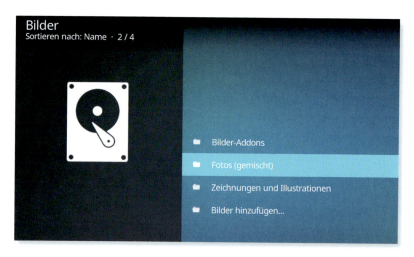

Hier wurden beispielhaft zwei Bildquellen erstellt, die jeweils mehrere Verzeichnisse mit Bildern zusammenfassen können.

Um Ihre Fotos anzuzeigen, klicken Sie im **Bilder**-Menü einen der von Ihnen hinzugefügten Einträge an. Kodi wechselt daraufhin in eine Verzeichnis- und Thumbnail-Ansicht (*Thumbnail* ist der englische Begriff für ein kleines Vorschaubild).

Ein Klick auf eine Bilderquelle im »Bilder«-Menü zeigt Ihnen eine Vorschau mit allen Ordnern und den darin abgelegten Fotos.

Mit den Pfeiltasten können Sie in der Ansicht navigieren. Ein Druck auf Enter/OK wechselt in den ausgewählten Ordner oder zeigt Ihnen das selektierte Bild in der Vollbildansicht an. Letztere verlassen Sie mit einem Klick auf die Zurück-Taste beziehungsweise ←. In der Vollbildansicht können Sie mit den Pfeiltasten ← und → auch innerhalb des aktuellen Ordners navigieren.

Funktionen zum Betrachten von Fotos

Natürlich bietet Ihnen Kodi noch mehr Funktionen zum Betrachten von Fotos. Wenn Sie während der Vollbildansicht eines Fotos auf die Play-Taste (beziehungsweise die Leertaste oder P) drücken, startet eine Diashow. Die Fotos des aktuellen Ordners werden nacheinander angezeigt. In der Grundeinstellung wird jedes Bild für fünf Sekunden dargestellt, dann folgt das nächste Bild. Während der Wiedergabe werden standardmäßig (abschaltbare) Verschiebe- und Zoom-Effekte verwendet. Ich werde Ihnen später zeigen, wie Sie beide Einstellungen verändern können. Sind alle Fotos des aktuellen Ordners wiedergegeben, fängt die Diashow wieder von vorne an. Sie können sie jederzeit beenden, indem Sie auf Stopp (beziehungsweise zurück) drücken. In der Vollbildansicht (das gilt auch für die Diashow) können Sie das aktuelle Bild mit Enter/OK im Uhrzeigersinn in 90°-Schritten drehen. Das ist sehr praktisch, wenn ein Bild im Hochformat falsch gedreht angezeigt wird.

Mit der Enter- beziehungsweise OK-Taste lassen sich Fotos in 90°-Schritten rotieren und so auch im Hochformat anzeigen.

Eine interessante Funktion versteckt sich hinter den Zifferntasten 1 bis 9. Sie ermöglichen eine Ausschnittsvergrößerung des aktuell im Vollbild angezeigten Fotos. Höhere Ziffern bedeuten einen stärkeren Zoom-Level. Mit den Pfeiltasten ↑, →, ← und ↓ verschieben Sie den dargestellten Ausschnitt innerhalb des Bildes. In der oberen rechten Ecke des Bildschirms sehen Sie eine Übersicht des gesamten Fotos mit der Größe und der Position des aktuellen Ausschnitts. Wenn gerade eine Diashow läuft, wird diese während der Zoom-Ansicht angehalten. Über die Taste 0 kehren Sie zur Vollformatansicht zurück, eine Diashow wird fortgesetzt. Sie können auch mit den Tasten + und − nahezu stufenlos zoomen und kehren mit der Taste 0 zur Gesamtansicht zurück.

Drücken Sie die Info-Taste (beziehungsweise I oder 0), dann erhalten Sie (auch während einer Diashow) einen Infokasten mit Daten zum aktuellen Bild, inklusive *Exif*-Tags (sofern vorhanden). Hier finden Sie zum Beispiel das Aufnahmedatum und die -uhrzeit sowie das Kameramodell und die Belichtungsparameter. Die gleichen Tasten deaktivieren diese Anzeige wieder.

Ein Druck auf Info beziehungsweise auf die Tasten »I« oder »0« zeigt Informationen zum gerade dargestellten Bild.

Das Drücken der Zurück- oder ⬅-Taste bringt Sie wieder zum Übersichtsbildschirm mit den Ordnern und Thumbnails. Öffnen Sie, zum Beispiel mit der Optionstaste oder der Taste C, das Kontextmenü. Es bietet Ihnen die Möglichkeit, Bildinformationen zum aktuellen Foto zu erhalten. Sie sehen eine verkleinerte Ansicht des Bildes und im rechten Bildschirmteil eine tabellarische Übersicht inklusive der Exif-Tags. Die Informationen sind dieselben, die Sie im Vollbildmodus über die eben besprochene Funktion erhalten.

Dieselbe Ansicht erhalten Sie, wenn Sie ein Bild selektieren und die Info-Taste beziehungsweise die Taste I drücken.

Der zweite Punkt im Menü ermöglicht den Start einer Diashow, die mit dem aktuell gewählten Bild beginnt. Der dritte Punkt erlaubt die Neuerstellung der Vorschaubilder (Thumbnails). Diese Funktion werden Sie nur selten benötigen, zum Beispiel, wenn ein Vorschaubild fehlerhaft dargestellt wird oder sich der Bildinhalt geändert hat, ohne dass Kodi es mitbekommen hat.

> **TIPP**
>
> »Medium wechseln« führt zur Gemischtwarenabteilung
>
> Mit dem vierten Punkt **Medium wechseln** können Sie das aktuelle Wiedergabemedium wechseln und zwischen Musik, Videos oder dem Dateimanager wählen. Diese Funktion ist dann nützlich, wenn sich im aktuellen Ordner nicht nur Fotos befinden, sondern auch Videoclips oder Tonaufnahmen (etwa Audiokommentare). Mit diesem Menü können Sie die Ansicht gezielt nach solchen Dateitypen filtern.

Der letzte Punkt fügt das aktuelle Bild dem Favoritenmenü hinzu. Mit diesem Menü befasst sich Kapitel 18, »Für Fortgeschrittene: erweiterte Funktionen«, ausführlich.

Ein etwas anderes Menü ergibt sich, wenn Sie das Kontextmenü eines Ordners aufrufen. Hier gibt es die Option **Rekursive Diashow**. Sie gibt alle Fotos, die sich im aktuellen Ordner und in allen Unterordnern befinden, als Diashow wieder. Dies ist sehr praktisch, wenn Sie eine feingliedrige Ordnerstruktur verwenden und eine umfassende Diashow betrachten möchten. Die anderen Menüpunkte kennen Sie bereits.

In der Ordner- und Thumbnail-Übersicht gibt es am linken Bildschirmrand ein Optionsmenü in Form eines Ausklappmenüs, das Sie am Eintrag **Optionen** in der linken unteren Ecke erkennen können.

In der Bildervorschau finden Sie am linken Bildschirmrand ein Optionsmenü.

Dieses Menü bietet Ihnen im oberen Teil **Ansichtsoptionen** zunächst einmal die Möglichkeit, die aktuelle Art der Darstellung zu ändern – mehr dazu erfahren Sie im Abschnitt »Die Ansichtsoptionen in der Bibliothek« auf Seite 280. Der zweite Eintrag bestimmt, nach welchem Kriterium die Fotos und Ordner in der Ansicht sortiert werden – und damit auch die Reihenfolge der Wiedergabe in einer Diashow. Standardmäßig ist hier **Name** eingestellt. Sie haben aber auch die Möglichkeit, sich die Elemente nach ihrer (Datei-)**Größe**, dem (Datei-)**Datum** oder dem **Aufnahmedatum** (generiert aus einem Exif-Tag) sortieren zu lassen. Der zweite Punkt des Optionsmenüs steuert die **Reihenfolge**: Soll die Sortierung auf- oder absteigend vorgenommen werden? Über den Menüpunkt **Suchen** können Sie nach Elementen innerhalb des aktuellen Ordners suchen. Im Hintergrund wird die Liste bei fortschreitender Eingabe des Suchbegriffs in Echtzeit aktualisiert. Diese Funktion ist praktisch, wenn Sie Ihre Fotodateien einzeln benannt haben, zum Beispiel mit dem Inhalt oder dem Aufnahmedatum.

Im unteren Teil namens **Aktionen** können Sie eine Diashow starten. Dieser Punkt ist nur dann verfügbar, wenn sich im aktuellen Verzeichnis Fotos (und nicht nur weitere Unterverzeichnisse) befinden. Es werden alle Bilder des aktuellen Verzeichnisses wiedergegeben. Der zweite Punkt aktiviert die **Rekursive Diashow**, die sich nur aktivieren lässt, wenn sich im aktuellen Ordner noch weitere Unterordner befinden. Die rekursive Diashow gibt auch alle Fotos der Unterverzeichnisse wieder. Der dritte Punkt ermöglicht es, die aktuelle Sortierung zu vernachlässigen und für die Wiedergabe eine **zufällige Reihenfolge** zu verwenden. Der letzte Menüpunkt **Bilder auf Karte zeigen** ermöglicht die Darstellung des Aufnahmeortes der Fotos auf einer Landkarte. Dazu muss es Ortsinformationen in den Exif-Tags geben. Viele Smartphones und auch einige hochwertige Digitalkameras bieten diese Funktion, aus Sicherheitsgründen (mögliches Stalking in sozialen Medien) ist sie aber meistens ab Werk deaktiviert. Die Kartendarstellung erfordert, dass ein Add-on installiert wird. Darauf werden Sie beim Aufrufen hingewiesen. Die Installation läuft nach Ihrer Bestätigung automatisch im Hintergrund.

Übrigens: Im Hauptmenü gibt es noch eine kleine Komfortfunktion. Wählen Sie den Punkt **Bilder**, ohne ihn anzuklicken. In der rechten Hälfte des Bildschirms sehen Sie Ihre Bildquellen. Über die Pfeiltasten können Sie dorthin navigieren und sie direkt aufrufen.

Bequem vom Hauptmenü aus direkt auf Ihre Bilderquellen zugreifen

Die Ansichtsoptionen in der Bibliothek

Nun soll es noch kurz um die verschiedenen Ansichtsoptionen gehen, die Ihnen beim Navigieren in der Bilderbibliothek zur Verfügung stehen. Wie im letzten Abschnitt gezeigt, können Sie die Ansicht über den ersten Eintrag des Optionsmenüs einstellen, das Sie im Navigationsbildschirm unterhalb des **Bilder**-Menüs ganz links mit den Pfeiltasten erreichen können. Für alle Ansichten gilt, dass Sie mit dem ersten Symbol (ein Ordner mit einem Pfeil) wieder eine Ebene zurücknavigieren können. Alternativ können Sie auch die Zurück- beziehungsweise ←-Taste drücken.

Die erste Option **Wall** ist Ihnen als Voreinstellung schon bekannt. Sie zeigt Vorschaubilder von Ordnern und Fotos in einem Raster. Der Hintergrund zeigt abgedunkelt eine Vorschau des selektierten Bildes.

Die zweite Option **Shift** ordnet die Bilder und Ordner horizontal an. Oberhalb informiert eine Leiste über die Dateigröße und das Erstellungsdatum. Sie navigieren mit den Tasten ← und →. Das Optionsmenü am linken Bildschirmrand erreichen Sie über die Taste ↑. Mit der Taste ↓ aktivieren Sie eine Scroll-Leiste, mit der Sie sich schnell durch eine längere Liste von Einträgen bewegen können.

Die Ansicht »Shift« mit einer horizontalen Leiste

Die dritte Option **Info Wall** ähnelt der Ansicht **Wall** und bietet zusätzlich im linken Bildschirmbereich eine Informationsleiste, die einige Dateiattribute und *Exif*-Tags anzeigt.

Die Ansicht »Info Wall« listet Dateiinformationen am linken Bildschirmrand.

> **TIPP**
>
> **Die Ansichten lassen sich flexibel zuordnen**
>
> Sie können für verschiedene Hierarchieebenen der Bibliotheksansicht verschiedene Ansichtsoptionen wählen und zum Beispiel die Option **Wall** für die grobe Übersicht der Ordner und die Ansicht **Info Wall** für die tiefere Ebene der im Ordner vorhandenen Fotos nutzen.

Optionen für verschiedene Einstellungen

Nachdem Sie nun wissen, wie Sie Fotos in Kodi anzeigen, schauen Sie sich die Optionen an, mit denen Sie die Fotodarstellung beeinflussen können. Dieser Abschnitt steht bewusst am Ende des Kapitels, denn nun werden Sie sofort wissen, was die Optionen im Einstellungsmenü bewirken.

Öffnen Sie über das Zahnradsymbol im Hauptmenü das Einstellungsmenü. Die Optionen zu den Bildern befinden sich in zwei Kategorien. Los geht es mit der Kategorie **Wiedergabe**. Öffnen Sie das Modul, und navigieren Sie links zu den Einstellungsoptionen für **Bilder**.

Als Erstes können Sie für eine Diashow die **Anzeigedauer pro Bild** einstellen. Wenn Ihnen die Standarddauer von fünf Sekunden etwas zu kurz ist, können Sie diesen Wert hier nach Wunsch verändern. Die zweite Option kümmert sich um die *Schwenk-* und *Zoom-Effekte*, die während der Diashow eingeblendet werden. Entscheiden Sie nach Ihrem persönlichen Geschmack, ob Sie diese Effekte abschalten möchten. Die dritte Option ermöglicht die Aktivierung einer *zufälligen Reihenfolge* für die Diashow.

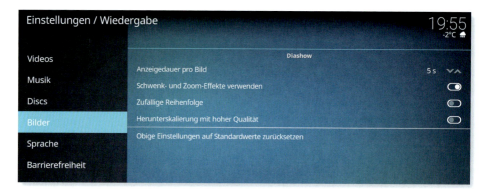

Das Einstellungsmenü für die Wiedergabe

Mit der letzten Option können Sie die **Herunterskalierung mit hoher Qualität** aktivieren. Diese Option kommt dann zum Zuge, wenn Sie Bilder mit einer höheren Auflösung haben, als Ihr Fernsehgerät beziehungsweise Monitor oder Beamer anzeigen kann. Das ist heutzutage eigentlich (fast) immer der Fall. Nutzen Sie einen schnellen Rechner, können Sie diese Option aktivieren. Arbeitet Kodi bei Ihnen auf einem Raspberry Pi, dann ist es besser, diese Funktion nicht zu aktivieren. Mit der letzten Option können Sie alle oben genannten Optionen wieder auf die Standardwerte zurückstellen.

Eine zweite Gruppe von Optionen finden Sie in der Kategorie **Medien** unterhalb des Haupteinstellungsmenüs. Sie kümmert sich um die Darstellung der Fotos in der Vorschau. Im linken Auswahlmenü wählen Sie den Eintrag

Bilder und können nun zwei Werte verändern. Sie haben die Wahl, ob Sie **Vorschaubilder Ihrer Fotos automatisch erstellen** lassen wollen. Damit sind die Thumbnails gemeint, die Sie bei der Navigation in den Bilderordnern über den Dateiinhalt informieren. Diese praktische Option sollten Sie nur abschalten, wenn Ihr Kodi-Rechner sehr langsam ist, was zum Beispiel auf einen Raspberry Pi der allerersten Generation zutrifft. Die zweite Option kümmert sich darum, ob Videodateien, die sich im Bilderordner befinden, mit in den Verzeichnissen angezeigt werden sollen. Dies zielt auf Videoclips, die man auch mit einem Fotoapparat aufnehmen kann und die üblicherweise auf der Speicherkarte »zwischen« den Fotos abgespeichert werden. Ist die Option deaktiviert, bleiben diese Videos verborgen. Sie können sie dennoch sichtbar machen, wenn Sie die im Abschnitt »Funktionen zum Betrachten von Fotos« auf Seite 275 besprochene Option **Medium wechseln** nutzen.

Etwas mehr Datenbank-Feeling bekommen

Ärgert es Sie, dass die Verwaltungsfunktionen von Kodi bei den Bildern recht rudimentär sind, und wünschen Sie sich etwas umfangreichere Suchmöglichkeiten? Nun, eine Möglichkeit dazu gibt es. Leider müssen Sie dafür etwas Glück haben, denn Sie sind auf die Hilfe eines weiteren Geräts angewiesen, das sozusagen »mitspielen« muss. Die Rede ist von einem UPnP- beziehungsweise DLNA-Mediaserver, den Sie möglicherweise in Ihrem Netzwerk in Betrieb haben. Er stellt Medien zur Wiedergabe auf geeigneten Geräten bereit, dazu zählen Smartphones und Tablets, aber auch Musikgeräte für die Heimanlage.

Beim Hinzufügen einer Bilderquelle lassen sich auch UPnP-Geräte auswählen.

Viele NAS-Geräte beinhalten einen UPnP-Mediaserver und können so Ihre Bildersammlung (im Regelfall jedoch ohne Zugriffsschutz) in Ihrem privaten Netzwerk anbieten. Für den Heimserver unter Linux gibt es dafür zum Beispiel das Programm *ReadyMedia* beziehungsweise *MiniDLNA*. UPnP-Mediaserver pflegen eine eigene Datenbank mit dem Medienbestand. Bei Bildern umfasst diese oft auch die Exif-Tags. Mit etwas Glück bietet Ihr Gerät so eine Funktion.

Sie können einen UPnP-Mediaserver einfach als Quelle im **Bilder**-Menü von Kodi hinzufügen. Wählen Sie das UPnP-Gerät im Auswahlmenü aus, und fügen Sie dessen oberste Bilderebene als Quelle hinzu. Anschließend können Sie die Bilderdatenbank (je nach Funktionsangebot des Mediaservers) kleinteiliger durchsuchen, als es Kodi direkt ermöglicht. Oft bietet diese Datenbank die Suche nach dem Aufnahmedatum, gelegentlich wird sogar eine Schlagwortverwaltung geboten.

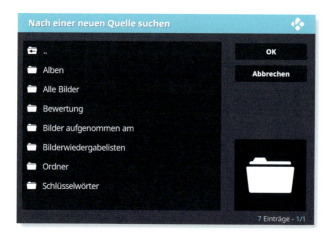

Je nach Ausstattung des UPnP-Servers bietet dieser eine mehr oder weniger umfangreiche Datenbank zur Bildersuche.

Kapitel 12
Add-ons und Onlineinhalte

Kodi wäre ohne Add-ons nicht komplett. Was Add-ons genau sind und wie Sie sie installieren, erfahren Sie in diesem Kapitel.

Sinn und Zweck von Add-ons in Kodi

Kodi an sich bietet schon einen erstaunlichen Funktionsumfang, ist aber keinesfalls ein abgeschlossenes Programm. Die Entwickler haben bewusst Schnittstellen eingebaut, über die das Mediacenter mit zusätzlichen Funktionen erweitert werden kann. Das geschieht durch Zusatzprogramme, die sogenannten *Add-ons*, die die genannten Schnittstellen nutzen und sich so nahtlos in Kodi integrieren. Dabei nutzen diese Erweiterungen die Bedienoberfläche und das Bedienkonzept des Hauptprogramms.

Add-ons können in vielen Bereichen aktiv werden, daher wurden in Kodi verschiedene Add-on-Kategorien eingerichtet. Oft genutzt ist die Möglichkeit, Zugriff auf weitere Medienquellen zu bieten, insbesondere im Hinblick auf Internetdienste. Hier können Medien in Form eines Streams abgerufen und über Kodi wiedergegeben werden. Dabei nutzen die Add-ons die bestehenden Komponenten von Kodi. Auf diese Weise lassen sich Musik-, Video- und Fotodienste in Kodi einbinden. Add-ons können darüber hinaus auch »Komfortfunktionen« bieten: So lässt sich per Add-on zum Beispiel ein E-Mail-Client bereitstellen, der während der Filmwiedergabe über neu eingegangene E-Mails informiert. Ebenso ist ein aufwendiger Bildschirmschoner möglich, der grafische Inhalte aus dem Internet lädt. Selbst ein rudimentärer Internet-Browser wird geboten.

Zur Installation von Add-ons bringt Kodi eine Add-on-Verwaltung mit. Zur Verfügung stehende Add-ons werden in Form einer Bibliothek, dem sogenannten *Repository*, zusammengefasst. Dieses ist nach Kategorien sortiert und lässt sich bequem am Bildschirm durchsuchen. Zu (fast) jedem Add-on wird ein Beschreibungstext geboten, der über die Funktion informiert. Aus der Bibliothek heraus können Add-ons direkt installiert werden, es gibt auch Update- und Deinstallationsfunktionen.

Kodi bringt von Haus aus bereits ein solches Repository mit. Darin ist eine Vielzahl bekannter und etablierter Add-ons enthalten, die die Zustimmung der Kodi-Entwickler haben. Kodi ist beim Einsatz solcher Repositories äußerst flexibel und kann durch diverse Repositories aus dem Internet ergänzt werden, die jeweils eigene Add-on-Sammlungen mitbringen. So gibt es zum Beispiel bei LibreELEC gleich von Haus aus weitere Repositories, die Add-ons zur Ergänzung des Betriebssystems bieten. Damit kann das ansonsten recht festgezurrte LibreELEC um bekannte Linux-Dienste und -Programme erweitert werden.

Ist das alles legal?

Wer diese Frage stellt, bekommt eine einfache und kurze Antwort: nein. Leider ist bei Weitem nicht alles legal, was als Add-on für Kodi angeboten wird. Das liegt daran, dass die »Andockstellen« für Add-ons (also die Programmierschnittstellen) von Kodi allgemein zugänglich sind. Es kann also jeder, wenn er die nötigen Kenntnisse besitzt, zusätzliche Add-ons für Kodi programmieren. Darauf haben die Entwickler von Kodi keinen Einfluss.

Der Mensch ist mit einer individuellen Hemmschwelle ausgestattet, was die Überschreitung von Gesetzen und Richtlinien angeht. Folglich ist absehbar, dass es auch Naturen gibt, die Add-ons entwickeln, die auf Dienste im Internet zugreifen, die dort nicht legal angeboten werden. Dies betrifft in erster Linie Streaming-Plattformen, die Inhalte wie Spielfilme, TV-Serien und auch Musikstücke frei anbieten. Natürlich sind solche Werke urheberrechtlich geschützt, und der Urheber entscheidet allein, wie seine Werke genutzt werden dürfen. Häufig beachten die genannten Streaming-Dienste diese Nutzungsrechte jedoch nicht – und schon befindet man sich im illegalen Bereich. Zusammengefasst gibt es also durchaus schwarze Schafe. Sie sollten also keinesfalls Add-ons aus dem Internet installieren, die Zugriff auf zweifelhafte Inhalte verschaffen. Insbesondere sollten Sie auf die Installation von Repositories verzichten, die offensichtlich zur Verbreitung illegaler Inhalte beitragen.

Wo es schwarze Schafe gibt, da gibt es auch weiße Schafe. Natürlich gibt es auch Add-ons, die sich völlig rechtskonform verhalten und legal nutzbare und frei verfügbare Dienste im Internet verwenden. Dazu gehören viele der angesprochenen Programm-Add-ons, die etwa Linux-Dienste aus dem Open-Source-Bereich in Kodi integrieren. Ebenso zählt der angesprochene E-Mail-Client dazu. Die Add-ons, die im Kodi-eigenen Repository enthalten sind, werden allerdings nicht von den offiziellen Kodi-Entwicklern bereitgestellt, sondern von »externen« Programmierern ausgearbeitet. Sie haben aber nach einer Prüfung durch die Kodi-Entwickler die Zustimmung zur Aufnahme in das offizielle Add-on-Repository erhalten. Verglichen mit anderen Plattformen ist Kodi aber immer noch ein relativ kleines Projekt. Das führt dazu, dass es von offizieller Seite (gemeint sind etablierte Medien- und Dienstanbieter) keine Add-ons für Kodi gibt. Ein Beispiel sind die Mediatheken der öffentlich-rechtlichen Sender in Deutschland. Die in Kodi verfügbaren Add-ons wurden nicht von den jeweiligen Sendeanstalten entwickelt und auch nicht durch einen offiziellen Auftrag erstellt, sondern sind im Freizeitbereich aus eigenem Interesse und auf eigene Faust durch die jeweiligen Entwickler entstanden. Diese geben sich natürlich Mühe, ihre Add-ons rechtskonform zu erstellen, haben aber eben nicht den Segen der jeweiligen Dienste, die sie nutzen, und begeben sich damit möglicherweise auf rechtlich unsicheren Boden.

Wie so oft gibt es neben den schwarzen und weißen Schafen also auch graue Exemplare. Aus diesem Grund distanzieren sich die Kodi-Entwickler auch indirekt von einer Vielzahl der Add-ons und weisen darauf hin, dass die Entwicklung von Dritten in Eigeninitiative vorgenommen wurde. Für Sie als Anwender bedeutet das, dass Sie sich nicht sicher sein können, dass alle Add-ons – das gilt übrigens auch für die aus dem offiziellen Repository – absolut legal sind. Möglicherweise begeben Sie sich zumindest in eine rechtliche Grauzone oder in einen Bereich, der zwar geduldet wird, aber nicht bis ins Detail statthaft ist. Dies sollten Sie immer im Hinterkopf behalten. Vor der Installation sollten Sie sich daher immer Gedanken über die Rechtmäßigkeit machen und gegebenenfalls auf das Add-on verzichten.

> **ACHTUNG**
>
> **Dieses Buch ersetzt keine Rechtsberatung …**
>
> … und bietet auch keine solche an. Wenn Sie unsicher über die Legalität von Add-ons sind, dann sollten Sie eine professionelle Rechtsberatung in Anspruch nehmen.
>
> In diesem Buch werden nur solche Add-ons vorgestellt, die Teil des offiziellen Repositorys sind. Auch hier kann man nicht von einer Rechtssicherheit ausgehen. Die Entwickler geben sich zwar Mühe, sich korrekt zu verhalten, es ist aber möglich, dass Nutzungsbedingungen fehlinterpretiert wurden oder dass diese sich zwischenzeitlich ändern. Auch dies sollten Sie bei der Nutzung von Add-ons im Hinterkopf behalten. Das gilt vor allem für Add-ons, die auf Onlinemedien zugreifen.

Die Installation und Nutzung von Add-ons

Installation und Verwaltung von Add-ons erfolgen über den zentralen Eintrag **Addons** im Hauptmenü. Wenn Sie diesen anwählen (ohne Enter/OK zu drücken), sehen Sie rechts auf dem Bildschirm am oberen Rand eine Leiste mit Kategorien. Dort gibt es die Einträge **Benutzer-Addons**, **Verfügbare Aktualisierungen**, **Zuletzt aktualisiert**, **Aus Repository installieren** und **Suchen**. Der erste Eintrag bietet Zugriff auf die bereits installierten (aber möglicherweise deaktivierten) Add-ons. Diesen Eintrag nutzen Sie, wenn Sie ein bereits installiertes Add-on konfigurieren möchten, denn darüber erreichen Sie dessen Einstellungsdialog am schnellsten. (Ja, auch Add-ons können eigene Einstellungsdialoge mitbringen.) Sie können hier auch installierte Add-ons deinstallieren oder deaktivieren (also abschalten), wenn Sie diese nur vorübergehend nicht nutzen möchten. Der zweite Eintrag dient der manuellen Suche nach Aktualisierungen – wobei Add-ons ansonsten auch beim Systemstart automatisch aktualisiert werden. Die dritte Schaltfläche zeigt Ihnen diejenigen Add-ons an, die zuletzt aktualisiert wurden. Die Aufgabe der letzten Schaltfläche dürfte sofort erkennbar sein, interessant ist jetzt erst einmal die vorletzte Schaltfläche, denn damit können Sie aus der »Add-on-Bibliothek«, dem Repository, ein Add-on installieren. Bevor Sie das tun, möchte ich Sie noch schnell mit dem **Addons**-Bildschirm vertraut machen, der ebenfalls Möglichkeiten zur Installation bietet.

Anfangs noch recht leer: die zentrale Add-on-Verwaltung von Kodi

Klicken Sie dazu den **Addons**-Eintrag im Hauptmenü an. Sie sehen darauf den **Addons**-Bildschirm.

Der »Addons«-Bildschirm von Kodi

Dort finden Sie eine nach Kategorien sortierte Übersicht der installierten Add-ons. Insbesondere die ersten vier Einträge sind interessant, denn diese bieten Zugriff auf die Medien- und Programm-Add-ons. So können Sie rasch ein Add-on aufrufen, das sich um Videodienste bemüht oder zur Kategorie **Musik** gehört – etwa ein Add-on für Internet-Radiodienste.

Jetzt wird es Zeit für die Installation eines Add-ons. Klicken Sie dazu unten links auf die Schaltfläche **Herunterladen**.

Eine neue Bildschirmansicht zeigt Ihnen eine umfangreiche Liste von Kategorien, denen die einzelnen verfügbaren Add-ons zugeordnet sind. Diese Ansicht fasst die Add-ons aus allen Repositories Ihrer Kodi-Installation zusammen – das sehen Sie auch ganz links oben auf dem Bildschirm (dort steht **Alle Repositories**). Was sich hinter den einzelnen Kategorien verbirgt, dürfte meist am Namen erkennbar sein. So kümmern sich **Musik-Addons** um Audiodienste und -funktionen, während die Kategorie **Look & Feel** für »Äußerlichkeiten« (wie Designelemente) zuständig ist.

Schauen Sie sich doch einfach mal den Inhalt der einzelnen Kategorien an. Durch Drücken von Enter/OK gelangen Sie zur Übersicht der enthaltenen Add-ons. Durch die Liste scrollen Sie wie gewohnt mit den Pfeil- und den Bildlauftasten. Zurück zur Übersicht gelangen Sie stets mit der Zurück-Taste.

Die Übersicht aller Add-on-Kategorien aus allen Repositories ist umfangreich.

Die Installation und Nutzung von Add-ons

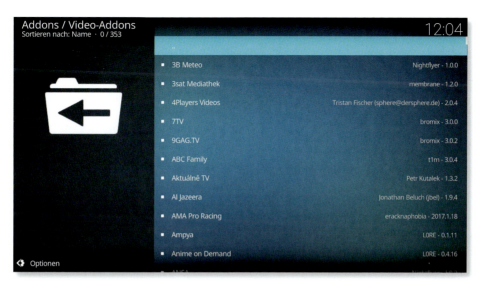

Die Kategorie »Video-Addons«. Die Liste bietet eine große Auswahl.

Bei den Ansichten der einzelnen Add-ons gibt es wie immer am linken Bildschirmrand ein Optionsmenü. Sie können dort einstellen, in welcher Reihenfolge die Add-ons aufgeführt werden sollen. Außerdem gibt es eine Suchfunktion, die sich in Verbindung mit einer Minitastatur als äußerst praktisch erweist. Gerade in längeren Listen wie der Videokategorie kann es hilfreich sein, ausländische Angebote auszublenden, wenn man auf der Suche nach einem bestimmten Lokalanbieter ist. Sie können außerdem inkompatible Add-ons ausblenden (was empfehlenswert ist), nach Aktualisierungen des Repositorys suchen (das sollten Sie gelegentlich tun) und Einstellungen vornehmen.

Möchten Sie zu einem bestimmten Add-on mehr erfahren, klicken Sie es mit Enter/OK an. Es öffnet sich der Informationsdialog, der zu den meisten Add-ons einen kurzen Hinweistext bietet, der über die Funktion informiert. Bei manchen Add-ons wird am unteren Bildschirmrand auch noch ein Text mit wichtigen rechtlichen Informationen angezeigt.

Das Optionsmenü am linken Bildschirmrand

Um ein Add-on zu installieren, nutzen Sie unten rechts im Informationsdialog die entsprechende Schaltfläche. Die Installation läuft automatisch ab, je nach Größe des Add-ons ist eine gewisse Wartezeit für den Download nötig.

> **INFO**
>
> **Zur Verwaltung installierter Add-ons…**
>
> … erreichen Sie später diesen Informationsdialog für bereits installierte Add-ons direkt über die Kategorie **Benutzer-Addons**. Dort haben Sie Zugriff auf die bereits installierten Add-ons und können die Schaltflächen am unteren Bildschirmrand nutzen.

Im Informationsdialog (hier gezeigt für das Add-on »Backup«) ist die Installation des Add-ons über die Schaltfläche rechts unten möglich.

Nach der Installation sind (wenn Sie das Add-on aus der Liste erneut aufrufen) auch die weiteren Schaltflächen am unteren Bildschirmrand verfügbar. Darüber können Sie das Add-on direkt ausführen, ich zeige Ihnen aber gleich noch eine Möglichkeit, wie dies viel schneller geht. Die zweite Schaltfläche ist viel interessanter, denn sie ermöglicht die Konfiguration

Die Installation und Nutzung von Add-ons

des Add-ons; hier geht es also in das jeweilige Einstellungsmenü. Es folgt eine Schaltfläche zur Aktualisierung. Mit dem nächsten Element können Sie die automatische Aktualisierung ausschalten, von dieser Option werden allerdings nur fortgeschrittene Nutzer Gebrauch machen. Sie können das Add-on auch deaktivieren, wenn Sie es vorübergehend nicht nutzen wollen – etwa um eine Alternative auszuprobieren. Wenn das Add-on Ihnen nicht (mehr) gefällt oder nicht die gewünschte Funktion mitbringt, dann können Sie es mit der letzten Schaltfläche wieder deinstallieren. Diese Möglichkeiten sind jederzeit über die Kategorie **Benutzer-Addons** zugänglich.

Jetzt zeige ich Ihnen, wie Sie ein Add-on schnell aufrufen können: Wenn Sie nach der Installation (und der oftmals benötigten Konfiguration) zum Hauptmenü zurückkehren und dort den **Addons**-Eintrag auswählen (ohne Enter/OK zu drücken), dann zeigt Ihnen der Bildschirm rechts die installierten Add-ons nach Kategorien sortiert an. Sie können mit den Pfeiltasten ein Add-on auswählen und es mit Enter/OK aufrufen. Ist die Liste umfangreich, dann klicken Sie den **Addons**-Eintrag direkt an und suchen in den Kategorien nach dem gewünschten Add-on.

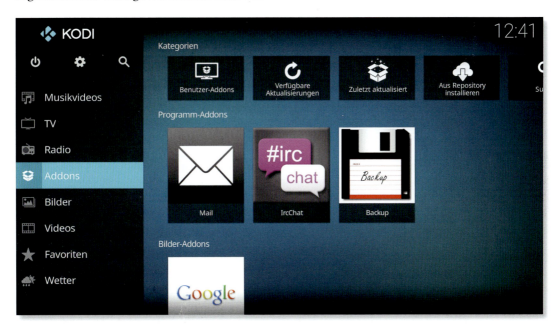

Im Hauptmenü werden die installierten Add-ons angezeigt.

Der Addon-Browser als allgemeine Schaltzentrale

Wenn Sie die **Addons**-Sektion direkt aus dem Hauptmenü öffnen, sehen Sie am linken oberen Bildschirmrand eine kleinere Symbolleiste. Oben links befindet sich die Schaltfläche ⬚, die einen geöffneten Karton zeigt. Darüber gelangen Sie zum *Addon-Browser*, der Zentralstelle rund um die Add-on-Verwaltung. Klicken Sie das Symbol an.

Im Addon-Browser haben Sie (über den Eintrag **Benutzer-Addons**) erneut Zugriff auf die bereits installierten Add-ons. Sie können die zuletzt aktualisierten Add-ons auflisten, es gibt eine Suchfunktion, und Sie können (als fortgeschrittener Nutzer) Add-ons aus einer ZIP-Datei installieren.

Die Zentralstelle für die Add-on-Verwaltung: der Addon-Browser

> **ACHTUNG**
>
> **Vorsicht vor der Installation fremder Add-ons**
>
> Die Installation über eine ZIP-Datei ermöglicht die direkte Installation von Add-ons, die in keinem Repository enthalten sind. Solche Add-ons können als ZIP-Datei aus dem Internet heruntergeladen werden. Hier sollten Sie immer vorsichtig sein, denn Add-ons können nicht nur rechtliche Probleme mit sich bringen, sondern auch schadhafte Aktionen ausführen. Laden Sie also niemals Add-ons aus dem Internet herunter, deren Erstellern Sie nicht vertrauen können.

Über die Schaltfläche **Aus Repository installieren** gelangen Sie zur Installation der Add-ons. Nutzen Sie Kodi als eigenes Programm (etwa unter Windows) oder OSMC, dann sehen Sie die Kategorienliste der Add-ons. Verwenden Sie aber zum Beispiel LibreELEC, dann gelangen Sie zuerst in einen Auswahlbildschirm, der mehrere Repositories zeigt. Das liegt daran, dass es in LibreELEC bereits bei der Installation mehrere Repositories gibt. Insbesondere ist ein Repository mit dem Namen *LibreELEC Add-ons* verfügbar, das von den Entwicklern von LibreELEC erstellt wurde. Zu den enthaltenen Add-ons zählt zum Beispiel auch eines für die Installation des bekannten *MPD*-Musikplayers unter Linux. Auch ein Add-on für die Bereitstellung von *Spotify Connect* ist verfügbar. Die gebotenen Möglichkeiten richten sich eher an computeraffine Nutzer – als solcher lohnt es sich, hier einmal hereinzuschauen. Wenn Sie eines der Repositories öffnen, dann sehen Sie zuoberst einen Eintrag mit zwei Punkten. Über diesen gelangen Sie wieder zurück zur Übersichtsseite. Im Gegensatz dazu gibt es etwa unter Windows oder OSMC zunächst nur ein vorinstalliertes Repository namens **Kodi-Add-on repository**, dessen Inhalt direkt ohne Vorschaltseite angezeigt wird. Wichtig: Nutzer von LibreELEC müssen für die Installation der in diesem Buch genannten Add-ons zumeist dieses Repository öfnen (oder alternativ **Alle Repositories** verwenden).

Umfangreich: Für fortgeschrittene Nutzer bietet LibreELEC zahlreiche Add-ons zur Erweiterung des Funktionsumfangs.

Kapitel 12 – Add-ons und Onlineinhalte

Wenn Sie den **Addons**-Bildschirm aus dem Hauptmenü heraus aufrufen, dann gibt es in der kleinen Symbolleiste links oben noch zwei weitere Einträge. Über das Symbol ⟳ bringen Sie Ihre Add-ons manuell auf den neuesten Stand (sofern Updates verfügbar sind). Normalerweise werden Updates automatisch bereitgestellt, sodass Sie diese Schaltfläche nicht benötigen. Das Symbol ⚙ führt Sie zum allgemeinen Einstellungsdialog für alle Add-ons.

Für die Add-ons gibt es nicht allzu viel einzustellen.

Hier sind die Möglichkeiten überschaubar. Sie können einstellen, ob Sie Add-ons automatisch oder manuell aktualisieren möchten – Ersteres ist bequemer. Mit dem zweiten Punkt können Sie einstellen, ob Sie mit einem kleinen Banner über erfolgte Aktualisierungen informiert werden möchten – dieser wird nur während der Navigation, nicht aber während der Medienwiedergabe eingeblendet. Als Drittes können Sie festlegen, ob Sie die Installation aus unbekannten Quellen erlauben möchten – eine solche Option ist Ihnen vielleicht schon vom Smartphone her geläufig. Als Einsteiger sollten Sie die Möglichkeit nicht nutzen, denn das Risiko ist groß, dass Sie an ein Add-on mit bösartigen Absichten geraten. Nur erfahrene Nutzer, die über den Inhalt eines Add-ons genau Bescheid wissen, sollten die Funktion nutzen.

Die über das Zahnrad unten links verfügbaren Expertenoptionen richten sich an fortgeschrittene Benutzer. Hier können Sie sich anzeigen lassen, welche Add-ons gerade ausgeführt werden und wie die einzelnen Add-ons voneinander abhängen beziehungsweise aufeinander aufbauen.

Die Mediatheken der öffentlich-rechtlichen Sender in Deutschland

Der weitere Teil dieses Kapitels bietet eine Übersicht über interessante Add-ons, die oft von Kodi-Nutzern nachgefragt und installiert werden. Recht weit vorne in der Nutzergunst stehen die Mediatheken der öffentlich-rechtlichen Sender in Deutschland. Aus Kodi heraus kann über Video-Add-ons direkt auf diese Mediatheken zugegriffen werden.

Öffnen Sie, wie zuvor beschrieben, den Installationsdialog für die Video-Add-ons. Um gleich die Liste an verfügbaren Mediatheken zu sehen, nutzen Sie am besten die Suchfunktion im Optionsmenü am linken Bildschirmrand. Geben Sie den Suchbegriff *mediathek* ein. Wenn Sie die Suche ausführen, erhalten Sie eine Übersicht über alle relevanten Add-ons.

Über eine Suche können Sie die umfangreiche Liste an Video-Add-ons einschränken.

Über den im Abschnitt »Die Installation und Nutzung von Add-ons« auf Seite 288 beschriebenen Weg können Sie eine beliebige Kombination von Mediatheken installieren.

Kapitel 12 – Add-ons und Onlineinhalte

> **INFO**
>
> **Dies sind keine offiziellen Add-ons**
>
> Bei diesen Add-ons handelt es sich bisher grundsätzlich nicht um offizielle Add-ons, die von den jeweiligen Sendeanstalten erstellt oder in Auftrag gegeben wurden. Sie sind alle von Drittpersonen erstellt, damit inoffiziell und agieren möglicherweise in einer rechtlichen Grauzone. Behalten Sie dies bei einer eventuellen Nutzung im Hinterkopf. Kodi wird durch einen Infotext auf der Informationsseite des jeweiligen Add-ons auf diesen Umstand hinweisen.

Wenn Sie die ARD Mediathek installieren, haben Sie Zugriff auf verschiedene Kategorien und können unter anderem die verfügbaren Beiträge thematisch oder alphabetisch durchsuchen oder die neuesten Beiträge auflisten.

Bietet verschiedene Kategorien mit Beiträgen: die ARD Mediathek.

Öffnen Sie eine entsprechende Kategorie, werden Ihnen die Beiträge angezeigt. Ein Klick auf einen Eintrag spielt den hinterlegten Beitrag ab. Natürlich können Sie am linken Bildschirmrand auch auf das Optionsmenü zugreifen.

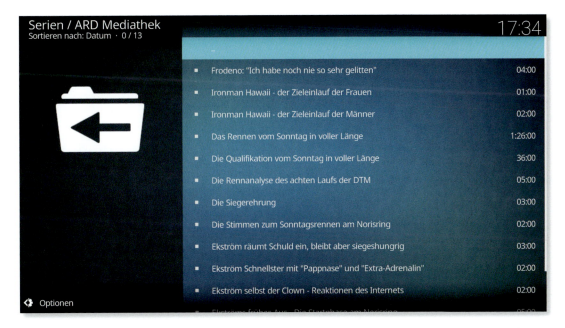

Ein Klick auf einen Beitrag spielt diesen sofort ab.

In manchen Mediatheken ist auch ein Zugriff auf den Live-Stream des jeweiligen Programms möglich.

Das YouTube-Add-on verwenden

Eine der beliebtesten Erweiterungen für Kodi ist das YouTube-Add-on, das Sie ebenfalls unter den Video-Add-ons finden. Auch dabei handelt es sich um eine inoffizielle Version von einem Drittanbieter. Die Installation läuft ab, wie im Abschnitt »Die Installation und Nutzung von Add-ons« auf Seite 288 beschrieben. Wenn Sie das Add-on nach der Installation aufrufen, sollten Sie sich am besten mit den Nutzerdaten Ihres YouTube-Accounts einloggen, denn ansonsten gibt es nicht viele Funktionen.

Bietet auch ein Konfigurationsmenü mit Einstellungsoptionen, die einen Blick wert sind: das YouTube-Add-on.

Öffnen Sie das Add-on und dort den Menüpunkt **Anmelden**.

Noch recht spartanisch: die Hauptseite des YouTube-Add-ons

Ihnen wird mitgeteilt, dass Sie zwei Anmeldungen auf einem anderen Gerät vornehmen müssen. Starten Sie also einen weiteren Computer, auf dem Sie mit Ihrem Google-Account eingeloggt sind. Es kann sich auch um ein Smartphone oder Tablet handeln. Öffnen Sie einen Internet-Browser, und navigieren Sie zur Seite *www.youtube.com/activate*. Dort müssen Sie einen Code eingeben, der Ihnen von Kodi angezeigt wird. Nach der Eingabe aktualisiert sich die Anzeige auf dem Kodi-Gerät selbstständig. Den Vorgang müssen Sie zweimal durchführen.

Den angezeigten Code müssen Sie auf einem weiteren Gerät mit aktiviertem Google-Account eingeben.

Nach Abschluss der Prozedur können Sie das YouTube-Add-on in vollem Umfang nutzen.

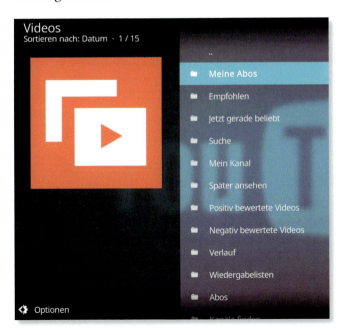

Nach der Anmeldung sind deutlich mehr Funktionen verfügbar.

Schauen Sie sich doch mal den YouTube-Kanal des Rheinwerk Verlags an. Wenn Sie gerne Dokumentationen schauen, dann ist das Add-on *Doku-*

monster vielleicht etwas für Sie. Weitere Informationen hierzu finden Sie im Bonuskapitel zum Buch: *www.rheinwerk-verlag.de/4408*.

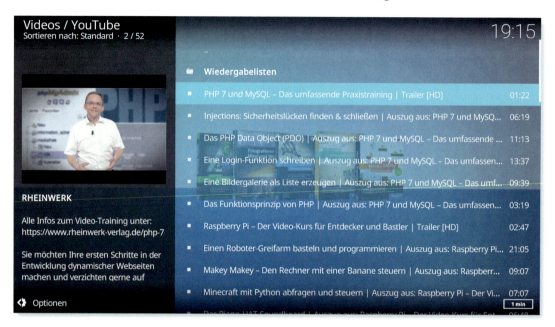

Der YouTube-Kanal des Rheinwerk Verlags kann auch mit dem Add-on betrachtet werden.

Auf Radioempfang gehen

Wenn Sie sich die Liste an Musik-Add-ons in der gleichnamigen Kategorie ansehen, dann werden Sie einige Add-ons zu bekannten Radiostationen finden. Diese nutzen häufig die offiziell bekannten Onlineadressen von Live-Streams und verbinden bei Nutzung den internen Musikplayer von Kodi mit dieser Adresse. So können Sie das jeweilige Radioprogramm verfolgen.

Ein interessantes Add-on ist *ListenLiveEU*. Dies ist im übertragenen Sinn ein »Telefonbuch« für Radiostationen, die im Internet einen Live-Stream anbieten. ListenLiveEU bietet Zugriff auf über 4.000 Radiostationen aus vielen europäischen Ländern. So können Sie sich bequem einen Überblick darüber verschaffen, was in unseren Nachbarländern so gehört und gesendet wird.

Auf Radioempfang gehen

Beim Start des Add-ons haben Sie die Wahl, sich die verfügbaren Radiosender nach Ländern sortiert anzeigen zu lassen. Natürlich sind auch Programme aus Deutschland, Österreich und der Schweiz verfügbar – und die jeweiligen Listen sind ziemlich umfangreich.

ListenLiveEU bietet sortierten Zugriff auf viele Radiostationen.

Daher ein Tipp: Nutzen Sie im Optionsmenü am linken Bildschirmrand die Suchfunktion. Geben Sie ein Schlagwort ein, zum Beispiel die Anfangsbuchstaben Ihres Lieblingssenders, und gehen Sie auf die Suche. Mit einem Druck auf Enter/OK wird der betreffende Sender abgespielt.

Das Angebot an Radiosendern aus Deutschland ist sehr umfangreich.

Über das Kontextmenü (aufrufbar mit der Taste C oder der Options- beziehungsweise Infotaste auf der Fernbedienung) können Sie sich auch eine Favoritenliste erstellen, die Sie im Hauptbildschirm des Add-ons bequem aufrufen können.

Ein Add-on deinstallieren

Wenn Sie ein Add-on wieder deinstallieren möchten, dann führt der schnelle Weg über die Kategorie **Benutzer-Addons**, die Sie bereits im Abschnitt »Die Installation und Nutzung von Add-ons« auf Seite 288 kennengelernt haben. Hier finden Sie eine thematisch sortierte Liste aller installierten Add-ons. Wählen Sie das gewünschte Add-on aus, und drücken Sie Enter/OK. Es erscheint der bekannte Informationsdialog. Rechts unten finden Sie die Schaltfläche **Deinstallieren**. Damit wird das jeweilige Add-on aus Ihrer Kodi-Installation gelöscht.

> **ACHTUNG**
>
> **Nicht einfach drauflöschen!**
>
> Deinstallieren Sie nur solche Add-ons, die Sie auch selbst installiert haben. Bedenken Sie, dass zum Beispiel Skins ihre eigenen Add-ons mitbringen können, die für ihre Funktion nötig sind. Es ist also keine gute Idee, einfach alle Add-ons zu löschen, die Sie nicht auf Anhieb einordnen können.

Kapitel 13
Live-TV mit Kodi schauen

Mit Ihrer neuen Medienzentrale Kodi können Sie auch fernsehen und sogar das TV-Programm aufnehmen. Dieses Kapitel zeigt Ihnen, wie das funktioniert.

Wie Sie mit Kodi Live-TV schauen – wichtige Grundlagen vorab

Jetzt geht es um den Empfang (und die Aufnahme) von Live-TV, also ums Fernsehen. Gerade auf diesem Gebiet hat Kodi sehr viel zu bieten und kann mühelos einen bisherigen TV-Receiver ersetzen. Gelegentlich wird die Einrichtung des TV-Empfangs als kompliziert empfunden. Das liegt im Regelfall daran, dass die technischen Abläufe zunächst noch ungewohnt sind und stets von komplexen Fachbegriffen begleitet werden. So ist von Front- und Backends die Rede, der Nutzer muss Server- und Clientanwendungen aufeinander abstimmen und den geeigneten DVB-Empfänger installieren, um schließlich nach Muxes zu suchen, bevor der EPG betrachtet werden kann. Aber keine Sorge: Dieser Abschnitt wird zunächst einmal ganz in Ruhe und leicht verständlich klären, wie alles genau funktioniert und was Sie im Einzelnen benötigen. Danach geht es Schritt für Schritt ans Ziel. Planen Sie bitte trotzdem ausreichend Zeit ein (mehrere Stunden sollten es schon sein), damit Sie alle Anleitungen in Ruhe umsetzen können. Die Arbeiten können Sie entsprechend den Abschnitten in diesem Kapitel auch problemlos über mehrere Tage verteilen.

Eines noch vorweg: In diesem Kapitel geht es um den Fernsehempfang über »klassische« Empfangswege, also um Antennen-, Kabel- und Satellitenfernsehen. Live-Streams, die über das Internet empfangen werden, zählen nicht dazu, sie sind Gegenstand von Kapitel 12, »Add-ons und Onlineinhalte«.

Kapitel 13 – Live-TV mit Kodi schauen

Der TV-Empfang mit Kodi unterscheidet sich deutlich von dem, was Sie bisher gewohnt sind. Was im Fernseher alles in Form einer »Blackbox« integriert ist, tritt unter Kodi als separate Komponenten auf. Sehen Sie sich einmal die Rückseite Ihres Fernsehers an. Um fernsehen zu können, ist neben dem Stromkabel noch ein weiteres Kabel nötig: das Antennenkabel. Dieses führt das Signal, das von einer Satellitenschüssel, einer DVB-T-Antenne oder vom Kabelanschluss kommt. Das Signal wird im Fernseher von einem *Empfangsteil* angenommen, das auch *Tuner* genannt wird. Dort wird das Fernsehprogramm extrahiert, das auf dem Bildschirm angezeigt werden soll. Die Daten des Fernsehprogramms werden im Fernseher von einer weiteren Baugruppe aufbereitet und auf dem Bildschirm dargestellt. Man kann also die Teile *Empfang* und *Darstellung* voneinander unterscheiden.

Das Empfangs- und das Darstellungsteil sind beide häufig gemeinsam im Fernseher integriert, aber das muss nicht zwangsläufig so sein. Die beiden Stufen können auch in getrennten Geräten eingebaut sein. Das kennen Sie vielleicht schon vom Fernsehen mit dem Notebook: Daran schließen Sie den Tuner in Form eines DVB-USB-Sticks an. Er leitet das empfangene digitale Fernsehsignal an das Notebook, das es aufbereitet und auf dem Bildschirm darstellt.

Bei dieser Methode ist allerdings nach wie vor der Tuner beziehungsweise Empfänger relativ starr mit einem Gerät verbunden und kann nur von diesem genutzt werden. Denkt man etwas weiter, dann kann man die Geräte auch noch weiter voneinander trennen und das vom Tuner ausgegebene digitale Signal über eine Netzwerkverbindung zum anzeigenden Gerät übertragen – auch über Zimmergrenzen hinweg. Das klingt zunächst vielleicht merkwürdig, hat aber mehrere Vorteile, insbesondere, wenn es im Netzwerk mehrere Tuner und Bildschirme gibt: Tuner A kann etwa mit Bildschirm 1 arbeiten und eine Stunde später mit Bildschirm 3. Es können aber auch Bildschirm 2 und 3 gleichzeitig dasselbe Signal von Tuner A empfangen und dasselbe Programm anzeigen. Währenddessen kann ein drittes Gerät von Tuner B ein weiteres Fernsehprogramm aufnehmen. Die Trennung von Tuner und Bildschirm macht das Fernsehen also deutlich flexibler. Dieses Prinzip verwendet auch Kodi zum Fernsehen. Kodi nimmt die Daten über das Netzwerk entgegen und stellt das TV-Programm auf dem Bildschirm dar.

Wie Sie mit Kodi Live-TV schauen – wichtige Grundlagen vorab

Allerdings braucht es keine speziellen Tuner mit einem Netzwerkanschluss. Stattdessen wird ein ganz gewöhnlicher PC-Tuner an einen Computer angeschlossen, der mit dem Netzwerk verbunden ist. Man kann problemlos mehrere Tuner an einen zentralen Computer anschließen und so verschiedene Fernsehprogramme auf verschiedenen Bildschirmen verfolgen. (Zum gleichzeitigen Empfang mehrerer Programme benötigen Sie mehrere Tuner, denn ein Tuner empfängt im Regelfall nur ein Programm gleichzeitig.) Der zentrale Computer ist also definitionsgemäß ein *Server*, denn er stellt anderen (Kodi-)Computern Dienste (in diesem Fall Fernsehsignale) zur Verfügung. Die anzeigenden Computer sind *Clients*, sie nutzen die Dienste des Servers.

Der Server kann die TV-Programme auch auf einer eigenen Festplatte aufnehmen und sie zentral für den Abruf bereithalten. Die aufgenommenen Sendungen lassen sich dann an jedem per Netzwerk angeschlossenen Bildschirm betrachten. Auch das ist ein deutlicher Komfortgewinn gegenüber klassischen Lösungen.

Auf dem Server läuft eine Software, die auf Anforderung eines Clients ein bestimmtes Fernsehprogramm vom Empfänger anfordert und dieses per Netzwerk versendet. Diesen Teil nennt man auch *Backend*. Es ist beim Fernsehen quasi das »hintere Ende« und kann ganz wörtlich gesehen »irgendwo hinten« (etwa im Keller) aufgestellt werden. Kodi fordert als Client vom Backend einen Fernsehkanal an, erhält ihn über das Netzwerk, verarbeitet das Signal und stellt es auf dem Bildschirm (also dem Fernseher) dar. Dazu wird der Begriff *Frontend* verwendet. Das Frontend ist ganz vorne in der Kette, nahe beim Zuschauer und kümmert sich um die Darstellung. Der eigentliche Empfang und die Bereitstellung des Signals sind die Aufgaben des Backends. Es kümmert sich auch um Aufnahme- und Timeshift-Funktionen (also zeitversetztes Fernsehen). Beide Enden sind über die Netzwerkverbindung miteinander verbunden.

Keine Sorge! Zum Fernsehen müssen Sie keineswegs einen weiteren Computer anschaffen und benötigen auch nicht unbedingt einen zentralen Servercomputer. Ein solches Gerät ist optional und macht besonders dann Sinn, wenn mehrere Kodi-Geräte auf mehrere Tuner zugreifen möchten.

Für eine Einzelplatzlösung ist ein eigenes Servergerät nicht nötig. Den Tuner können Sie problemlos direkt an das Kodi-Gerät anschließen. Trotzdem bleibt die logische Trennung zwischen Backend und Frontend beim Fernsehen mit Kodi immer bestehen. Kodi empfängt die Daten auch bei einer Einzelplatzlösung mit direkt angeschlossenem Tuner nach wie vor über das Netzwerk, nur dass jetzt einfach nur geräteintern statt geräteübergreifend kommuniziert wird. Kodi »spricht« also nicht direkt mit dem Tuner, sondern stets nur mit dem Backend-Teil. Den zuvor beschriebenen Server kann man nämlich auch abstrakt als Softwareprozess auffassen, denn prinzipiell geht es ja nur um ein Computerprogramm. Das Gleiche gilt für den Client. So können Server- und Clientprozesse auf demselben Computer laufen. Man kann also ganz normal am Kodi-Gerät einen DVB-USB-Empfänger anschließen und fernsehen. Intern lässt sich trotzdem ein *Serverprozess* (der das Fernsehsignal bereitstellt) von einem *Clientprozess* (der dieses darstellt) unterscheiden.

Um mit Kodi fernzusehen, brauchen Sie folglich zunächst einen gewöhnlichen TV-Empfänger für den Computer, der dem modernen digitalen DVB-Standard entspricht. Dieser kann (je nach Kodi-Gerät) für den USB-Anschluss oder als Einsteckkarte ausgelegt sein. Zusätzlich benötigen Sie einen Server- und einen Clientprozess. Kodi ist der Clientprozess und bringt alles Notwendige in Form einfach installierbarer Add-ons mit. Damit haben Sie ein fertiges *Frontend*. Der Backend-Teil wird nicht von Kodi, sondern von einer eigenständigen Software bereitgestellt. In diesem Buch empfehle ich Ihnen dafür die Software Tvheadend. Da dieses Programm die Serverkomponente darstellt, werde ich künftig vom »Tvheadend-Server« sprechen.

> **INFO**
>
> **Kostet Tvheadend Geld?**
>
> Nein, Tvheadend ist eine kostenlose Open-Source-Lösung, deren Programmierung frei eingesehen werden kann. Möchten Sie den Entwicklern, die dieses Programm in ihrer Freizeit erstellen, ein Dankeschön zukommen lassen, dann bietet sich dazu (wie auch für Kodi selbst) eine freiwillige Spende an. Auf der Webseite des Projekts *https://tvheadend.org* finden Sie dafür eine Schaltfläche.

Wie Sie mit Kodi Live-TV schauen – wichtige Grundlagen vorab

Tvheadend kann für eine Einzelplatzlösung direkt auf dem Kodi-Gerät installiert werden. Ebenso kann es für eine Mehrbenutzerlösung auf einem zentralen Heimserver ausgeführt werden. Dieser kann mit mehreren DVB-Empfängern, also Tunern, ausgestattet werden. Jeder Tuner erlaubt den Empfang oder die Aufnahme eines Fernsehprogramms. Vier Tuner – vier Programme. Diese können Sie beliebig aufteilen: Vier verschiedene Programme anschauen oder drei Programme anschauen, ein viertes aufnehmen oder auf drei Geräten dasselbe Programm sehen und drei weitere aufnahmen – sehr praktisch bei parallelen Sportveranstaltungen! Es ist auch möglich, an ein Einzelgerät mehrere Tuner anzuschließen. So wird das gleichzeitige Anschauen und Aufnehmen verschiedener Programme möglich.

> **INFO**
>
> **Für Technikfans: Dank der Multiplexe geht noch mehr …**
>
> Der Ordnung halber noch ein technisches Detail am Rande: Im Grunde genommen empfängt ein Tuner nicht ein Programm, sondern einen Multiplex. Das sind Gruppen von Fernsehprogrammen, die gemeinsam ausgestrahlt werden. So werden zum Beispiel oftmals mehrere Programme der ARD zu einem Multiplex zusammengefasst. Alle Programme einer Gruppe können auf verschiedenen Endgeräten mit nur einem Tuner betrachtet werden. Eher selten interessieren sich aber verschiedene Familienmitglieder ausgerechnet für die Sender eines Multiplexes. Für den Alltag genügt es daher, wenn man sagt, pro Tuner wird genau ein Programm geschaut – und die Sache ist gut.

Möchten Sie für den Backend-Teil einen zentralen Server-PC nutzen, dann muss dieser nicht sonderlich leistungsfähig sein. Es genügt sogar bereits ein Raspberry Pi. Natürlich kann auch ein vorhandener Heimserver wunderbar verwendet werden. Bevor es um die Installation der Software Tvheadend geht, zeigt der folgende Abschnitt erst einmal, welche Tuner-Geräte für Sie infrage kommen.

> **INFO**
>
> **Einschränkungen des Raspberry Pi als Backend-Computer**
> Der Raspberry Pi hat nur eine begrenzte Kapazität für Datentransfers über die Netzwerkschnittstelle und die USB-Anschlüsse. Deshalb können höchstens zwei, bestenfalls drei Tuner angeschlossen werden. Generell führen DVB-S-Tuner für den Satellitenempfang zu einer höheren Belastung als DVB-T-Tuner für den Antennenempfang. Besser geeignet ist zum Beispiel ein Banana Pi. Das ist ebenfalls ein Einplatinencomputer, der ähnlich aufgebaut ist wie der Raspberry Pi und auch ähnlich betrieben wird. Er bietet eine eigenständige Gigabit-Ethernet-Schnittstelle und drei unabhängige USB-Schnittstellen, sodass hier eine größere Anzahl DVB-Tuner betrieben werden kann.

So wird der Fernsehempfang eingerichtet

Sie wissen nun schon einiges darüber, wie der Fernsehempfang mit Kodi funktioniert. In diesem Abschnitt werden Sie sich Ihrem Fernseherlebnis wie folgt nähern: Zuerst zeige ich Ihnen, welche Empfangshardware für Sie infrage kommt. Danach werden Sie Tvheadend installieren. In verschiedenen Abschnitten beschreibe ich die Installation auf unterschiedlichen Geräten, von der Einzelplatzlösung bis hin zum Einsatz auf dem zentralen Server. Da Tvheadend, wie erwähnt, einen Serverprozess darstellt, werde ich das Programm oftmals auch als *Tvheadend-Server* bezeichnen. Im Folgenden geht es an die Einrichtung von Tvheadend. Dazu zählen vor allem der Sendersuchlauf und die Programmierung Ihrer Senderliste. Als Nächstes erkläre ich Ihnen die nötigen Schritte zur Einrichtung des Frontends unter Kodi. Sie werden das Mediacenter mit Tvheadend verbinden und können Live-TV schauen. Danach lernen Sie die »Komfortfunktionen« kennen. Sie lernen, wie Sie Sendungen aufnehmen und aufgenommene Sendungen wieder anschauen können. Dabei mache ich Sie auch mit der elektronischen Programmzeitschrift vertraut. Sie können sich auch auf einen Abschnitt zum zeitversetzten Fernsehen mit der Timeshift-Funktion freuen. Sind Sie bereit? Dann geht es jetzt los!

Kabel-TV, Satellit und Co.: Empfang via DVB-T, -T2, -S, -C oder -S2

Eine Sache ist klar: Ohne einen TV-Empfänger für den Computer gibt es kein Fernsehbild. Deswegen benötigen Sie zwingend ein solches Gerät. Heutzutage läuft auch der Fernsehempfang auf digitalem Wege, man folgt dem *DVB-Standard*, die Abkürzung steht für *Digital Video Broadcasting* und unterscheidet nach den verschiedenen Empfangswegen Antenne, Satellit und Kabelempfang.

> **INFO**
>
> **Was bedeuten DVB-S, -T, -C sowie -S2 und -T2?**
>
> Je nachdem, ob man Fernsehsignale über eine terrestrische Antenne, über einen Kabelanschluss oder eine Satellitenschüssel empfängt, unterscheidet man zwischen DVB-T, DVB-C und DVB-S. Beim terrestrischen DVB-T, das mit einer Zimmer- oder Dachantenne empfangen wird, steht derzeit ein Generationenwechsel ins Haus: DVB-T wird durch DVB-T2 abgelöst. Die T2-Variante bietet eine wesentlich bessere Bildqualität und eine größere Senderviel-falt, ist aber inkompatibel zum DVB-T-Standard, weswegen neue Empfangsgeräte erforderlich sind. Im Jahr 2017 wird in den meisten deutschen Bundesländern die Umstellung vollzogen, weswegen die Anschaffung eines reinen DVB-T-Empfängers nur noch in Ausnahmefällen sinnvoll ist. Moderne DVB-T2-Geräte ermöglichen im Regelfall auch den Empfang des alten Standards. Auch beim satellitengebundenen DVB-S gibt es eine neuere Version mit dem Namen DVB-S2. Auch hier gilt, dass Sie, um die maximale Kompatibilität zu erreichen, zu einem DVB-S2-Empfänger greifen sollten. DVB-C ist die Variante für den Kabelempfang, das *C* steht für *Coaxial*, das den Aufbau des (»Breitband-«)Kabels beschreibt. Hier gibt es derzeit nur eine Version ohne Ziffernzusatz.

DVB-Empfänger für den Computer werden von verschiedenen Herstellern mit unterschiedlichem Funktionsumfang und in verschiedenen Bauformen angeboten. Zum einen sind Einbaukarten zu nennen, die direkt in einem

PC-Gehäuse auf das Mainboard aufgesteckt werden. Diese Karten sind von außen nur noch durch den Anschluss für das Empfangskabel zu erkennen. Daneben gibt es Empfänger in Form von USB-Sticks. Sie werden extern an einen freien USB-Anschluss angeschlossen. Einbaukarten eignen sich vor allem für »große« Heimserver mit freien Einbauschächten auf dem Mainboard sowie für ausgewachsene HTPCs. Bei ausreichender Baugröße haben auch diese Geräte entsprechende Einbauschächte, die häufig jedoch nur sogenannte *Low-Profile-Karten* mit reduzierter Baugröße aufnehmen – dies sollten Sie also vor dem Kauf prüfen. Fehlt ein solcher Einbauschacht, dann fällt die Wahl auf ein Gerät mit USB-Anschluss, wie er auch am Raspberry Pi zu finden ist. Sobald Ihr Server (oder Ihr Kodi-Gerät) einen freien USB-Anschluss hat, machen Sie also mit einem USB-Empfänger nichts verkehrt.

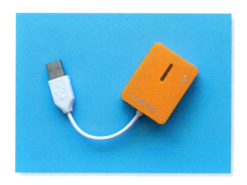

Möchten Sie mehrere DVB-USB-Empfänger anschließen, haben aber nur einen freien USB-Anschluss, dann hilft ein kleiner USB-Hub.

Es gilt noch etwas zu beachten: Die Serverkomponente Tvheadend arbeitet nur unter Linux. Sie funktioniert unter LibreELEC, OSMC, Ubuntu oder direkt unter Debian, sie arbeitet problemlos auf einem PC, einem Raspberry Pi oder einem Banana Pi – nur eben nicht unter Windows. Dies bedeutet auch, dass der USB-Empfänger unter Linux arbeiten muss. Sie benötigen kein spezielles Gerät für Tvheadend, es genügt ein gewöhnliches Gerät zum Fernsehen am PC, aber es muss unter Linux arbeiten können. Das ist zum Glück bei sehr vielen Geräten der Fall. Häufig ist es sogar so, dass überhaupt keine Treiber installiert werden müssen, der Empfänger arbeitet direkt nach dem Anschluss. Daneben gibt es solche Empfänger, die zwar keine Treiber, dafür aber eine einzelne Firmware-Datei benötigen, die Sie aus dem Internet herunterladen und in ein bestimmtes Verzeichnis auf dem Computer kopieren müssen, was sich sehr einfach realisieren lässt.

Kabel-TV, Satellit und Co.: Empfang via DVB-T, -T2, -S, -C oder -S2

An dieser Stelle soll gleich etwas vorweggenommen werden: Die Entwickler von LibreELEC haben auch an die Fernsehzuschauer gedacht: Sie haben bereits umfangreiche Unterstützung für viele DVB-Empfänger in diese Betriebssysteme eingebaut, sodass sie direkt nach dem Anschluss ohne weitere (Treiber-)Installationsarbeiten funktionieren. Außerdem lässt sich Tvheadend direkt aus Kodi heraus installieren, was sehr angenehm ist. Wenn Sie als Neuling also nach einer möglichst einfachen (Einzelplatz-)Lösung suchen, sollten Sie am besten Tvheadend direkt auf dem Kodi-Gerät unter LibreELEC installieren.

> **INFO**
>
> **Ja, aber Kodi läuft doch bei mir unter Windows? Welche Optionen habe ich?**
>
> Wenn Sie Kodi direkt unter Windows nutzen und sich für den Fernsehempfang interessieren, dann können Sie Tvheadend leider nicht auf demselben Gerät ausführen, auf dem auch Kodi läuft. Ihnen bieten sich zwei Optionen: Entweder, Sie rüsten Ihr Kodi-Gerät auf das einfach zu installierende LibreELEC um, oder Sie erwerben für den Backend-Teil einen Raspberry Pi, auf dem Sie Tvheadend installieren – so bleibt das Kodi-Gerät unverändert. Die Installation von Tvheadend auf dem Pi ist relativ einfach und in etwa einer Stunde erledigt (zuzüglich der Einrichtung). Wenn Sie sich diese nicht zutrauen, dann bitten Sie einen Bekannten um Hilfe.

Jetzt soll es erst einmal um Ihre DVB-Empfangshardware gehen, bevor Sie sich in den folgenden Abschnitten an die Installation von Tvheadend machen. Folgende Fälle sind zu unterscheiden:

- Besitzen Sie schon einen Empfänger für den Computer und möchten diesen mit Tvheadend (für eine Einzelplatzlösung) unter LibreELEC nutzen? Dann müssen Sie testen, ob alles gut zusammenspielt. Im Internet gibt es eine Seite, die über die Kompatibilität informiert. Rufen Sie im Browser folgende Seite auf (sie ist zwar von OpenELEC, gilt aber trotzdem):

    http://wiki.openelec.tv/index.php/Supported_TV_Tuners

Sie finden dort eine Tabelle mit unterstützten Geräten. Ist Ihr Empfangsgerät aufgeführt, dann wird es voraussichtlich ohne weiteres Zutun direkt funktionieren.

- Sie haben schon einen Empfänger und möchten diesen mit Tvheadend entweder auf einem eigenen Servergerät nutzen, das unter Debian-Linux oder Ubuntu läuft? Oder möchten Sie damit eine Einzelplatzlösung unter OSMC aufsetzen? Es gibt im Internet eine Seite über die Eignung von DVB-Empfängern unter Linux, die laufend aktualisiert wird. Dort ist angegeben, ob der Empfänger direkt nach dem Anschluss läuft, ab welcher Linux-Kernel-Version er dies tut oder ob eine Firmware-Datei verwendet werden muss – und wo Sie diese finden. Auf dieser Seite werden Sie fündig:

www.linuxtv.org/wiki/index.php/Hardware_device_information

Suchen Sie nach der Überschrift **DVB Digital Devices**. Sie finden eine Tabelle mit Links zu den verschiedenen Empfangswegen. Dahinter verbergen sich Listen mit den gewünschten Informationen.

- Sie haben noch gar keinen DVB-Empfänger und stehen vor einer Neuanschaffung? Dann folgen nun Empfehlungen für Geräte, die problemlos funktionieren (und zwar sowohl für Einzelplatzlösungen als auch für zentrale Servergeräte). Empfangen Sie das TV-Programm per Satellit (also über DVB-S und DVB-S2), dann hat sich das Modell *S960* des Herstellers *DVBSky* bewährt, das mittlerweile in Version 2 erschienen ist. Es ist im Internet zum Beispiel bei Amazon zu einem Preis von rund 60 € zu haben. Dieses Gerät hat einen großen Vorteil: Möchten Sie den Tvheadend-Server auf einem (Einzelplatz-)Gerät betreiben, auf dem LibreELEC installiert ist, dann arbeitet der DVBSky-Adapter »out of the box« und ohne weitere Installationsschritte. Deswegen eignet sich diese Kombination wunderbar für Anfänger. Nutzen Sie ein anderes Betriebssystem wie OSMC oder (auf einem eigenen Heimserver) direkt Debian, dann müssen Sie für den Betrieb noch eine Firmware-Datei installieren. Achten Sie darauf, zuerst die Datei zu installieren und erst dann den USB-Empfänger anzuschließen. Die Installation an sich ist sehr einfach: Loggen Sie sich über eine SSH-Verbindung auf Ihrem OSMC- oder Heimservergerät ein. Windows-Nutzer können dafür das bekannte Programm *Putty* verwenden. Zur Verbindung benötigen Sie nur die IP-Adresse des Zielgeräts. Zusätzlich muss darauf ein SSH-Server verfügbar sein – für OSMC-Nutzer ist die Aktivierung in Kapitel 4, »Die Installation von Kodi auf Ihrer Hardware«, beschrieben, unter einem reinen Debian-Heimserver ist er im Regelfall bereits aktiv. Führen Sie im Terminal folgenden Befehl aus:

```
sudo wget https://github.com/OpenELEC/dvb-firmware/raw/master/firmware/dvb-demod-m88ds3103.fw -P /lib/firmware/
```

Damit wird die nötige Firmware-Datei aus dem freien Verzeichnis von OpenELEC heruntergeladen (dort werden die Dateien zur Verfügung gestellt und lassen sich allgemein nutzen) und im benötigten Verzeichnis auf dem OSMC- beziehungsweise Servergerät installiert. Anschließend beenden Sie die Verbindung mit dem Befehl `exit`. Mehr ist schon gar nicht nötig.

Eine Alternative für den Satellitenempfang, die ebenfalls gute Kritiken bekommt, finden Sie im Gerät *461e* des Herstellers *PCTV Systems* (mittlerweile übernommen von Hauppauge).

Für den Empfang von DVB-T-, DVB-T2- und DVB-C-Signalen hat sich der *tripleStick 292e* des Herstellers *PCTV Systems* bewährt. Er kann mit allen drei Empfangswegen umgehen und ist zu einem Preis von etwa 80 € erhältlich. Auch bei diesem Gerät gilt: Angeschlossen an ein LibreELEC-Gerät, arbeitet der Stick ohne weiteres Zutun. Auf einem OSMC-/Debian-Gerät ist wieder die Installation einer Firmware-Datei nötig. Diese kann mit folgendem Befehl aus dem freien OpenELEC-Verzeichnis kopiert werden:

```
sudo wget https://github.com/OpenELEC/dvb-firmware/raw/master/firmware/dvb-demod-si2168-b40-01.fw -P /lib/firmware/
```

Wie zuvor beschrieben, bauen Sie zunächst eine SSH-Verbindung zum Zielgerät auf und geben dann einfach den Befehl ein. Nach Abschluss nutzen Sie den Befehl `exit`, um die Verbindung zu beenden.

> **ACHTUNG**
>
> **Die Hardware muss vor der Installation von Tvheadend angeschlossen sein**
>
> Bitte beachten Sie, dass Sie die Empfangshardware vor der Installation von Tvheadend anschließen müssen. Sollte das nicht möglich sein, dann müssen Sie den Computer nach der Installation von Tvheadend einmal neu starten, ansonsten steht die Empfangshardware nicht zur Verfügung.

> **INFO**
>
> **Was ist mit verschlüsselten Sendern?**
>
> Neben den frei empfangbaren Sendern (etwa den deutschen öffentlich-rechtlichen Programmen) gibt es auch einige Sender, die ein verschlüsseltes Programm ausstrahlen, das sich nur gegen die Zahlung einer Gebühr entschlüsseln lässt. Dafür benötigt man geeignete Hardware. Vom Adapter DVBSky S960 gibt es eine Version mit einem sogenannten *CI-Schacht*, in den ein Entschlüsselungsmodul eines Programmanbieters eingesteckt werden kann. Allerdings unterstützen nur wenige Sender normale CI-Module. Die meisten (Bezahl-)Sender verlangen den CI+-Standard, mit dem sich zahlreiche Komfortmerkmale beim Fernsehschauen einschränken lassen – dazu zählen oftmals die Timeshift-Funktion und die Aufnahme. CI+-Lösungen sind für den Computerbereich nicht erhältlich. Wenn Sie am Empfang derartiger Sender interessiert sind, müssen Sie einen geeigneten (klassischen) Receiver zum Anschluss an den Fernseher erwerben. Mit Kodi (und einer Tvheadend-Lösung) lassen sich diese Programme nicht (rechtlich) korrekt entschlüsseln und betrachten.

Den Tvheadend-Server unter LibreELEC installieren

Nutzer von LibreELEC haben es besonders einfach. Der Serverdienst Tvheadend ist für die Nutzung auf dem Kodi-Gerät schon im Betriebssystem vorbereitet und kann mit wenigen Klicks über Kodi installiert werden:

1. Navigieren Sie im Hauptmenü von Kodi zum Menüpunkt **Addons**, und drücken Sie Enter/OK. Danach befinden Sie sich in der aus Kapitel 12, »Add-ons und Onlineinhalte«, bekannten Add-on-Verwaltung.

2. Klicken Sie dort das kleine Symbol oben links mit dem aufgeklappten Karton ⬚ an, mit dem sich Add-ons installieren lassen. Sie sehen dann den Addon-Browser.

3. Wählen Sie den Eintrag **Aus Repository installieren**, und drücken Sie Enter/OK. Ihnen wird eine Liste von Repositories angezeigt, die unter LibreELEC verfügbar sind.

4. Klicken Sie auf **LibreELEC Addons**. Sie sehen eine Liste mit verfügbaren Add-on-Kategorien.

5. Öffnen Sie die Kategorie **Dienste**. Daraufhin zeigt Ihnen Kodi eine Liste der enthaltenen Add-ons an.

6. Wählen Sie **Tvheadend 4.2** aus. Diese aktuelle Version lässt sich besonders einfach einrichten. Drücken Sie Enter/OK. Ein neues Fenster informiert über das Add-on *Tvheadend*.

7. Klicken Sie unten rechts auf **Installieren**. Nach Abschluss der Installation wird der Tvheadend-Serverprozess gestartet und wartet im Hintergrund auf seine Einrichtung. Weiter geht es im Abschnitt »Den Tvheadend-Server einrichten: die Vorbereitung« auf Seite 322. In Kodi sind Sie erst einmal fertig und können wieder zum Hauptmenü zurückkehren.

Den Tvheadend-Server unter OSMC installieren

Auch die Nutzer von OSMC (Installation auf dem Kodi-Gerät) haben es recht einfach bei der Installation des Tvheadend-Servers. Dieser ist bereits im App Store von OSMC verfügbar.

Im Menü »MyOSMC« muss der App Store geöffnet werden.

1. Klicken Sie im Hauptmenü von Kodi ganz unten auf den Eintrag **MyOSMC**, worauf das Konfigurationsmenü von OSMC erscheint. Öffnen Sie dort den **App Store** .

2. Im App Store öffnen Sie den Eintrag **Tvheadend Server**.

3. Auf dem folgenden Bildschirm klicken Sie unten links auf **Install**. Dadurch wird der Tvheadend Server für die Installation vorgemerkt. Sie gelangen wieder zurück in den App Store.

Wählen Sie aus der Liste den Tvheadend Server aus.

4. Dort sehen Sie unten rechts den Eintrag **Apply**. Klicken Sie diesen an. Daraufhin wird die Installation gestartet, die zum Schluss eine Erfolgsmeldung anzeigt. Sie können jetzt mit der Einrichtung von Tvheadend beginnen, die im Abschnitt »Den Tvheadend-Server einrichten: die Vorbereitung« auf Seite 322 erklärt wird.

> **INFO**
>
> **Ein kleiner Nachteil am Rande ...**
>
> Im App Store von OSMC ist (derzeit) nicht die allerneueste Version, sondern eine (etwas) ältere Version erhältlich. Diese ist voll funktionstüchtig und kann ohne Weiteres verwendet werden. Sollten Sie als fortgeschrittener Nutzer unbedingt Funktionen aus der neuesten Version benötigen, dann können Sie den Tvheadend-Server alternativ auch manuell installieren, wie es der Abschnitt »Den Tvheadend-Server auf einem eigenen Raspberry Pi installieren« auf Seite 321 zeigt. So erhalten Sie auch die neueste Version.

Den Tvheadend-Server auf einem eigenen Heimserver unter Debian und Ubuntu installieren

Läuft auf Ihrem Heimserver (der einen üblichen 32- oder 64-Bit-PC-Prozessor nutzt) ein Debian-Linux-Betriebssystem, dann können Sie Tvheadend relativ leicht installieren. Tvheadend ist allerdings kein Bestandteil der offiziellen Paketquellen, sondern muss als Fremdquelle hinzugefügt werden. Fremdquellen können potenzielle Risikoquellen sein, aber im Falle von Tvheadend können Sie relativ beruhigt sein. Öffnen Sie eine Konsolensitzung zu Ihrem Server (zum Beispiel über eine SSH-Verbindung), und führen Sie folgende Befehle aus:

1. Zuerst fügen Sie dem Schlüsselbund den Schlüssel des Tvheadend-Repositorys zu:

   ```
   sudo apt-key adv --keyserver hkp://keyserver.ubuntu.com:80 --recv-keys 379CE192D401AB61
   ```

2. Anschließend können Sie die Fremdquelle zur Liste Ihrer Paketquellen hinzufügen:

   ```
   echo "deb https://dl.bintray.com/tvheadend/deb jessie stable-4.2" | sudo tee -a /etc/apt/sources.list
   ```

   Das war es schon, nun ist diese Quelle Ihrem System bekannt.

> **INFO**
>
> **Nutzen Sie anstelle von Debian auf Ihrem Server Ubuntu?**
>
> Wenn Sie Ubuntu auf Ihrem Server nutzen, dann gibt es dafür angepasste Versionen. Für Ubuntu xenial müssen Sie zum Beispiel im zuvor genannten Befehl nur `jessie` gegen `xenial` tauschen – weitere Hinweise zu anderen Versionen erhalten Sie im Internet unter der Adresse *https://tvheadend.org/projects/tvheadend/wiki/AptRepository*.

3. Tvheadend kann nach einer Aktualisierung der Paketquellen-Referenz mittels

```
sudo apt-get update
```

4. nun mit folgendem Befehl installiert werden:

```
sudo apt-get install tvheadend
```

Während der Installation müssen Sie gegebenenfalls ein Passwort für den Administratorzugang definieren. Häufig wird Ihnen auch die Adresse des Web-Interfaces angezeigt, die Sie sich für die spätere Konfiguration notieren sollten.

Nach der Installation können Sie mit der Einrichtung beginnen, wie im Abschnitt »Den Tvheadend-Server einrichten: die Vorbereitung« auf Seite 322 erläutert.

> **ACHTUNG**
>
> **Nicht vergessen!**
>
> Fremdquellen können die Sicherheit und Integrität Ihres Linux-Rechners gefährden. Überlegen Sie daher bei eigenen Experimenten stets, ob Sie dem Entwickler einer Fremdquelle auch wirklich vertrauen können, und verwenden Sie möglichst »offizielle« Quellen.

Den Tvheadend-Server auf einem eigenen Raspberry Pi installieren

Verwenden Sie zu Hause einen kleinen Heimserver auf Basis eines Raspberry Pi oder eines Banana Pi (unter einem Debian-Derivat wie Raspbian, Bananian oder Armbian), dann können Sie dort Tvheadend ebenfalls recht einfach installieren. Wie beim »großen« Heimserver gilt auch hier, dass Tvheadend nicht Teil der offiziellen Paketquellen ist, sondern als Fremdquelle installiert werden muss. Bevor Sie beginnen, müssen Sie ein Terminal zu Ihrem Pi-Computer öffnen. Hier bietet sich die Nutzung einer SSH-Verbindung an.

1. Für die Installation von Tvheadend müssen Sie mit folgendem Befehl den für das Repository nötigen Schlüssel importieren:

    ```
    sudo apt-key adv --keyserver hkp://keyserver.ubuntu.com:80 ↵
    --recv-keys 379CE192D401AB61
    ```

2. Anschließend fügen Sie mit folgendem Befehl die eigentliche Paketquelle zu Ihrem System hinzu:

    ```
    echo "deb https://dl.bintray.com/mpmc/deb raspbianjessie" | ↵
    sudo tee -a /etc/apt/sources.list
    ```

3. Jetzt können Sie nach einem Update der Paketquellen-Referenz mit

    ```
    sudo apt-get update
    ```

4. Tvheadend mit folgendem Befehl installieren:

    ```
    sudo apt-get install tvheadend
    ```

    Während der Installation müssen Sie einen Benutzernamen und ein Kennwort für die Verwaltung von Tvheadend wählen. Suchen Sie sich eine sichere Kombination aus, und merken Sie sich diese gut, Sie werden die Daten bei der folgenden Einrichtung benötigen. Notieren Sie sich außerdem die Adresse des Web-Interfaces, die Sie während der Installation genannt bekommen. Sie können jetzt mit der Einrichtung von Tvheadend beginnen.

> **TIPP**
>
> **Probleme bei der Installation?**
>
> Sollte die Installation fehlschlagen, dann hat sich vielleicht die Quelladresse des Programmpakets geändert. Schauen Sie in diesem Fall auf der Seite *http://tvheadend.org/projects/tvheadend/wiki/ AptRepository* nach und ändern Sie die Installationsquelle entsprechend. In manchen Versionen hat *apt* Probleme beim Zugriff auf eine verschlüsselte *HTTPS*-Quelle. In diesem Fall muss zuerst ein Paket nachinstalliert werden, das diese Funktion zur Verfügung stellt. Erhalten Sie die Frage: **Is the package apt-transport-https installed**, dann führen Sie zunächst folgenden Befehl aus:
>
> ```
> sudo apt-get install apt-transport-https
> ```

Den Tvheadend-Server einrichten: die Vorbereitung

Nachdem Sie Tvheadend installiert haben, folgt dessen Einrichtung, die über ein Web-Interface im Browser vorgenommen wird. Zur Einrichtung können Sie einen beliebigen Rechner in Ihrem Heimnetzwerk verwenden – er muss lediglich eine funktionierende Netzwerkverbindung zu dem Gerät haben, auf dem Tvheadend arbeitet. Sie benötigen nur dessen IP-Adresse. Bringen Sie diese zunächst in Erfahrung. Läuft das Programm auf Ihrem Heimserver, dann ist natürlich dessen IP-Adresse gefragt. Arbeitet Tvheadend direkt auf Ihrem Kodi-Gerät und Sie kennen dessen IP-Adresse nicht, dann hilft Ihnen Kodi gerne weiter, schauen Sie einfach im Textkasten »Die IP-Adresse des Kodi-Geräts in Erfahrung bringen« auf Seite 149 nach, dort sind die nötigen Schritte beschrieben.

Wie Sie vielleicht wissen, werden zur Kommunikation im Netzwerk neben der IP-Adresse sogenannte *Ports* verwendet. Jedes (Netzwerk-)Programm beziehungsweise jeder Dienst ist unter einem bestimmten Port erreichbar. Tvheadend verwendet Port *9981*. Öffnen Sie nun auf Ihrem Desktop-Computer einen Internet-Browser, und geben Sie die IP-Adresse des Computers an, auf dem der Tvheadend-Server arbeitet. Ergänzen Sie nach der Adresse einen Doppelpunkt und die Portnummer 9981. Eine mögliche Adresse könnte *http://192.168.178.10:9981* lauten.

Jetzt wird sich die Tvheadend-Konfigurationsseite öffnen, und es gibt mehrere Möglichkeiten: Wurden Sie bei der Installation von Tvheadend aufgefordert, einen Benutzernamen und ein Passwort für das Administrationskonto zu vergeben, dann erscheint jetzt eine Passwortabfrage. Geben Sie die Daten ein, die Sie während der Installation festgelegt haben. Läuft der Tvheadend-Server auf einem Gerät mit LibreELEC, dann sind keine Zugangsdaten erforderlich. Im Fall von OSMC lauten sowohl Benutzername als auch Passwort *osmc*. Beachten Sie, dass es auf die korrekte Groß- und Kleinschreibung ankommt.

Einige Versionen von Tvheadend erwarten beim ersten Aufruf Zugangsdaten, die während der Installation festgelegt wurden.

Haben Sie eine moderne Version (Version 4.1 oder höher) von Tvheadend installiert, dann erwartet Sie nun ein Assistent, der Sie durch die Einrichtung führen wird. Dies ist zum Beispiel unter LibreELEC der Fall. Der Assistent kann alternativ auch über die Registerkarte **Configuration**, das Register **General** und das Unterregister **Base** über die Schaltfläche **Start wizard** aufgerufen werden. Im direkt folgenden Abschnitt geht es um die Nutzung dieses relativ einfach zu bedienenden Assistenten. Nutzen Sie eine ältere Version von Tvheadend (Version 4.0, wie sie etwa über OSMC installiert wird), dann gibt es diesen Assistenten leider nicht. Aber keine Sorge, im Abschnitt »Die Einrichtung von Tvheadend ohne den Assistenten« auf Seite 330 beschreibe ich auch die Einrichtung ohne dieses Hilfsmittel. Lassen Sie sich dabei von der sehr komplex wirkenden Oberfläche von Tvheadend mit ihren vielen Registern und untergeordneten Registern nicht einschüchtern. Erstens sind sehr viele Optionen nur für Sonderfälle relevant, zweitens lösen sich viele Rätsel bereits nach kurzer Einarbeitung, und drittens benötigen Sie das Web-Interface nur zu Einrichtung, alles Weitere können Sie bequem in Kodi ausführen.

Die Einrichtung von Tvheadend mit dem Assistenten

Der Assistent ist (zunächst) auf Englisch gehalten, jedoch gut verständlich. Auf der ersten Seite finden Sie die Option zur Spracheinstellung.

Sie können die Sprache hier ändern, werden jedoch eventuell enttäuscht sein: In einigen Versionen von Tvheadend lauert ein Fehler, der die Sprachwahl ignoriert. Wundern Sie sich daher bitte nicht, wenn die Oberfläche auf Englisch bleibt. Aus diesem Grund werde ich im folgenden Text die englischen Bezeichnungen der Bildschirmtexte verwenden – möchten Sie sich eng an diesem Buch orientieren, dann belassen Sie die Spracheinstellung einfach auf Englisch.

In den unteren Feldern stellen Sie in abnehmender Präferenz die bevorzugten Sprachen für die virtuelle Programmzeitschrift in Kodi ein. Auch hier ist (ohne Probleme) **German** für Deutsch verfügbar. Wenn Ihre Einstellungen komplett sind, klicken Sie am unteren Rand des Fensters auf die Schaltfläche **Save & Next**.

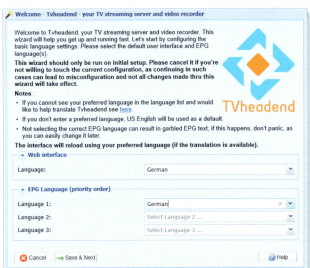

Ab Tvheadend-Version 4.1 begrüßt Sie beim ersten Aufruf der Einrichtungsassistent. Zunächst wird die gewünschte Sprache ausgewählt.

Die Einrichtung von Tvheadend mit dem Assistenten

Auf der nächsten Seite geht es um Zugangsberechtigungen, damit Ihnen zum Beispiel niemand im Scherz die Senderliste löscht. In der ersten Zeile **Allowed network** können Sie einstellen, welche Computer auf den Tvheadend-Server zugreifen können. Diese Zeile können Sie leer lassen (Anfänger sollten das auch tun), so erhalten alle Rechner Ihres Heimnetzes Zugriff – dies ist die Standardeinstellung. Fortgeschrittene Nutzer können Einschränkungen vornehmen, also zum Beispiel explizit ein bestimmtes Subnetz auswählen.

Im unteren Teil des Fensters vergeben Sie jeweils Benutzernamen und Passwort für ein *Administrator-* und ein *Benutzerkonto*. Das Administratorkonto dient zur Verwaltung und Einrichtung von Tvheadend, es hat keine Einschränkungen hinsichtlich der möglichen Aktionen und ist nicht zum Alltagsgebrauch vorgesehen. Für den Alltag, also das tatsächliche Fernsehen, dient das Benutzerkonto. Mit diesem können Sie lediglich Fernsehen schauen, aber weder absichtlich noch unabsichtlich Einstellungen in Tvheadend verändern. (Es kann also »nichts kaputtmachen«.) Kodi wird sich als Benutzer mit Tvheadend verbinden. Beachten Sie die üblichen Regeln zur Vergabe sicherer Benutzernamen und Passwörter. Merken Sie sich die vergebenen Zugangsdaten unbedingt sorgfältig, achten Sie besonders auf die Groß- und Kleinschreibung.

Vergeben Sie Zugangsdaten für ein Administrator- und Benutzerkonto, und schränken Sie optional den Netzwerkzugriff ein.

Im weiteren Text erfahren Sie im Kasten »Mehrere Benutzer?« auf Seite 340, wie Sie im Mehrbenutzerbetrieb als Option weitere Benutzerkonten anlegen können. Klicken Sie anschließend auf **Save & Next**.

Die dritte Seite widmet sich **Network settings** – mit dem Netzwerk ist allerdings nicht das heimische Rechnernetzwerk gemeint, sondern vielmehr das DVB-Empfangsnetzwerk. Hier geht es um die grobe Voreinstellung Ihrer DVB-Empfangsgeräte. Sie sehen im Bereich **Network 1** Optionen für ein IPTV-Netzwerk. Hier sind nur Einstellungen nötig, wenn Sie eine IPTV-Funktion verwenden möchten. Dies ist eher für fortgeschrittene Nutzer interessant. Die meisten Nutzer können dieses Feld zunächst unbeachtet lassen. Es folgt ein Bereich, der sich um Ihren DVB-Empfänger kümmert. Sie sehen im Feld **Tuner** Ihren DVB-Empfänger. Bitte wundern Sie sich nicht, wenn der Herstellername scheinbar nicht passt. Das liegt daran, dass Tvheadend sich auf den Hersteller des Chipsatzes bezieht, der oftmals vom Hersteller des Endprodukts abweicht. Im folgenden Bild steckt zum Beispiel ein Sony-Chipsatz in einem PCTV-DVB-Stick.

Sie müssen jetzt das für Ihren Stick passende DVB-Netzwerk auswählen. Diese Aufgabe lösen Sie ganz einfach: Für einen DVB-T-Empfänger wählen Sie ein DVB-T-Netzwerk aus, ein DVB-C-Empfänger erfordert ein DVB-C-Netzwerk, Analoges gilt für ein DVB-S-Gerät für den Satellitenempfang. Eignet sich Ihr Gerät für mehrere Empfangswege, dann bearbeiten Sie nur das gewünschte Feld und lassen das andere unangetastet. Klicken Sie anschließend auf **Save & Next**.

Dem Tuner (also Empfänger) muss das passende (gleichnamige) Netzwerk zugewiesen werden.

Übrigens: Falls Sie per Satellit empfangen und einen Multischalter für mehrere Satelliten betreiben, dann finden Sie im folgenden Abschnitt Hinweise, wie Sie diesen Empfangsweg konfigurieren. Dessen Anleitung sollten Sie jedoch erst nach Abschluss des aktuellen Abschnitts bearbeiten.

> **ACHTUNG**
>
> **Wird Ihr Tuner nicht angezeigt?**
>
> Damit Tvheadend den Tuner erkennt, muss dieser bereits vor dem Start des Programms am Computer verfügbar sein. Haben Sie den Empfänger also erst nach der Installation (und dem Start) von Tvheadend angeschlossen, dann starten Sie den Computer jetzt einmal neu. Danach sollte der Empfänger verfügbar sein.

Jetzt sind Sie fast so weit, dass die Sendersuche gestartet werden kann – denn um einen Sendersuchlauf kommen Sie auch bei einem modernen Tvheadend-gesteuerten System nicht herum. Allerdings bietet Ihnen Tvheadend eine Hilfe mit bereits vorgefertigten Grundeinstellungen, die den Sendersuchlauf vereinfachen. In Tvheadend wird übrigens von *Muxes* gesprochen, gemeint sind *Multiplexe*, also salopp betrachtet eine Gruppe mehrerer Fernsehprogramme. Im Feld **Pre-defined muxes** können Sie eine Einstellung auswählen, die bereits einige Parameter voreinstellt und so den Sendersuchlauf verkürzt. Nutzer von DVB-T und DVB-C geben hier ihre grobe aktuelle geografische Position an. Wählen Sie also etwa **Germany**, gefolgt von Ihrem *Bundesland*. Sollten Sie nicht fündig werden, wählen Sie den Eintrag **DEFAULT**, der umfangreiche Voreinstellungen bietet.

Teilen Sie Tvheadend mit, wo Sie sich ungefähr befinden – dies verkürzt den folgenden Sendersuchlauf.

Nutzer von DVB-S finden hier ein Ausklappmenü mit diversen Satelliten. Wählen Sie den Satelliten aus, den Sie empfangen möchten (und auf den Ihre Satellitenschüssel ausgerichtet ist), für den oft genutzten Satelliten Astra auf 19,2° Ost also etwa **> 19.2E:Astra**.

Nachdem Sie auf **Save & Next** geklickt haben, startet der Sendersuchlauf, der je nach Empfangsweg recht lange dauern kann (sogar länger als eine halbe Stunde). In unregelmäßigen Intervallen werden Sie über den Fortgang informiert.

Interessant ist die Zeile **Found services**. Hier können Sie lesen, wie viele Sender Tvheadend bereits gefunden hat. Technisch Interessierte erhalten im Fenster im Hintergrund auch Informationen zur Signalstärke. Wenn der Fortschritt **Scan progress** 100 % erreicht hat, klicken Sie auf die Schaltfläche **Save & Next**.

Nach dem Sendersuchlauf möchte Tvheadend von Ihnen etwas zum **Service mapping** wissen. Hier legen Sie grob fest, welche der gefundenen Programme Sie in Ihre Programmliste übernehmen wollen. Vielleicht haben Sie nicht an allen Programmen Interesse? Es ist denkbar, dass Sie zum Beispiel niemals Teleshopping- oder Erotiksender ansehen und diese auch gar nicht in Ihrer Programmliste sehen wollen.

Das aktuelle Fenster bietet Ihnen allerdings erst einmal nur zwei Optionen: Entweder Sie nehmen alle oder gar keinen Sender auf. Die Wahl letzterer Option führt dazu, dass Sie alle gewünschten Programme später manuell hinzufügen müssen. Als Anfänger übernehmen Sie also besser zunächst alle Sender und sortieren die unerwünschten später aus. Klicken Sie dafür das Kästchen **Map all services** an.

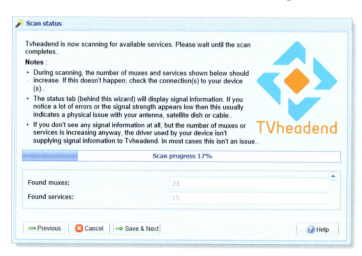

Die Sendersuche läuft und hat bisher 15 Sender gefunden.

Die Einrichtung von Tvheadend mit dem Assistenten

Möchten Sie lieber mit einer leeren Liste beginnen, dann lassen Sie das Kästchen leer. Die beiden anderen Kästchen erzeugen Gruppen von Sendern für einen bestimmten Provider (also Anbieter) oder ein Netzwerk. Diese Gruppen machen nur in wenigen Fällen Sinn, weswegen Tvheadend auf Wunsch auch eigene Gruppen zulässt – wobei es für Anfänger auch ganz ohne geht. Lassen Sie die Kästchen also leer, und klicken Sie auf **Save & Next**.

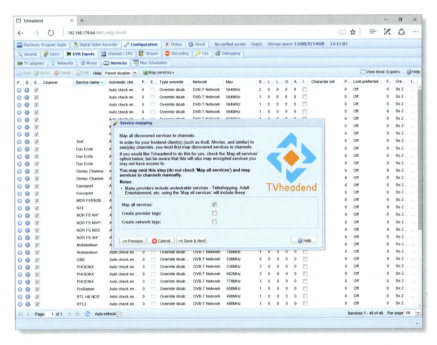

Möchten Sie alle gefundenen Sender auch sehen können? Dann aktivieren Sie »Map all services«.

Sie sind fast am Ziel, die Arbeit des Assistenten ist erledigt.

329

Damit ist der Hauptteil der Arbeit getan. Jetzt geht es nur noch um kosmetische Anpassungen. Klicken Sie erst einmal auf **Finish**. Übrigens: Im Hintergrund können Sie schon einmal die Senderliste sehen. Fahren Sie mit dem Abschnitt »Das Feintuning von Tvheadend« auf Seite 342 fort.

Die Einrichtung von Tvheadend ohne den Assistenten

Wenn Ihnen bei einer älteren Version der Einrichtungsassistent nicht zur Verfügung steht, müssen Sie die Einrichtung manuell vornehmen. Aber auch das ist nicht kompliziert, wenn Sie sich an die richtige Reihenfolge halten. Los geht es im Web-Interface erst einmal mit der Registerkarte **Configuration**, die Sie gleich oben im Fenster finden. Klicken Sie in der zweiten Symbolleiste auf den Eintrag **DVB Inputs** und danach in der dritten Symbolleiste auf die Registerkarte **TV Adapters**. In diesem Fenster sehen Sie die auf Ihrem System installierten DVB-Empfangsgeräte. Je nach Empfangsweg muss der Adapter noch konfiguriert werden, aber es ist günstiger, zunächst ein sogenanntes *Netzwerk* zu erstellen, das die für den gewählten Empfangsweg nötigen Einstellungen festlegt. Sollte der Tuner nicht aufgelistet sein, hilft häufig ein Neustart des Tvheadend-Geräts.

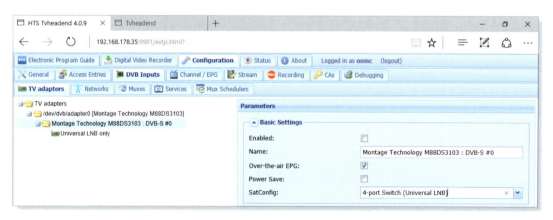

Prüfen Sie auf der Registerkarte »TV adapters«, ob Ihr Empfangsgerät korrekt verfügbar ist – Einstellungen werden später vorgenommen.

Die Einrichtung von Tvheadend ohne den Assistenten

Klicken Sie in der dritten Reihe auf die Registerkarte **Networks** und dort auf die Schaltfläche **Add**. In dem neuen Fenster legen Sie den Netzwerktyp (DVB-S, -T oder -C) fest.

> **INFO**
>
> **Was ist mit DVB-S2 und DVB-T2? Geht das etwa nicht?**
>
> Doch, natürlich! Wenn Sie nach dem Standard DVB-S2 oder DVB-T2 empfangen möchten, erstellen Sie ein Netzwerk ohne die »2«. Ein solches deckt in Tvheadend auch die modernen Standards ab.

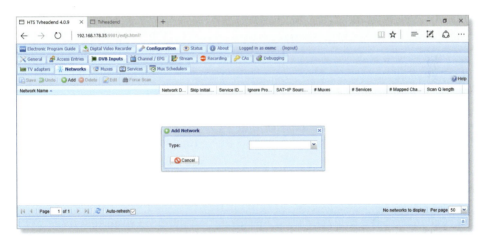

Klicken Sie auf der Registerkarte »Networks« auf die Schaltfläche »Add«, und wählen Sie den Empfangsweg aus.

Es erscheint ein neues Fenster, das je nach Empfangsweg mit unterschiedlichen Informationen gefüllt werden möchte. Unabhängig vom Empfangsweg vergeben Sie zunächst ganz oben einen Namen für das Netzwerk. Geben Sie hier etwa den gewünschten Satelliten (zum Beispiel *Astra 19.2 OST*) oder aber den Empfangsweg nebst Bundesland oder Stadt (zum Beispiel *DVB-T Bonn*) ein. Jetzt geht es ins Detail:

- Sie möchten ein *DVB-S*-Netzwerk für den Satellitenempfang erstellen? Dann klappen Sie das Listenfeld **Pre-defined Muxes** auf. Wählen Sie in der Liste den Satelliten, den Sie empfangen möchten. Das Gleiche gilt für das Listenfeld **Orbital Position**. Weitere Angaben sind nicht erforder-

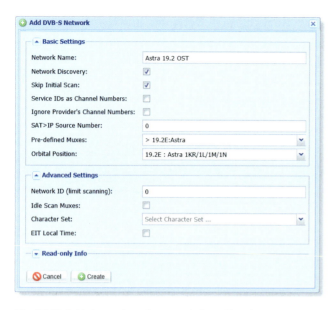

Ein DVB-S-Netzwerk anlegen: Geben Sie einen Namen ein, und wählen Sie die Pre-defined Muxes sowie die Orbital Position.

lich, die Einstellungen passen für den Alltagsgebrauch und sollten nur von erfahrenen Anwendern geändert werden. Klicken Sie abschließend auf **Create**. Möchten Sie mithilfe eines Multischalters die Signale mehrerer Satelliten empfangen, dann legen Sie für diese weitere Netzwerke an. Jedes Netzwerk wird nur auf einen zu empfangenden Satelliten konfiguriert.

- Möchten Sie DVB-T-Sender empfangen? Dann wählen Sie im Listenfeld **Pre-defined Muxes** den Eintrag **Germany: de**, gefolgt von Ihrem Bundesland aus (Analoges gilt für weitere Länder). Damit legen Sie grob fest, auf welchen Frequenzen nach TV-Programmen gesucht wird. Es sind keine weiteren Angaben erforderlich, klicken Sie abschließend auf **Create**.

- Sie möchten für den Kabelanschluss ein DVB-C-Netzwerk anlegen? Dann müssen Sie (zusätzlich zum Namen) nur die für Sie zutreffende Region beziehungsweise den zutreffenden Kabelanbieter im Listenfeld **Pre-defined Muxes**

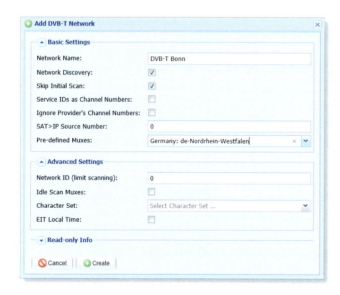

Ein DVB-T-Netzwerk anlegen: Vergeben Sie einen Namen, und wählen Sie die »Pre-defined Muxes«.

Die Einrichtung von Tvheadend ohne den Assistenten

auswählen. Ein Beispiel wäre **Germany: de-Kabel_Deutschland Hannover**. Klicken Sie abschließend auf **Create**.

Haben Sie an Ihrem Tvheadend-Gerät mehrere Empfänger angeschlossen, die denselben Empfangsweg nutzen, dann müssen Sie nur jeweils ein Netzwerk anlegen (auch im Multischalterbetrieb). Möchten Sie mehrere unterschiedliche Empfangswege nutzen, dann legen Sie für jeden Empfangsweg (jedoch nicht für jedes Gerät) ein eigenes Netzwerk an.

Ein DVB-C-Netzwerk anlegen: Vergeben Sie einen Namen, und wählen Sie die Pre-defined Muxes.

> **TIPP**
>
> **Klären Sie zuvor, ob alles einwandfrei empfangen werden kann**
>
> Die Einrichtung von Tvheadend ist – gerade für Anfänger – alles andere als trivial. Zahlreiche Fehlerquellen lauern. Klären Sie daher unbedingt im Vorfeld, ob der von Ihnen gewünschte Empfangsweg auch tatsächlich funktioniert. Sie sollten also zum Beispiel bereits geprüft haben, ob die Satellitenschüssel richtig ausgerichtet oder die Zimmerantenne gut platziert ist. Prüfen Sie den Empfang daher am besten mit einem weiteren, eigenständigen Gerät.

Weiter geht es auf der Registerkarte **TV adapters**. Die Adapter müssen noch konfiguriert werden. Dabei muss jedem Adapter das zutreffende *Netzwerk* zugewiesen werden. Möchten Sie einen DVB-S-Empfänger konfigurieren, klicken Sie zunächst (in der Liste links auf dem Monitor) den zweitniedrigsten Eintrag an, der durch ein gelbes Ordnersymbol gekennzeichnet ist und *DVB-S* im Namen trägt. Wählen Sie rechts auf dem Bildschirm im Feld **Satellite config** die für Sie zutreffende Konfiguration aus. Haben Sie zum

Beispiel einen vierfachen Multischalter im Einsatz (auch wenn Sie nicht alle Eingänge nutzen), dann wählen Sie den Eintrag **4-port Switch (Universal LNB)** aus. Wenn Sie die *Unicable*-Lösung nutzen, wählen Sie diese aus. Auch die Auswahl eines einfachen LNB (also den Empfänger direkt an der Satellitenschüssel) ohne Zusätze ist möglich. Klicken Sie abschließend auf **Save**. Nutzen Sie einen DVB-T- oder DVB-C-Empfänger, dann sind solche Einstellungen nicht nötig.

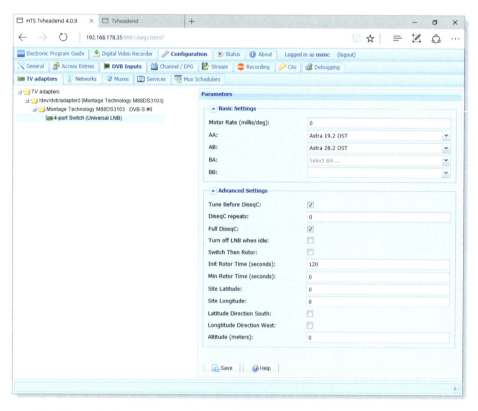

Konfigurieren Sie den DVB-Empfänger (falls notwendig).

Für alle Empfangswege klicken Sie jetzt den entsprechenden Tuner direkt an. Das ist das unterste Symbol, das durch eine grüne Einsteckkarte dargestellt wird. Auf der rechten Bildschirmseite müssen Sie dem Tuner das zutreffende Netzwerk zuweisen:

Die Einrichtung von Tvheadend ohne den Assistenten

- DVB-S-Nutzer mit einem Multischalter finden hier entsprechend der zuvor vorgenommenen Gerätekonfiguration die Eingänge **AA**, **AB** sowie gegebenenfalls **BA** und **BB**. Öffnen Sie das zugehörige Listenfeld, und tragen Sie das für diesen Eintrag verwendete Netzwerk ein. Klicken Sie nach jeder Änderung auf **Save**, und vermeiden Sie die gleichzeitige Zuweisung von mehreren Einträgen – hier gibt es dann und wann Probleme, und es werden nicht alle Änderungen übernommen. Bei alternativen LNB-Konfigurationen wählen Sie direkt das entsprechende Netzwerk im Listenfeld **Networks**.

- Nutzen Sie einen DVB-T- oder DVB-C-Empfänger, dann müssen Sie natürlich nur ein Netzwerk eintragen. Dafür ist das Listenfeld **Networks** zuständig. Wählen Sie das zutreffende Netzwerk aus, weitere Einstellungen sind nicht nötig. Klicken Sie abschließend auf **Save**.

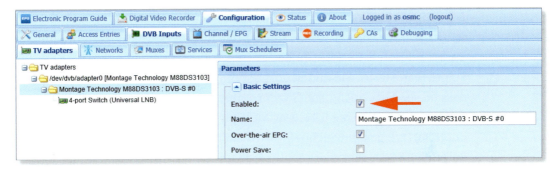

Aktivieren Sie den DVB-Empfänger auf der Registerkarte »TV adapters«.

Abschließend muss das jeweilige Empfangsgerät in Tvheadend aktiviert werden. Dafür ist das Kontrollkästchen **Enabled** im Block **Basic Settings** zuständig. Sie finden diesen Block rechts auf dem Bildschirm. Nutzen Sie einen DVB-T- oder DVB-C-Empfänger, dann befinden Sie sich vermutlich gerade in der richtigen Ansicht, bei diesen Empfängern wird das Kontrollkästchen ganz oben sichtbar, wenn links direkt das Empfangsgerät (mit dem grünen PC-Kartensymbol) ausgewählt ist. Nutzen Sie einen DVB-S-Empfänger, dann wird der Eintrag sichtbar, wenn Sie links den DVB-S-Eintrag (mit dem gelben Ordnersymbol) anklicken. Klicken Sie nach der Aktivierung auf **Save**.

> **INFO**
>
> **Denken Sie an die Firmware!**
>
> Nutzen Sie Tvheadend direkt unter Debian/Ubuntu oder OSMC, dann ist es, wie zuvor beschrieben, unter Umständen erforderlich, dass Sie eine Firmware-Datei installieren müssen (mehr darüber erfahren Sie im Abschnitt »Kabel-TV, Satellit und Co.: Empfang via DVB-T, -T2, -S, -C oder -S2« auf Seite 311. An dieser Stelle muss dieser Schritt bereits erfolgt sein. Fehlt die Firmware, dann ist kein Fernsehempfang möglich. Sehr wohl kann aber der Empfänger auch ohne passende Firmware-Datei bereits in Tvheadend angezeigt werden – achten Sie also darauf, dass die korrekte Datei installiert ist. Erfolgt die Installation nachträglich, muss das Tvheadend-Gerät danach neu gestartet werden.

Jetzt wird Tvheadend automatisch mit der Sendersuche beginnen. Den Fortschritt können Sie (etwas versteckt) der Registerkarte **Muxes** entnehmen. Sie befindet sich ebenfalls in der dritten Reihe von oben. Achten Sie auf die Spalte **Scan Status**. Sie finden dort die Einträge **PEND**, die darauf hindeuten, dass dieser Mux noch nach Sendern durchsucht werden muss. Fertige Muxes haben den Eintrag **IDLE**. Der Multiplex, der gerade untersucht wird, ist durch **ACTIVE** gekennzeichnet. Bitte beachten Sie, dass diese Seite – je nach Empfangsweg – sehr viele Multiplexe umfassen kann. Klicken Sie gegebenenfalls unten rechts im Eintrag **Per Page** auf **All**, sodass Sie alle Einträge auf einer Bildschirmseite betrachten können.

Fortgeschrittene Nutzer können über die Schaltfläche ⌃ unten rechts das Logbuch von Tvheadend öffnen. Sie finden hier Textinformationen zum Fortschritt der Sendersuche.

Müssen Sie feststellen, dass auch nach einer Wartezeit von drei Minuten keine Sendersuche durchgeführt wird, dann öffnen Sie noch einmal die Registerkarte **Networks**. Wählen Sie ein Netzwerk aus, und klicken Sie auf die Schaltfläche **Force Scan**, die sich in der Symbolleiste unter den Registerkarten befindet. Wenn es auch dann nicht klappt, ist Ihre Konfiguration fehlerhaft. Prüfen Sie alle vorgenommenen Einträge in Tvheadend sorgfältig. Kontrollieren Sie, ob sowohl der Empfänger als auch die Antennenleitung

Die Einrichtung von Tvheadend ohne den Assistenten

korrekt angeschlossen sind. Prüfen Sie, ob eventuell eine Firmware-Datei installiert werden muss (mehr dazu erfahren Sie im Abschnitt »Kabel-TV, Satellit und Co.: Empfang via DVB-T, -T2, -S, -C oder -S2« auf Seite 311). Starten Sie gegebenenfalls das Tvheadend-Gerät neu.

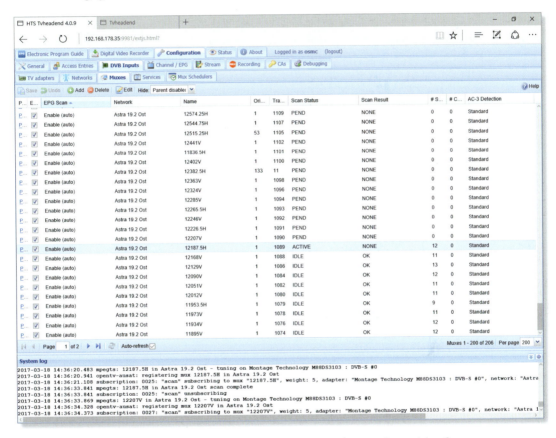

Auf der Registerkarte »Muxes« sehen Sie den Fortschritt des Sendersuchlaufs.

Je nach Empfangsweg kann der Sendersuchlauf sehr lange dauern und sogar mehr als eine halbe Stunde in Anspruch nehmen. Warten Sie also, bis alle Muxes auf der gleichnamigen Registerkarte den Eintrag **IDLE** aufweisen. Ab und zu können Sie während des Suchlaufs auf die Registerkarte **Services** wechseln. Dort sehen Sie alle bereits gefundenen Sender.

337

Kapitel 13 – Live-TV mit Kodi schauen

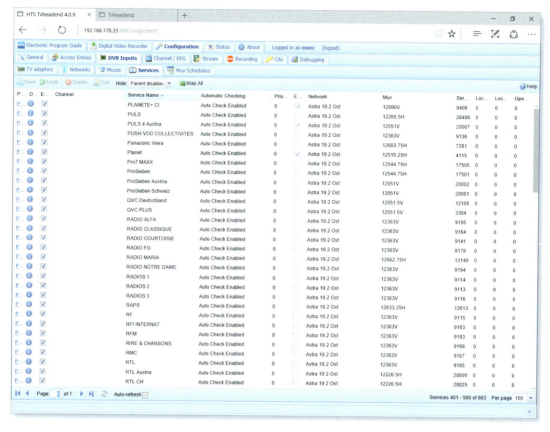

Auf der Registerkarte »Services« sehen Sie die gefundenen Sender.

Wenn der Sendersuchlauf abgeschlossen ist, wechseln Sie auf die Registerkarte **Services**, auf der Sie nun alle gefundenen Sender sehen. Denken Sie daran, dass die Darstellung mehrere Seiten umfassen kann. Am unteren Bildschirmrand können Sie durch die Seiten blättern. Klicken Sie oben in der Symbolleiste unter den Registerkarten auf die Schaltfläche **Map All**. Damit werden alle gefundenen Sender in die Senderliste übernommen. Es öffnet sich zunächst ein kleines Fenster mit einigen Optionen. Es empfiehlt sich, den Eintrag **Check availability** zu aktivieren. Sender, die keine Sendungen ausstrahlen (etwa Testsender) werden auf diese Weise nicht in die Senderliste übernommen. Wenn Sie nur unverschlüsselte Sender empfangen wollen, wählen Sie das Kästchen **Include encrypted services** ab. (Mit der empfohlenen Hardware ist nur der Empfang von unverschlüsselten Sendern möglich.) Verschlüsselte Sender werden also nicht in der Senderliste auftauchen. Aktivieren Sie unbedingt das Kästchen **Merge same name**. Sollte ein Sender mehrfach vorhanden sein (auf unterschiedlichen Frequenzen oder auch über mehrere Empfangswege), werden die einzelnen Programme so zu einem Eintrag zusammengefasst, und die Senderliste bleibt übersichtlich. Das letzte Kästchen ist für fortgeschrittene Nutzer interessant. Sender können über Schlagworte (*Tags*) in Gruppen einsortiert werden. Mittels **Create provider Tags** weist Tvheadend automatisch Tags zu, die es von den jeweiligen Sendeanstalten ableitet. Klicken Sie abschließend auf **Map**. Auch dieser Vorgang kann mitunter sehr lange dauern (eine halbe Stunde und länger, insbesondere, wenn alle Sender auf korrekten Empfang hin geprüft werden).

Als letzte Aktion müssen Sie in Tvheadend ein Benutzerkonto für Kodi einrichten. Bisher haben Sie nur das Administratorkonto zur Verfügung, das Zugriff auf alle Optionen bietet. Das ist für den Alltagsgebrauch jedoch zu umfangreich, und es besteht die Gefahr, dass man versehentlich etwas verstellt. Daher sollte Kodi nicht unter diesem Benutzerkonto auf die Dienste von Tvheadend zugreifen, sondern dafür ein eigenes, eingeschränktes Konto verwenden. Legen Sie also ein Benutzerkonto an, das alle für den Alltag nötigen Funktionen bietet. Dazu klicken Sie auf die Registerkarte **Configuration**, dann in der mittleren Zeile auf **Users** und danach in der dritten Zeile auf den Eintrag **Access Entries**. Klicken Sie in der Symbolleiste auf die Schaltfläche **Add**. Es öffnet sich ein Fenster mit zahlreichen Optionen zur Einrichtung eines neuen Benutzerkontos. Ganz oben finden Sie das Kontrollkästchen **Enabled**, das aktiviert sein muss, damit das neue Konto auch korrekt arbeitet. Geben Sie in der zweiten Zeile einen Namen für das Benutzerprofil ein. Sie können dafür Ihren Vornamen oder auch einfach *kodi* wählen. Darunter sehen Sie die Liste mit Berechtigungen für dieses Konto. Sie können hier prinzipiell alle Optionen mit Ausnahme des **Admin**-Feldes anklicken. Im Alltag werden (zumindest unter Kodi) darüber hinaus die Optionen **Advanced Streaming** und **All DVR (rw)** nicht benötigt. Auf Wunsch können Sie in den weiteren Feldern noch die *Sprache* und das *Thema* für das Web-Interface anpassen – diese Angaben werden jedoch für das Kodi-Konto nicht benötigt. Klicken Sie abschließend auf die Schaltfläche **Create**.

Kapitel 13 – Live-TV mit Kodi schauen

> **INFO**
>
> **Mehrere Benutzer?**
>
> Möchten Sie Tvheadend mit mehreren Benutzern verwenden, dann können Sie auch mehrere Benutzerkonten anlegen. Dies ist sinnvoll, wenn die einzelnen Benutzer (zum Beispiel die Familienmitglieder) jeweils eigene Aufnahmen (vom Fernsehprogramm) verwalten möchten. In diesem Fall sollten Sie das Kästchen **View all DVR entries** deaktivieren – so erhält jeder Benutzer seine eigene Liste. Dies ist besonders wichtig, wenn Tvheadend auf einem zentralen Servergerät betrieben wird. Die Konten werden genauso angelegt, wie im Text oben beschrieben.

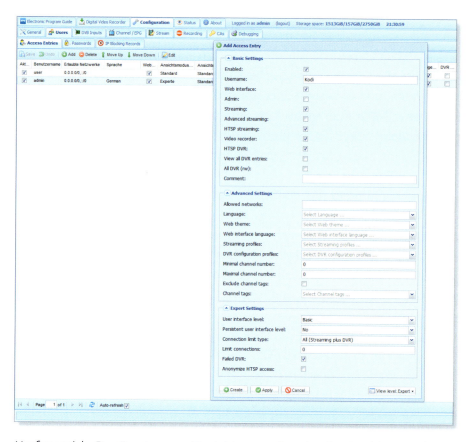

Umfangreich: Das Fenster zum Einrichten von Benutzerkonten bietet viele Optionen.

Ganz zum Schluss müssen Sie für dieses Benutzerkonto noch ein Passwort setzen. Dafür wechseln Sie auf die Registerkarte **Passwords**. Dort klicken Sie auf den Eintrag **Add**. Im neu geöffneten Fenster geben Sie zuerst den Benutzernamen des Profils ein, das Sie soeben erstellt haben. Der Name muss exakt eingegeben werden, achten Sie auch auf die Groß- und Kleinschreibung. Im zweiten Feld tragen Sie das Passwort ein. Sie sollten ein sicheres Passwort wählen, es sind aber keine Extremkombinationen nötig, schließlich geht es nur darum, den Fernsehempfang und die Fernsehaufnahmen zu schützen. Klicken Sie abschließend auf **Create**.

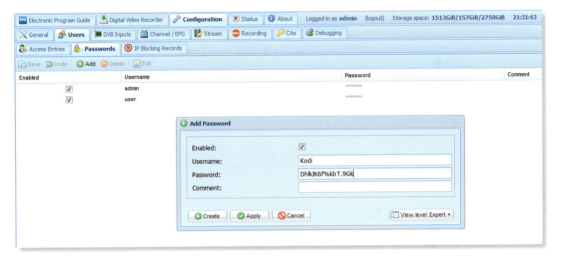

Das Passwort für den Nutzer muss separat gesetzt werden.

> **INFO**
>
> **Die Nutzer der Version 4.0 ...**
>
> ... müssen etwas anders vorgehen. Hier erfolgt die Vergabe des Passworts nicht getrennt vom Anlegen des Benutzerprofils. Stattdessen wird in dieser Version von Tvheadend das Passwort gleich beim Anlegen des Profils mit definiert. Achten Sie also auf das entsprechend bezeichnete Feld, und tragen Sie dort das Passwort ein.

Den Löwenteil haben Sie bereits hinter sich, aber das Finetuning wird den Komfort im folgenden Abschnitt noch einmal erhöhen. Zunächst können

Sie die Senderliste sortieren und unerwünschte Sender (je nach Geschmack sind das etwa Homeshopping- oder Flirtline-Kanäle sowie Kanäle in einer nicht beherrschten Fremdsprache) aussortieren. Jetzt kommen sowohl die Nutzer des Assistenten als auch die Nutzer des manuellen Weges wieder zusammen. Die Nutzer des manuellen Modus werden einige Teile des Konfigurationsmenüs wiedererkennen.

> **INFO**
>
> **Ich möchte mit Tvheadend Deutsch sprechen ...**
>
> Wenn bei Ihnen die Benutzeroberfläche von Tvheadend nach wie vor in englischer Sprache angezeigt wird und Sie diese auf die deutsche Sprache ändern wollen, dann öffnen Sie auf der Registerkarte **Access Entries** (unter **Configuration** und **Users**) den Administratornutzer, den Sie zuvor erstellt haben. Klicken Sie diesen an, und wählen Sie in der Symbolleiste **Edit**. Wählen Sie im neuen Fenster (ungefähr in der Mitte) im Ausklappfeld **Web interface language** den Eintrag **German** aus. Klicken Sie auf **Save**. Nun aktualisieren Sie die Seite in Ihrem Browser. Danach sehen Sie die Benutzeroberfläche auf Deutsch.

Das Feintuning von Tvheadend

Nach der ersten Einrichtung sehen Sie nun das Hauptfenster von Tvheadend, das eine elektronische Programmzeitschrift (auf Englisch: *Electronic Program Guide*, kurz: *EPG*) zeigt. Sie sehen die einzelnen Sender, den Namen der laufenden Sendung und Informationen zur Dauer beziehungsweise zum Sendefortschritt. Jetzt geht es darum, die Senderliste zu ordnen und unerwünschte Sender zu löschen. Dieser Vorgang wird etwas Zeit in Anspruch nehmen, ist aber für gut organisiertes Fernsehen erforderlich – bringen Sie also etwas Geduld mit.

Das Feintuning von Tvheadend

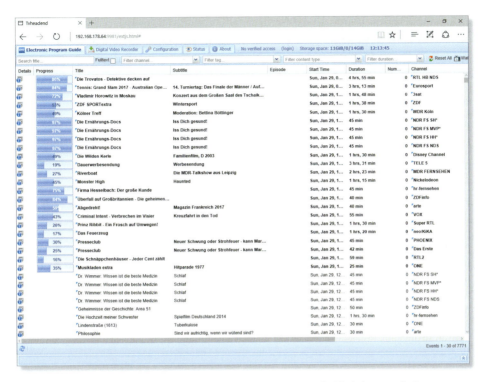

Als Erstes sehen Sie die elektronische Programmzeitschrift (Electronic Program Guide, EPG).

Zur Sortierung der Sender müssen Sie in das Konfigurationsmenü von Tvheadend. Klicken Sie in der Registerleiste auf die Karte **Configuration**. Es werden zahlreiche weitere Register sichtbar, die in Reihen organisiert sind. Klicken Sie in der mittleren Reihe auf das Register **Channel/EPG** und dann in der dritten Reihe auf **Channels**. Sie sehen nun eine Liste aller gefundenen Sender und unterhalb der Register eine Symbolleiste mit Schaltflächen. Die Senderliste ist in einzelne Seiten organisiert. Im Grundzustand werden 50 Sender pro Seite angezeigt, mit den Schaltflächen am unteren Bildschirmrand können Sie durch die Seiten blättern oder die Anzahl an Sendern pro Seite verändern. Möchten Sie einen Sender aus der Senderliste löschen, dann entfernen Sie das Häkchen im ganz linken Kontrollkästchen in der Spalte **Enabled**, die zunächst nur mit **E...** abgekürzt wird. Auf diese Weise deaktivieren Sie den Sender nur, er kann also jederzeit auf Wunsch wieder aktiviert werden. Nachdem Sie alle unerwünschten Sender abgewählt haben, sollten Sie die Reihenfolge der Programme festlegen. Hier geht es um die Programmnummern. Diese werden auch von Kodi genutzt, sodass sich einzelne Fernsehprogramme genau wie auf einem klassischen Fernsehgerät aufrufen lassen. Für Tvheadend selbst sind diese Nummern ohne Belang. Zum Festlegen einer Programmnummer klicken Sie zunächst auf den gewünschten Programmnamen, daraufhin wird die jeweilige Zeile blau unterlegt. Klicken Sie anschließend auf die Schaltfläche **Edit**, die sich direkt über der Senderliste befindet. Es öffnet sich ein Fenster mit zahlreichen Optionen, die für den Anfang jedoch nicht gebraucht werden. Im Feld **Number** tragen Sie die gewünschte Nummer ein. Klicken Sie anschließend auf **Save**. So fahren Sie mit allen Sendern fort, die Sie nummerieren möchten. Sender, die Sie nicht per Hand nummerieren, erscheinen später in Kodi in zufälliger Reihenfolge am Ende der Senderliste.

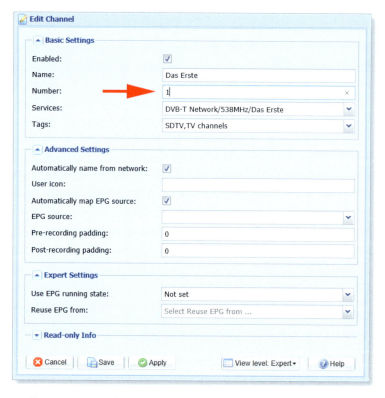

In diesem Fenster können Sie unter anderem eine Programmnummer vergeben.

> **TIPP**
>
> **Es gibt noch einen zweiten Weg zur Nummerierung**
>
> Klicken Sie den Sender an, der die nächste freie Nummer erhalten soll. Klicken Sie anschließend in der Symbolleiste auf den kleinen Pfeil neben dem Auswahlfeld **Number operations**. Wählen Sie die Option **Assign Number**. Fahren Sie mit allen Sendern fort, die Sie nummerieren möchten. Klicken Sie zum Schluss in der Symbolleiste über der Senderliste ganz links auf **Save**.

Damit sind Sie erst einmal fertig. Weiter geht es jetzt direkt in Kodi mit der Einrichtung des Frontends – Sie können sich jetzt aber gerne auch zunächst eine Pause gönnen. Möchten Sie noch mehr über Tvheadend erfahren (das von nun an ohne Ihr Zutun im Hintergrund arbeiten wird), dann können Sie sich auch noch den Abschnitt »Tvheadend gekonnt bedienen« auf Seite 364 am Ende dieses Kapitels ansehen.

Herr über die TV-Wiedergabe: das Client-Add-on in Kodi einrichten

Nachdem Sie mit dem Tvheadend-Server das sogenannte *Backend* für Ihren Fernsehgenuss eingerichtet haben, ist es jetzt an der Zeit, sich mit dem Frontend in Form des Tvheadend-Client-Add-ons in Kodi zu beschäftigen. Das Add-on ist ein Zusatzprogramm, das sich nahtlos in Kodi integriert. Alle Fernsehfunktionen werden also unter der gewohnten Kodi-Oberfläche dargestellt und auch darüber bedient. Das Add-on nutzt die Funktionen des Tvheadend-Servers, es ist jedoch kein direkter Bestandteil davon. Das Tvheadend-Client-Add-on ist in der Standardinstallation von Kodi zwar schon enthalten, aber noch nicht aktiviert. Das kann ganz einfach geändert werden:

1. Klicken Sie im Hauptmenü von Kodi zunächst auf den Punkt **Addons**. Es öffnet sich ein Untermenü.

2. Klicken Sie links oben auf dem Bildschirm auf das kleine Icon ⬚, das einen aufgeklappten Karton zeigt.

3. Sie sehen rechts auf dem Bildschirm mehrere Möglichkeiten zur Installation eines Add-ons. Das Tvheadend-Add-on ist Teil der **Benutzer-Addons**. Klicken Sie den Eintrag an. Es öffnet sich eine Übersicht mit Kategorien verschiedener Benutzer-Add-ons.

4. Wählen Sie die **PVR-Clients** aus, und drücken Sie Enter/OK. PVR steht für *Personal Video Recorder* und ist quasi die Oberkategorie für Add-ons rund um das Fernsehen. Sie sehen nun die recht umfangreiche Liste aller PVR-Clients. Sollten die PVR-Clients nicht angezeigt werden, dann sind diese noch nicht installiert. Gehen Sie in diesem Fall zurück zum Add-on-Browser und wählen Sie dort **Aus Repository installieren**. Öffnen Sie gegebenenfalls **Alle Repositories** und dann den Eintrag **PVR-Clients**.

Die Kategorienliste der Benutzer-Addons ist recht umfangreich.

5. Scrollen Sie bis zum Buchstaben **T**, und wählen Sie das Add-on **Tvheadend HTSP Client** aus. Bestätigen Sie Ihre Auswahl mit Enter/OK. (HTSP bezeichnet übrigens das *Home TV Streaming Protocol*, das sich um die Verteilung von Fernsehsignalen in einem Computernetzwerk kümmert.)

6. Klicken Sie im neu geöffneten Fenster auf **Aktivieren** beziehungsweise **Installieren**. Eventuell erscheint eine Warnmeldung über einen nicht erreichbaren Server, diese können Sie jedoch zunächst ignorieren, da das Add-on noch nicht konfiguriert wurde.

Herr über die TV-Wiedergabe: das Client-Add-on in Kodi einrichten

Wählen Sie das Add-on »Tvheadend HTSP Client«, und drücken Sie Enter/OK.

7. Nach der Aktivierung des Tvheadend-Client-Add-ons muss dieses eingerichtet werden. Klicken Sie auf demselben Bildschirm auf die Schaltfläche **Konfigurieren**. Von Interesse ist die gleich ausgewählte Registerkarte **Verbindung**. Hier geben Sie die Verbindungsdaten zum Tvheadend-Server (also zum Backend) an. Dazu müssen Sie die IP-Adresse sowie einen Benutzernamen und ein Passwort angeben. Die Angaben hängen davon ab, auf welchem Gerät Sie den Tvheadend-Server betreiben:

Läuft das Tvheadend-Backend auf demselben Rechner, auf dem auch Kodi arbeitet, tragen Sie im Feld **Hostname oder IP-Adresse des Tvheadend-Servers** den Wert 127.0.0.1 ein. Diese spezielle Adresse wird für die Kommunikation verschiedener Dienste auf ein- und demselben Rechner verwendet.

Läuft das Backend auf einem anderen Rechner, dann tragen Sie dessen IP-Adresse ein. Diese haben Sie auch bei der Einrichtung des Servers (in der Adresszeile des Browsers) verwendet. Für den Port gibt es ein extra Feld in diesem Fenster, das bereits in der Voreinstellung den richtigen Wert 9981 beinhaltet, es ist keine Angabe nötig.

8. Tragen Sie jetzt noch die Daten in den Feldern **Benutzername** und **Passwort** ein. Hier verwenden Sie die Daten des Benutzerkontos, das Sie zuvor unter Tvheadend für Kodi angelegt haben. Beachten Sie die Groß- und Kleinschreibung beider Angaben.

9. Klicken Sie abschließend auf **OK**, und verlassen Sie den **Addons**-Bildschirm über die Zurück-Taste bis zum Hauptmenü.

Die Einrichtung des Tvheadend-Client-Add-ons ist mit wenigen Schritten erledigt.

Die Senderliste in Kodi: ein Programm auswählen und wiedergeben

Wenn Sie in das Hauptmenü von Kodi zurückkehren und den Menüpunkt **TV** auswählen (ohne Enter/OK zu drücken), dann werden Sie feststellen, dass sich rechts auf dem Bildschirm einige neue Einträge befinden. Klicken Sie rechts auf **Kanäle**, und bestätigen Sie die Auswahl mit Enter/OK. Es öffnet sich eine neue Ansicht mit allen TV-Kanälen. Diese werden gemäß der Nummerierung sortiert, die Sie im Tvheadend-Server vergeben haben. Bei der ersten Nutzung dauert es möglicherweise einen Augenblick, bis alle Informationen geladen sind. Sie können sich mit den Pfeiltasten, den Bildlauf- und den Programmtasten durch die Liste bewegen. In der rechten Bildschirmhälfte erhalten Sie Informationen zur aktuellen Sendung sowie einen Fortschrittsbalken. Auch im linken Teil werden Sie durch einen kleinen Balken über den Sendungsfortschritt informiert. Drücken Sie bei einem

Die Senderliste in Kodi

Sender Enter/OK, dann werden das gewählte Fernsehprogramm im Hintergrund angezeigt und der Ton abgespielt. Ein zweiter Druck auf Enter/OK zeigt das Programm in der Vollbildansicht.

Mit den Programmtasten auf der Fernbedienung beziehungsweise den Bildauf-/Bild-ab-Tasten der Tastatur können Sie den Sender wechseln. Je nach verwendeter Hardware können die Umschaltzeiten etwas länger sein als auf dem klassischen Fernsehgerät.

Die Senderliste in Kodi verwendet die in Tvheadend vorgenommene Nummerierung.

Drücken Sie, während des Programm läuft, Enter/OK, dann sehen Sie im laufenden Programm eine Symbol-/Informationsleiste. Mit der Stopp-Schaltfläche ☐ links beenden Sie die Wiedergabe des TV-Programms. Daneben befindet sich eine runde Schaltfläche mit einem Aufnahmesymbol ⬤. Damit starten Sie die Aufnahme des aktuellen Fernsehprogramms wie beim klassischen Videorekorder. Die Aufnahmen werden auf dem Gerät abgelegt, auf dem der Tvheadend-Server arbeitet. Sie lassen sich auf jedem verbundenen Computer abspielen – mehr dazu erfahren Sie im Abschnitt »Sendungen aufzeichnen mit dem persönlichen Videorekorder (PVR)« auf Seite 356. Die Symbolleiste zeigt auch einen Fortschrittsbalken. Es folgen sechs Schaltflächen am rechten Bildschirmrand. Das Informationssymbol ⓘ öffnet einen beschreibenden Text über den Inhalt der aktuellen Sendung sowie die Möglichkeit, sich über die nächste Sendung zu informieren. Am unteren Rand werden Informationen zum Bild angezeigt. Die zweite Schaltfläche 🎛 zeigt das Symbol einer Fernbedienung. Damit öffnen Sie die Kanalliste, die auch die aktuelle Sendung anzeigt. Das kleine Kalendersymbol 📅 daneben öffnet die Programmzeitschrift (EPG), die über das weitere Programm des gerade gezeigten Senders informiert.

Daneben ist die Schaltfläche 📰 für den Videotext. Über die Zifferntasten lassen sich einzelne Seiten aufrufen, die farbigen Tasten der Fernbedienung bieten die gewohnten Funktionen.

Mit dem vorletzten Symbol 💬 steuern Sie die Anzeige von Untertiteln.

Als Letztes bietet Ihnen die Symbolleiste ein Menü mit Einstellungsoptionen ⚙, die jedoch nur selten benötigt werden. Sie finden dort Optionen zum Einstellen von Ton, Untertiteln und dem Videobild. Änderungen sind jedoch nur erforderlich, wenn zum Beispiel das Bildformat nicht zum Fernsehgerät passt oder es einen Versatz zwischen Bild und Ton gibt. Es gibt auch eine Option namens **Stereo Upmix**, die für eine räumliche Aufbereitung des Tons sorgt – und einen Mehrkanal-Receiver mit mehreren Lautsprechern voraussetzt.

Mit einem Druck auf die Zurück-Taste kommen Sie wieder zur Kanalliste. Ein weiterer Druck auf diese Taste führt ins Hauptmenü, die TV-Wiedergabe wird fortgesetzt und kann mit der Stopp-Taste beendet werden.

Zeitversetzt fernsehen mit der Timeshift-Funktion

Oft gewünscht wird die Timeshift-Option zum zeitversetzten Fernsehen. Das laufende Fernsehprogramm kann pausiert und später nahtlos fortgesetzt werden – was praktisch ist, wenn das Telefon klingelt oder der Pizzabote vor der Tür steht. Die laufende TV-Sendung wird dazu im Hintergrund temporär in einen sogenannten *Puffer* aufgenommen, aus dem gleichzeitig wiedergegeben wird. Innerhalb des Puffers kann vor- und zurückgespult werden. Schöne Szenen lassen sich so mehrfach hintereinander betrachten und ungeliebte Inhalte überspringen – dazu wird diese Funktion häufig eingesetzt. Natürlich bietet die Kombination aus Kodi und Tvheadend auch eine Timeshift-Funktion. Die eigentliche Funktion wird vom Tvheadend-Server bereitgestellt, Kodi nutzt diese und bietet dafür geeignete Bedienelemente.

Die Timeshift-Funktion ist in Tvheadend zunächst nicht aktiviert. Sie können das jedoch jederzeit ändern:

1. Loggen Sie sich zuerst auf Ihrem Tvheadend-Server ein. Verwenden Sie hier die Administratorzugangsdaten.

2. Wechseln Sie in der obersten Reihe auf die Registerkarte **Configuration** (Konfiguration). Anschließend öffnen Sie in der zweiten Reihe die Option **Recording** (Aufnahme) und klicken in der dritten Reihe auf die Registerkarte **Timeshift**.

3. Innerhalb des Kastens **Basic Settings** (Grundeinstellungen) aktivieren Sie das Kontrollkästchen **Enabled** (Aktiviert) und speichern die Änderungen mit **Save** (Speichern).

Damit ist die Timeshift-Funktion aktiv. Wenn Sie Kodi nun auf Ihrem Mediagerät neu starten, steht Ihnen die Timeshift-Funktion während der TV-Wiedergabe zur Verfügung.

Tvheadend bietet bei dieser Funktion noch weitere Optionen, die für den einen oder anderen interessant sind. Stellen Sie dafür zunächst in der Symbolleiste unterhalb der Registerkarten ganz rechts das Feld **View level** (Ansichtsmodus) auf **Expert** (Experte), damit alle Optionen angezeigt werden. Im Feld **Maximum period (mins)** geben Sie die maximale Pufferlänge für die Timeshift-Funktion als Minutenwert an. Sie können nur innerhalb dieser (zwischengespeicherten) Zeitdauer im laufenden Fernsehprogramm zurückspulen oder für diese Zeitdauer das Programm pausieren. Diese Option dient der Schonung des Speicherplatzes auf dem Tvheadend-Server. Je nach Datenrate, die der Sender verwendet, kann eine Stunde TV-Programm einen Speicherbedarf von einigen Gigabyte erfordern. Wenn Ihr Speicherplatz ausreichend groß ist, dann können Sie diesen Wert erhöhen. Beachten

Sie aber weiter unten die Option **Maximum size (MB)**. Sie kontrolliert die maximale Größe des Puffers in Megabyte. Haben Sie die maximale Timeshift-Dauer erhöht, ist es vermutlich erforderlich, dass Sie auch diesen Wert anpassen.

Nutzen Sie einen Raspberry oder Banana Pi für den Tvheadend-Server, dann sollten Sie beachten, dass der Puffer zunächst auf die Speicherkarte geschrieben wird, er wird in der Grundeinstellung sofort geschrieben, sobald ein TV-Programm betrachtet wird. Die Timeshift-Funktion steht also sofort zur Verfügung. Damit wird aber auch fortlaufend die Speicherkarte des Pi-Computers beschrieben, was deren Lebensdauer abträglich ist; bei intensiver Nutzung und einer billigen Speicherkarte droht eventuell bereits binnen Jahresfrist ein Ausfall. (Gute Speicherkarten können aber auch wesentlich länger durchhalten.) Es gibt mehrere Optionen, um dem entgegenzuwirken. Eine Möglichkeit ist der Anschluss eines ausreichend schnellen USB-Sticks, der nur für Timeshift verwendet wird. Wenn dieser verschlissen ist, wird er einfach durch einen neuen ersetzt. Binden Sie dafür den USB-Stick in das Dateisystem des Servers ein, und geben Sie in Tvheadend im Feld **Storage path** den absoluten Pfad zu diesem Speichermedium an. Natürlich können Sie auch eine externe Festplatte nutzen.

Das nächste Kästchen **Maximum RAM size (MB)** ist recht interessant: Es erlaubt, den Timeshift-Puffer bis zum angegebenen Wert im Arbeitsspeicher zu halten. Erst wenn dieser Puffer gefüllt ist, wird auf die Speicherkarte (bei einem Pi-Computer) oder die Festplatte (bei einem »großen« Server) zugegriffen. Bei einem großen Server mit einem großen Arbeitsspeicher können hier durchaus hohe Werte eingetragen werden, selbst mehre Gigabyte können möglich sein – der genaue Wert ist abhängig von der Menge des verfügbaren Arbeitsspeichers. Nutzer eines Pi-Computers sind hier eingeschränkt, denn je nach Modell bietet ein Pi nur 512 oder 1.024 MB Arbeitsspeicher, und mehr als 50 % bis maximal zwei Drittel dieses Wertes sollten Sie hier nicht eintragen. Das Kontrollkästchen **RAM only** sorgt dafür, dass für den Puffer nur der Arbeitsspeicher genutzt wird. Wird als Server ein Pi verwendet, dann reduziert dies die maximale Timeshift-Länge natürlich beachtlich. Nutzen Sie diese Option, dann sollten Sie unbedingt das letzte Kontrollkästchen **Fit to RAM** aktivieren, was den Puffer automatisch passend zuschneidet.

Zeitversetzt fernsehen mit der Timeshift-Funktion

Wenn Sie an einer ständig aktiven Timeshift-Funktion gar kein Interesse haben, sondern diese Option nur auf expliziten Wunsch setzen wollen, dann aktivieren Sie unter den **Expert Settings** das Kästchen **On-demand**. Ist dieses aktiv, startet die Timeshift-Funktion erst dann, wenn Sie zum ersten Mal die Pause-Taste drücken. Dies schont die Speicherkarte eines Pi-Computers enorm. Allerdings können Sie natürlich auch erst dann im Programm zurückspulen, wenn Sie die Funktion zuvor aktiviert haben. Die **Unlimited**-Optionen darunter verwerfen alle Zeit- oder Speicherplatzbeschränkungen. Vergessen Sie nicht, nach Abschluss der Änderungen auf die Schaltfläche **Save** zu klicken, die sich oberhalb der Optionen befindet.

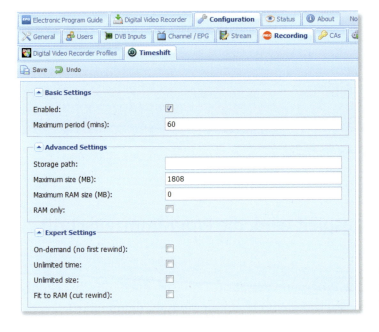

Der Einstellungsdialog für die Timeshift-Funktion in Tvheadend

Die Nutzung der Timeshift-Funktion in Kodi ist sehr einfach (vergessen Sie aber nicht, Kodi zunächst neu zu starten). Wenn Sie sich jetzt ein TV-Programm ansehen, steht Ihnen jederzeit die Pause-Taste zur Verfügung. Sie können diese auf der Fernbedienung drücken, alternativ ist sie auch in der Symbolleiste während der TV-Wiedergabe sichtbar. Das laufende Programm wird pausiert und kann mit derselben Taste fortgesetzt werden. Sie können auch die Vor- und Zurückspultasten nutzen, um sich im Puffer zu bewegen. Alternativ können Sie die Pfeiltasten verwenden.

Timeshift in Aktion: Das laufende Fernsehprogramm wurde angehalten.

Wissen, was gespielt wird: die Programmzeitschrift nutzen

Um die elektronische Programmzeitschrift (EPG, oft auch schlicht »Guide« genannt) zu öffnen, klicken Sie im Hauptmenü unter dem Punkt **TV** rechts auf die Schaltfläche **Guide**. Alternativ gibt es in der Kanalliste ganz links im Optionsmenü in der oberen Symbolleiste die Schaltfläche 📋. Im Guide sehen Sie vertikal angeordnet die TV-Sender, über der Liste steht das jeweilige Tagesdatum. Daneben finden Sie die einzelnen Sendungen. Ein transparenter farbiger Bereich (besser gesagt, dessen Ende) kennzeichnet die aktuelle Uhrzeit. Innerhalb der Liste können Sie mit den Pfeiltasten navigieren. Im unteren Teil des Bildschirms finden Sie Informationen zur ausgewählten Sendung und die genaue Sendezeit.

Die Programmzeitschrift nutzen

Die elektronische Programmzeitschrift von Kodi, kurz: der Guide

Drücken Sie bei einer Sendung Enter/OK, erhalten Sie einen Bildschirm mit Informationen und möglichen Aktionen.

Das Optionsmenü zu einer Sendung öffnet sich mit einem Druck auf OK.

Hier können Sie zum gewählten Programm **Umschalten**, was aber natürlich nur dann Sinn macht, wenn die ausgewählte Sendung auch gerade läuft. Eine angenehme Funktion bietet die Schaltfläche **Nach Ähnlichem suchen**. Sie erhalten eine Liste mit weiteren Sendeterminen einer Sendung mit dem ausgewählten Namen. Ein Klick auf diese Sendung öffnet das jeweilige Optionsmenü. Am oberen Rand der Liste befindet sich der Eintrag **Suchen**, mit dem Sie im Programm detailliert suchen können.

Die Suchoptionen im Guide sind umfangreich – aber zum Glück selbsterklärend.

Die beiden rechten Schaltflächen im Optionsmenü kümmern sich um die Aufnahmefunktion. Darum geht es gleich im folgenden Abschnitt.

Sendungen aufzeichnen mit dem persönlichen Videorekorder (PVR)

Die Aufnahmefunktionen sind in Kodi recht umfangreich, und es gibt mehrere Möglichkeiten, wie Sie Fernsehsendungen aufzeichnen können.

Die einfachste Möglichkeit ist die direkte Aufnahme der Sendung, die Sie sich gerade anschauen. Wenn Sie während der TV-Wiedergabe Enter/OK drücken, dann sehen Sie die Symbolleiste auf dem Bildschirm. Am linken Rand befindet sich ein kreisförmiges Symbol ●, das an die Aufnahmetaste eines Videorekorders erinnert. Das aktuelle TV-Programm wird ab sofort aufgenommen. Die Aufnahme erfolgt auf dem Tvheadend-Servergerät und steht dort für alle verbundenen Geräte zur Verfügung (bewusste Einschränkungen können optional über mehrere Benutzerkonten in Tvheadend vorgenommen werden). Sie muss also nicht auf dem Gerät wiedergegeben werden, mit dem sie erstellt wurde. Die Aufnahme läuft unabhängig von der TV-Wiedergabe weiter. Beenden Sie die Wiedergabe, wird die Aufnahme trotzdem fortgesetzt. Schalten Sie auf ein anderes Programm um, dann gibt es mehrere Möglichkeiten: Haben Sie nur einen einzigen Tuner am Tvheadend-Server angeschlossen und das neue TV-Programm liegt in der gleichen Gruppe (genauer: des Multiplexes) wie das aufgenommene Programm, dann werden das neue Programm wiedergegeben und die Aufnahme fortgesetzt. Liegt es jedoch außerhalb, dann ist keine Wiedergabe möglich – schließlich haben Sie nur einen Tuner, der dann ausschließlich für die Aufnahme verwendet wird. Abhilfe schafft ein weiterer Tuner (also ein weiterer DVB-Stick), mit dem auch die Wiedergabe eines weiteren Senders möglich wird. Kehren Sie zum Kodi-Hauptmenü zurück, dann werden Sie im Menüpunkt **TV** an die laufende Aufnahme erinnert. Zum Beenden der Aufnahme kehren Sie zur Symbolleiste dieses Senders zurück. Haben Sie nicht umgeschaltet, dann genügt ein Druck auf Enter/OK. Jetzt können Sie mit der runden Schaltfläche ⬤ die laufende Aufnahme beenden. Sie wird im Menü für aufgenommene Sendungen einsortiert. Als Schnellzugriff können Sie die Aufnahme auch direkt über die Kanalliste beenden. Bei dem Sender, der gerade aufgenommen wird, sehen Sie ein rotes Aufnahmesymbol. Öffnen Sie bei diesem Sender das Kontextmenü. Über den Eintrag **Aufnahme beenden** erreichen Sie die gewünschte Funktion.

> **TIPP**
>
> **Noch mehr Profioptionen im Kontextmenü**
>
> Kleiner Zusatztipp: Mit dem Kontextmenü eines Senders in der Senderliste können Sie als erfahrener und experimentierfreudiger Anwender auch ähnlich wie in Tvheadend die Senderliste bearbeiten, Sie können sogar Sendergruppen anlegen. Nutzen Sie dafür den Eintrag **Verwalten**.

Im laufenden TV-Programm verfügbar: die Schaltfläche mit dem runden Kreis zum Starten und Stoppen einer Aufnahme

Diese Art der Aufnahme eignet sich vor allem für spontane Situationen. Oftmals möchte man aber die Aufnahme einer bestimmten Sendung im Voraus planen, weil man sich diese zur Sendezeit nicht ansehen kann oder möchte. In diesem Fall öffnen Sie den Guide und klicken die Sendung, die Sie aufnehmen möchten, mit Enter/OK an. Darauf öffnet sich der Informationsbildschirm, klicken Sie dort auf die Schaltfläche **Aufnehmen**. Jetzt wird für die Sendung ein sogenannter *Timer* hinzugefügt. Die Ansicht kehrt zum Guide zurück, und es werden Informationen zur Aufnahme eingeblendet. Sie erkennen die geplante Aufnahme an einem kleinen Symbol an der jeweiligen Sendung. Das ist schon alles. Die Aufnahme wird zur festgelegten Zeit durchgefließt, und die Sendung steht anschließend über das Tvheadend-Gerät zur Verfügung. Ist dieses eigenständig, dann können Sie das Kodi-Gerät jetzt abschalten. Andernfalls muss das Gerät natürlich eingeschaltet bleiben (zumindest aber zur Aufnahmezeit aktiv sein).

Eine einzelne Sendung lässt sich bequem im Guide programmieren.

Nun kann es passieren, dass Sie nicht nur eine einzelne Sendung aufnehmen möchten, sondern mehrere Folgen einer wiederkehrenden Reihe. Auch dies ist möglich. Sie können auch dafür Timer programmieren. Es werden zwei Optionen geboten: Entweder entscheiden Sie sich für eine rein zeitgesteuerte (klassische) Timer-Aufnahme, oder Sie wählen die Option mit Guide-Unterstützung, bei der Kodi für Sie automatisch nach passenden Sendungen sucht.

Eine wiederkehrende Timer-Aufnahme legen Sie an, indem Sie im Hauptmenü von Kodi zum Menüpunkt **TV** gehen, dann nach rechts klicken und die Schaltfläche **Timer** mit Enter/OK anklicken. Sie sehen eine Übersicht der bisher geplanten Aufnahmen. Für eine neue Timer-Regel klicken Sie auf **Timer hinzufügen**.

Wiederkehrende Sendungen können über einen Timer programmiert werden.

Es öffnet sich ein neues Fenster, in dem Sie die Optionen eingeben können. Achten Sie auf die Zeile **Typ**. Ist diese auf **Timer-Regel** eingestellt, dann programmieren Sie eine klassische Timer-Aufnahme, die über die Uhrzeit gesteuert wird. In diesem Fenster können Sie zunächst die geplante Regel aktivieren oder deaktivieren – Letzteres ist für bereits fertige Regeln gedacht, die Sie zum Beispiel während der Sommerpause außer Kraft setzen wollen.

Darunter können Sie der Regel einen **Namen** geben, der sich an der Sendung orientieren sollte. Wählen Sie den **Kanal** aus, der die gewünschte Sendung zeigt (gemeint ist der Sender beziehungsweise das Programm). Im Feld **Wochentage** können Sie in einem Unterfenster bestimmen, an welchen Wochentagen die Aufnahme erstellt werden soll. Hier sind beliebige Kombinationen möglich. Wählen Sie danach die gewünschte **Start**- und **Endzeit** für die Aufnahme aus. Die weiteren Felder richten sich an fortgeschrittene Nutzer. Sie können hier die **Priorität** dieser Aufnahme festlegen. Dieser Wert kommt dann zum Tragen, wenn mehrere Aufnahmen oder die aktuelle Wiedergabe mit der Timer-Aufnahme kollidieren. Über die **Lebensdauer** können Sie fertige Aufnahmen später automatisch löschen lassen, was die Speicherkapazität des Aufnahmemediums schont. Über **Ordner** lassen sich die Aufnahmen gezielt sortieren. Klicken Sie zum Abschluss rechts auf **OK**. Damit ist Ihre Timer-Aufnahme erstellt und auch gleich »scharf geschaltet«. Das Tvheadend-Servergerät wird zum geplanten Zeitpunkt die Aufnahme durchführen. Kodi selbst muss dazu nicht aktiv sein.

Start- und Endzeiten und Sender festlegen: die klassische Timer-Aufnahme

Im selben Fenster können Sie auch die alternative Timer-Aufnahme mit Guide-Unterstützung programmieren. Dazu müssen Sie im ersten Feld den **Typ** durch Drücken der Enter-/OK-Taste auf **Timer-Regel (TV-Guide-basiert)** umstellen. Dadurch ändert das Fenster seinen Aufbau, und deutlich mehr Optionen werden sichtbar. Bei dieser Art der Aufnahme wird der gesamte Guide nach einem Schlagwort durchsucht. Wird es gefunden, wird die passende Sendung aufgenommen. Dieses Konzept ermöglicht also zum Beispiel die Aufnahme aller Sendungen mit dem Titel »Tagesschau« über mehrere Sender und Uhrzeiten hinweg. Zur Vermeidung von Fehlaufnahmen sollten Sie das Schlagwort sorgfältig wählen. Es sind übrigens auch *Wildcards* wie das Sternchen als Platzhalter zulässig. Die Optionen zur Aktivierung und Namensvergabe kennen Sie bereits von der soeben diskutierten klassischen Timer-Aufnahme.

Im Feld **Im TV-Guide suchen nach** legen Sie das Schlagwort fest. Darunter können Sie wählen, ob Sie nur den Titel der Sendungen oder sogar (was eher selten ist) den gesamten beschreibenden Text durchsuchen möchten. Im Feld **Kanal** stellen Sie den zu berücksichtigenden TV-Kanal ein oder entscheiden sich für die Suche über alle Kanäle. Darunter können Sie die gewünschten **Wochentage** festlegen.

Bei der TV-Guide-basierten Timer-Aufnahme sucht Kodi für Sie nach passenden Sendungen.

Mit den folgenden Optionen können Sie den Uhrzeitbereich für die Aufnahme einschränken. Sie können dann wählen, ob Sie **doppelte Episoden verhindern** möchten – das ist praktisch, wenn der Sender zum Beispiel nachts noch einmal einzelne Folgen wiederholt. Mit den Feldern **Aufnahme-Vor-** und **Nachlaufzeit** können Sie die Aufnahmedauer verlängern – was sinnvoll ist, wenn sich die Sendezeit durch Live-Sendungen verschieben kann. Die

Felder **Priorität**, **Lebensdauer** und **Ordner** sind Ihnen wiederum bekannt. Mit einem Klick auf **OK** schließen Sie die Programmierung ab. Übrigens: Dasselbe Einstellungsfester erreichen Sie auch über das Informationsfenster im Guide (siehe Abschnitt »Wissen, was gespielt wird: die Programmzeitschrift nutzen« auf Seite 354) mit der Schaltfläche **Timer hinzufügen** sowie über das Optionsmenü der Kanalliste mit der Schaltfläche ⚙.

Wenn Sie nun in das Hauptmenü zurückkehren, werden Sie über die nächste Aufnahme informiert.

Im Hauptmenü werden Sie über geplante und aktuelle Aufnahmen informiert.

> **TIPP**
>
> **Extra-Zeiten festlegen**
>
> Für alle programmierten (Timer-)Aufnahmen können Sie im Tvheadend-Server eine zusätzliche Vor- und Nachlaufzeit setzen, falls die Sendezeiten nicht exakt passen. Tragen Sie diese Werte auf den Registerkarten **Configuration ▶ Recording ▶ Digital Video Recorder Profiles** in den beiden Feldern **Pre-** und **Post-recording padding** ein. Speichern Sie die Änderungen mit **save** ab.

Jetzt wird es Sie sicherlich interessieren, wie Sie sich fertige Aufnahmen ansehen können. Auf die zuletzt erstellten Aufnahmen können Sie direkt zugreifen, denn diese werden gleich im Hauptmenü angezeigt. Wählen Sie den Menüpunkt **TV** an, und gehen Sie rechts zur Liste **Zuletzt gemachte Aufnahmen**. Ist die gewünschte Sendung dabei, startet die Wiedergabe durch einfaches Anklicken. Während der Wiedergabe sind Pausieren und Spulen problemlos möglich, Sie können sogar den jeweiligen Videotext betrachten.

Liegt die Aufnahme schon etwas länger zurück, dann markieren Sie im Hauptmenü den Punkt **TV** und klicken dann rechts auf die Schaltfläche **Aufnahmen**.

Alternativ sind die Aufnahmen auch innerhalb der TV-Bibliothek über das Optionsmenü am linken Bildschirmrand erreichbar. Klicken Sie dort in der Symbolleiste auf den dritten Eintrag .

In der neuen Bildschirmansicht finden Sie alle Aufnahmen (auch gerade aktive Aufnahmen sind hier aufgeführt). Zusätzliche Informationen werden in der rechten Bildschirmhälfte angezeigt. Durch Anklicken starten Sie wie gewohnt die Wiedergabe.

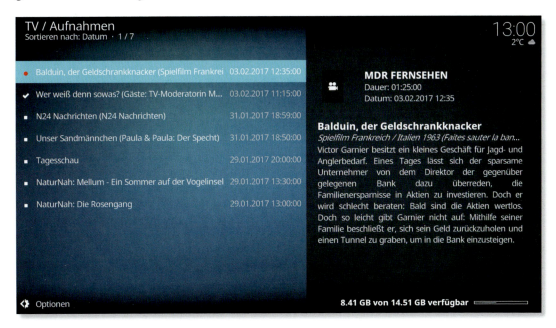

Hier werden Ihnen alle bereits erstellten Aufnahmen angezeigt.

Gratulation! Damit haben Sie sich durch das wahrlich umfangreiche Kapitel zum Fernsehen unter Kodi tapfer durchgekämpft und können es sich nun mit Ihrer Lieblingssendung gemütlich machen. Den Schluss dieses Kapitels bildet der folgende Abschnitt, der Ihnen kurz einige Möglichkeiten zeigt, wie Sie den Tvheadend-Server auf Wunsch auch unabhängig von Kodi bedienen können.

Tvheadend gekonnt bedienen

In diesem letzten Abschnitt soll es noch einmal (allerdings völlig optional) um die direkte Bedienung von Tvheadend gehen. Alternativ zur Nutzung unter Kodi können Sie auch direkt in Tvheadend einige Aktionen ausführen.

Zuerst wäre da die elektronische Programmzeitschrift *EPG*. Sie erreichen diese Informationsseite gleich über die erste Registerkarte in der obersten Reihe im Web-Interface von Tvheadend. Im EPG sehen Sie alle Sendungen aufgelistet, die gerade ausgestrahlt werden oder die demnächst beginnen. Einzelne Sendungen lassen sich anklicken, Sie sehen dann ein Fenster mit weiteren Informationen zur Sendung. In diesem Fenster finden Sie am unteren Rand mehrere Schaltflächen und können darüber etwa die aktuelle Sendung abspielen – dazu wird sich Ihr üblicher Mediaplayer öffnen und das gewählte Programm wiedergeben. Außerdem finden Sie eine Schaltfläche, mit der Sie die laufende Sendung sofort aufnehmen können. Die Aufnahme läuft bis zum Ende der Sendung. Es gibt auch die Möglichkeit, eine Aufnahmeregel zu erstellen, die dann zum Zuge kommt, wenn es sich um eine wiederkehrende Serie handelt, deren Folgen Sie aufnehmen möchten. Die Aufnahmen werden als Datei direkt auf dem Gerät abgelegt, auf dem auch Tvheadend ausgeführt wird. Mit der Schaltfläche **Reset All** (rechts oben auf dem Bildschirm) kehren Sie wieder zur Gesamtübersicht zurück.

Tvheadend gekonnt bedienen

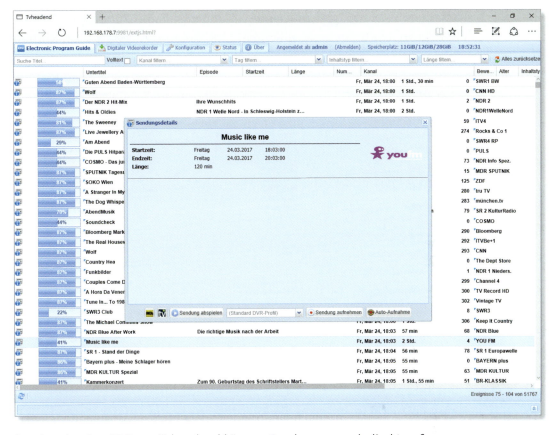

Im eingebauten EPG von Tvheadend können Sendungen auch direkt aufgenommen werden.

Die zweite Registerkarte in der ersten Reihe kümmert sich um den *digitalen Videorekorder* – auf Englisch *Digital Video Recorder*. In der zweiten Reihe der Registerkarten können Sie neue Aufnahmen hinzufügen, die bereits vorhandenen auflisten und abspielen (dafür nutzen Sie die Play-Schaltfläche ganz links). Sie können fehlgeschlagene Aufnahmen verwalten und auch die Timer-Regeln überwachen. Über die erste Registerkarte der zweiten Zeile namens **Upcoming/Current Recordings** können Sie auch manuell eine Aufnahme planen. Klicken Sie dazu auf die Schaltfläche **Add**, und geben Sie in dem neuen Fenster die Daten der Sendung (Sender, Start- und Stoppzeit) ein. Die Kanalliste bietet sogar die Funktion der automatischen Vervollständigung Ihrer Eingaben. Sie können auch ein Vor- und Nach-

Aufnahme-Polster eingeben. Damit verlängern Sie die Aufnahme über die eigentliche Sendezeit hinaus, was bei Live-Sendungen sinnvoll ist. Klicken Sie zum Schluss auf **Create**.

Über den digitalen Videorekorder lassen sich auch manuell Aufnahmen planen.

Rein Informativ ist dagegen die Registerkarte **Status** (in der ersten Zeile). Hier sehen Sie, womit Tvheadend gerade beschäftigt ist. Die angezeigten Daten sind möglicherweise vertraulich, denn hier können Sie sehen, welche Programme die einzelnen Benutzer gerade schauen. Diese Anzeige bleibt dem Administratorkonto vorbehalten und sollte aus Diskretion nur im Störungsfall oder bei der Einrichtung betrachtet werden.

Gerade schaut jemand über Kodi Das Erste in HD: der Statusbildschirm von Tvheadend.

Kapitel 14
Ganz persönlich: Profile in Kodi

In diesem Abschnitt geht es um Profile – Machen Sie Kodi mehrbenutzerfähig!

VIP-Loge: Jeder Benutzer bekommt sein eigenes Profil

Nutzen Sie Kodi gemeinsam mit mehreren Familienmitgliedern an einem zentralen Gerät? Üblicherweise haben die verschiedenen Benutzer eine unterschiedliche Vorstellung davon, welche Filme, Serien und Musikalben in der Bibliothek enthalten sein sollen. Bisher hat Ihre Kodi-Installation allerdings nur eine Bibliothek, in der alle Filme, Serien, Musikalben und Fotoordner enthalten sind. Der klassische Fall, wo so etwas ein wenig stört, ist, wenn Kinderfilme zwischen den Filmen der älteren Benutzer auftauchen – was natürlich auch für Kinderserien und entsprechende Hörspielalben zutrifft. Wäre es nicht schöner, wenn jeder Benutzer über seine eigene Bibliothek verfügt, die nur die Medien beinhaltet, die ihn interessieren?

Um diesen Wunsch zu erfüllen, bringt Kodi die sogenannten *Profile* ins Spiel. Ein Profil fasst mehrere Einstellungen zusammen. Jeder Benutzer bekommt sein eigenes Profil und kann dieses so konfigurieren, wie er möchte. Profile eignen sich für zwei Anwendungsgebiete: Sie sind dann hilfreich, wenn man mit mehreren Personen ein gemeinsames Kodi-Gerät nutzt, etwa im Wohn- oder Fernsehzimmer. Sie lassen sich auch sinnvoll einsetzen, wenn man eine Multiroom-Lösung mit einer zentralen Datenbank und mehreren Kodi-Geräten nutzt. Dieser Ansatz wird in Kapitel 15, »Mehrere Kodi-Instanzen synchronisieren«, beschrieben. Hier kann jeder Nutzer seine eigene zentrale Medienbibliothek auf einem Datenbankserver verwalten, die dem persönlichen Profil auf mehreren Geräten zugeordnet werden kann. Wenn der Nachwuchs dann doch einmal den großen Fernseher im Wohnzimmer nutzen will, findet er trotzdem seine eigene Filmsammlung wieder.

Was ist alles im eigenen Profil enthalten?

Im eigenen Profil lässt sich nicht nur eine persönliche Medienbibliothek verwalten. Das eigene Profil kann auch mit einem eigenen Skin und zahlreichen eigenen Einstellungen ausgestattet werden. Es ist also eine große Flexibilität möglich.

Etwas genauer sollte man sich allerdings die Medienbibliothek und insbesondere die Medienquellen ansehen. Wenn die einzelnen Nutzer eigene Bibliotheken verwalten möchten, dann müssen sie auch eigene Medienquellen haben, die nur die gewünschten Medien beinhalten – sonst tauchen am Ende doch dieselben Filme bei allen Benutzern auf. Die eben angesprochenen Kinderfilme dürfen sich also nicht in der Medienquelle der Eltern befinden. Es empfiehlt sich daher, bereits auf der Ebene des Dateisystems entsprechend zu planen (oder umzusortieren). Ein guter Ansatz besteht darin, im Filmordner weitere Unterordner anzulegen, die die unterschiedlichen Interessen repräsentieren. Sie können also einen Ordner *Kinderfilme* erstellen und entsprechend füllen. Diesen Ordner nehmen Sie dann in die Medienquelle der Kinder, nicht jedoch in die der Eltern auf. Denken Sie daran, dass Sie in eine Bibliothek beliebig viele Medienquellen mit jeweils beliebig vielen Ordnern und Unterordnern einbinden können. Überschneiden sich die Interessen bei einer Kategorie, kann natürlich auch ein zusätzlicher gemeinsamer Ordner angelegt werden, der dann bei allen Benutzern als Medienquelle eingebunden wird. Auf diese Weise ersparen Sie sich Dateiduplikate.

Wenn Sie bisher mit einer gemeinsam genutzten Ordnerstruktur gearbeitet haben, steht nun möglicherweise etwas Arbeit an: Sie müssen zuerst eine getrennte Ordnerstruktur erstellen, die die unterschiedlichen Interessen der einzelnen Nutzer widerspiegelt. Keine Sorge: Entfernen Sie Filme aus einem Ordner, genügt eine einfache Aktualisierung der Bibliothek, und die gelöschten Filme werden daraus entfernt – die Arbeit in Kodi beschränkt sich also auf wenige Handgriffe.

> **TIPP**
>
> **Arbeit sparen mit Backups**
>
> Können Sie jetzt schon absehen, dass mehrere Benutzer ein umfangreiches Medienverzeichnis neu einlesen (also »scrapen«) müssen, und scheuen Sie den nötigen Zeitaufwand? Dann sollten Sie jetzt zunächst ein Backup der Medienbibliothek mit getrennten Dateien erstellen, wie in Kapitel 18, »Für Fortgeschrittene: erweiterte Funktionen«, geschildert. Dabei legt Kodi zu den Medien passende NFO-Dateien ab, die der Scraper mit Präferenz verwendet. Das spätere Einlesen wird so deutlich beschleunigt.

Der Chef des Theaters: das Master-Profil

Bisher verwendet Ihre Kodi-Installation nur ein einzelnes Profil. Dieses Profil beziehungsweise dieser Benutzer wird *Master User* (also Hauptnutzer) genannt. Er wird zukünftig die Rolle des Verwalters (also des Administrators) übernehmen und universellen Zugriff auf alle Einstellungen haben. Das Profil des Master Users erhält auch eine besondere Rolle, wenn es später um den Kinder- und Jugendschutz geht. Der Master User wird dann sein Profil mit einem Passwort schützen und die untergeordneten Profile so konfigurieren, dass diese keine relevanten Änderungen mehr vornehmen können.

Im nächsten Abschnitt geht es erst einmal darum, weitere uneingeschränkte Profile zu Kodi hinzuzufügen. Jeder Benutzer wird sein eigenes Profil erhalten, das er ganz nach seinem persönlichen Geschmack einrichten kann.

Ein eigenes Profil anlegen und einrichten

Die Einstellungen rund um die Benutzerprofile finden sich unter dem gleichnamigen Menüpunkt direkt im Einstellungsmenü, das Sie über das Zahnradsymbol oben im Hauptmenü aufrufen können.

Kapitel 14 – Ganz persönlich: Profile in Kodi

Die Einstellungen für Benutzerprofile sind zentral im Einstellungsmenü verfügbar.

Sie sehen das übersichtliche Profilmenü und befinden sich zunächst auf der Registerkarte **Allgemein**. Diese steuert das Verhalten von Kodi beim Systemstart. Welches Verhalten wünschen Sie? Soll Kodi beim Start einen Auswahlbildschirm mit den verschiedenen Profilen zeigen oder lieber gleich automatisch ein bestimmtes Profil laden? Ersteres mach Sinn, wenn Sie häufiger zwischen den Profilen wechseln und eine echte Mehrbenutzerumgebung planen. In diesem Fall aktivieren Sie den ersten Punkt **Login-Screen beim Programmstart anzeigen**. Der zweite Fall ist dann interessant, wenn ein Benutzer das System überwiegend nutzt und andere Benutzer nur selten darauf zugreifen. In diesem Fall lassen Sie die Option deaktiviert und wählen stattdessen in der zweiten Zeile das Profil, das automatisch beim Systemstart geladen werden soll. Hier steht zunächst das zuletzt verwendete Profil – also der Benutzer, der Kodi als Letzter genutzt hat. Erst wenn Sie weitere Profile angelegt haben, können Sie hier das bevorzugte Profil (zum Beispiel das der Eltern) eintragen.

Ein eigenes Profil anlegen und einrichten

Die Einstellungen der Registerkarte »Allgemein« betreffen das Login-Verhalten beim Systemstart.

Nun können Sie ein neues Profil anlegen. Wechseln Sie dazu auf die Registerkarte **Profile**. Dort sehen Sie bereits den **Master User**, dessen Profil derzeit genutzt wird. Beachten Sie, dass Sie den Master User zukünftig nur noch für administrative Aufgaben verwenden sollten – diese Vorgehensweise bietet sich in Mehrbenutzerumgebungen immer an. Erstellen Sie auch für sich selbst und die tägliche Benutzung ein neues Profil. Klicken Sie dazu auf die Schaltfläche **Profil hinzufügen**.

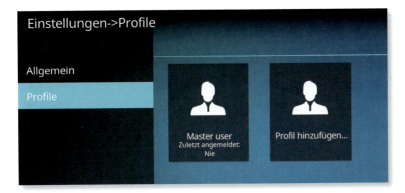

Links sehen Sie das bisher genutzte Profil des Master Users. Um ein neues Profil anzulegen, verwenden Sie die rechte Schaltfläche.

Tragen Sie bei der Erstellung eines neuen Profils zunächst den gewünschten Benutzernamen (**Profil-Name**) ein. Verwenden Sie dazu die Bildschirmtastatur oder ein Hardwaregerät. Kodi wird Sie daraufhin fragen, wo das Profil abgespeichert werden soll. Es öffnet sich ein Fenster mit dem Titel **Nach Ordner suchen** – hier klicken Sie einfach auf **OK**, der vorgeschlagene Speicherort ist für die meisten Anwendungen angemessen.

Danach sehen Sie eine Eingabemaske mit dem Titel **Profil bearbeiten**. Dort ist bereits der eingegebene Profil- beziehungsweise Benutzername eingetragen. Zusätzlich haben Sie die Option, ein **Profil-Bild** zu hinterlegen, das als Thumbnail (also als Minibild) beim Einloggen angezeigt wird. Möchten Sie ein Profilbild hinzufügen, dann klicken Sie den Eintrag an und navigieren im folgenden Dialog zu der gewünschten Bilddatei, die auf einem beliebigen Speichermedium liegen kann. Der Eintrag **Profil-Ordner** beinhaltet den Speicherort des Verzeichnisses mit den Benutzerdaten, als Einsteiger brauchen Sie diesen Wert nicht zu verändern. Der vierte Eintrag heißt **Sperren konfigurieren**. Die Optionen dieses Eintrags erlauben es, einzelne Bereiche von Kodi für das ausgewählte Profil zu verbieten. Sie werden in Kapitel 16 zum Thema Kinder- und Jugendschutz relevant.

> **TIPP**
>
> **Bewegte Profilbilder**
>
> Ein nettes Detail am Rande: Für das Profilbild können auch animierte Bilder im GIF-Format verwendet werden. Vielleicht freut sich Ihr Nachwuchs darüber?

Die beiden unteren Punkte legen fest, wie mit den Medienbibliotheken umgegangen werden soll. Die erste Option nennt sich **Medien-Informationen** und steuert, ob das Profil über eigene Medien-Informationen verfügen soll. Dabei geht es darum, ob pro Profil eigene Scraper verwendet werden können, die jeweils einen unterschiedlichen Informationsstand ablegen (zum Beispiel den beschreibenden Inhaltstext oder die Cover-Fotos). Hier ist zunächst die Einstellung **Eigenständig** ausgewählt, die sich für die meisten Zwecke eignet. Sie führt dazu, dass die Profile komplett eigene Informationen verwalten. Eine weitere Möglichkeit ist **Wie Hauptbenutzer**, dann übernimmt dieses Profil die Vorgaben des Hauptbenutzers. Dieser legt als Administrator fest, welche Angaben das Profil anzeigen soll. Das neue Profil kann die Einstellungen auch verändern, dies betrifft dann den Hauptbenutzer und alle gleich eingestellten Profile. Wenn Sie das nicht möchten, dann sollten Sie die Einstellung **Wie Hauptbenutzer (Nur lesen)** wählen, die einen Schreibzugriff verbietet. Die letzte Option im Dialogfenster **Profil bearbeiten** heißt **Medien-Quellen**. Sie bietet dieselben Einstellungen wie die vorangegangene Option und steuert, ob das Profil eigene Medienquellen verwalten darf. In einer Mehrbenutzerumgebung ist dies meistens gewünscht – schließlich soll jedes Familienmitglied über seine eigene Mediensammlung verfügen. In diesem Fall belassen Sie die beiden unteren Optionen auf der Einstellung **Eigenständig**. Klicken Sie abschließend auf **OK**.

Die Optionen bei der Erstellung des Profils: Interessant sind die beiden unteren Einträge.

Im nächsten Schritt wird Kodi Sie fragen, ob Sie mit *neuen Einstellungen* beginnen möchten oder die *Standardeinstellungen* bevorzugen. Jetzt geht es also um die allgemeinen Einstellungen, die vorgenommen werden können, etwa zur Benutzeroberfläche oder zur Bildschirmsprache. Wenn Sie auf **Neu beginnen** klicken, werden die Einstellungen für das Profil verwendet, wie sie nach der Erstinstallation vergeben waren, Sie fangen also ganz von vorne an. Wählen Sie die Option **Standard übernehmen**, werden für das neue Profil die aktuellen Einstellungen des *Master Users* übernommen. Im Regelfall ist dies die richtige Wahl, denn die bisherigen Einstellungen (zum Beispiel bei der Sprache) gelten üblicherweise für den gesamten Nutzerkreis. Die Wahl dieser Option verspricht also einen geringeren Arbeitsaufwand.

Kodi fragt, mit welchen Grundeinstellungen das neue Profil angelegt werden soll.

Danach werden Sie gefragt, ob das neue Profil auch mit *neuen Medienquellen* beginnen darf oder die *Standardeinstellungen* verwenden soll. Im Regelfall werden Sie mit einer neuen (leeren) Quellenliste beginnen wollen und dann genau die Quellen hinzufügen, die für das neue Profil von Interesse sind (also Kinderfilme für die Kinder, Erwachsenenfilme für die Erwachsenen). Übernehmen Sie hingegen die Standardeinstellungen, dann hat das neue Profil dieselben Medienquellen wie der Master User, die sich später jedoch – abhängig von den Einstellungen des vorvorletzten Dialogs – ändern lassen.

Nach der Beantwortung dieser Frage wird das neue Profil erstellt und in der Liste der Profile angezeigt. Sie können jetzt weitere Profile erstellen.

Ein Profil auswählen und zwischen Profilen wechseln

Nachdem Sie alle relevanten Profile erstellt haben, wird es Sie jetzt bestimmt interessieren, wie Sie zwischen den einzelnen Profilen wechseln können. Eine Option, die vollkommen unabhängig von Ihren Einstellungen immer funktioniert, findet sich im **Ausschalten**-Menü im Hauptmenü. Wenn Sie auf die Schaltfläche **Ausschalten** klicken, sehen Sie am Ende des eingeblendeten Menüs den Eintrag **Abmelden Master user**. Wenn Sie diesen anklicken, dann wird der Master User abgemeldet, und Sie sehen den Login-Screen. Natürlich funktioniert dies auch aus allen anderen Profilen heraus, der Eintrag zeigt dann natürlich den jeweiligen Profilnamen.

Zum Wechseln der Profile dient ein Eintrag im »Ausschalten«-Menü.

Im Login-Screen sehen Sie auf der linken Seite eine Liste der angelegten Profile – inklusive des Profils des Master Users. Hatten Sie zuvor die Option **Login-Screen beim Programmstart anzeigen** aktiviert, dann erscheint der Login-Screen zukünftig bei jedem Startvorgang. Wählen Sie das gewünschte Profil mit den Pfeiltasten aus, und drücken Sie Enter/OK.

Ein Profil auswählen und zwischen Profilen wechseln

> **TIPP**
>
> **Das Kontextmenü hat wie immer etwas zu bieten**
> Eine weitere Alternative: Innerhalb der Profileinstellungen ermöglicht das Kontextmenü (auf einem Profil aufgerufen) das direkte Laden des ausgewählten Profils.

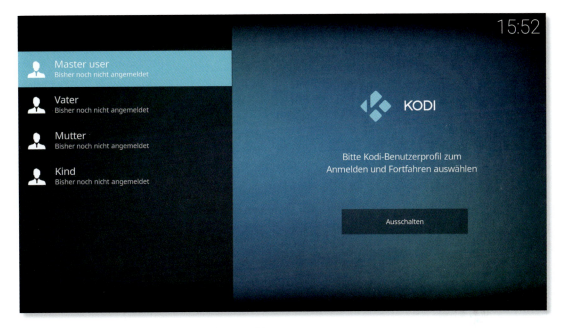

Der Login-Screen zeigt eine Liste aller Profile.

> **TIPP**
>
> **Der Name des Master Users kann geändert werden**
> Falls Sie der Name des Master Users (der in Kodi mal groß- und mal kleingeschrieben wird) stört, keine Sorge: Er kann auch geändert werden. Im Einstellungsmenü unter **Profile** klicken Sie einfach das Profil des Master Users an und wählen die Option **Profilname**.

Wird das Profil zum ersten Mal geladen, dann erhalten Sie einmalig ein Fenster, das nochmals die Gelegenheit bietet, den Profilnamen oder das Profilfoto zu ändern beziehungsweise festzulegen.

Beim ersten Start finden Sie sich im Hauptmenü des neuen Profils wieder. Je nach den gewählten Profiloptionen sind die Medienbibliothek dieses Profils noch leer und die Einstellungen auf die Grundwerte zurückgesetzt – was Sie an der englischen Sprachfassung erkennen. In diesem Fall müssen Sie die Einstellungen und Medienquellen des Benutzers entsprechend einstellen. Der Benutzer kann auf Wunsch auch einen eigenen Skin (oder zumindest eine eigene Farbwahl) verwenden (siehe dazu Kapitel 17, »Tapetenwechsel: mit Skins arbeiten«).

Beim ersten Login können optional der Benutzername geändert sowie ein Profilbild hinzugefügt werden.

Das eigene Profil mit einem Passwort schützen

Eventuell kommt der Wunsch auf, das eigene Profil vor unbefugtem Zugriff zu schützen. Dies wird besonders beim Thema Kinder- und Jugendschutz relevant. Es ist aber auch denkbar, dass sich jemand einen Spaß erlauben möchte und zum Beispiel die Medienbibliotheken löscht oder die Sprachumgebung auf eine unverständliche Sprache ändert. In diesem Fall kann das eigene Profil mit einer Zugangssperre versehen werden. Es stehen drei Sperrmöglichkeiten zur Wahl: eine numerische Pin, eine Tastenkombination auf einem Gamepad oder ein alphanumerisches Passwort. Den meisten dürften diese Optionen vom Sperrbildschirm eines Smartphones bekannt sein. Im Regelfall dürfte zu Hause eine numerische Pin mit vier bis acht Stellen genügen.

Um eine Zugriffssperre zu setzen, gehen Sie in das Einstellungsmenü und rufen den Punkt **Benutzerprofile** auf. Klicken Sie auf der Registerkarte **Profile** das Profil an, das eine Zugangssperre erhalten soll, und wählen Sie den Punkt **Sperren konfigurieren**. Kodi wird von Ihnen verlangen, dass zuerst eine *Master-Sperre* gesetzt wird. Damit ist gemeint, dass von nun an das Profil des Master Users ebenfalls eine Zugangssperre haben muss. Das ist sinnvoll, damit sich nicht jeder Benutzer als Master User anmelden und die

Das eigene Profil mit einem Passwort schützen

Passwörter der anderen Nutzer verändern kann. Klicken Sie also auf **Ja**, und legen Sie im folgenden Bildschirm die Art der Master-Sperre fest (numerische Pin, Gamepad-Kombination, alphanumerisches Passwort). Geben Sie die gewünschte Passphrase ein, und merken Sie sich diese gut! Ohne die Passphrase ist zukünftig kein Zugang mehr zu den Optionen möglich!

Kodi verlangt das Setzen einer Zugangsberechtigung für den Master User.

Nachdem das Passwort für den Master User vergeben wurde, wird ein Fenster mit dem Titel **Sperren konfigurieren** angezeigt. Dieses ermöglicht es im ersten Punkt, ein **Profil-Passwort** zu setzen. Legen Sie hier das gewünschte Passwort fest, das Sie für das gewählte Profil nutzen möchten. Zukünftig müssen Sie es jedes Mal beim Anmelden eingeben, unbefugte Zugriffe werden also unterbunden.

Mit dem ersten Eintrag können Sie ein Passwort für das Profil setzen.

Damit wissen Sie bereits eine Menge über Profile in Kodi. Möchten Sie diese nicht nur für eine persönliche Umgebung, sondern auch für den Kinder- und Jugendschutz verwenden, dann finden Sie dazu ein Konzept in Kapitel 16, »Verantwortlich für die Liebsten: Kinder- und Jugendschutz«.

Kapitel 15
Mehrere Kodi-Instanzen synchronisieren

Haben Sie Lust auf eine Multiroom-Installation? In diesem Kapitel geht es um die Synchronisation mehrerer Kodi-Geräte, die alle auf demselben Stand sein sollen.

Wozu dient die Synchronisation?

In einem größeren Haushalt können oft mehrere Installationen von Kodi im Einsatz sein. Neben dem Kodi-Gerät im Wohnzimmer steht vielleicht noch ein weiteres im Schlafzimmer und womöglich noch eines im Arbeits- oder Kinderzimmer. Oft werden zusätzlich Notebooks, Tablets oder Smartphones mit Kodi betrieben.

Bisher verwaltet jedes Gerät seine eigene Medienbibliothek. Ein neuer Film oder eine neue Serienfolge muss allen Geräten einzeln bekannt gemacht werden – dafür müssen Sie auf jedem Gerät die Bibliothek aktualisieren. Klappt die automatische Zuordnung eines Films nicht, dann müssen Sie auch die manuelle Korrektur auf allen Geräten durchführen. Das ist zum Beispiel der Fall, wenn Sie eine Kompilation erstellt und mehrere Filme gruppiert haben. Das ist ziemlich viel Arbeit, die Sie sich vermutlich gern ersparen möchten. Vielleicht kommt noch ein weiterer Wunsch auf: Gelegentlich passiert es bestimmt, dass Sie einen Film im Wohnzimmer am TV-Gerät beginnen, den Rest aber lieber im Schlafzimmer kurz vor dem Zubettgehen anschauen wollen. Dies ist zwar auch mit Einzelgeräten möglich, aber da bisher alle Kodi-Geräte eigenständig sind, müssen Sie sich immer genau merken, wie weit Sie den Film geschaut haben, und die entsprechende Stelle auf dem nächsten Gerät zunächst manuell ansteuern. Und dass der »Bereits-gesehen«-Status überall einheitlich ist, wäre auch ein willkommenes Feature.

Genau diese Wünsche können Sie sich mit einer Synchronisation erfüllen: Mehrere Kodi-Geräte teilen sich eine gemeinsame Medienbibliothek, überall beinhaltet diese denselben Medienbestand, und Änderungen werden überall synchron übernommen. Das gilt ebenso für den Wiedergabefortschritt einzelner Videos wie für den »Bereits-gesehen«-Status. Der nächste Abschnitt zeigt Ihnen, wie so etwas realisiert wird.

Was wird für eine Synchronisation benötigt?

Wenn Sie sich für eine Synchronisation mehrerer Kodi-Geräte interessieren, dann wird es Sie freuen, dass es völlig irrelevant ist, um welche Art von Geräten es sich handelt und unter welchem Betriebssystem sie arbeiten. Es gibt lediglich zwei Einschränkungen: Erstens muss auf allen Geräten dieselbe Version von Kodi arbeiten. Das liegt daran, dass sich im Laufe der Entwicklung auch das Datenformat der Kodi-Datenbank ändert, sodass verschiedene Versionen mitunter nicht zusammenarbeiten können. Da es für alle Systeme und Varianten mit Kodi aber regelmäßige Updates gibt, sollte dies in der Praxis kein Problem sein.

Zweitens müssen alle Kodi-Geräte die Medien von einer gemeinsamen Quelle beziehen, also dieselben Medienquellen verwenden. Dies gilt allerdings nur für die Medien(typen), die auch gemeinsam geteilt werden sollen. Wünschen Sie eine Synchronisation, dann müssen Sie die Medien also zentral bereithalten. Es spielt aber keine Rolle, um welche Quelle es sich handelt: Die Medien können auf einem zentralen NAS-Gerät oder einem »richtigen« Heimserver gespeichert sein.

Eine Sache ist natürlich offensichtlich: Die Datenbank, die Kodi zur Verwaltung der Medien nutzt, muss ebenfalls zentral verfügbar sein. (Bisher hat jedes Kodi-Gerät eigene Datenbanken, die auf der jeweiligen Festplatte beziehungsweise Speicherkarte abgelegt sind.) Es muss in Ihrem Netzwerk also einen zentralen *Datenbankserver* geben. Alle synchronisierten Kodi-Geräte werden diesen zentralen Datenbankserver nutzen, um die Medien zu verwalten. Jedes Gerät wird gleichberechtigt Änderungen in dieser Datenbank vornehmen können, und jedes andere Gerät wird diese Änderungen in seinen eigenen Bestand übernehmen. Zur Synchronisation verwendet Kodi eine zentrale MySQL-Datenbank. MySQL ist ein bekanntes (und offenes) Datenbanksystem, das von sehr kleinen bis hin zu sehr großen Datenbanken wunderbar skaliert. Wenn Sie bisher nicht wissen, was eine Datenbank ist, dann stellen Sie sich diese einfach als eine (große) Sammlung von Tabellen vor, in denen sich beliebige Informationen ablegen und miteinander verknüpfen lassen. Häufig sind an diesen Tabellen mehrere Computer lesend und schreibend beteiligt.

Durch welches Gerät diese Datenbank bereitgestellt wird und unter welchem Betriebssystem es arbeitet, ist für Kodi nicht von Bedeutung. Zum Beispiel bieten auch viele NAS-Geräte die Option, als MySQL-Datenbankserver zu arbeiten. Prüfen Sie doch einmal, ob Ihr NAS-Gerät diese Möglichkeit bietet. Viele Geräte des Herstellers Synology unterstützen etwa diese Funktion, und eine kurze Suche im Internet beantwortet die Frage rasch. Wenn Ihr NAS-Gerät diese Funktion nicht bietet (oder Sie kein NAS-Gerät verwenden), dann kann auch ein zentraler Heimserver diese Aufgabe übernehmen. Eigentlich müsste man sagen, dass ein beliebiger Computer diese Funktion übernehmen kann – inklusive Ihres Desktop-Geräts. Allerdings muss dieser Computer fortlaufend in Betrieb sein (oder zumindest dann, wenn ein Kodi-Gerät genutzt wird), weswegen sich hier eigentlich nur ein fortlaufend arbeitender Heimserver anbietet. Auch die Anforderungen an die Leistungsfähigkeit sind bescheiden. Einen MySQL-Datenbankserver können Sie sogar auf einem Raspberry Pi einrichten.

> **TIPP**
>
> **Es muss nicht alles ein Gerät machen …**
>
> Übrigens: Medien- und Datenbankserver können zwei verschiedene Geräte sein. Wichtig ist also, dass Sie entweder ein NAS-Gerät mit MySQL-Unterstützung oder einen Heimserver haben. Wenn das der Fall ist, dann können Sie mit der Einrichtung beginnen.

Sobald Sie ein geeignetes NAS-Gerät, einen Heimserver oder einen Raspberry Pi im Einsatz haben, können Sie loslegen. An dieser Stelle sollte man aber fairerweise sagen, dass die folgenden Schritte etwas Ahnung im Umgang mit Computern und Netzwerken verlangen. Bevor Sie loslegen, sollten Sie sich also alles in Ruhe durchlesen. Wenn Sie unsicher sind, sollten Sie einen technikaffinen Bekannten mit ins Boot holen, der die Schritte gemeinsam mit Ihnen durchführt.

> **TIPP**
>
> **Was eignet sich denn zum Ausprobieren?**
>
> Möchten Sie die Synchronisation einmal ausprobieren, haben aber keine geeigneten Servergeräte im Einsatz? Wenn Sie sich ein wenig für die Technikwelt interessieren, dann ist vielleicht der sehr günstige Raspberry Pi Zero etwas für Sie. Selbst auf diesem Mini-Computer kann ein Datenbankserver eingerichtet werden. Er bietet zwar nur eine sehr bescheidene Rechenleistung, sodass es später zu kurzen Verzögerungen beim Zugriff auf die Bibliothek kommt, aber zum Ausprobieren stört das nicht weiter.

Die Einrichtung: Teil 1 – eine Datenbank anlegen

Los geht es mit der Synchronisation Ihrer Kodi-Geräte. Als Erstes kümmern Sie sich um die Installation des zentralen MySQL-Datenbankservers und die Vorbereitung der Datenbank für Kodi. Wie zuvor beschrieben, können Sie den MySQL-Server entweder auf einem Heimserver (das schließt explizit einen Raspberry Pi mit ein) oder einem NAS-Gerät einrichten. Auf so einem Gerät ist die Einrichtung natürlich stark vom jeweiligen Modell abhängig, und dieses Buch kann unmöglich alle existierenden Modelle abdecken. Bitte schauen Sie also einmal in der Anleitung Ihres Geräts nach, wie der Datenbankserver aktiviert wird. Im Regelfall ist dieser Vorgang recht einfach.

Im Folgenden zeige ich Ihnen zuerst, wie Sie den MySQL-Server auf einem Heimserver (inklusive Raspberry Pi) einrichten. Danach stelle ich Ihnen beispielhaft die Einrichtung auf den weitverbreiteten DiskStation-Geräten des Herstellers Synology vor.

Die Einrichtung: Teil 1 – eine Datenbank anlegen

> **INFO**
>
> **Gibt es nur MariaDB?**
>
> Bei einigen Geräten, zum Beispiel von Synology, gibt es anstelle einer MySQL-Datenbank oftmals eine MariaDB (DB steht für Datenbank). Das macht aber gar nichts, denn in der Bedienung sind beide Systeme (zumindest was unsere Anwendungen betrifft) völlig gleich. Sie können also getrost auch eine MariaDB verwenden.

Die Einrichtung eines MySQL-Servers auf Ihrem Heimserver ist recht einfach. Besonders schnell gelingt die Einrichtung auf einem Linux-Gerät, wie es zum Beispiel auch für die Live-TV-Funktion mit Tvheadend (siehe dazu Kapitel 13, »Live-TV mit Kodi schauen«) eingesetzt wird. Da kommt es gelegen, dass Sie dieses Gerät auch gleich für die Einrichtung der Datenbank verwenden können.

Öffnen Sie ein Terminal zu Ihrem Heimserver (oder Ihrem Raspberry Pi). Üblicherweise werden Sie dazu eine SSH-Verbindung nutzen, die Sie zum Beispiel von Ihrem Desktop-PC unter Windows mit dem Programm PuTTY aufbauen. Aktualisieren Sie zuerst die Liste der Paketquellen mit diesem Befehl:

```
sudo apt-get update
```

Anschließend installieren Sie den MySQL-Server mit folgendem Befehl:

```
sudo apt-get install mysql-server
```

Die Installation wird einen Augenblick dauern. Während der Installation werden Sie gebeten, für den root-*Nutzer* ein Passwort zu vergeben. Damit ist allerdings nicht etwa der root-Nutzer des Heimservers gemeint, sondern der root-Nutzer des Datenbanksystems. Dieser Nutzer heißt genauso wie der root-Nutzer des ganzen Servers, hat aber ansonsten nichts mit ihm zu tun. Vergeben Sie unbedingt ein sicheres Passwort, das von dem des root-Nutzers des Heimservers abweicht. Merken Sie sich das Passwort gut, denn Sie werden es gleich benötigen.

> **INFO**
>
> **Hat ein Raspberry Pi irgendwelche Nachteile?**
>
> Ein Raspberry Pi hat nur eine begrenzte Rechenleistung. MySQL arbeitet auch auf leistungsschwachen Systemen. Je weniger Rechenleistung zur Verfügung steht, desto länger dauert es aber, bis die angeforderten Daten zur Verfügung stehen. Auf einem modernen Raspberry Pi der dritten Generation geschieht dies relativ flott, sodass nur geringe Verzögerungen beim Datenbankzugriff entstehen. Bei älteren Modellen ist schon eine gewisse Wartezeit (etwa zwei bis drei Sekunden) zu erwarten, die sich aber tolerieren lässt. Wichtig ist, dass der Raspberry Pi möglichst per Kabelverbindung an das Netzwerk angebunden ist.

Nach der Installation müssen Sie die Datenbank vorbereiten. Dieser Schritt ist mit wenigen Befehlen erledigt. Diese geben Sie jedoch nicht direkt in das Terminal ein, sondern in die Eingabeaufforderung von MySQL. So können Sie sich – scherzhaft gesagt – für einen Moment lang wie ein »Datenbankguru« fühlen.

1. Öffnen Sie zunächst im Terminal mit folgendem Befehl die Eingabeaufforderung des MySQL-Servers:

```
mysql -u root -p
```

Sie werden nun nach dem Passwort des root-Benutzers des Datenbanksystems gefragt, das Sie bei der Installation vergeben haben. Nach der Eingabe befinden Sie sich in der MySQL-Konsole.

2. Führen Sie nacheinander die folgenden drei Befehle aus, die Ihnen jedes Mal von MySQL positiv quittiert werden. Achten Sie dabei auf das Semikolon am Ende jeder Zeile:

```
CREATE USER 'kodi' IDENTIFIED BY 'kodi';
GRANT ALL ON `MyMusic%`.* TO 'kodi'@'%' IDENTIFIED BY 'kodi';
GRANT ALL ON `MyVideos%`.* TO 'kodi'@'%' IDENTIFIED BY 'kodi';
```

Die drei Befehle legen einen neuen Nutzer mit dem Namen *kodi* und gleichlautendem Passwort an. Mit diesen Zugangsdaten werden alle

Kodi-Geräte auf den Datenbankserver zugreifen und können dort nur Daten, die Kodi betreffen (oder allgemein zugänglich sind), lesen und verändern. Die beiden unteren Befehle erlauben Kodi den kompletten Zugriff auf alle Datenbanken, die entweder mit den Zeichen *MyMusic* oder *MyVideos* beginnen – so heißen nämlich die Datenbanken von Kodi.

3. Anschließend verlassen Sie die MySQL-Konsole mit dem Befehl `quit`. Daraufhin verabschiedet sich MySQL bei Ihnen mit **bye**.

4. Im nächsten Schritt ist es nötig, MySQL so zu konfigurieren, dass alle Geräte im Netzwerk Zugriff auf die Datenbanken erhalten. Dazu öffnen Sie mit folgendem Befehl den Editor Nano und darin die Konfigurationsdatei von MySQL:

```
sudo nano /etc/mysql/my.cnf
```

5. Drücken Sie die Tastenkombination [Strg] + [W]. Damit öffnen Sie das Suchfeld von Nano. Suchen Sie nach dem Eintrag `bind-address`. Nachdem Sie [↵] gedrückt haben, springt Nano zu der erforderlichen Zeile. Ändern Sie den Eintrag so ab, dass dieser die IP-Adresse Ihres Heimservers enthält. Zum Beispiel könnte der Eintrag so lauten:

```
bind-address = 192.168.178.10
```

6. Speichern Sie die Daten mit der Tastenkombination [Strg] + [O], und verlassen Sie dann Nano mit [Strg] + [X]. Anschließend starten Sie den MySQL-Server mit dem folgenden Befehl neu:

```
sudo service mysql restart
```

Mehr brauchen Sie selbst gar nicht zu machen, alles Weitere erledigt Kodi. Sie können die Verbindung zu Ihrem Heimserver jetzt beenden und mit dem Abschnitt »Die Einrichtung: Teil 2 – die Synchronisation in Kodi einrichten« auf Seite 389 fortfahren.

Jetzt geht es um die Einrichtung auf einer Synology DiskStation. Dort ist es wichtig, zunächst die sogenannte *Web Station* zu aktivieren. Der Grund ist folgender: Die Konfiguration der Datenbank erfolgt über eine Softwarekomponente, die ein Web-Interface anbietet. Damit dieses Web-Interface genutzt werden kann, muss ein Webserver aktiv sein. Dieser wird über die Web Station bereitgestellt.

1. Öffnen Sie die **Systemsteuerung** Ihrer DiskStation und dort die Option **Webdienste**. Setzen Sie das Kontrollkästchen bei **Web Station aktivieren**. Klicken Sie zum Schluss auf **übernehmen**. Damit ist die Web Station aktiv und aus dem Heimnetz (aber nicht aus dem Internet) erreichbar.

2. Als Nächstes installieren Sie die Datenbank. Auf Synology-Systemen wird dafür MariaDB verwendet. Öffnen Sie das *Paketzentrum* Ihrer DiskStation und dort die Kategorie **Dienstprogramme**. Installieren Sie das MariaDB-System.

3. Anschließend brauchen Sie noch die Software, mit der sich die Datenbank verwalten lässt. Dazu wird *phpMyAdmin* genutzt. Installieren Sie diese Software, sie befindet sich ebenfalls in der Kategorie **Dienstprogramme**.

Damit ist die Installation auf der DiskStation abgeschlossen. Auf anderen Geräten läuft die Installation meist ähnlich ab.

Weiter geht es mit der Einrichtung des Datenbankservers mit phpMyAdmin. Die Schritte sind weder umfangreich noch kompliziert, müssen aber exakt befolgt werden:

1. Öffnen Sie im Webbrowser die phpMyAdmin-Oberfläche Ihres NAS-Geräts. Im Regelfall erreichen Sie diese unter folgender Adresse:

   http://IP.Adresse.Ihres.NAS-Geraetes/phpmyadmin

   Ersetzen Sie dabei den Ausdruck *IP.Adresse.Ihres.NAS-Geraetes* durch die entsprechende IP-Adresse, zum Beispiel 192.168.178.10. Daraufhin wird Sie phpMyAdmin empfangen. Zuerst müssen Sie Zugangsdaten eingeben. Verwenden Sie in diesem Fall den Benutzernamen root. Nutzen Sie ein neues DiskStation-Gerät (mit einer DSM-Version > 6.0), verwenden Sie das Passwort des Systemadministrators. Auf älteren Geräten (DSM-Version 5.x) bleibt das Passwort leer.

Die Einrichtung: Teil 1 – eine Datenbank anlegen

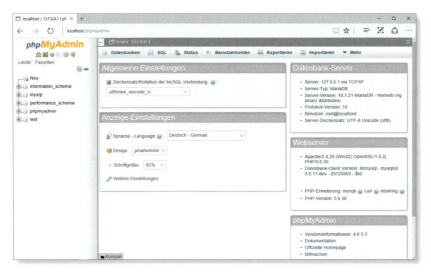

So könnte die phpMyAdmin-Oberfläche bei Ihnen aussehen (sie variiert von Gerät zu Gerät ein wenig).

2. Zur Vereinfachung der Einrichtung nutzen Sie am besten direkt SQL-Befehle. Klicken Sie zunächst auf die Registerkarte **SQL**, die sich am oberen Fensterrand befindet. Sie müssen insgesamt drei Befehle eingeben.

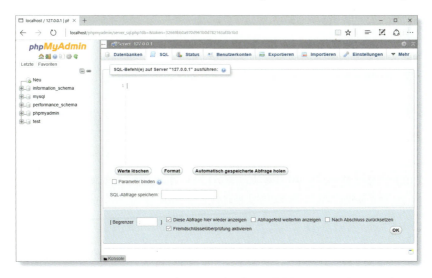

Auf der Registerkarte »SQL« können direkt Befehle eingegeben und ausgeführt werden.

3. In dem weißen Feld ❶ können Sie SQL-Befehle eingeben. Geben Sie zunächst den ersten Befehl ein:

```
CREATE USER 'kodi' IDENTIFIED BY 'kodi';
```

Achten Sie genau auf die Schreibweise und das Semikolon am Schluss. Dieser Befehl wird einen neuen Datenbankbenutzer mit dem Namen *kodi* und gleichlautendem Passwort anlegen. Unter diesem Konto wird Kodi später auf die Datenbanken zugreifen. Klicken Sie anschließend auf die **OK**-Schaltfläche, die sich unten rechts im blauen Bereich befindet.

phpMyAdmin wird Ihnen die Befehlsausführung entsprechend bestätigen, wie Sie anhand des grünen Balkens ❷ erkennen können.

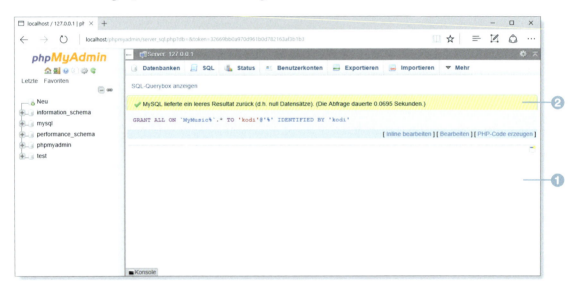

Der SQL-Server bestätigt die Ausführung des Befehls.

4. Klicken Sie wieder auf die Registerkarte **SQL**, und fahren Sie genau wie eben mit dem zweiten Befehl fort:

```
GRANT ALL ON `MyMusic%`.* TO 'kodi'@'%' IDENTIFIED BY 'kodi';
```

Dieser Befehl erlaubt es dem Benutzer *kodi*, auf Datenbanken zuzugreifen, deren Namen mit *MyMusic* beginnen – das werden später einmal die Musikdatenbanken.

5. Kehren Sie anschließend noch einmal zur SQL-Seite zurück, und führen Sie den dritten Befehl aus, der auf MyVideo-Datenbanken Rechte vergibt:

```
GRANT ALL ON `MyVideos%`.* TO 'kodi'@'%' IDENTIFIED BY 'kodi';
```

Wenn Sie diesen Befehl ausgeführt haben, dann sind Sie in phpMyAdmin schon fertig. Sie können die Browser-Seite nun schließen, es sind keine weiteren Einstellungen nötig. Sie können jetzt mit dem folgenden Abschnitt »Die Einrichtung: Teil 2 – die Synchronisation in Kodi einrichten« fortfahren.

> **ACHTUNG**
>
> **Nutzer älterer DSM-Versionen**
>
> Sollten Sie auf Ihrem DiskStation-Gerät eine DSM-Version älter als 6.0 benutzen und keine Möglichkeit haben, diese zu aktualisieren, dann sollten Sie das Passwort des root-Nutzers des Datenbanksystems ändern – denn in der Standardkonfiguration ist dies leer. Öffnen Sie das Paketzentrum und dort für das MariaDB-System den Einstellungsdialog. Hier haben Sie die Möglichkeit, ein Passwort für den root-Nutzer zu setzen.

Die Einrichtung: Teil 2 – die Synchronisation in Kodi einrichten

Nachdem Sie den Datenbankserver eingerichtet haben, ist es an der Zeit, Kodi so zu konfigurieren, dass es eine zentrale Datenbank verwendet. Die folgenden Schritte müssen Sie auf allen Kodi-Geräten ausführen, die mit der zentralen Datenbank arbeiten sollen. Sie müssen eine Textdatei erstellen, sie mit angepassten Werten füllen und sie im richtigen Verzeichnis von Kodi platzieren. Dafür stehen Ihnen zwei Möglichkeiten zur Wahl. Bei der ersten Möglichkeit erstellen Sie die benötigte Textdatei (sie ist für alle Kodi-Geräte exakt gleich, vollkommen unabhängig davon, um welches Kodi-Gerät es sich handelt) an Ihrem Desktop-Computer und kopieren sie auf einen USB-Stick. Diesen schließen Sie nacheinander an alle Kodi-Geräte an und nutzen den integrierten Dateimanager, um die Datei in das richtige Verzeichnis zu kopieren. Diese Variante eignet sich vor allem für Einsteiger. Bei der zweiten Möglichkeit nutzen Sie eine SSH-Verbindung zu den Kodi-Geräten. Sie erstellen über diese Verbindung die benötigten Dateien direkt auf den jeweiligen Geräten und müssen keinen USB-Stick einsetzen. Diese Methode ist etwas komplexer und richtet sich eher an fortgeschrittene Nutzer. Sie macht außerdem nur Sinn, wenn Kodi auf einem Linux-Gerät ausgeführt wird.

Zuerst zeige ich Ihnen den Inhalt der Textdatei, die Sie erstellen müssen. Der Inhalt ist für beide Methoden exakt gleich. So muss die Textdatei aussehen:

```xml
<advancedsettings>
  <videodatabase>
    <type>mysql</type>
    <host>192.168.178.10</host>
    <port>3306</port>
    <user>kodi</user>
    <pass>kodi</pass>
  </videodatabase>
  <musicdatabase>
    <type>mysql</type>
    <host>192.168.178.10</host>
    <port>3306</port>
    <user>kodi</user>
    <pass>kodi</pass>
  </musicdatabase>
  <videolibrary>
    <importwatchedstate>true</importwatchedstate>
    <importresumepoint>true</importresumepoint>
  </videolibrary>
</advancedsettings>
```

Zwei Zeilen verlangen besondere Aufmerksamkeit: Es handelt sich um die `<host>`-Einträge. Hier müssen Sie die IP-Adresse des MySQL-Servergeräts eintragen, auf dem Sie zuvor die Datenbank vorbereitet haben. Beachten

Sie, dass die Zeilen der Textdatei unterschiedlich weit eingerückt sind. Dafür verwenden Sie Leerzeichen. Die erste Ebene ist mit zwei Leerzeichen, die zweite Ebene mit vier Leerzeichen eingerückt. Los geht es mit Methode 1 und dem Kopieren der Daten per USB-Stick:

1. Öffnen Sie an Ihrem Desktop-PC einen Texteditor, unter Windows also schlicht den Editor. Verwenden Sie keinesfalls eine Textverarbeitung wie Microsoft Word, sondern wirklich nur einen Texteditor. Die erstellte Datei darf nämlich keine weiteren Steuerzeichen beinhalten. Geben Sie den oben angegebenen Text in die Datei ein. Achten Sie auf die Klammersetzung, und ändern Sie die IP-Adresse, wie eben angegeben. Speichern Sie diese Datei unter dem Namen *advancedsettings.xml* auf einem USB-Stick.

> **ACHTUNG**
>
> **Vorsicht bei der Dateiendung**
>
> Aufgepasst: Die Dateiendung muss *.xml* lauten. Gerade in Windows lauert in der Grundeinstellung ein Stolperstein: Hier zeigt Windows die Dateiendung nämlich nicht mit an. So geben Sie zwar *advancedsettings.xml* als Dateiname ein, erhalten aber in Wahrheit die Datei *advancedsettings.xml.txt*. Damit das nicht passiert, öffnen Sie im Datei-Explorer das Menü **Extras ▶ Ordneroptionen**. Deaktivieren Sie im Register **Ansicht** das Kästchen **Erweiterungen bei bekannten Dateitypen ausblenden**, und klicken Sie auf **OK**.

2. Stecken Sie den USB-Stick an das erste Kodi-Gerät. Öffnen Sie dort den Dateimanager, Sie finden ihn als letzten Eintrag im Einstellungsmenü von Kodi. Den Dateimanager haben Sie bereits im Abschnitt »Der Dateimanager und sein Einsatz« auf Seite 149 kennengelernt, er zeigt in zwei Spalten Speichergeräte an und erlaubt das Kopieren zwischen beiden Spalten. (Auch auf Mobilgeräten nutzen Sie am besten den Dateimanager. Hier können Sie ihn oft direkt im Hauptmenü über die kleine Symbolleiste links oben aufrufen. Anstatt einen USB-Stick zu nutzen, können Sie die Datei auch zuerst direkt auf das Mobilgerät kopieren.)

3. Öffnen Sie in der linken Spalte den *Profil-Ordner*. Achtung: Dieser Ordner enthält die Konfigurationsdateien von Kodi. Fehlerhafte Änderungen führen dazu, dass Kodi nicht mehr richtig arbeitet. Halten Sie sich also genau an die Anweisungen aus diesem Abschnitt, und nehmen Sie keine weiteren Änderungen vor.

4. In der rechten Spalte wird Ihr USB-Stick angezeigt. Klicken Sie diesen an. Sie sehen nun links den Inhalt des Profil-Ordners und rechts den Inhalt des UBS-Sticks.

5. Wählen Sie in der rechten Spalte die Datei *advancedsettings.xml* aus, und öffnen Sie das Kontextmenü. Klicken Sie auf den Eintrag **kopieren**. Daraufhin erhalten Sie die Frage, ob Sie die Datei kopieren möchten, was Sie bitte bejahen. Damit wird die Datei kopiert, und Sie können anschließend den Dateimanager wieder verlassen.

Der Dateimanager von Kodi direkt nach dem Öffnen – je nach Gerät zeigt er unterschiedliche Einträge an.

Diesen Vorgang müssen Sie bei jedem Kodi-Gerät wiederholen. Wenn Sie die Kodi-Geräte neu starten, dann werden sie ihre Datenbank aktualisieren (eventuell ist es nötig, den Aktualisierungsvorgang auf die übliche Weise manuell anzustoßen). Sie können dann auf den gemeinsamen Datenbestand zugreifen.

Links sehen Sie den Inhalt des Profil-Ordners, rechts den des USB-Sticks.

> **ACHTUNG**
>
> **Die Quellen müssen wirklich gleich sein**
>
> An dieser Stelle soll daran erinnert werden, dass alle beteiligten Geräte wirklich exakt dieselben Medienquellen nutzen müssen. Sollte ein Gerät seine Filme von einem NAS-Gerät beziehen, das andere aber eine lokale Festplatte nutzen, dann werden Sie Schiffbruch erleiden. Kontrollieren Sie also sicherheitshalber nochmals, ob alle Medienquellen gleich eingerichtet sind.

Jetzt geht es an Methode 2, dem Kopieren der Dateien über eine SSH-Sitzung. Dafür muss das Kodi-Gerät, das unter Linux betrieben wird (dazu zählen auch OSMC und LibreELEC), mit einem aktiven SSH-Server ausgestattet sein. Konsultieren Sie gegebenenfalls Kapitel 4, »Die Installation von Kodi auf Ihrer Hardware«, in dem die Aktivierung für die verschiedenen Systeme beschrieben ist.

Kapitel 15 – Mehrere Kodi-Instanzen synchronisieren

1. Bauen Sie eine SSH-Verbindung zu Ihrem Kodi-Gerät auf. Dafür benötigen Sie dessen IP-Adresse (gemäß dem Textkasten »Die IP-Adresse des Kodi-Geräts in Erfahrung bringen« auf Seite 149) sowie die Zugangsdaten (siehe dazu Abschnitt »Systemspezifische Einstellungen: So läuft's mit LibreELEC und OSMC« auf Seite 118).

2. Erstellen Sie die benötigte Textdatei mit dem Namen *advancedsettings.xml*. Je nach System muss diese unter einem anderen Verzeichnispfad erstellt werden. Nutzer von LibreELEC führen folgenden Befehl aus und rufen damit den Editor Nano auf:

```
nano /storage/.kodi/userdata/advancedsettings.xml
```

Unter OSMC nutzen Sie diesen Befehl:

```
nano /home/osmc/.kodi/userdata/advancedsettings.xml
```

Unter einem anderen Linux-System erstellen Sie die Datei im Ordnerpfad des jeweiligen Benutzers, orientieren Sie sich dabei an der Syntax von OSMC.

3. Füllen Sie die Datei mit dem oben genannten Text. Achten Sie auf die Einrückungen und die Klammersetzung. Ändern Sie auch die IP-Adresse entsprechend ab.

4. Speichern Sie die Datei mit der Tastenkombination `Strg` + `O`, gefolgt von `Strg` + `X`. Sie können die SSH-Verbindung dann mit dem Befehl `exit` beenden.

Diese Schritte müssen Sie für alle beteiligten Kodi-Geräte durchführen. Nach einem Neustart nutzen sie die zentrale Datenbank. Dies wird einwandfrei funktionieren, solange alle Geräte exakt dieselben Medienquellen definiert haben.

> **INFO — Nein, das ist nichts für mich, ich will wieder zurück!**
>
> Sollte Ihnen die Synchronisation mehrerer Kodi-Geräte am Ende doch nicht gefallen, können Sie diese auch wieder deaktivieren. Dazu müssen Sie nur die Datei *advancedsettings.xml* löschen – schon verwendet das betreffende Gerät wieder seine eigene lokale Datenbank. Dafür können Sie den Dateimanager oder die SSH-Verbindung nutzen. Zwischenzeitlich vorgenommene Änderungen gehen dabei aber verloren, Sie befinden sich wieder auf dem Stand, den das Gerät vor der Synchronisation hatte.

> **TIPP — Bleibt Ihre Datenbank leer? Ist Ihr Netzwerk etwas langsam?**
>
> Beim Start von Kodi kann es dazu kommen, dass der Zugriff auf das Netzwerk erst zu einem relativ späten Zeitpunkt möglich ist. Eventuell ist der Datenbankdienst von Kodi schon vorher initialisiert und kann dann noch nicht auf die Datenbank zugreifen. In diesem Fall bleibt die Datenbank komplett leer. Für diesen Fall bieten Libre-ELEC und OSMC die Möglichkeit, beim Systemstart zunächst auf das Netzwerk zu warten. Diese Einstellung sollten Sie aktivieren, wenn es bei Ihnen zu Problemen kommt. Die Aktivierung dieser Funktion ist für die relevanten Systeme im Abschnitt »Systemspezifische Einstellungen: So läuft's mit LibreELEC und OSMC« auf Seite 118 beschrieben.

Die Synchronisation mehrerer Benutzerprofile

Die bisherigen Abschnitte konzentrierten sich auf ein Kodi-System, das nur ein Benutzerprofil hat. Wenn Sie, wie in Kapitel 14, »Ganz persönlich: Profile in Kodi«, dargestellt, für einen Mehrpersonenhaushalt mehrere Benutzerprofile eingerichtet haben, wünschen Sie sich bestimmt auch zentrale Datenbanken für jede einzelne Person beziehungsweise für jedes Benutzerprofil. Auch das lässt sich mit Kodi umsetzen.

Kapitel 15 – Mehrere Kodi-Instanzen synchronisieren

Nutzen Sie mehrere Benutzerprofile, dann müssen Sie jeweils eine eigene *advancedsettings.xml*-Datei für jedes Benutzerprofil erstellen. Die Dateien für eine Mehrbenutzerumgebung sehen fast genauso aus wie die oben gezeigte Datei für die Einzelnutzerlösung, es kommen lediglich zwei Zeilen dazu.

Momentan ist nämlich das Problem, dass jedes Kodi-Profil auf dem zentralen Datenbankserver auf ein und dieselbe Datenbank zugreift. Wenn jetzt mehrere Personen mit verschiedenen Filmsammlungen auf diese eine Datenbank zugreifen, dann entsteht unweigerlich Chaos. Deswegen werden die Datenbanken nun getrennt, die Trennung erfolgt anhand des Datenbanknamens.

Nehmen wir an, einer der Benutzer heißt *Tom*. Seine Datenbank für Filme und Serien wird unter folgendem Namen erstellt: *MyVideos_Tom*. Seine Musikdatenbank erhält den Namen *MyMusic_Tom*. Diese Namen werden in der Datei *advancedsettings.xml* in ein `<name>`-Tag geschrieben und in `<videodatabase>` beziehungsweise `<musicdatabase>` abgelegt. Die Datei sieht dann so aus:

```xml
<advancedsettings>
  <videodatabase>
    <type>mysql</type>
    <name>MyVideos_Tom</name>
    <host>192.168.178.10</host>
    <port>3306</port>
    <user>kodi</user>
    <pass>kodi</pass>
  </videodatabase>
  <musicdatabase>
    <type>mysql</type>
    <name>MyMusic_Tom</name>
    <host>192.168.178.10</host>
    <port>3306</port>
    <user>kodi</user>
    <pass>kodi</pass>
  </musicdatabase>
  <videolibrary>
    <importwatchedstate>true</importwatchedstate>
    <importresumepoint>true</importresumepoint>
  </videolibrary>
</advancedsettings>
```

Denken Sie daran, auch den `<host>`-Eintrag mit der IP-Adresse des MySQL-Geräts anzupassen.

Als Erstes haben Sie die Option, die Daten per USB-Stick zu kopieren. Dafür müssen Sie Folgendes tun:

1. Erstellen Sie die benötigten *advancedsettings.xml*-Dateien nach dem obigen Muster für jedes Profil, das eine eigene zentrale Datenbank benutzen soll. Legen Sie am besten mehrere Verzeichnisse mit den Profilnamen der beteiligten Personen an, und erstellen Sie dort die jeweils zugehörende Datei. Beachten Sie, dass der Eintrag im Tag `<name>` unbedingt jeweils mit `MyVideos_` und `MyMusic_` beginnen muss. Die Einträge dürfen nicht verwechselt werden. Es ist nicht erforderlich, dass der Benutzername exakt dem Profilnamen entspricht, es kann auch ein anderer Name verwendet werden. Der Name muss aber für alle beteiligten Profile dieses Nutzers exakt gleich sein.

2. Kopieren Sie die Dateien auf die Kodi-Geräte wie zuvor beschrieben. Dieses Mal speichern Sie die Dateien jedoch nicht direkt im Profil-Ordner ab. Betrachten Sie den Inhalt dieses Ordners im Dateimanager etwas genauer. Sie finden dort einen Ordner namens *profiles*, den Sie durch Anklicken öffnen. Innerhalb dieses Ordners finden Sie weitere Unterverzeichnisse mit den Namen der Kodi-Profile. Die angepassten *advancedsettings.xml*-Dateien kopieren Sie jeweils in das zugehörige *profiles*-Unterverzeichnis. Im Beispiel muss die Datei für den Nutzer Tom also auch in das *profiles*-Unterverzeichnis namens *Tom* kopiert werden.

> **INFO**
>
> **Nicht jeder muss mitspielen!**
>
> Auch wenn Sie Kodi mit mehreren Profilen nutzen, ist es nicht erforderlich, dass alle Nutzer eine zentrale Datenbank verwenden. Sie brauchen die zentrale Datenbank nur für die Benutzer einzurichten, die diese Funktion verwenden möchten. In diesem Fall darf es aber keine *advancedsettings.xml*-Datei direkt im Profil-Ordner geben. Aufgepasst: Verwechseln Sie bitte nicht den *Profil-Ordner*, der direkt im Dateimanager angezeigt wird, mit dem Unterverzeichnis *profiles*.

Kapitel 15 – Mehrere Kodi-Instanzen synchronisieren

Das war es schon. Die Schritte müssen Sie auf allen beteiligten Kodi-Geräten durchführen. Nach einem Neustart können die Benutzer ihre eigenen zentralen Datenbanken nutzen, sie müssen allerdings (innerhalb der Profile) auf überall exakt gleiche Medienquellen achten.

> **TIPP**
>
> **Ich möchte Mehrbenutzergeräte mit Einzelnutzergeräten mischen!**
>
> Wahrscheinlich möchten Sie das machen, weil etwa eines der Kinder im Kinderzimmer ein Kodi-Gerät mit nur einem Profil hat und es im Wohnzimmer ein Kodi-Gerät mit mehreren Profilen gibt. Auch das lässt sich umsetzen. Sie verwenden dafür dieselbe *advancedsettings.xml*-Datei für beide Kodi-Geräte. Die Datei muss die `<name>`-Einträge haben, die in diesem Abschnitt gezeigt wurden. Auf dem Mehrbenutzergerät legen Sie die Datei im entsprechenden Unterverzeichnis des Ordners *profiles* ab. Auf dem Einzelnutzergerät kommt die Datei direkt in den (Haupt-)Profil-Ordner und nicht in ein weiteres Unterverzeichnis (also nur in *Profil-Ordner*, nicht aber in *Profil-Ordner/profiles/Tom*).

Alternativ können Sie die Daten auch über eine SSH-Verbindung kopieren. Darüber erstellen Sie, wie zuvor beschrieben, die benötigten *advancedsettings.xml*-Dateien. Dieses Mal müssen Sie die Dateien aber an einen anderen Speicherort kopieren. Wechseln Sie mit dem `cd`-Befehl zunächst in das jeweilige *profiles*-Unterverzeichnis, das sich unterhalb des *userdata*-Verzeichnisses befindet. Für LibreELEC verwenden Sie diesen Befehl:

```
cd /storage/.kodi/userdata/profiles
```

Für OSMC nutzen Sie diesen Befehl:

```
cd /home/osmc/.kodi/userdata/profiles
```

Wenn Sie sich mit dem Befehl `ls` den Inhalt dieser Verzeichnisse anzeigen lassen, dann sehen Sie, dass es mehrere Unterverzeichnisse mit den Namen der beteiligten Profile gibt. Die *advancedsettings.xml*-Dateien müssen Sie in jedem Unterverzeichnis erstellen, das eine eigene zentrale Datenbank verwalten soll. Ein Dateipfad für den Nutzer Tom unter LibreELEC lautet beispielhaft:

/storage/.kodi/userdata/profiles/Tom/advancedsettings.xml

Erstellen Sie also die benötigten Dateien. Beachten Sie, dass nicht alle Profile mit einer zentralen Datenbank arbeiten müssen. Profile ohne die *advancedsettings.xml*-Datei arbeiten weiterhin mit einer lokalen Datenbank. In diesem Fall darf es aber direkt im Verzeichnis *userdata/* keine *advancedsettings.xml*-Datei geben. Führen Sie die nötigen Schritte auf allen Kodi-Geräten aus. Nach einem Neustart arbeiten sie mit der persönlichen zentralen Datenbank.

> **TIPP**
>
> **Noch mehr synchronisieren**
>
> Vielleicht stören Sie sich daran, dass Sie auf allen beteiligten Geräten manuell dieselben Medienquellen einrichten müssen? Nun, auch das lässt sich synchronisieren. Die nötigen Schritte sind aber etwas aufwendiger, Sie finden sie in Kapitel 18, »Für Fortgeschrittene: erweiterte Funktionen«.

Kapitel 16
Verantwortlich für die Liebsten: Kinder- und Jugendschutz

Nicht alle Filme und Serien sind für Kinder und Jugendliche geeignet. Dieses Kapitel hilft Ihnen, den Zugriff auf solches Material zu beschränken.

Wie lässt sich ein Kinder- und Jugendschutz realisieren?

Unterschiedliche Medien (vor allem Filme und Serien) richten sich an unterschiedliche Altersklassen. Das betrifft vor allem die Altersfreigaben der FSK. Wenn zur Familie auch Kinder und Jugendliche gehören, entsteht schnell der Wunsch, dass diese auf ungeeignetes Material nicht zugreifen können. Kodi bietet von sich aus (bisher) keinen eigenständigen und direkten Kinder- und Jugendschutz. Zwar werden in der Videobibliothek Informationen zur Altersbeschränkung aus dem Internet geladen und angezeigt, aber der Zugriff auf die Filmmedien wird nicht beschränkt. Jeder Nutzer kann grundsätzlich alle Medien abspielen, die er in seiner Medienquelle hat. Eine Möglichkeit, dennoch einen Jugendschutz zu realisieren, besteht also darin, dass ein Benutzer die problematischen Filme gar nicht erst in seiner Medienbibliothek findet und sie auch nicht zu dieser hinzufügen kann.

Diese Forderung lässt sich mit passwortgeschützten Profilen auf dem Kodi-Gerät und passwortgeschützten Dateifreigaben auf einem NAS-Gerät oder Heimserver erfüllen. Für jedes Familienmitglied wird in Kodi ein eigenes Benutzerprofil angelegt. Die Profile müssen eigenständig sein, also über getrennte Medienbibliotheken verfügen. Sie werden außerdem passwortgeschützt. Nun ist es nicht mehr möglich, ohne Kenntnis der Zugangsdaten auf ein anderes Profil zu wechseln, und nur die Medien, die in das eigene Profil eingebunden sind, können angesehen werden. Da die Dateifreigaben im Netzwerk mit einem Passwort versehen sind, ist auch kein unerlaubter Zugriff auf Dateiebene mehr möglich.

> **INFO**
>
> **Muss es eine zentrale Netzwerkfreigabe sein?**
>
> Das Abspeichern der Filmsammlung auf einem zentralen Netzwerkspeicher hat den Vorteil, dass sich unterschiedliche Zugriffsrechte in Form von verschiedenen Passwörtern setzen lassen. Dies ist für das hier vorgeschlagene Jugendschutzkonzept sehr wichtig. Die direkte Speicherung auf der Festplatte des Kodi-Geräts bietet deutlich weniger Sicherheit. Wenn sich das nicht vermeiden lässt, dann sollten Sie die Erweiterung des Konzepts aus dem Abschnitt »Den Zugriff auf weitere externe Medien unterbinden« auf Seite 414 realisieren. Auf gar keinen Fall funktioniert das Abspeichern auf einer externen Festplatte, die ständig verbunden bleibt oder vergessen wird. Die Kinder könnten diese einfach abstecken und sich die Filme am eigenen Rechner anschauen.

Medien richtig vorbereiten

Das Konzept fußt auf einer durchdachten Sortierung der Medien direkt auf Dateiebene (also auf dem Netzwerkspeichergerät), sodass sich verschiedene Medienquellen anlegen lassen. Um zu verdeutlichen, worum es geht, betrachte ich eine Beispielfamilie mit zwei Kindern, einem Mädchen namens Anna, sieben Jahre alt, und einem zwölfjährigen Jungen namens Tom. Die komplette Filmsammlung der Familie soll aus Kinderfilmen ohne Altersbeschränkung (»ab 0 Jahren«) sowie aus Filmen freigegeben ab sechs, zwölf und 16 Jahren bestehen. Das Elternpaar möchte gerne auf alle Filme zugreifen können, mit Ausnahme der Kinderfilme, die es nicht mehr sonderlich interessieren. Die beiden Kinder sollen nur die für sie geeigneten Filme ansehen dürfen. Das gilt natürlich auch für die anderen Medienkategorien.

Eine weitverbreitete Möglichkeit, die Dateien geeignet zu sortieren, besteht darin, unterschiedliche Verzeichnisse für die unterschiedlichen Altersklassen anzulegen. Sie legen also zum Beispiel für die Spielfilme auf dem Netzwerkspeichergerät für jede Altersklasse einen eigenen Filmordner an, sodass die Verzeichnisse mit den Namen *ab_0*, *ab_6*, *ab_12* und *ab_16* entstehen. In diese Verzeichnisse verschieben Sie nun die Filme, die zu den entsprechenden Altersklassen passen. Auf dem NAS- beziehungsweise Heimservergerät erstellen Sie für jedes Verzeichnis eine eigene Freigabe und vergeben dafür auch eigene Zugangsdaten.

> **INFO**
>
> **Brauchen die Kinderfilme auch einen Passwortschutz?**
>
> Man könnte denken, dass dieser Ordner keinen Schutz benötigt, da er nur unkritische Filme beinhaltet. Ein Schreibschutz sollte aber schon vorhanden sein, ansonsten könnte das Kind eigene Filme in diesen Ordner kopieren (oder vorhandene Filme ersetzen) und diese ganz einfach abspielen.

In Kodi erstellen Sie Benutzerprofile für Anna, Tom und die Eltern. Das jüngste Familienmitglied Anna wird in ihrer Medienquelle die Verzeichnisse *ab_0* und *ab_6* erhalten, auf andere Verzeichnisse wird sie nicht zugreifen können. Tom erhält darüber hinaus Zugriff auf den Ordner *ab_12* (und verzichtet vermutlich auf das Verzeichnis *ab_0*, denn Kinderfilme interessieren ihn nicht mehr). Die Eltern erhalten auch Zugriff auf das Verzeichnis *ab_16* und verzichten auf die Kinderfilme. Werden die Kinder älter, dann können die entsprechenden Altersstufen in Form der relevanten Filmordner zu den Profilen hinzugefügt werden.

Die Einrichtung im Detail

Nachdem Sie die Medien in die Ordner auf dem NAS-Gerät oder dem Heimserver kopiert (oder umsortiert) haben und eigenständige Freigaben mit eigenen Benutzernamen und Passwörtern erstellt haben, können Sie mit der Einrichtung in Kodi beginnen. Legen Sie für jedes Familienmitglied (die Eltern können auf Wunsch zusammengefasst werden) ein eigenes Profil an. Achten Sie darauf, dass jedes Profil mit eigenen Medieninformationen und eigenständigen Medienquellen arbeitet. Achten Sie auch darauf, dass Sie bei den Profilen mit neuen Medienquellen beginnen. Die Kodi-Einstellungen können Sie auf Wunsch ebenfalls eigenständig halten (um etwa persönliche Skins zu ermöglichen). Dies ist meist auch sinnvoll, aber, wie gesagt, optional. Wie Sie die Profile einrichten, können Sie in Kapitel 14, »Ganz persönlich: Profile in Kodi«, nachlesen.

Als nettes Gimmick können Sie mit personalisierten Profilfotos der Kinder arbeiten. Ganz wichtig ist, dass Sie auf der Registerkarte **Allgemein** im Einstellungsdialog der Profile unbedingt die Option **Login-Screen beim Programmstart anzeigen** aktivieren (mehr dazu erfahren Sie im Abschnitt »Ein eigenes Profil anlegen und einrichten« auf Seite 369). Den Login-Screen benötigen Sie zwingend, denn ohne ihn würde Kodi bereits mit einem Profil starten, das ist aber unerwünscht.

Aktivieren Sie die Anzeige des Login-Screens beim Programmstart.

Als Nächstes werden Sie die gewünschten Medienquellen zu den einzelnen Profilen hinzufügen. Dazu loggen Sie sich in das gewünschte Profil ein. Nutzen Sie dazu entweder das Kontextmenü des Profils im Profilmenü oder die Abmeldefunktion im **Beenden**-Dialog des Hauptmenüs. Laden Sie nun zum ersten Mal das Profil, das Sie einrichten möchten. Sie werden sehen, dass dieses Profil noch ganz leer ist. Je nachdem, ob Sie mit neuen Einstellungen beginnen oder die bisherigen übernommen haben, werden Sie mit der vertrauten deutschen Sprache begrüßt, oder Sie sehen die ursprüngliche Fassung. Im letzten Fall möchten Sie vielleicht zunächst die grundlegenden Einstellungen vornehmen, die Sie im Abschnitt »Das Einstellungsmenü von Kodi im Detail« auf Seite 129 kennengelernt haben. Im Anschluss können Sie direkt hier weitermachen.

Die Einrichtung im Detail

> **TIPP**
>
> **Vor dem Anlegen der Profile die richtigen Einstellungen wählen**
>
> Um Zeit zu sparen, sollten Sie Kodi vor dem Anlegen der Profile mit den Einstellungen versehen, die alle Familienbenutzer betreffen (etwa die Sprachwahl). Sie können beim Erstellen der Profile die Einstellungen des aktuellen Profils (das dürfte das Master-User-Profil sein) in die neuen Profile kopieren. Die neuen Profile erhalten eigene Einstellungsmöglichkeiten, bekommen aber gleich eine passende Grundkonfiguration, und es muss nicht alles von vorn eingestellt werden.
>
> Es ist sogar möglich, bereits jetzt gemeinsam genutzte Medienquellen (wie etwa die Familienfotos) festzulegen und auch diese als Grundausstattung mit in die neuen Profile zu übernehmen.

Das Hinzufügen von Medienquellen für eingeschränkte Profile erfolgt genauso, wie Sie es bisher gelernt haben. Am Beispiel der Spielfilme navigieren Sie also im Hauptmenü zum Punkt **Filme** und öffnen von dort aus die Dateiansicht. Wählen Sie den Punkt **Videoquelle hinzufügen**, und navigieren Sie zu der relevanten Freigabe für die Spielfilme. Jetzt müssen Sie die passenden Altersklassen hinzufügen. Im Falle der siebenjährigen Anna wären dies die Ordner *ab_0* und *ab_6*. Für jedes Verzeichnis sollten Sie eigene Medienquellen definieren. Es wäre also falsch, die beiden Ordner zu einer gemeinsamen Quelle hinzuzufügen. Das liegt vor allem an der besseren Übersichtlichkeit. Beachten Sie, dass Sie unterschiedliche Zugangsdaten eingeben müssen. Stellen Sie die Medienquellen wie gewohnt ein, orientieren Sie sich dafür an den Kapiteln 8, »Spielfilme in Kodi«, bis 11, »Fotos in Kodi«, konfigurieren Sie insbesondere den Scraper und die Spracheinstellungen. Führen Sie danach den Scraper aus, sodass die Medien zur Bibliothek hinzugefügt werden.

> **INFO**
>
> **Achten Sie darauf, dass nur das Erlaubte vorhanden ist**
>
> Falls Sie mit einer Kopie der Medienquellen des Master Users begonnen haben, müssen Sie jetzt natürlich gegebenenfalls unnötige Medienquellen entfernen.

Kapitel 16 – Kinder- und Jugendschutz

Die siebenjährige Anna erhält die beiden Ordner »ab_0« und »ab_6« (hier mit zusätzlichem Hinweistext) als Medienquelle für Spielfilme.

> **INFO**
>
> **Dürfen die Zugangsdaten gespeichert werden?**
>
> Dies ist eine wichtige Frage. Die Antwort lautet: »eigentlich nicht«. Kodi legt die Passwörter für die Dateifreigaben unverschlüsselt in einer Datei ab. Eine sichere Verschlüsselung dieser Daten wäre nicht möglich. Dies stellt ein gewisses Sicherheitsproblem dar, auf das im Abschnitt »Die Grenzen der Schutzmechanismen« auf Seite 418 eingegangen wird. Werden die Passwörter nicht gespeichert, wird die Nutzung von Kodi sehr unbequem. Daher empfiehlt es sich, die Passwörter von allen unkritischen Quellen doch zu speichern und bei den etwas härteren Filmen zu überlegen, ob Komfort oder Sicherheit ausschlaggebend sind.

Wenn Sie mit den Spielfilmen fertig sind, können Sie gleich alle anderen Medien zum Profil hinzufügen.

Die Einrichtung im Detail

> **INFO**
>
> **Muss ich überall den Zugriff beschränken?**
>
> Natürlich müssen Sie nicht jede Medienkategorie an das Alter des Benutzers anpassen. Sie können auf dem NAS-Gerät zum Beispiel einen gemeinsamen Fotoordner anlegen, den Sie dann jedem Kodi-Profil als Fotoquelle hinzufügen. Es ist allerdings nach wie vor möglich, dass Sie zusätzliche Quellen individuell für jeden Nutzer vergeben. So können die älteren Kinder (oder die Eltern) zum Beispiel jeweils noch weitere Fotoordner mit persönlichen Fotos erhalten. Denken Sie auch an geeignete Zugangsdaten auf dem NAS-Gerät.

Wenn Sie mit dem ersten Profil fertig sind, fahren Sie mit den übrigen Profilen fort. Im Fall des zwölfjährigen Tom fügen Sie zum Beispiel die Filmordner *ab_6* und *ab_12* als getrennte Medienquelle hinzu. Die Medienquellen *ab_0* (dafür ist Tom schon zu alt) und *ab_16* (dafür ist Tom noch zu jung) lassen Sie natürlich aus. Denken Sie auch an alle anderen Medientypen.

Die Medienquellen der Eltern umfassen die Filme »ab_6«, »ab_12« und »ab_16« – die Kinderfilme »ab_0« interessieren die Eltern nicht.

Zugegeben, alle Benutzerprofile anzulegen bedeutet schon ganz schön viel Arbeit. Aber keine Sorge: Es lohnt sich! Wenn Sie mit allen Profilen fertig sind, können Sie zwischen den Profilen wechseln und sich die jeweils verfügbaren Medien ansehen. Öffnen Sie zum Beispiel das Profil von Anna, und schauen Sie sich die Filmsammlung an. Sie werden sehen, dass dort – wie gewünscht – nur die Kinderfilme und die Filme, die sich ab sechs Jahren eignen, aufgeführt werden.

Natürlich können Sie die Profile noch weiter personalisieren, wenn Sie jedem Profil persönliche Einstellungen zugesprochen haben – ansonsten würden sich alle Benutzer dieselben Einstellungen teilen. Denken Sie zum Beispiel an einen eigenen Skin. Hier müssen Sie allerdings etwas aufpassen, denn es lauert eine Falle: Verschiedene Skins bringen mitunter verschiedene Einstellungsoptionen und Bedienkonzepte mit. So ist es möglich, dass einige Skins es erlauben, das Jugendschutzkonzept in Teilen auszuheben – das gilt insbesondre für die Ansätze aus dem Abschnitt »Den Zugriff auf weitere externe Medien unterbinden« auf Seite 414. Der Standard-Skin *Estuary* unterstützt alle gewünschten Merkmale, und er lässt sich zum Beispiel auch hinsichtlich der Farbe an den persönlichen Geschmack anpassen (siehe dazu Kapitel 17, »Tapetenwechsel: mit Skins arbeiten«).

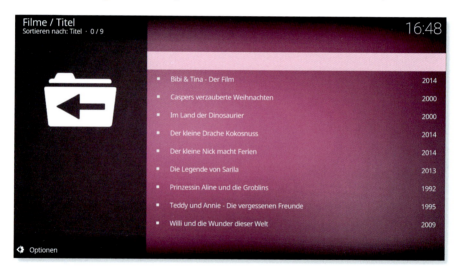

Die Filmsammlung von Anna beinhaltet nur die gewünschten Filme – und der Skin zeigt sich in Annas Lieblingsfarbe.

Wenn Sie alle Optionen eingestellt haben, können Sie auf ein anderes Profil wechseln. Sie werden sehen, dass sich dieses noch in den (eigenen) Grundeinstellungen befindet. Auch hier können Sie zum Beispiel die Farbe des Skins ändern oder einen geeigneten Skin auswählen.

Die Einrichtung im Detail

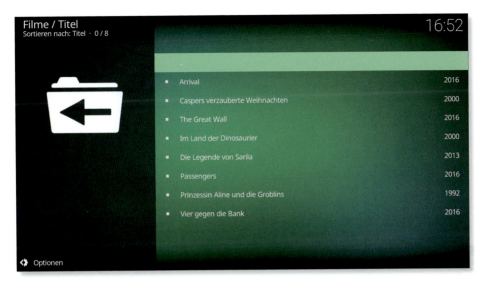

Tom hat kein Interesse an den Kinderfilmen ab 0 – dafür sind die Filme ab zwölf Jahren vorhanden. Er hat sich die Farbe Grün gewünscht.

Prinzipiell steht das Grundgerüst des Kinder- und Jugendschutzkonzepts. Jeder Benutzer hat die für ihn geeignete Mediensammlung. Allerdings ist es mit der Sicherheit noch nicht allzu gut bestellt. Momentan kann sich einfach jeder Benutzer unter jedem Profil anmelden – ein weiterer Schutz muss her. Außerdem sind in jedem Profil noch alle Einstellungsoptionen verfügbar.

Im nächsten Schritt werden Sie die Profile mit eigenen Passwörtern schützen und anschließend Benutzersperren vergeben. Anna benötigt als Nutzerin mit den am meisten eingeschränkten Quellen zwar eigentlich kein eigenes Passwort, aber ohne ein Passwort könnte Tom ihr Profil möglicherweise als Schabernack verändern (zum Beispiel die Ansicht der Filmdarstellung), was Anna verärgern würde. Sie sollte daher auch ein eigenes Passwort bekommen. Zusätzlich müssen Sie für alle Profile, mit Ausnahme des Elternprofils (oder der Elternprofile), Sperren setzen. Diese Sperren bewirken, dass bestimmte Bereiche von Kodi nicht mehr zugänglich sind.

Um die unbedingt benötigten Sperren einzurichten, gehen Sie in einem beliebigen Profil (über das Einstellungsmenü) in die Übersicht der Profile und klicken eines davon an. Klicken Sie dann auf den Eintrag **Sperren konfigurieren**.

In diesem Menü werden die Sperren konfiguriert, damit kein unerwünschter und unerlaubter Zugriff mehr möglich ist.

Als Erstes klicken Sie auf den Punkt **Profil-Passwort**. Darüber vergeben Sie ein Passwort, wie es in Kapitel 14, »Ganz persönlich: Profile in Kodi«, gezeigt wurde. Denken Sie daran, dass Sie zunächst ein Passwort für den Master User vergeben müssen, denn ohne diesen Schutz ist eine Passwortsperre sinnlos. Kodi wird Sie daran erinnern.

Vor der Vergabe von Benutzerpasswörtern müssen Sie zunächst ein Passwort für den Master User setzen.

> **ACHTUNG**
>
> **Das Passwort des Master Users ist wichtig!**
>
> Beim Master-User-Passwort handelt es sich um ein sehr wichtiges Passwort, das alle Einstellungen von Kodi kontrolliert. Wählen Sie also ein ausreichend sicheres Passwort. Das Master-User-Passwort dürfen Sie auf keinen Fall vergessen. Nutzen Sie gegebenenfalls einen Passwort-Manager, der Ihre Passwörter verschlüsselt aufbewahrt.

Vergeben Sie dann das Passwort des eigentlichen Benutzers. Je nach Alter der Kinder ist es vielleicht angebracht, dass die Kinder ihre Passwörter selbst vergeben (und sich diese auch gut merken).

Als Nächstes geht es um das Sperren bestimmter Programmbereiche. Die Sperren sind für alle minderjährigen Nutzer relevant. Die oberen drei Punkte des Fensters (**Musik-**, **Video-** und **Bilder-Bereich sperren**) kontrollieren den Zugriff auf die jeweiligen Medienkategorien (inklusive der zugehörigen Add-ons) im Hauptmenü. Diese drei Sperrmöglichkeiten sollten jedoch nicht aktiviert werden. Wenn sie nämlich aktiv sind, können Sie nicht mehr auf die jeweiligen Medienbibliotheken zugreifen. Sie können dann zwar im Hauptmenü noch die Liste der zuletzt abgespielten Medien benutzen, aber keine weiteren Bereiche der Medienbibliothek einsehen, was nur in seltenen Fällen erwünscht ist. Lassen Sie also alle drei Optionen ausgeschaltet.

Die nächste Option heißt **Programme und Skript-Bereich sperren**. Sie deaktiviert den Zugriff auf den Programmbereich von Kodi. Hier kommt es darauf an, ob die Kinder solche Funktionen benötigen oder nicht. Normalerweise werden diese Funktionen nicht benötigt, und es ist sicherer, die Option zu aktivieren, sodass der Programmbereich gesperrt wird. Auf diese Weise werden Manipulationen so weit wie möglich unterbunden. Sollte der Programmbereich dringend benötigt werden, dann lässt er sich später auch jederzeit wieder aktivieren. Sollten Sie während des Betriebs von Kodi häufiger und vor allem scheinbar zufällig zur Eingabe des Master-User-Passworts aufgefordert werden, dann liegt das an einem Programm-Skript, das im Hintergrund ausgeführt wird. Hier hilft es entweder, das entsprechende Programm zu deaktivieren beziehungsweise zu deinstallieren oder aber, wenn dieses dringend benötigt wird, die Sperrung des Programm- und Skript-Bereichs wieder aufzuheben. Ein gutes Beispiel für Dienste, die den Skript-Bereich benötigen, sind diverse Bildschirmschoner, die etwa Videos einblenden. Ist die Sperre aktiv, werden Sie jedes Mal, wenn der Bildschirmschoner aktiv wird, zur Eingabe des Master-User-Passworts aufgefordert – was ziemlich störend ist.

Weiter geht es mit der Sperrung des Dateimanagers. Hier geht es um den eigenständigen Dateimanager, der im zentralen Einstellungsmenü aufgerufen werden kann. Über dieses Programm können beliebige Speichermedien betrachtet und einzelne Medien wiedergegeben werden. Außerdem erlaubt der Dateimanager Zugriff auf die Konfigurationsdateien von Kodi. Kennt man deren Aufbau, dann ist es ein Leichtes, die eigenen Medienquellen zu verändern und auf unerlaubte Speicherplätze zuzugreifen. Da dies Ihr Schutzkonzept unterwandern würde, sollten Sie diese Option aktivieren.

Der folgende Punkt nennt sich **Einstellungen sperren** und reglementiert den Zugriff auf das Einstellungsmenü von Kodi. Bislang sind hier keine Sperren gesetzt, und jeder Benutzer hat Zugriff auf alle Einstellungsoptionen. Betrachtet man diese Sicherheitssperre genauer, dann sieht man, dass sich hier verschiedene Stufen einstellen lassen. Diese beschränken den Umfang der im Einstellungsmenü dargestellten Optionen – analog zum Zahnradsymbol im Einstellungsmenü. Für Sie kommen hier mehrere Optionen in Betracht: Entweder sperren Sie das Einstellungsmenü komplett (Einstellung **Alle**), oder Sie geben die Einstellungen bis zur gewünschten Stufe frei. Ihre Wahl richtet sich danach, ob der jeweilige Benutzer Zugriff auf die Einstellungen benötigt oder nicht. Anna benötigt vermutlich keinen Zugriff, hier kann das Einstellungsmenü mit der Option **Alle** komplett gesperrt werden. Als Teenager hat Tom vielleicht schon eigene Einstellungswünsche, zum Beispiel zur Darstellung der Medienbibliothek. Hier können Sie die Option **Standard** einstellen. Tom erhält so grundlegende Einstellungsmöglichkeiten, kann sich jedoch darüber keinen Zugang zu sicherheitskritischen Optionen verschaffen und auch nichts »kaputtmachen«. Die anderen Optionen sind jedoch möglicherweise zu umfangreich und können zur Unterwanderung des Sicherheitskonzepts führen. Sie sollten nur in Ausnahmefällen zugänglich gemacht werden. Für das Elternprofil sollten die Einschränkungen dieses Punktes komplett deaktiviert bleiben.

Die letzte Option kümmert sich um den Add-on-Manager. Damit wird nicht der Zugriff auf Add-ons generell verweigert, sondern lediglich die Möglichkeit, weitere Add-ons zu installieren. Diese Einschränkung sollten Sie aktivieren, weil über Add-ons der Zugang zu problematischen Medien möglich ist. Zwar sind die Add-ons, die Kodi im Grundzustand anbietet, mehr oder weniger »sauber«, aber im Internet finden sich problemlos (teilweise rechtlich bedenkliche und daher zu meidende) Add-ons, häufig aus dem Bereich der Erwachsenenunterhaltung – deren Installation Sie sicherlich unterbinden möchten. Beachten Sie aber, dass alle Add-ons, die die Kinder nutzen dürfen, bereits vorher installiert (und konfiguriert) sein müssen. Berücksichtigen Sie auch, dass Sie die Sperren für jedes der Kinderprofile vornehmen müssen.

Die Einrichtung im Detail

> **TIPP**
>
> **Und die ganz schlimmen Sachen?**
>
> Wenn Sie in Ihrer Filmsammlung auch Titel »ab 18« haben, dann sollten Sie diese sicherheitshalber auf einem eigenen externen Speichermedium aufbewahren. Nutzen Sie also einen USB-Stick oder eine externe Festplatte. Diese können Sie bei Bedarf an das Kodi-Gerät anschließen und den Film über das Dateimenü abspielen. Eine Aufnahme in die Medienbibliothek ist vermutlich weder sinnvoll noch erwünscht (auch wenn das mit einer externen Festplatte möglich ist). Achten Sie darauf, dass im Betriebssystem (wie LibreELEC) nicht eine Option aktiviert ist, die eine *un*gesicherte Netzwerkfreigabe (ohne Passwortabfrage) von angeschlossenen Dateispeichermedien anbietet. Ansonsten könnten sich die Kinder unbemerkt Kopien von den Filmen erstellen. Denken Sie *immer* daran, dieses Speichermedium bei Nichtnutzung zu entfernen.

Wenn Sie alle Schritte umgesetzt haben, dann ist Ihre Kodi-Installation bereits umfangreich abgesichert und bietet ein einigermaßen verlässliches Jugendschutzkonzept. Die nächsten Abschnitte zeigen Ihnen, wie Sie das Konzept noch weiter verbessern können.

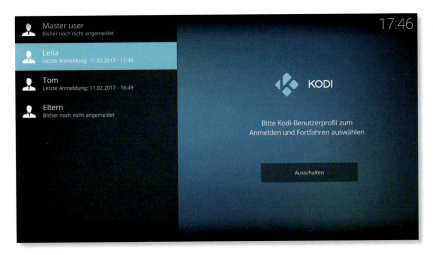

So soll es sein: Von jetzt an muss bei jedem Start von Kodi das fertige (eingeschränkte) Profil ausgewählt und das zugehörige Passwort eingegeben werden.

Den Zugriff auf weitere externe Medien unterbinden

Ihre bisherigen Maßnahmen sind weitreichend und unterbinden den Zugriff auf unerwünschte Filme und Serien recht wirkungsvoll. Momentan ist es aber noch möglich, dass die Kinder die eigenen Medienquellen verändern. Sie können darüber aber keinen Zugriff auf die unerwünschten Filme der Eltern oder älteren Geschwister erlangen, weil deren Speicherorte auf dem NAS- oder Heimservergerät ja mit einem anderen (unbekannten) Passwort geschützt sind. Die Kinder können also keine geschützten Speicherorte zu den eigenen Quellen hinzufügen.

Es ist derzeit aber noch möglich, eigene externe Speichermedien, zum Beispiel externe USB-Festplatten, einzubinden. Es ist theoretisch denkbar, dass ein Kind von einem Schulkameraden eine Festplatte mit »heißem Material« bekommt. Es könnte diese Festplatte nun als weiteren Speicherort zu einer Medienquelle hinzufügen und erhielte damit – notfalls direkt über das Dateimenü (hier ist nicht der Dateimanager gemeint) – Zugriff auf die enthaltenen Medien.

Wenn Sie diese Möglichkeit in Kodi unterbinden möchten, gibt es auch dafür einen Weg. Dieser ist ein wenig umständlich und eignet sich nicht für den absoluten Einsteiger. Außerdem ist der Sicherheitsgewinn fraglich, denn die enthaltenen Medien lassen sich ohne Kodi an jedem normalen PC abspielen.

Möchten Sie den Zugriff auf externe Quellen unbedingt deaktivieren, weil Sie ein umfassendes Schutzkonzept anstreben, dann wird der Weg nun etwas steiniger. Folgen Sie den Schritten genau, denn ein Fehler kann dazu führen, dass Kodi nicht mehr wie gewünscht arbeitet.

Zunächst entfernen Sie im Dateimenü der Medienbibliotheken die Option zum Hinzufügen von Quellen. Diese Option dient dazu, neue Medienquellen zu definieren und damit weitere Speicherplätze einzubinden. Gehen Sie (nachdem Sie wirklich alle relevanten Quellen eingerichtet haben) in jedem einzuschränkenden Profil (das sind alle mit Ausnahme des Elternprofils) in das (Haupt-)Einstellungsmenü von Kodi, und rufen Sie dort die Kategorie **Medien** auf. Achten Sie darauf, dass unten links beim Zahnradsymbol zu-

Den Zugriff auf weitere externe Medien unterbinden

mindest die Kategorie **Standard** (oder höher) eingestellt ist. Eventuell müssen Sie das Master-User-Passwort eingeben oder aber die Einschränkungen entfernen. Öffnen Sie dann die Registerkarte **Allgemein**. Sie finden auf der rechten Seite des Bildschirms die Kategorie **Dateien** und darin die gewünschte Option **"Quelle hinzufügen" anzeigen**. Diese Option deaktivieren Sie. Damit lassen sich in den eingeschränkten Profilen nun keine weiteren Medienquellen mehr definieren.

> **TIPP**
>
> **Ja, muss ich denn immer wieder dieses Master-User-Passwort eingeben? Auf in den Master-Modus!**
>
> Stört Sie bei längeren Konfigurationsarbeiten die häufige Eingabe des Master-User-Passworts? Dann hilft Ihnen die folgende Vorgehensweise: Öffnen Sie im Hauptmenü das Ausschaltmenü. Sie finden ganz unten die Option **Master Modus aktivieren** (in einigen Versionen steht dort **deaktivieren**). Klicken Sie diesen Eintrag an. Sie werden zur Eingabe des Master-User-Passworts aufgefordert und haben anschließend vorübergehend ohne weitere Rückfragen Zugriff auf alle Optionen.

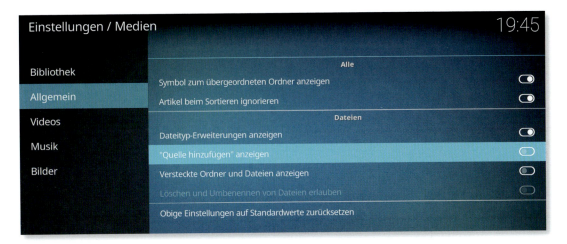

Im Einstellungsdialog »Medien« auf der Registerkarte »Allgemein« wird die Anzeige der Option »Quelle hinzufügen« deaktiviert.

Kapitel 16 – Kinder- und Jugendschutz

Damit haben Sie die Option aus den Dateimenüs entfernt. Neue Medienquellen können nicht mehr angelegt werden. Über das Kontextmenü einer bereits bestehenden Medienquelle können Sie jedoch noch Änderungen vornehmen. Zum Beispiel lassen sich neue Speicherorte hinzufügen, dafür ist nur das Passwort des jeweiligen Profils erforderlich. Um diese Möglichkeit zu unterbinden, können Sie das komplette Dateimenü aus dem Skin entfernen. Beachten Sie, dass diese Option gegebenenfalls nur mit dem Standard-Skin *Estuary* funktioniert. Das Kind, das in den Zugriffsrechten eingeschränkt werden soll, sollte also diesen Skin benutzen.

Aktivieren Sie, wie im Textkasten beschrieben, den *Master-Modus*. Gehen Sie im Hauptmenü von Kodi in den **Addons**-Bereich (deaktivieren Sie notfalls eingerichtete Beschränkungen). Klicken Sie oben links auf das Kartonsymbol, mit dem Sie neue Add-ons installieren können. Wählen Sie den Eintrag **Aus Repository installieren**, und klicken Sie auf die **Programm-Addons** (gegebenenfalls wählen Sie zuvor das Kodi-Repository). Suchen Sie in der Liste nach dem Add-on **Library Node Editor**. Je nach Konfiguration ist dieses möglicherweise bereits installiert oder deaktiviert. Klicken Sie den Eintrag an. Wählen Sie die Option **Installieren** oder **Aktivieren** (je nach Konfiguration). Kehren Sie anschließend zur **Addons**-Kategorie des Hauptmenüs zurück. Klicken Sie nach rechts, und wählen Sie aus der **Programm-Addons**-Kategorie das Add-on **Library Node Editor**.

Für den folgenden Schritt benötigen Sie das Add-on »Library Node Editor«.

Den Zugriff auf weitere externe Medien unterbinden

Wählen Sie dort die **Videobibliothek**. Klicken Sie darin auf den Eintrag **Dateien**. Sie finden dort den Punkt **Pfad: sources/**. Öffnen Sie das Kontextmenü, und wählen Sie die Option **Löschen**. Damit wird dieser Eintrag entfernt. Beantworten Sie die Rückfrage nach dem Löschen mit **Ja**.

Der Eintrag »Pfad: sources:/« muss aus dem Menü entfernt werden.

TIPP

Möchten Sie dies wieder rückgängig machen?

Möchten Sie die Option wiederherstellen, dann wählen Sie im Add-on **Library Node Editor** in der Kategorie **Videobibliothek** die Option ***Bibliotheksknoten auf Standard zurücksetzen**. Damit wird der Ursprungszustand wiederhergestellt.

Wenn Sie nun das Add-on verlassen und versuchen, die Dateiansicht der Film- oder Serienbibliothek zu öffnen, erhalten Sie eine (nicht ganz passende) Fehlermeldung. Der Zugriff ist nicht möglich, das Kind kann keine Medienquellen mehr verändern. Je nach Alter (und Erfindungsreichtum) des Kindes muss diese Option eventuell auch in den anderen Medienbibliotheken ent-

Rufen Sie aus der Videobibliothek den Menüpunkt »Dateien« auf, erscheint eine Fehlermeldung. Das Menü kann nicht mehr geöffnet werden.

fernt werden. Achten Sie aber darauf, dass Sie dem Kind auch den Zugriff auf das Add-on *Library Node Editor* verweigern. Eine Option ist die Deinstallation beziehungsweise Deaktivierung dieses Add-ons.

Die Grenzen der Schutzmechanismen

Auch wenn die dargestellten Schutzmechanismen recht wirkungsvoll erscheinen, ist ihre Schutzwirkung begrenzt. Dafür gibt es mehrere Gründe. Das hier gezeigte Konzept ist nur eine Behelfslösung, denn, wie eingangs erwähnt, bietet Kodi derzeit keinen wirklich sicheren Jugendschutz. Es ist also nicht auszuschließen, dass es Sicherheitslücken gibt, die ein Kind einfach ausnutzen kann. Sie sollten also berücksichtigen, dass dieses Konzept löchrig sein kann. Außerdem sollten Sie wissen, dass Kodi die Passwörter für die Speicherquellen der Medien im Klartext auf der Festplatte abspeichert. Eine wirksame Verschlüsselung dieser Zugangsdaten ist technisch nicht möglich (oder nur sehr schwierig umzusetzen). Jedes computerinteressierte Kind hat es also leicht, das Passwort in Erfahrung zu bringen. Wird zum Beispiel ein Raspberry Pi verwendet, dann genügt es, die Speicherkarte in einen anderen Linux-Rechner einzulegen. Ebenso lässt sich ein Heimkino-PC relativ leicht mit einem sogenannten *Live-System* von einem USB-Stick booten. Ein Zugriff auf die Daten der Festplatte (und damit das dort gespeicherte Passwort für das NAS-Gerät) ist so einfach möglich. Hier hilft es nur, das Passwort für die relevanten Speicherquellen nicht in Kodi zu hinterlegen, sondern es jedes Mal neu einzugeben – das ist zwar unbequem, aber effektiv. Diese Option bietet sich vor allem für die Filme mit höheren FSK-Altersfreigaben an.

Spätestens jetzt wird auch offensichtlich, warum Sie als Speichermedium für die Filmsammlung einen passwortgeschützten Netzwerkspeicher verwenden sollten. Auf das lokale Speichermedium des Kodi-Geräts kann relativ leicht zugegriffen werden. Externe Speichermedien, die ständig angeschlossen bleiben, verbieten sich aus diesem Grund völlig – es sei denn, sie werden nur für Kinderfilme genutzt. Behalten Sie diese Hinweise also im Hinterkopf, und verlassen Sie sich keinesfalls allein auf das hier vorgestellte Sicherheitskonzept.

Kapitel 17
Tapetenwechsel: mit Skins arbeiten

Auf zu den Skins – damit verändern Sie das Aussehen von Kodi.

Die Bedeutung von Skins in Kodi

Vielleicht fragen Sie sich, warum in diesem Buch auf Skins (englisch für »Haut«) erst relativ spät eingegangen wird. Nun, das liegt daran, dass dieses Thema unter Kodi recht »ernst« genommen wird. Mit einem Skin verändern Sie nicht nur die Farbe oder das Aussehen eines Bedienelements. Nein, es ist möglich, über einen Skin nahezu die gesamte Bedienoberfläche zu verändern.

Das Bedienkonzept von Kodi ist stark modular aufgebaut. Der Entwickler eines Skins kann aus einer Vielzahl von Funktionen wählen und diese auf den einzelnen Bildschirmen beziehungsweise Anzeigen anordnen. Was ist damit gemeint? Denken Sie zum Beispiel an die Wiedergabe eines Spielfilms. Während der eine Skin etwa nur die verstrichene Wiedergabezeit sowie die verbleibende Spielzeit anzeigt, gibt ein anderer Skin zusätzlich auch noch die aktuelle Uhrzeit sowie die Uhrzeit an, wann der Film komplett wiedergegeben sein wird. Es ist auch möglich, dass eine ausführlichere Anzeige von Informationen zu den Schauspielern geboten wird. Ein anderer Skin aktiviert bei der Musikwiedergabe vielleicht eine fortlaufende Anzeige der Liedtexte.

Zusammengefasst kann man sagen, dass sich Kodi nach einem Wechsel des Skins deutlich anders verhalten kann und dass sich gewohnte Optionen nicht mehr am gewohnten Ort befinden. Es ist durchaus denkbar, dass die Einstellungsmenüs, die hier im Buch beschrieben werden, unter einem alternativen Skin anders aufgebaut sind oder bestimmte Funktionen sogar fehlen.

Allerdings bleibt das grundlegende Bedienkonzept natürlich bei allen Skins gleich, und vieles findet sich auch am gewohnten Platz. Deswegen ist es durchaus legitim, dass Sie sich einmal andere Skins anschauen.

Die Welt der Kodi-Skins unterliegt übrigens einem ständigen Wandel. Skins verändern sich nicht nur im Laufe der Zeit und folgen Trends, sondern werden auch irgendwann eingestellt und verschwinden – ganz wörtlich – »von der Bildfläche«. Es ist daher keine gute Idee, hier konkrete Skins vorzustellen, denn dieses Kapitel wäre innerhalb einer überschaubaren Zeitspanne bereits veraltet.

Selbst der Basis-Skin von Kodi unterliegt Veränderungen. Für einen langen Zeitraum war *Confluence* der Standard-Skin. Confluence war übersichtlich gestaltet und beinhaltete nahezu alle Bedienmöglichkeiten. Die Bedienelemente wurden so ausgelegt, dass sie auch auf großen Bildschirmen gut zu lesen waren und auf kleinen Geräten nicht unangenehm auffielen.

Der frühere Basis-Skin Confluence war etwas verspielter als die moderne Variante Estuary.

Der aktuelle Zeitgeschmack bevorzugt jedoch sehr schlicht aufgebaute Oberflächen, die auf alles Überflüssige verzichten und eher »flach« gestaltet sind. Nicht nur aus diesem Grund hat man sich entschlossen, Confluence abzulösen und einen neuen Skin zu schaffen. Der aktuelle Basis-Skin von Kodi heißt *Estuary* und wurde mit Kodi in Version 17 zu Beginn des Jahres 2017 eingeführt. Er ist also recht jung und gefällt einem Großteil der Kodi-Fangemeinde außerordentlich gut. Estuary bietet selbst auch einige Optionen, mit denen sich das Aussehen der Bedienoberfläche verändern lässt. Bevor Sie zu einem komplett anderen Skin wechseln, schauen Sie sich doch erst einmal an, wie Sie Estuary nach Ihrem Geschmack anpassen können.

Den Basis-Skin Estuary anpassen

Um den Basis-Skin anzupassen, führt der Weg in das Einstellungsmenü, das Sie über das Hauptmenü erreichen. Öffnen Sie dort den Eintrag **Benutzeroberfläche**.

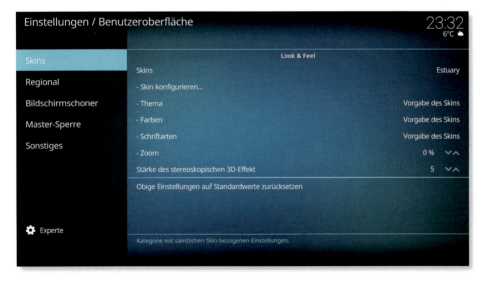

Das Einstellungsmenü für die Benutzeroberfläche

Für den Basis-Skin können Sie auf der Registerkarte **Skins** einige grundlegende Optionen einstellen. Dort wäre zunächst einmal das **Thema** zu nennen. Ein Klick auf diesen Eintrag öffnet ein Untermenü, in dem Sie aus verschiedenen Designvarianten wählen können. Über den Eintrag **Farben** stehen verschiedenen Farbvarianten zur Wahl. Geschmückt mit der persönlichen Lieblingsfarbe, lassen sich auch die Profile verschiedener Benutzer einfacher unterscheiden. Der Eintrag **Schriftarten** verändert die im Skin genutzte Schrift.

Der Estuary-Skin mit alternativer Farb- und Schriftartauswahl

Über die Option **Zoom** können Sie in die Bildschirmanzeige hereinzoomen. Mit dem letzten Eintrag lässt sich die Stärke eines künstlichen 3D-Effekts einstellen. Dies ist dann von Relevanz, wenn Sie für die Darstellung einen 3D-Effekt gewählt haben. Dabei handelt es sich aber eher um ein Gimmick.

Neben diesen Optionen, die für alle Skins vorhanden sind, gibt es noch ein skin-spezifisches Menü. Sie erreichen es über den Eintrag **Skin konfigurieren**. Alternativ finden Sie auch direkt im (Haupt-)Einstellungsmenü von Kodi den Eintrag **Skin**.

Für den Skin Estuary weist das Einstellungsmenü drei Registerkarten namens **Allgemein**, **Hauptmenüeinträge** und **Artwork** auf. Unter **Allgemein** finden Sie fünf Einträge. Mit dem ersten Eintrag **Slide-Animationen benutzen** steuern Sie, ob Sie beim Wechseln von Menüs und Ansichten Verschiebeeffekte sehen möchten. Der zweite Punkt **Auto Scrolling für Handlung & Kritiken aktivieren** ist sehr interessant. Sicherlich sind Ihnen schon längere

Texte bei der Inhaltsangabe von Filmen oder Serien begegnet. Es ist recht umständlich, diese immer mit den Pfeiltasten zu bewegen. Mit der Auto-Scrolling-Funktion laufen sie automatisch durch das Bild. Probieren Sie diese Option ruhig einmal aus. Der **Touch-Modus** bietet sich für Touch-Displays an und blendet leicht antippbare Schaltflächen ein. Mit dem vierten Eintrag lassen sich **Wetterinformationen in der Kopfleiste anzeigen**. Ist der Punkt aktiv, erscheint oben rechts unterhalb der Uhrzeit eine kleine Anzeige für die aktuelle Temperatur und die Wetterlage. Das Wetter-Add-on muss dazu natürlich aktiv sein. Als letzte Option können Sie die Anzeige von **Medien-Flags** aktivieren oder deaktivieren. Der eine freut sich über die zusätzliche (technische) Information, der andere möchte aber lieber eine spartanische Oberfläche haben – hier kommt also jeder auf seine Kosten.

Die zweite Kategorie **Hauptmenüeinträge** kümmert sich um den Aufbau des Hauptmenüs. Sie können hier Einträge aus dem Hauptmenü entfernen, die Sie ohnehin nicht nutzen. Haben Sie zum Beispiel keine Musikvideos und benötigen den entsprechenden Eintrag im Hauptmenü nicht – hier lässt er sich ausblenden. Diese Optionen haben den gleichen Effekt wie die entsprechenden Schaltflächen, die bei leerer Bibliothek direkt im Hauptmenü sichtbar sind. Die speziellen Einträge unter **Kategorien editieren** richten sich an fortgeschrittene Anwender, über ein Add-on erlauben sie die detaillierte Konfiguration der einzelnen Bibliothekseinträge. Einsteiger sollten diese Funktionen nicht nutzen, denn hier kann man einiges »kaputtmachen«.

Über die Registerkarte **Artwork** können Sie Einstellungen zum Design des Skins auswählen. Diese Einstellungen kümmern sich hauptsächlich um die *Fanart*, also die Anzeige von passenden Bildern im Hintergrund bei der Menünavigation. Mit dem ersten Eintrag können Sie die Anzeige von Medien-Fanarts deaktivieren. Dies kann auf langsamen Rechnern einen Geschwindigkeitsvorteil bringen und sorgt für eine »sauberere« Bildschirmanzeige. Mit dem Eintrag **Hintergrund-Muster auswählen** steuern Sie das feine Hintergrundmuster, das auf den verschiedenen Menüseiten im Hintergrund angezeigt wird. Über die weiteren Einträge lassen sich Fanart-Sammlungen für den Skin auswählen. In einer ruhigen Stunde können Sie sich mit den verschiedenen Möglichkeiten vertraut machen. Wählen Sie dazu jeweils im folgenden Fenster den Eintrag **Mehr**, und probieren Sie die Optionen aus.

Mit der Aktion **Vorgabe des Skins** kommen Sie wieder zur Standardanzeige zurück.

Das Einstellungsmenü für den Estuary-Skin

Einen anderen Skin installieren und aktivieren

Wenn Ihnen Estuary langweilig geworden ist, dann wird es Zeit, einen anderen Skin auszuprobieren. Kodi bringt von Haus aus nur zwei Skins mit, das ist zum einen der Basis-Skin Estuary und zum anderen eine davon abgewandelte Form namens *Estouchy*, die sich vor allem für Geräte mit Touch-Displays eignet. Weitere Skins lassen sich in Form von Add-ons einfach über eingebaute Funktionen aus dem Internet herunterladen. Dabei kann es übrigens vorkommen, dass diese Skins selbst noch weitere Add-ons herunterladen und installieren. Bitte wundern Sie sich also nicht. Diese Add-ons werden benötigt, um innerhalb des Skins bestimmte Funktionen zu realisieren. Das kann zum Beispiel die automatische Anzeige von Liedtexten bei der Musikwiedergabe sein oder eine automatische Diashow, die bei der Musikwiedergabe das Hintergrundbild fortlaufend austauscht.

Um den Skin zu wechseln, klicken Sie im Einstellungsmenü auf den Punkt **Benutzeroberfläche** und dort auf den Eintrag **Skins**. Sie sehen die Übersicht der verfügbaren Skins. Klicken Sie rechts auf die Schaltfläche **Mehr**. Sie erhalten nun eine Liste mit Skins, die für Ihre Programmversion derzeit verfügbar sind.

Einen anderen Skin installieren und aktivieren

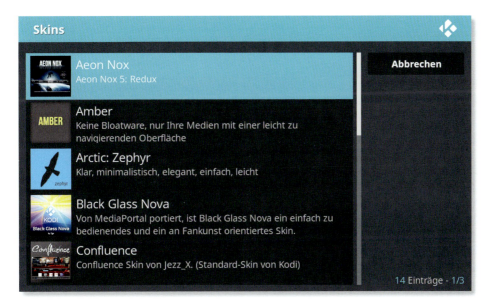

Das Fenster zeigt eine Liste mit den für Ihre Kodi-Version verfügbaren Skins.

Diese Liste enthält übrigens nur Skins, die tatsächlich für die aktuelle Version entworfen wurden und (möglichst) einwandfrei mit dieser zusammenarbeiten. Sie erhalten zu jedem Skin eine kleine Beschreibung. Möchten Sie einen Skin installieren, klicken Sie ihn einfach an. Der Skin wird dann heruntergeladen.

Die Installation des Skins wird ausgeführt.

Je nach Umfang des Skins und eventuell benötigter Add-ons kann dieser Vorgang einen Moment dauern. Ist alles vollständig heruntergeladen, wird der neue Skin automatisch aktiviert. Sie erhalten die Frage, ob Sie den Skin beibehalten wollen. Klicken Sie nicht innerhalb von zehn Sekunden auf Ja, wird wieder auf den vorangegangenen Skin zurückgewechselt.

Die Bilderanzeige unter dem Skin Arctic: Zephyr

Das Einstellungsmenü unter dem Skin Arctic: Zephyr

Generell kann gesagt werden, dass viele Skins äußerst liebevoll und auch sehr umfangreich gestaltet wurden. Opulente Skins sind jedoch häufig nicht für Rechner mit begrenzter Leistung gemacht. So kann ein aufwendiger Skin auf einem Raspberry Pi schlicht keinen Spaß machen, weil die Bedienung träge wird. Wählen Sie in diesem Fall also lieber einen schlichten Skin.

Einen Skin wieder deinstallieren

Das Hauptmenü unter dem Skin Aeon Nox

Der Dialog zur Skin-Wahl unter den Skin Chroma

Einen Skin wieder deinstallieren

Wenn Sie einige Skins durchprobiert haben, hat das Menü der aktuell installierten Skins vermutlich einen gewissen Umfang angenommen. Natürlich können Sie in diesem Menü ganz einfach zwischen den installierten

Skins wechseln. Allerdings führt eine Vielzahl installierter Skins auch dazu, dass ein gewisser Teil der Festplatte oder Speicherkarte Ihres Kodi-Rechners belegt wird. Haben Sie sich an einem Skin »satt gesehen« oder gefällt er Ihnen nach der Installation überhaupt nicht, dann sollten Sie ihn wieder deinstallieren. Die Deinstallation erfolgt jedoch nicht über die bisher betrachteten skin-spezifischen Einstellungsfenster, sondern über die Add-on-Verwaltung – das liegt unter anderem daran, dass Skins letztlich ja Add-ons sind. Gehen Sie also in das Hauptmenü, und öffnen Sie die Kategorie **Addons** und dort den Eintrag **Benutzer Addons**. Dieser zeigt eine Liste der installierten Add-ons. Öffnen Sie die Kategorie **Look & Feel ▶ Skins**. Darin erhalten Sie eine Übersicht über alle installierten Skins. Wählen Sie den Kandidaten für die Deinstallation aus, und drücken Sie Enter/OK.

Daraufhin öffnet sich ein neues Fenster mit Optionen am unteren Bildschirmrand. Ganz rechts befindet sich die Schaltfläche **Deinstallieren**. Ein Klick genügt, und der Skin wird nach einer Rückfrage entfernt.

Zur Deinstallation verwenden Sie die gleichnamige Schaltfläche.

Kapitel 18
Für Fortgeschrittene: erweiterte Funktionen

Möchten Sie Ihr Wissen über Kodi weiter vertiefen? In diesem Kapitel finden Sie einige optionale Anregungen, die Komfort, Sicherheit und Spaß steigern können.

Zum Abschluss des Buches zeige ich Ihnen einige Zusatzfunktionen, die die Nutzung von Kodi noch komfortabler machen. Vielleicht sind nicht alle Inhalte für Sie interessant, aber die Abschnitte zum Favoritenmenü und zum Backup der persönlichen Daten möchte ich Ihnen besonders empfehlen.

Das Favoritenmenü

Bei der Verwendung von Kodi sind Ihnen sicherlich schon Schaltflächen begegnet, die sich mit dem Favoritenmenü befassen. In diesem praktischen Menü können Sie Schnellzugriffe auf Ihre Lieblingselemente von Kodi anlegen. Das Favoritenmenü ist äußerst variabel und kann Einträge zu Medienkategorien, zu Add-ons, zu bestimmten Funktionen, ja selbst zu einzelnen Medien aufnehmen. In das Favoritenmenü nehmen Sie am besten solche Elemente auf, die Sie besonders häufig aufrufen und die Sie gerne mit möglichst wenigen Klicks erreichen möchten. Das Favoritenmenü hat einen eigenen Eintrag im Hauptmenü, direkt über der Kategorie **Wetter**.

Der Hinweistext des leeren Favoritenmenüs betont es noch einmal: Sie können jedes beliebige Element aus den Medienansichten hinzufügen. Das machen Sie über das Kontextmenü.

Kapitel 18 – Für Fortgeschrittene: erweiterte Funktionen

Das Favoritenmenü erreichen Sie direkt über das Hauptmenü.

Navigieren Sie zunächst zu dem Element, das Sie ins Favoritenmenü aufnehmen möchten. Öffnen Sie hier das Kontextmenü, und klicken Sie auf den Eintrag **Zu Favoriten hinzufügen**. Das war es schon. Ihr persönliches Favoritenmenü ist jetzt um einen Eintrag reicher. Sie können ihn gleich ausprobieren und weitere Elemente hinzufügen. Gute Kandidaten für das Favoritenmenü sind zum Beispiel:

- Ihre Lieblingsfernsehsender
- Ihre Lieblingsradiosender
- die Liste der neuesten Videos Ihrer YouTube-Abonnements
- Ihre favorisierten YouTube-Kanäle
- Ihre Lieblingsserie aus der Bibliothek
- die Liste der neuesten Sendungen aus einer Mediathek
- Ihre meistgenutzte Ansicht aus der Musikbibliothek
- eine häufig verwendete Wiedergabeliste

> **TIPP**
>
> **Das Favoritenmenü nicht überfrachten**
>
> Das Favoritenmenü kann seine Stärken nur dann ausspielen, wenn Sie die enthaltenen Elemente in möglichst kurzer Zeit erreichen. Ist das Favoritenmenü zu umfangreich belegt und Sie müssen nach dem Zielelement erst umständlich suchen, verliert es seinen Reiz. Daher sollte es nur eine überschaubare Anzahl an Einträgen enthalten. Am besten ist es, wenn Sie sich auf eine bis maximal zwei Bildschirmseite(n) an Einträgen beschränken.

Das Favoritenmenü wurde mit einigen Einträgen belegt.

Nachdem Sie einige Einträge zum Favoritenmenü hinzugefügt haben, möchten Sie dieses vielleicht noch ein wenig bearbeiten. Kodi bietet Ihnen dafür mehrere Möglichkeiten. Sie können die Reihenfolge der Einträge verändern, diese löschen, umbenennen und mit einem eigenen Bild versehen. Gerade die beiden zuletzt genannten Möglichkeiten sind recht interessant, denn nicht alle Einträge »aus den Tiefen der Bibliothek« haben passende Vorschaubilder oder selbsterklärende Bezeichnungen. Die Bearbeitungsfunktionen erreichen Sie direkt über das Kontextmenü eines beliebigen Eintrags im Favoritenmenü. Wählen Sie die Aktion, die Sie ausführen möchten. Wenn Sie ein eigenes Bild verwenden wollen, dann speichern Sie dies zunächst direkt auf dem Kodi-Gerät ab. Legen Sie am besten einen eigenen Ordner für Vorschaubilder an. Es bietet sich an, diesen zum Beispiel unterhalb des Home-Ordners zu erstellen.

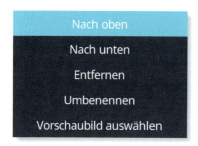

Das Kontextmenü bietet Bearbeitungsfunktionen für die Einträge im Favoritenmenü.

> **TIPP**
>
> **Schnellzugriff für das Favoritenmenü**
>
> Möchten Sie das Favoritenmenü besonders schnell aufrufen können, dann belegen Sie doch einfach eine bisher ungenutzte Taste auf Ihrer Fernbedienung mit dieser Funktion. Wie das funktioniert, erfahren Sie im folgenden Abschnitt »Die Belegung der Fernbedienungstasten anpassen«.

Die Belegung der Fernbedienungstasten anpassen

Bei intensiver Nutzung von Kodi kommt oft der Wunsch auf, die Belegung der Fernbedienungstasten zu ändern, sodass man auf häufig benutzte Funktionen möglichst zügig zugreifen kann. Vielleicht wünschen Sie sich für den schnellen Zugriff eine eigene Taste für das Favoritenmenü? Kodi zeigt sich bei der Änderung von Tastenbelegungen sehr variabel und bietet eine umfangreiche Liste an möglichen Funktionen an, die sich nach Belieben auf diverse Tasten verteilen lassen – das gilt übrigens nicht nur für die Fernbedienung, sondern auch für die Tastatur. Noch vor gar nicht allzu langer Zeit musste man für die Veränderung der Tastenbelegungen Änderungen in Konfigurationsdateien vornehmen. Mittlerweile gibt es jedoch ein übersichtliches Add-on, das eine bequeme Alternative bietet. Trotzdem sollten Anfänger vor eigenen Änderungen zumindest so lange warten, bis sie sich gut in Kodi auskennen und fehlerhafte Änderungen auch wieder zurücknehmen können.

Die Belegung der Fernbedienungstasten anpassen

Möchten Sie die Tastenbelegung ändern oder sich einen Überblick über die zur Verfügung stehenden Möglichkeiten verschaffen, dann installieren Sie am besten das Add-on *Keymap Editor*. Klicken Sie im Hauptmenü auf den Eintrag **Addons**, und dort auf das Symbol mit dem aufgeklappten Karton ⬢, das Sie zum Installationsbildschirm bringt. Öffnen Sie dort den Eintrag **Aus Repository installieren** und darin die Kategorie **Programm-Addons**. Suchen Sie in der Liste den Eintrag **Keymap Editor**. Öffnen Sie diesen, und klicken Sie auf dem Informationsbildschirm auf die Schaltfläche **Installieren**. Nach der Installation können Sie das Add-on zum Beispiel über den Schnellzugriff im Hauptmenü (über die Kategorie **Programm-Addons**) direkt aufrufen.

Sie gelangen zunächst in die Hauptansicht des Keymap Editors mit den drei Einträgen **Edit**, **Reset to default** und **Save**. Über den ersten Eintrag können Sie Änderungen an der Tastenbelegung vornehmen. Mit dem zweiten Eintrag können Sie die Tastenbelegung wieder auf die Werkseinstellungen zurücksetzen – etwa dann, wenn etwas doch nicht so funktioniert, wie Sie dachten, und Sie wieder zum Standard zurückmöchten. Der dritte Eintrag ist wichtig und wird gern übersehen: Er dient der Speicherung und Aktivierung von Änderungen und muss (wenn Sie die Änderungen übernehmen möchten) vor dem Verlassen des Add-ons aktiviert werden.

Der Hauptbildschirm des Keymap Editors

Um eine Funktion anzupassen, klicken Sie als Erstes auf den Eintrag **Edit**. Sie sehen in einem neuen Fenster eine Liste mit verschiedenen Programmbereichen von Kodi. Einzelne Tastatur- und Fernbedienungsbefehle gelten nämlich jeweils nur für bestimmte Bereiche – wie etwa das Hauptmenü oder die Filmbibliothek. Der erste Eintrag **Global** umfasst jedoch das kom-

Kapitel 18 – Für Fortgeschrittene: erweiterte Funktionen

plette Mediacenter und wird für solche Funktionen verwendet, die tatsächlich überall zur Verfügung stehen sollen. Dazu zählt etwa die Funktion zum Beenden von Kodi, die Sie im Grundzustand über die Taste ⓢ erreichen. Im folgenden Beispiel zeige ich Ihnen, wie Sie zum Öffnen des Favoritenmenüs im Hauptmenü einen Tastenbefehl konfigurieren. Da der Befehl nur im Hauptmenü gelten soll, wählen Sie zunächst die Kategorie **Home**.

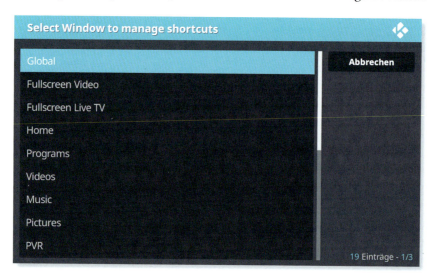

Wählen Sie die Kategorie aus, in der Ihre Tastenbelegung gelten soll.

Sie sehen nun eine Liste mit Funktionskategorien. Es gibt zum Beispiel Funktionen rund um Untertitel, den persönlichen Videorekorder (PVR) oder allgemein zur Navigation. Im Beispiel soll ein Fenster (und zwar das Favoritenfenster) geöffnet werden. Klicken Sie also auf den Eintrag **Windows**. Sie sehen jetzt eine Liste mit allen Funktionen, die zur gewählten Kategorie passen. Vorsicht: Die Liste ist recht umfangreich und recht technisch. Es kann durchaus sein, dass Ihnen einige Einträge nichts sagen. Daher folgt an dieser Stelle die Empfehlung, nur solche Einträge zu ändern, deren Zweck Sie genau kennen. Für das Favoritenmenü gibt es den Eintrag **Open Favourites**. Klicken Sie diesen an.

Die Belegung der Fernbedienungstasten anpassen

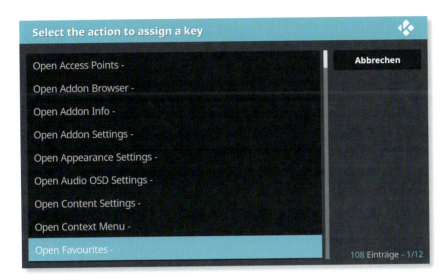

Suchen Sie nach der Funktion, die Sie anpassen möchten.

In einem weiteren Fenster können Sie über den Eintrag **Edit Key** die bisherige Tastenbelegung ändern (oder wenn es bisher keine gab, eine neue definieren). Mit dem Eintrag **Remove** können Sie die Tastenbelegung komplett entfernen. Klicken Sie zunächst auf den ersten Eintrag. Jetzt müssen Sie auf die Taste drücken, die Sie mit der gewünschten Funktion belegen möchten. Für das Favoritenmenü bietet sich eine der farbigen Tasten an, die Sie bisher nicht häufig genutzt haben (im Grundzustand öffnen die Tasten bestimmte Bereiche der Medienbibliothek). Sinnvoll ist zum Beispiel die grüne Taste. Eine Alternative ist (wenn die Gültigkeit der Taste auf das Hauptmenü beschränkt bleibt) eine der Zifferntasten – etwa die Null. Wenn Sie die Taste drücken, speichert Kodi diese für den ausgewählten Eintrag. Wundern Sie sich aber nicht, wenn zunächst im Hintergrund noch die bisherige Aktion ausgeführt wird. Drücken Sie anschließend so oft auf die Zurück-Taste, bis Sie wieder im Hauptbildschirm des Keymap Editors angelangt sind. Dort finden Sie den Eintrag **Save**, den Sie zum Abspeichern und Aktivieren Ihrer Änderungen anklicken müssen. Danach steht Ihnen im Hauptmenü von Kodi das Favoritenmenü unter der gewünschten Taste zur Verfügung.

Wiedergabelisten für Filme und Serien

Normale Wiedergabelisten können Sie in Kodi nicht nur für Musikstücke, sondern auch für Filme und TV-Serien anlegen. Im Alltag mag das zwar zunächst nicht sonderlich sinnvoll erscheinen, diese Funktion eignet sich aber sehr gut für Partys oder gesellige Filmabende mit Freunden oder der Familie. Mit einer Wiedergabeliste kann das »Programm des Abends« bereits im Vorfeld festgelegt werden und läuft dann ohne weiteres Zutun ab. So kann jeder Teilnehmer bereits im Vorfeld Wünsche äußern. Besonders praktisch: Bei einer Wiedergabeliste wird gleich die gesamte Laufzeit angezeigt, was bei der Planung ebenfalls hilfreich ist.

Filme und Serien können gemischt in eine Wiedergabeliste einsortiert werden, es ist sogar möglich, zusätzlich Musikstücke einzusortieren. Kodi zeigt sich hier also äußerst flexibel. Intern wird allerdings formal nach Video- und Musikwiedergabelisten unterschieden. Das führt unter anderem dazu, dass es in der Musik- und in der Videobibliothek jeweils eine eigene Kategorie mit den Wiedergabelisten gibt. Auch wenn diese verschiedene Medientypen beinhalten können, müssen Sie sich merken, zu welcher Kategorie eine Wiedergabeliste gehört. Diese wird durch das erste Element, das Sie zu einer Liste hinzufügen, festgelegt.

Möchten Sie Filme und Folgen einer TV-Serie zu einer Wiedergabeliste hinzufügen, dann gehen Sie dazu genauso vor wie bei den Musikstücken. Wählen Sie in der Medienbibliothek zunächst den ersten Film oder die erste Folge aus, und drücken Sie zum Erstellen einer Wiedergabeliste die Taste Q (für Englisch *queue*, auf Deutsch *einreihen*). Alternativ öffnen Sie das Kontextmenü und wählen den Eintrag **In Abspielliste einreihen**. Mit den folgenden Elementen verfahren Sie genauso. Um sich die fertige Wiedergabeliste anzusehen, öffnen Sie innerhalb der Medienbibliothek am linken Bildschirmrand das Optionsmenü und wählen den Eintrag **Zur Playlist**.

Ihnen wird die gesamte Wiedergabeliste angezeigt. Oben links auf dem Bildschirm sehen Sie die Gesamtlaufzeit. Dort sehen Sie auch die Oberkategorie der Liste. Möchten Sie die Wiedergabeliste für die spätere Nutzung abspeichern, dann klicken Sie auf die Schaltfläche **Speichern**. Sie finden ge-

Intelligente Wiedergabelisten

speicherte Video-Playlisten in der Videobibliothek unter dem Menüpunkt **Wiedergabelisten**. Ansonsten unterscheiden sich Video-Playlisten in der Bedienung nicht von Musik-Playlisten.

Filme und Serien können gemischt in eine Wiedergabeliste eingefügt werden.

Intelligente Wiedergabelisten

Neben den normalen Wiedergabelisten, deren Elemente Sie jeweils einzeln hinzufügen, bietet Kodi auch *intelligente Wiedergabelisten* an, deren Inhalt anhand diverser Kriterien automatisch festgelegt wird. Man könnte sie auch etwas nüchtern als »halb automatischen Filter« bezeichnen. Es handelt sich um ein sehr mächtiges Werkzeug, das insbesondere in umfangreichen Bibliotheken und bei häufiger Nutzung von Kodi sehr hilfreich sein kann. Sie sollten es sich daher unbedingt einmal ansehen.

Intelligente Wiedergabelisten können Sie sowohl in der Musik- als auch in der Videobibliothek definieren. Die Listen umfassen dann entweder Musik- oder Videoinhalte. Um eine neue intelligente Wiedergabeliste anzulegen, öffnen Sie zunächst die Hauptansicht der Musik- oder Videobibliothek. (Öffnen Sie dazu einen der Einträge **Filme**, **Serien** oder **Musik** im Haupt-

Kapitel 18 – Für Fortgeschrittene: erweiterte Funktionen

menü, und klicken Sie danach auf dem Bildschirm so oft auf den ersten zurückführenden Eintrag, bis Sie in der obersten Kategorie angelangt sind. Sie müssen dafür das Bildschirmelement verwenden, die Zurück-Taste auf der Fernbedienung/der Tastatur ist dazu nicht geeignet.) Wählen Sie dort den Eintrag **Wiedergabelisten**, und klicken Sie im neuen Fenster auf die Schaltfläche **Neue Intelligente Wiedergabeliste**. Sie sehen daraufhin das Fenster **Intelligente Wiedergabeliste bearbeiten**, in dem Sie das Regelwerk definieren können.

Das Konfigurationsfenster für eine »Intelligente Wiedergabeliste«

Das Fenster ist zweispaltig aufgebaut, links sehen Sie einige feste Auswahl- und Sortierkriterien, im rechten Bereich definieren Sie eigene Regeln. Zur Erstellung einer neuen Wiedergabeliste wählen Sie zunächst links oben den gewünschten Medientyp aus. Welche Medien sollen in Ihre Liste aufgenommen werden? Erstellen Sie eine Musikliste, dann haben Sie die Wahl, ob Titel, Alben, Interpreten oder gemischte Inhalte in die Liste aufgenommen werden sollen. Videolisten können Filme, Serien, Episoden, Musikvideos oder gemischte Inhalte umfassen. Als Nächstes vergeben Sie im Feld **Name der Wiedergabeliste** einen Namen für die Liste – dies ist wichtig, denn intelligente Wiedergabelisten werden stets für die spätere Verwendung abgespeichert. Danach können Sie festlegen, wie der Filter verfahren soll, wenn

Intelligente Wiedergabelisten

Sie mehrere Regeln festgelegt haben. Die Einstellungsoption ist erst dann verfügbar, wenn Sie rechts mehrere Regeln erstellt haben. Genügt es, wenn eine Regel zutrifft, oder müssen alle Regeln zutreffen? Im Feld **Beschränken auf** können Sie den Umfang der Wiedergabeliste begrenzen. Dies macht dann Sinn, wenn die Liste zahlreiche Elemente aus der Bibliothek umfasst und Sie nur eine kleinere zufällige Auswahl wünschen. Anschließend legen Sie fest, nach welchem Kriterium die Einträge Ihrer Liste sortiert werden sollen. Sie haben zum Beispiel die Wahl, die Elemente nach dem Titel, der Bewertung, der Dauer (also der Laufzeit) oder dem Abspielzähler sortieren zu lassen. Nehmen Sie sich ruhig die Zeit, über die einzelnen Elemente kurz nachzudenken, denn dank dieser Kriterien erhalten Sie einige interessante Möglichkeiten zur Filterung der Medienbibliothek.

Sie können aus einer umfangreichen Liste an Sortierkriterien auswählen.

Als Nächstes können Sie auswählen, ob Sie die Elemente der Liste auf- oder absteigend sortieren möchten. Umfasst die Liste mehrere Medienkategorien beziehungsweise -typen, dann wird das Feld **Gruppieren nach** aktiv, das Ihnen eine weitere Vorsortierung nach den Kategorien ermöglicht.

Nachdem Sie die Sortierkriterien festgelegt haben, geht es an das Herzstück der intelligenten Wiedergabelisten: Sie müssen das Regelwerk definieren. Klicken Sie zunächst rechts im Fenster auf den Eintrag **Neue Regel**. Es erscheint ein kleines Fenster namens **Intelligente Wiedergabelisten-Regel**.

Zunächst müssen Sie auswählen, wonach genau Sie die Bibliothek filtern möchten. Klicken Sie im Fenster auf den ersten Eintrag, der mit der Option **Titel** voreingestellt ist. Darüber legen Sie den Regeltyp fest. Im neuen Fenster wählen Sie diesen aus. Sie können die Bibliothek etwa nach dem Titel, der Bewertung, den Darstellern, ja selbst nach dem verwendeten Videocodec filtern lassen. Die gebotenen Optionen sind sehr umfangreich. Es schadet gewiss nicht, wenn Sie sich die Liste in Ruhe ansehen und überlegen, ob ein bestimmter Typ für Sie von Interesse ist. Wenn Sie den geeigneten Typ festgelegt haben, kehrt Kodi wieder zum vorangegangenen Fenster zurück.

Hier wählen Sie das Kriterium, nach dem die Einträge ausgewählt werden.

Jetzt geht es darum, die Regel mit Leben zu füllen. Bevor Sie einen Suchbegriff beziehungsweise ein absolutes Suchkriterium definieren, beachten Sie zunächst die zweite Zeile. Sie legen hier fest, wie strikt das Suchkriterium auf die Bibliothek angewandt wird. Muss zum Beispiel der Titel genau einem Suchbegriff entsprechen? Reicht es, wenn der Bibliothekseintrag den Suchbegriff lediglich beinhaltet? Soll ein Suchbegriff vielleicht sogar explizit nicht enthalten sein? Wenn es um einen Zahlenwert geht (etwa bei der Bewertung): Muss dieser exakt übereinstimmen? Sollen logische Kriterien wie »größer als« oder »kleiner als« angewandt werden? Klicken Sie zur Definition auf den Text **beinhaltet**, und wählen Sie das gewünschte Element aus. Als Nächstes legen Sie den Wert des Suchkriteriums in der dritten Zeile fest. Klicken Sie die Zeile an, und geben Sie den gewünschten Begriff oder den

Intelligente Wiedergabelisten

Zahlenwert ein. Ein Beispiel für eine mögliche Regel könnte sein: »Bewertung ist größer als: 6«. Damit wählen Sie alle Bibliothekselemente aus, die eine gute Bewertung erhalten haben. Eine andere Regel könnte lauten: »Titel beinhaltet nicht: die«. Sie erhalten dann eine Liste aller Einträge, bei denen der Artikel »die« nicht Teil des Titels ist. Ein letztes Beispiel: »Regisseur ist: Steven Spielberg« – diese Regel selektiert alle Einträge, bei denen Steven Spielberg Regie geführt hat. Sie sehen schon, die Möglichkeiten, die sich hier eröffnen, sind sehr umfangreich.

Füllen Sie die Regel mit Inhalt: Nach welchem Wert soll gefiltert werden?

Auf Wunsch können Sie auch mehrere Regeln definieren und diese über das Übereinstimmungskriterium im linken Fensterteil miteinander verknüpfen. So wird zum Beispiel diese Regel möglich: »Bewertung ist größer als: 7 und Regisseur ist: Steven Spielberg und Laufzeit ist: größer als 90 Minuten«.

So könnte eine Beispielkonfiguration aussehen, die Ihnen nur Ihre Lieblingsepisoden aus der Serienbibliothek anzeigt.

Kapitel 18 – Für Fortgeschrittene: erweiterte Funktionen

Haben Sie alle Regeln definiert und alle Kriterien festgelegt, dann klicken Sie abschließend auf **OK**. Ihre Wiedergabeliste wird automatisch gespeichert, und Kodi kehrt zur letzten Ansicht zurück. Die neue intelligente Wiedergabeliste finden Sie direkt neben den übrigen Wiedergabelisten in der jeweiligen Bibliothek. Klicken Sie eine Liste mit Enter/OK an, dann sehen Sie die automatisch selektierten Einträge. Bleibt die Liste leer, ist Ihre Filterkonfiguration ungeeignet. Öffnen Sie in diesem Fall das Kontextmenü der Wiedergabeliste, und wählen Sie den Eintrag **Wiedergabeliste bearbeiten**. Sie können jetzt die Filterkonfiguration verändern. Ansonsten funktioniert eine intelligente Wiedergabeliste von nun an wie eine gewöhnliche Wiedergabeliste. Sie können mit den Pfeiltasten in der Liste navigieren und die Wiedergabe mit einem Druck auf Enter/OK auf einem ausgewählten Element starten.

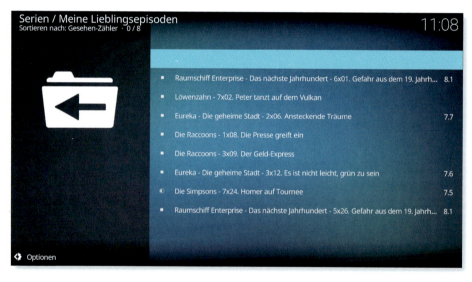

Das Ergebnis: Nur die den Kriterien entsprechenden Elemente werden angezeigt.

Automatische Wiedergabe beim Systemstart

Gelegentlich kommt der Wunsch auf, dass Kodi gleich beim Systemstart eine bestimmte Aktion ausführt und zum Beispiel direkt mit der Wiedergabe eines Mediums beginnt. Normalerweise befinden Sie sich beim Start von

Kodi zunächst im Hauptmenü und haben von dort aus Zugriff auf alle Medientypen. Sie kennen aus dem Einstellungsmenü (Kategorie **Benutzeroberfläche**, Registerkarte **Sonstiges**) bereits die Option **Startfenster**, mit der Sie den Menüeintrag festlegen können, der beim Start von Kodi angezeigt wird. Damit können Sie zum Beispiel festlegen, dass beim Start direkt die Liste der Fernsehkanäle angezeigt wird. Eine Änderung der Einstellung ist dann sinnvoll, wenn Sie eine Medienkategorie überwiegend verwenden. Mit dieser Funktion können Sie jedoch keine automatische Wiedergabe festlegen. Dafür gibt es ein praktisches Add-on mit dem Namen *Partymode autostart*. Es ermöglicht Ihnen, beim Start von Kodi entweder eine vordefinierte Wiedergabeliste (aus dem Video- oder Musikbereich) oder einen bestimmten Eintrag aus dem Favoritenmenü abzuspielen. Es ist auch möglich, direkt mit dem Partymodus zu beginnen. Die automatische Wiedergabe erfolgt entweder beim Start von Kodi oder beim Start des Bildschirmschoners. Die eingestellte Aktion kann auf Wunsch erst nach einer Wartezeit ausgeführt werden, während der die Funktion auch abgebrochen werden kann.

Um das Add-on zu installieren, klicken Sie im Hauptmenü von Kodi auf den Eintrag **Addons** und im neuen Fenster auf die Schaltfläche mit dem geöffneten Karton ⬢. Sie gelangen zur Installation von Add-ons. Wählen Sie den Eintrag **Aus Repository installieren** und dort die Kategorie **Dienste**. Suchen Sie nach dem Add-on **Partymode autostart**, und drücken Sie Enter/OK. Sie sehen das Informationsfenster zum Add-on. Klicken Sie dort auf **Installieren**.

Das Add-on »Partymode autostart« wird über die Schaltfläche »Konfigurieren« eingestellt.

Kapitel 18 – Für Fortgeschrittene: erweiterte Funktionen

Nach der Installation geht es an die Konfiguration. Diese nehmen Sie wie immer über die Schaltfläche **Konfigurieren** vor. Das Informationsfenster mit dieser Schaltfläche finden Sie zukünftig im Hauptmenü unter **Addons ▶ Benutzer-Addons ▶ Dienste ▶ Partymode autostart**.

Im Einstellungsfenster wird zunächst die Registerkarte **Main** angezeigt. Hier gibt es als Erstes die Option **Run on Startup**. Wenn sie über den Schalter **Enable** eingeschaltet wird, startet das Add-on zukünftig bei jedem Start von Kodi. Darüber kann diese Funktion auf Wunsch auch wieder deaktiviert werden. Über den Eintrag **Delay (seconds)** legen Sie eine Wartezeit fest, während der ein Informationsfenster angezeigt wird, das über den bevorstehenden Autostart informiert und die Möglichkeit bietet, diesen abzubrechen. Mit der nächsten Option **Run on Screensaver** stellen Sie ein, ob der Autostart (auch) beim Start des Bildschirmschoners erfolgen soll. Wichtig sind die beiden folgenden Einträge: Über **Run Playlist** steuern Sie, ob beim Start eine Wiedergabeliste abgespielt werden soll. Möchten Sie das, dann aktivieren Sie **Enable** und klicken danach auf **Select a playlist**. Zunächst werden Ihnen Ihre Musik-Wiedergabelisten angezeigt. Sie können eine beliebige Liste auswählen. Sie können in dem Fenster auch zu den Video-Wiedergabelisten navigieren. Klicken Sie dazu auf Zurück (..) ▶ **Home-Ordner ▶ userdata ▶ playlists ▶ video**. Nutzen Sie Profile, dann wählen Sie nach dem Home-Ordner zunächst den Ordner **profiles** und das gewünschte Profil. Natürlich können Sie für den Autostart auch zuerst in der entsprechenden Bibliothek eine gesonderte Playliste anlegen.

Alternativ können Sie anstelle einer Wiedergabeliste auch direkt einen Eintrag aus dem Favoritenmenü aufrufen. Aktivieren Sie dazu die Option **Run Favourites**, und wählen Sie über **Select from Favourites** den gewünschten Eintrag aus.

Ist weder die Wiedergabelisten- noch die Favoritenfunktion aktiviert, startet das Add-on automatisch den Party-Modus mit einer zufällig erstellten Wiedergabeliste.

Automatische Wiedergabe beim Systemstart

Wählen Sie aus, was genau beim Starten des Add-ons geschehen soll.

Im Einstellungsdialog können Sie außerdem auf der Registerkarte **Settings** festlegen, ob bei der Musikwiedergabe automatisch die Visualisierung im Vollbildmodus angezeigt werden soll. Außerdem können Sie die Wiedergabelautstärke anpassen.

In den weiteren Einstellungen können Sie zum Beispiel die Visualisierung aktivieren.

Wenn die Einstellungen komplett sind, klicken Sie auf **OK**. Zukünftig führt das Add-on den gewünschten Autostart aus, der in diesem Konfigurationsfenster auch jederzeit wieder deaktiviert werden kann.

Wiedergabe von Streaming-Adressen

Haben Sie eine Adresse für einen Live-Stream, etwa von einer Internet-Radiostation oder einer Netzwerkkamera, den Sie gerne mit Kodi abspielen möchten? Solche Live-Streams können Sie mit Kodi direkt und ohne Umwege über Add-on-Verzeichnisse abspielen. Allerdings gibt es keine eigene Eingabemaske für Live-Stream-Adressen. Stattdessen legen Sie zunächst eine simple Textdatei an, die lediglich die Adresse des Streams enthält. Diese Datei öffnen Sie anschließend mit Kodi, das Programm wird den Live-Stream direkt abspielen.

Öffnen Sie zunächst einen Texteditor wie den Editor unter Windows. Verwenden Sie keine Textverarbeitung wie Word. Geben Sie in die Textdatei als Einziges die Adresse des Live-Streams ein. Verwenden Sie die komplette Adresse inklusive des Protokolls. Als Beispiel könnte der Live-Stream einer Überwachungskamera im Heimnetzwerk folgenden Eintrag erfordern:

http://192.168.178.123:8080/stream/video.mpeg

Speichern Sie die Datei unter einem beliebigen Namen ab, verwenden Sie jedoch unbedingt die Dateiendung *.strm*. Windows-Nutzer müssen darauf achten, dass im Datei-Explorer die Anzeige von Dateiendungen aktiviert ist, denn ansonsten erstellt der Editor die Endung *.strm.txt* – was nicht korrekt wäre. Die Datei muss nicht unbedingt einen direkten Link zum Live-Stream beinhalten, Kodi kommt zum Beispiel auch mit »Playlisten« im M3U-Format zurecht, das etwa von einigen Radiostationen verwendet wird.

Kopieren Sie die Datei an einen Ort, auf den Kodi zugreifen kann. Es kann sich auch um ein Netzwerkgerät handeln. Alternativ können Sie die Datei auch auf das Kodi-Gerät kopieren. Wenn Sie mehrere STRM-Dateien erstellen wollen (eine Datei kann optional auch mehrere Einträge haben), dann erstellen Sie am besten zunächst ein eigenes Verzeichnis. Dieses können Sie unterhalb des Home-Ordners anlegen.

Öffnen Sie danach in Kodi den Dateimanager, und navigieren Sie zu dem Ordner, in dem sich die STRM-Datei befindet. Eine Anleitung zum Dateimanager finden Sie im Abschnitt »Der Dateimanager und sein Einsatz« auf Seite 149. Klicken Sie die STRM-Datei mit Enter/OK an. Kodi wird daraufhin den hinterlegten Stream direkt abspielen. Sollte die Datei mehrere Einträge beinhalten, erhalten Sie ein Auswahlmenü. Bei Audio-Streams wird der Musikplayer zunächst im Hintergrund aktiv. Sie können ihn (mitsamt einer eventuellen Visualisierung) mit der Tabulatortaste in den Vordergrund bringen. Die Wiedergabe beenden Sie mit der Stopp-Taste beziehungsweise mit X.

> **TIPP**
>
> **Den wiederholten Zugriff vereinfachen**
>
> Möchten Sie häufiger auf die STRM-Datei zugreifen und finden das Abspielen mit dem Dateimanager recht umständlich? Sie können die STRM-Datei auch zum Favoritenmenü hinzufügen. Das geschieht wie immer über den gleichnamigen Eintrag im Kontextmenü, das Sie direkt im Dateimanager aufrufen können. Eine Alternative besteht darin, den Ordner mit der STRM-Datei als Medienquelle zu definieren, der jedoch kein Scraper (also kein Medientyp) zugewiesen wird. Der Ordnerinhalt kann anschließend über die Dateiansicht der jeweiligen Medienkategorie betrachtet werden.

Ein Backup der Mediendatenbanken erstellen

Die Erstellung der Medienbibliothek (genauer: der Mediendatenbanken) in Kodi kann eine längere Zeit in Anspruch nehmen. Insbesondere das Herunterladen der Informationen aus dem Internet kann bei langsamen Internetverbindungen und umfangreichen Bibliotheken ziemlich lange dauern. Wenn Sie Ihre Mediensammlung auf mehreren Kodi-Geräten einrichten wollen, dann kommt schnell der Wunsch nach einer Beschleunigung des Vorgangs auf. Außerdem ist es möglich, dass Sie in der Bibliothek einige Anpassungen vorgenommen haben, die Sie gerne auf ein weiteres Gerät übertragen möchten. Dazu zählen etwa eigene Filmkompilationen. Darüber hinaus kann natürlich auch ein Datenverlust auf dem Kodi-Gerät auftreten, etwa wenn die interne Festplatte ausfällt. Hier wäre es schön, wenn bei einer Neuinstallation die letzte Mediendatenbank mit allen Einträgen und persönlichen Anpassungen schnell wiederhergestellt werden könnte. Denken Sie dabei auch an persönliche Bewertungen und andere eigene Informationen.

Kapitel 18 – Für Fortgeschrittene: erweiterte Funktionen

Für diese Fälle bietet es sich an, die Mediendatenbanken von Kodi zu sichern, also ein Backup anzulegen. Anschließend stehen Ihnen die benötigten Informationen in Dateiform zur Verfügung, und Sie können sie entweder als Sicherheitskopie zur Vermeidung von Datenverlust oder zur Einrichtung weiterer Kodi-Geräte verwenden.

Das Anlegen eines Backups der Mediendatenbanken ist in jedem Fall empfehlenswert. Sobald Sie Ihre Bibliothek vollständig eingerichtet haben, sollten Sie eine Sicherung erstellen. Ausreden, dies nicht zu tun, gibt es praktisch keine, denn die Sicherungskopie nimmt weder viel Zeit noch viel Speicherplatz in Anspruch.

Um ein Backup zu erstellen, gehen Sie zunächst in das Einstellungsmenü von Kodi, das Sie über das Zahnradsymbol im Hauptmenü aufrufen können. Öffnen Sie hier die Kategorie **Medien**, und wechseln Sie dort auf die Registerkarte **Bibliothek**. Das Backup verbirgt sich unter dem Eintrag **Bibliothek exportieren**, den es sowohl in der Gruppe **Video-Bibliothek** als auch in der Gruppe **Musik-Bibliothek** gibt. Für ein komplettes Backup müssen Sie beide Funktionen ausführen. Die Einträge sehen Sie nur, wenn Sie den Detailgrad der Ansicht unten links mindestens auf »Fortgeschritten« stellen.

Ein Backup der Bibliothek erstellen Sie im Einstellungsmenü in der Kategorie »Medien« auf der Registerkarte »Bibliothek«.

Ich zeige Ihnen zuerst das Backup der Videobibliothek. Wenn Sie den Eintrag **Bibliothek exportieren** anklicken, stellt Ihnen Kodi zunächst die Frage, ob die Datenbank in eine einzelne Datei oder in separate Dateien exportiert werden soll. Das bedeutet Folgendes: Beim Backup in eine einzelne Datei wird der gesamte Inhalt der Datenbank in einer einzelnen eigenständigen Datei gespeichert, die Sie in einem eigenen Backup-Ordner ablegen können. Auf Wunsch werden in diesen Ordner auch gleich sämtliche Vorschaubilder kopiert, sodass auch diese in der Sicherungskopie zur Verfügung stehen. Sie können die Sicherungskopie anschließend an einem sicheren Ort aufbewahren oder für den Import auf einem weiteren Gerät nutzen.

Möchten Sie zu jedem Eintrag eine separate Datei erstellen oder alle Daten der Bibliothek in einer einzelnen Datei speichern?

Obwohl dies recht interessant klingt, ist die zweite Option oftmals wesentlich sinnvoller. Beim Backup in separate Dateien werden im Medienordner neben den eigentlichen Mediendateien zusätzliche Dateien angelegt. Diese beinhalten die Informationen aus der Datenbank, getrennt für jeden Film und jede Serienepisode. Zusätzlich werden auf Wunsch Vorschaubilder abgespeichert. Der Vorteil dieser Methode liegt darin, dass Sie alle benötigten Daten zentral an einer Stelle haben. Sowohl die eigentlichen Medien als auch die für die Bibliothek nötigen Informationen befinden sich direkt nebeneinander. Die Informationen werden in NFO-Dateien abgelegt. Beim Einlesen der Medien erkennt der Scraper von Kodi diese Dateien automatisch und behandelt sie (gegenüber den Internetdaten) mit Vorzug. Dadurch wird die umfangreiche Suche im Internet vermieden. Da die Erkennung gleich in einem Schritt erfolgt, müssen Sie die Datenbank also nicht in einem weiteren Schritt importieren, stattdessen geht alles automatisch. Ein weiterer Vorteil: Erstellen Sie ein Backup des Medienordners, dann enthält dieses nicht nur Ihre Mediendateien, sondern auch gleich die nötige Mediendatenbank. Für diese Sicherung in separate Dateien benötigt Kodi natürlich einen Schreibzugriff auf die Medienverzeichnisse. Sie müssen also zum Beispiel Netzwerkfreigaben entsprechend konfigurieren. Diese Methode hat auch einen kleineren Nachteil: Durch die zusätzlichen Dateien entsteht im Medienordner eine gewisse Unordnung. Wenn Sie eines Tages ein anderes Mediacenter verwenden möchten, dann kann dieses möglicherweise mit den Daten von Kodi nichts anfangen – die Daten wären dann überflüssig. Da dieser Nachteil jedoch keine großen Auswirkungen hat, möchte ich Ihnen zu dieser Methode raten. Klicken Sie also auf die Schaltfläche **Separat**.

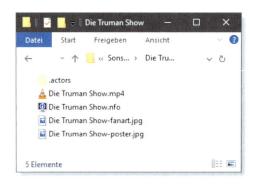

Beim Backup in separaten Dateien erstellt Kodi neben der Filmdatei (.mp4) zusätzliche Dateien, die Informationen (.nfo) und Bilder (.jpg) enthalten.

Kodi wird Ihnen nun mehrere Fragen stellen. Zunächst möchte das Programm wissen, ob das Backup ebenfalls Bilder und Fanart umfassen soll. Damit sind die Vorschau- und Hintergrundbilder gemeint, die in der Bibliothek angezeigt werden. Sie belegen den größten Speicherplatz der Sicherungskopie. Bei einer mittelgroßen Bibliothek liegt der Speicherbedarf bei rund 100 Megabyte, was bei heutigen Festplattengrößen zu verschmerzen ist. Klicken Sie also auf **Ja**. Anschließend werden Sie gefragt, ob Sie auch Vorschaubilder der Darsteller exportieren möchten. Auch hier gilt, dass der Speicherbedarf überschaubar ist und das Einlesen der Daten beim späteren Wiederherstellen (oder Kopieren) beschleunigt wird. Sie können hier ebenfalls auf **Ja** klicken. Als Letztes werden Sie gefragt, ob alte Dateien überschrieben werden sollen. Diese Frage ist dann von Belang, wenn Sie schon zuvor ein Backup erstellt haben. In diesem Fall können Sie sich aussuchen, ob Sie Ihre alten Dateien überschreiben möchten oder diese beibehalten wollen. Hier kommt es darauf an, ob Sie zwischenzeitlich Änderungen an der Bibliothek vorgenommen haben, die in den Backup-Dateien noch nicht berücksichtigt sind. Wenn Sie die Frage beantwortet haben, wird das Backup durchgeführt. Warten Sie, bis es komplett ist, danach ist die Aufgabe erledigt. Das alternative Backup in einer einzelnen Datei läuft vergleichbar ab.

Das anschließende Backup der Musikbibliothek erstellen Sie genauso wie das Backup der Videobibliothek.

Ein Backup der Mediendatenbanken wiederherstellen

Ein vorhandenes Backup können Sie entweder zur Wiederherstellung der Datenbank nach einem Datenverlust oder zur Einrichtung eines weiteren Kodi-Geräts verwenden. Haben Sie das Backup in separaten Dateien erstellt, die neben den Mediendaten liegen, brauchen Sie für die Wiederherstellung gar nicht viel zu tun: Definieren Sie einfach Ihre Medienquellen, und starten Sie den Scraper. Er wird automatisch die Daten aus den Dateien verwenden. Vorher wird er Sie gegebenenfalls darüber informieren, dass er bereits lokale Daten gefunden hat – damit ist Ihr Backup gemeint. Sie haben trotzdem die Option, neue Daten aus dem Internet zu laden.

Haben Sie das Backup in eine einzelne Datei erstellt, ist der Prozess etwas aufwendiger. Auch hier erstellen Sie zunächst die benötigten Medienquellen. Wenn Kodi Sie fragt, ob der Scraper seine Arbeit aufnehmen soll, lehnen Sie jedoch dankend ab. Stattdessen gehen Sie in das Einstellungsmenü und dort in die Kategorie **Medien**. Wählen Sie auf der Registerkarte **Bibliothek** in den Gruppen **Video-Bibliothek** und **Musik-Bibliothek** die Funktion **Bibliothek importieren** (sichtbar im Detailgrad »Fortgeschritten« oder höher). Navigieren Sie zu dem Ordner, der das Backup enthält, und importieren Sie die Daten. Bei dieser Methode der Wiederherstellung ist es natürlich offensichtlich, dass der Inhalt der Medienquellen auch zum Inhalt des Backups passen muss.

Ein Backup der persönlichen Einstellungen erstellen

Möchten Sie nicht nur von Ihren Mediendatenbanken, sondern von allen Einstellungen in Kodi eine Sicherungskopie anlegen? Diese können Sie mit dem Add-on *Backup* erstellen. Eine solche Sicherungskopie ist nicht nur zur

Vermeidung von Datenverlust, sondern auch zur Übertragung der persönlichen Einstellungen auf ein weiteres Kodi-Gerät geeignet. Das regelmäßige Anlegen einer Sicherungskopie ist niemals verkehrt – daher ist dieses Add-on sehr empfehlenswert.

Zur Installation öffnen Sie im Hauptmenü von Kodi zunächst den Bereich **Addons** und klicken dort auf das Symbol mit dem geöffneten Karton ▣. Auf dem folgenden Bildschirm zur Add-on-Installation wählen Sie die Option **Aus Repository installieren** und anschließend die Kategorie **Programm-Add-ons**. Suchen Sie in der Liste den Eintrag **Backup**. Klicken Sie diesen mit Enter/OK an, und klicken Sie auf dem folgenden Informationsbildschirm auf die Schaltfläche **Installieren**. Das Add-on können Sie anschließend über den Schnellzugriffsbereich (rechte Bildschirmhälfte) der **Addons**-Kategorie im Hauptmenü oder alternativ über die Programm-Add-ons direkt in der Add-ons-Bibliothek aufrufen. Wundern Sie sich nicht, wenn die Titelzeile noch vom »XBMC Backup« spricht, das Add-on ist auch unter Kodi voll funktionstüchtig.

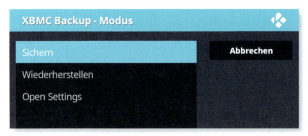

Das Hauptmenü des Backup-Add-ons erlaubt die Sicherung und die Wiederherstellung der Daten.

Im Hauptmenü des Backup-Add-ons können Sie aus drei Optionen wählen: Sie können die Daten und Einstellungen Ihrer Kodi-Installation sichern, diese wiederherstellen und die Einstellungen des Add-ons vornehmen. Das sollten Sie auch zuerst tun, klicken Sie also auf den Punkt **Open Settings**.

Der Einstellungsdialog des Backup-Add-ons, Registerkarte »Allgemein«

Zunächst müssen Sie im Einstellungsdialog festlegen, wo Sie das Backup speichern möchten. Das Add-on bietet diverse Möglichkeiten, unter anderem kann es auch mit Google Drive und der Dropbox umgehen, die Einrichtung richtet sich jedoch an den fortgeschrittenen Nutzer. Der Einsteiger sichert die Daten am bequemsten zu Hause auf einer Netzwerkfreigabe oder einem USB-Stick. Wie es sich für ein vernünftiges Backup gehört, sollten Sie die Daten natürlich nicht direkt auf dem Kodi-Gerät speichern, zumindest auf keinen Fall auf der Systemfestplatte. Belassen Sie es also im Feld **Typ Entferntes Verzeichnis** bei der Voreinstellung **Verzeichnis wählen**, und klicken Sie darunter auf den Eintrag **Entferntes Verzeichnis wählen**. Navigieren Sie zu dem Verzeichnis, in dem Sie das Backup abspeichern möchten. Unter der Verzeichniswahl haben Sie die Option, das Backup als komprimierte ZIP-Datei zu erstellen. Diese Option spart Speicherplatz und kann ruhig aktiviert werden. Der vorletzte Eintrag legt fest, wie viele Backup-Versionen gespeichert bleiben sollen, und ist dann interessant, wenn Sie zum wiederholten Mal ein Backup erstellen. Sie können zum Beispiel automatisch die fünf neuesten Backups aufbewahren und alle älteren löschen – das spart Speicherplatz. Die letzte Option kontrolliert, ob während des Backups ein großer Fortschrittsbalken angezeigt werden soll, ob dieser nur dezent im Hintergrund erscheint oder ob das Programm ohne Rückmeldung arbeiten soll.

Wählen Sie die zu sichernden Daten aus.

Wechseln Sie danach auf die Registerkarte **Datenauswahl**. Hier können Sie festlegen, welchen Umfang das Backup haben soll. Am wichtigsten ist die Option **Config Dateien**, denn sie beinhaltet alle Einstellungen von Kodi. Auch die Option **Playlisten** ist wichtig, denn damit werden Ihre Wiedergabelisten gesichert. Bei den weitern Optionen können Sie selbst festlegen, ob diese für Sie wichtig sind. Haben Sie in Kodi mehrere Benutzerprofile definiert, dann können Sie diese mit der Option **Profile** abspeichern. Mit dem Backup-Add-on können Sie auch eine Sicherungskopie der Datenbanken anlegen und darin auch die Thumbnails und Fanarts mit aufnehmen. Wenn Sie jedoch bereits ein separates Backup der Datenbanken angelegt haben, ist diese Sicherung nicht nochmals erforderlich. Etwas Beachtung erfordert der Punkt **Thumbnails**, denn dieser umfasst nicht nur die Vorschaubilder der Medienbibliothek, sondern den gesamten Zwischenspeicher aller Vorschaubilder von Kodi. Dazu zählen zum Beispiel auch Vorschaubilder aus Add-ons (wie den Mediatheken). Dieser Punkt kann zu einem großen Speicherbedarf von mehreren hundert Megabyte führen. Er wird daher häufig deaktiviert. Zuletzt können Sie sich überlegen, ob Sie auch die installierten Add-ons und deren Einstellungen (**Addon Daten**) einschließen möchten. Alle Add-ons mit aufzunehmen ist zwar bequem, weil auf diese Weise das gesamte Kodi-System gesichert werden kann, diese Option erfordert aber auch den meisten Speicherplatz – rechnen Sie bereits bei einer mittleren Anzahl von Add-ons mit mehreren hundert Megabyte. Ist der Speicherplatz auf dem Backup-Gerät knapp, bietet es sich an, nur die Add-on Daten zu speichern.

Auf der dritten Registerkarte können Sie einen Zeitplan festlegen, also das Backup automatisieren, sodass es an einem bestimmten Wochen- oder Monatstag durchgeführt wird. Auch die Uhrzeit lässt sich einstellen. Alternativ können Sie das Backup auch jederzeit manuell starten. Da sich die Einstellungen in Kodi nicht allzu häufig ändern, genügt (wenn das System einmal optimal eingestellt ist) ein monatliches Backup. Klicken Sie abschließend auf **OK**.

Um das Backup auszuführen, wählen Sie im Hauptmenü des Backup-Add-ons den Eintrag **Sichern**. Daraufhin wird automatisch das Backup mit den gewählten Einstellungen erzeugt.

Möchten Sie ein Backup wiederherstellen, dann wählen Sie die gleichnamige Option. Das Add-on zeigt Ihnen eine Liste aller angelegten Backups mit Erstellungsdatum. Wählen Sie das Backup aus, das Sie wiederherstellen möchten. Danach startet automatisch die Wiederherstellung, die je nach Umfang einen Moment dauern kann.

Zusätzliche Backups unter LibreELEC und OSMC

Die beiden Distributionen LibreELEC und OSMC bringen eigene Backup-Funktionen mit, die neben den Einstellungen unter Kodi auch die Einstellungen der jeweiligen Betriebssysteme sichern. Wenn Sie eines der Systeme nutzen, dann können Sie auch diese Backup-Funktionen verwenden. Für Einsteiger sind sie oftmals sogar angenehmer, weil hier alle Daten in einem Schritt gesichert werden. Allerdings haben diese Funktionen auch einen Nachteil: Sie können (häufig) nur zur Wiederherstellung des ursprünglichen Systems genutzt werden. Das liegt daran, dass die Sicherung ja auch die Einstellungen des Betriebssystems umfasst. Die zuvor genannten Backup-Strategien können jedoch auch systemübergreifend zur Einrichtung weiterer Kodi-Geräte verwendet werden.

Sie können diese Backup-Funktionen problemlos nutzen, wenn Sie nur ein Kodi-Gerät betreiben oder an der geräteübergreifenden Kopie der Einstellungen und Daten nicht interessiert sind. Das Backup sollten Sie auf einem externen Datenträger (wie einem USB-Stick) speichern, damit dies auch beim Datenverlust auf dem Kodi-Gerät zur Verfügung steht.

Die Backup-Funktion von LibreELEC befindet sich auf der Registerkarte »System«.

Kapitel 18 – Für Fortgeschrittene: erweiterte Funktionen

Für das Backup unter LibreELEC öffnen Sie zunächst im Hauptmenü von Kodi den Bereich **Addons** und darin das Add-on, das sich um die Einstellungen von LibreELEC kümmert. Gleich auf der ersten Registerkarte **System** finden Sie (etwas weiter unten) die Option **System und Kodi Datensicherung erstellen**. Klicken Sie darauf, um eine Sicherung durchzuführen. Dabei werden automatisch alle relevanten Dateien gespeichert, Einschränkungen bezüglich des Umfangs können Sie jedoch nicht vornehmen. Mit der nächsten Option im Menü lässt sich ein vorhandenes Backup wieder zurückspielen. Im Fehlerfall können Sie darüber Ihr System wieder instand setzen. Diese Funktion können Sie natürlich auch bei eigenen Experimenten als Rettungsanker nutzen, mit dem Sie unerwünschte Änderungen wieder rückgängig machen können.

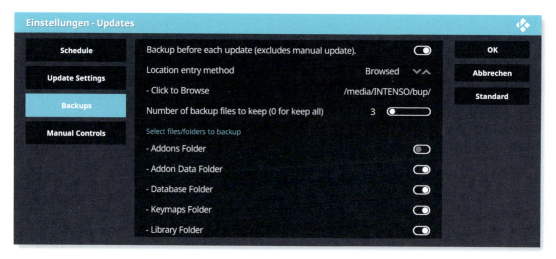

Die Backup-Optionen von OSMC

Unter OSMC öffnen Sie zunächst im Hauptmenü den Eintrag **MyOSMC** und im folgenden Konfigurationsmenü die Option **Updates**. Klicken Sie dort auf den Eintrag **Backups**. Zunächst müssen Sie den Zielordner für das Backup auswählen. Stellen Sie die **Location entry method** auf **Browsed**, und wählen Sie über den Eintrag **Click to Browse** das Zielverzeichnis aus. Im unteren Bereich stellen Sie ein, welche Daten gesichert werden sollen. Für den Alltagsgebrauch sollten Sie alle Kategorien aktivieren. Ist der Speicherplatz knapp, können Sie den **Addons-Folder** ausschließen. Über die Registerkarte **Manual Controls** können Sie mit der Option **Run Backup of settings now** das Backup starten. Mit der Option **Restore a backup of settings now** können Sie das Backup im Fehlerfall wieder zurückspielen.

Hilfreiche Tastaturkürzel

Haben Sie an Ihr Kodi-Gerät eine Tastatur angeschlossen? In diesem Abschnitt nenne ich Ihnen ein paar weitere Tastaturkürzel, mit denen Sie noch einfacher in Kodi navigieren können:

- ⇧ + *Buchstabe* – mit dieser Tastenkombination springen Sie in einer (umfangreichen) Liste direkt zum jeweiligen Anfangsbuchstaben. Damit ist die Navigation oftmals schneller, als wenn Sie mit den Pfeil- oder Programmtasten blättern.

- W – damit können Sie in den Medienbibliotheken den Gesehen-/Ungesehen-Status umschalten. Dies ist praktisch, wenn Sie zum Beispiel einen Film schon kennen, er in Kodi aber noch als ungesehen gelistet ist.

- D – mit dieser Taste können Sie einen Eintrag in einer Wiedergabeliste oder dem Favoritenfenster nach unten verschieben.

- U – mit dieser Taste können Sie einen Eintrag in einer Wiedergabeliste oder dem Favoritenfenster nach oben verschieben.

- O (Null) – diese Taste ist besonders für das Fernsehen interessant. Damit können Sie zwischen den beiden zuletzt betrachteten TV-Sendern wechseln – sehr hilfreich, wenn Sie zu einem anderen Sender wechseln möchten, weil Ihnen der Inhalt auf Ihrem aktuell gewählten Sender nicht gefällt.

- Strg + ⇧ + O (Buchstabe O) – diese Tastenkombination ist besonders für technisch interessierte Leser spannend. Sie blendet detaillierte Informationen zur Wiedergabe ein (und auch wieder aus). So können Sie zum Beispiel den Füllstand des Zwischenspeichers betrachten und einer langsamen Netzwerkverbindung auf die Schliche kommen.

Kapitel 18 – Für Fortgeschrittene: erweiterte Funktionen

- `S` – mit dieser Taste rufen Sie direkt das Ausschaltmenü von Kodi auf und ersparen sich die Navigation zurück zum Hauptmenü.

- `'` – damit können Sie während der Wiedergabe sieben Sekunden zurückspringen – das ist sehr praktisch, wenn Sie sich eine Szene nochmals anschauen möchten.

- `Pos1` – drücken Sie diese Taste, um direkt zum ersten Eintrag eines Menüs zu gelangen. Das ist praktisch, wenn Sie möglichst zügig die Zurück-Schaltfläche erreichen möchten.

- `F8` – diese Taste dient zum Stummschalten der Tonwiedergabe.

Die Medienquellen zwischen verschiedenen Geräten synchronisieren

Als Ergänzung zur Synchronisation der Mediendatenbanken, die Sie schon aus Kapitel 15, »Mehrere Kodi-Instanzen synchronisieren«, kennen, können Sie auf Wunsch auch noch weitere Elemente zwischen mehreren Kodi-Geräten synchronisieren. In diesem Abschnitt zeige ich Ihnen, wie Sie zusätzlich die Definition der Medienquellen, einen selbst konfigurierten RSS-Feed, die Wiedergabelisten und die Einstellungen beziehungsweise die Daten Ihrer Add-ons synchronisieren können. Jedes dieser Elemente ist optional. Dieser Abschnitt richtet sich eher an den fortgeschrittenen Anwender, der bereits über Erfahrung im Umgang mit Computern und Computernetzwerken verfügt.

Die Synchronisierung der genannten Elemente erfolgt nicht über einen zentralen Datenbankserver, sondern über eine Netzwerkfreigabe, die Speicherplatz bereitstellt. Darauf werden die nötigen Konfigurations- und Einstellungsdaten abgelegt, die von allen beteiligten Kodi-Geräten gemeinsam genutzt werden. Ihre Aufgabe ist es also zunächst, eine geeignete (beschreibbare) Netzwerkfreigabe mit eigenem Benutzernamen und eigenem Passwort einzurichten. Am einfachsten gelingt die folgende Konfiguration, wenn Sie sich für eine SMB-Freigabe entscheiden (die oft auch *Samba-*

Freigabe genannt wird). Sie können die Freigabe entweder auf einem NAS-Gerät oder einem Heimserver einrichten.

Als Nächstes kopieren Sie die benötigten Konfigurationsdateien Ihres »Haupt«-Kodi-Geräts auf die neu eingerichtete Netzwerkfreigabe. Diese Daten dienen als ursprüngliche Konfiguration beziehungsweise als initialer Datensatz und werden von allen verbundenen Geräten übernommen.

Die Daten des »Haupt«-Kodi-Geräts können Sie entweder über den Kodi-eigenen Dateimanager oder eine SSH-Verbindung übertragen. Sie finden die Daten im Dateimanager im Profil-Ordner und über die SSH-Verbindung unter LibreELEC im Verzeichnispfad */storage/.kodi/userdata/*. Unter OSMC sind die Daten unter */home/osmc/.kodi/userdata/* verfügbar.

Für die Synchronisation der Definition der Medienquellen kopieren Sie die Datei *sources.xml*.

Für die Synchronisation der Wiedergabelisten kopieren Sie den Ordner *playlists/*.

Für die Synchronisation des RSS-Feeds kopieren Sie die Datei *RssFeeds.xml*.

Für die Synchronisation der Add-on-Einstellungen kopieren Sie den Ordner *addon_data/*.

Die Daten legen Sie jeweils im Hauptverzeichnis Ihrer Netzwerkfreigabe ab.

Als Nächstes müssen Sie die aus Kapitel 15, »Mehrere Kodi-Instanzen synchronisieren«, bekannte Datei *advancedsettings.xml* bearbeiten. Wenn Sie sich den Inhalt genauer ansehen, dann werden Sie feststellen, dass diese mit einem einleitenden Tag `<advancedsettings>` beginnt und mit einem schließenden Tag `</advancedsettings>` endet. Die Konfigurationen, die bereits aus Kapitel 15 in der Datei enthalten sind, befinden sich innerhalb der hierarchisch tieferen Tags `<videodatabase>`, `<musicdatabase>` und `<videolibrary>`. Diese dürfen Sie für die weiteren Schritte nicht verändern. Stattdessen fügen Sie außerhalb der zuletzt genannten Tags, jedoch zwischen den Haupt-Tags `<advancedsettings>` und `</advancedsettings>`, eine weitere Gruppe namens `<pathsubstitution>` ein. Diese Tags dienen der Ersetzung der internen Dateipfade, unter denen Kodi die entsprechenden Dateien sucht. Für jedes Element, das Sie verändern möchten, definieren Sie ein Konfigurationselement `<substitute>`, das jeweils `<from>`- und `<to>`-Tags beinhaltet, mit denen Kodi der ursprüngliche und der neue Dateipfad mitgeteilt wird.

Hier zeige ich Ihnen ein Beispiel für die Synchronisierung der Medienquellen über die Datei *sources.xml*:

```xml
<substitute>
  <from>special://profile/sources.xml</from>
  <to>smb://user:password@host/share/sources.xml</to>
</substitute>
```

In der Zeile `<from>` legen Sie den ursprünglichen Pfad der Konfigurationsdatei *sources.xml* fest. Diesen Eintrag dürfen Sie nicht verändern. Änderungen sind im Tag `<to>` erforderlich. Ersetzen Sie zunächst den Ausdruck `user:password` durch den Benutzernamen und das Passwort der SMB-Freigabe. Diese Angaben sind nötig, damit Kodi auf die Freigabe zugreifen kann. Beachten Sie, dass die Zugangsdaten für die Freigabe im Klartext in der Datei gespeichert und von jedermann ausgelesen werden können. Den Ausdruck `host` ersetzen Sie durch die IP-Adresse Ihres NAS-Geräts oder Ihres Heimservers, auf dem sich die Freigabe befindet. Ersetzen Sie `share` durch den Namen der Freigabe. Zum Beispiel könnte die fertige Zeile so aussehen:

```xml
<to>smb://hans:eH6gG3ki@192.168.178.10/kodisync/↵
sources.xml</to>
```

Im Folgenden zeige ich Ihnen, wie die Syntax für alle Elemente und die komplette Datei *advancedsettings.xml* aussieht:

```xml
<advancedsettings>
  <pathsubstitution>

    <substitute>
      <from>special://profile/sources.xml</from>
      <to>smb://user:password@host/share/sources.xml</to>
    </substitute>
```

Die Medienquellen synchronisieren

```
    <substitute>
      <from>special://profile/playlists/</from>
      <to>smb://user:password@host/share/playlists/</to>
    </substitute>

    <substitute>
      <from>special://profile/RssFeeds.xml</from>
      <to>smb://user:password@host/share/RssFeeds.xml</to>
    </substitute>

    <substitute>
      <from>special://profile/addon_data/</from>
      <to>smb://user:password@host/share/addon_data/</to>
    </substitute>

  </pathsubstitution>
  < ... ursprüngliche Tags aus Kapitel 15 ... >
</advancedsettings>
```

Wenn Sie sich an Ihre eigene Konfiguration machen, dann müssen Sie in allen `<to>`-Zeilen, die Sie in Ihre Konfiguration aufnehmen möchten, die Elemente `user:password`, `host` und `share` entsprechend anpassen. Die übrigen Elemente dürfen Sie nicht verändern. Achten Sie insbesondere darauf, die bisherigen Tags der Datei nicht zu verändern, und beachten Sie auch das Tag `<pathsubstitution>`, das Ihre neuen Einträge öffnend und schließend umgeben muss. Nach einem Neustart von Kodi ist die Synchronisierung aktiv.

> **TIPP**
>
> **Auch das Favoritenmenü lässt sich synchronisieren**
>
> Auf Wunsch können Sie auch das Favoritenmenü synchronisieren. Orientieren Sie sich dabei am Beispiel des RSS-Feeds, und ersetzen Sie den Eintrag `RssFeeds.xml` durch `favourites.xml`. Aufpassen müssen Sie aber, wenn Sie eigene Thumbnails für die Einträge erstellt haben, diese müssen nämlich von allen Kodi-Geräten lesbar sein. Außerdem müssen natürlich die Quellen für alle Einträge auf allen Geräten existieren.

Mit Tvheadend auf dem Smartphone fernsehen

Der Tvheadend-Server ist recht universell und nicht nur auf die Nutzung durch Kodi beschränkt. Wenn Sie sich im Web-Interface von Tvheadend ein wenig umsehen, werden Sie schnell feststellen, dass Sie dort auch direkt das Fernsehprogramm abspielen können. Auch weitere Programme können die Schnittstellen von Tvheadend nutzen. Auf diese Weise wird es möglich, zum Beispiel auf dem Smartphone oder dem Tablet Fernsehen zu schauen. Dafür benötigen Sie nur eine geeignete App. Eine solche Lösung bietet sich an, wenn Sie auf dem Mobilgerät keine umfangreiche Kodi-App installieren möchten, sondern Ihnen ein schlankes Programm zum Fernsehen genügt.

Eine geeignete App finden Sie schnell im jeweiligen App Store. Verwenden Sie einfach das Schlagwort *tvheadend*, und sehen Sie sich einige Kandidaten an. Bei der Wahl hilft Ihnen auch die jeweilige Bewertung der App. Ein guter Kandidat ist für Android-Geräte zum Beispiel *TVHClient*.

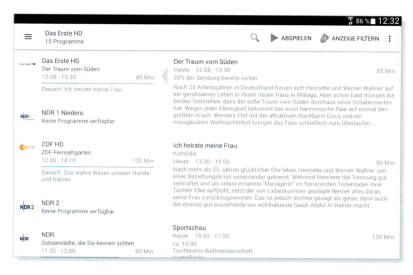

Bietet Zugriff auf den Tvheadend-Server: TVHClient unter Android.

Dieses Programm dient übrigens nicht nur direkt zum Fernsehen, nein, Sie können sich auch Ihre Aufnahmen ansehen, neue Aufnahmen programmieren und die Programmzeitschrift durchlesen. Zur Einrichtung einer Tvheadend-App benötigen Sie lediglich die IP-Adresse des Tvheadend-Servers sowie den Benutzernamen und das zugehörige Passwort für das Benutzerkonto. Sie können hier das Benutzerkonto verwenden, das Sie auch für Kodi nutzen. Alternativ können Sie auch ein eigenes Konto anlegen. Sollten Sie im Tvheadend-Gerät nur einen Tuner installiert haben, müssen Sie aber beachten, dass insgesamt nur ein Programm gleichzeitig geschaut werden kann. Es ist aber möglich, dieses eine Programm zur selben Zeit sowohl unter Kodi als auch am Mobilgerät zu verfolgen.

Kinder- und Jugendschutz beim Fernsehen

Bei den Fernsehfunktionen ist in Kodi eine Kindersicherung eingebaut, die für den Jugendschutz verwendet werden kann. Mit ihrer Hilfe können einzelne Sender gesperrt werden. Ihre Inhalte werden nicht mehr im EPG angezeigt, und zum Ansehen des Programms muss ein Passwort eingegeben werden.

Um die Funktion zu aktivieren, gehen Sie zuerst über das Zahnradsymbol im Hauptmenü in das Einstellungsmenü von Kodi. Öffnen Sie dort die Kategorie **PVR & TV**, und wechseln Sie auf die Registerkarte **Kindersicherung**. Aktivieren Sie diese über den gleichnamigen Eintrag. Die Registerkarte ist nur sichtbar, wenn unten links mindestens der Detailgrad »Fortgeschritten« ausgewählt ist.

Im Einstellungsdialog wird die Kindersicherung aktiviert.

Kapitel 18 – Für Fortgeschrittene: erweiterte Funktionen

Kodi wird Sie auffordern, eine Pin zu definieren und anschließend zu bestätigen. Die Eingabe dieser Pin wird zukünftig zum Betrachten der gesperrten Sender erforderlich sein. In dem Einstellungsmenü haben Sie die Möglichkeit, die **Entsperrdauer** festzulegen. Wurde die Pin eingegeben und zwischenzeitlich auf ein anderes Programm gewechselt, dann können Sie innerhalb der Zeitspanne zum gesperrten Programm zurückkehren, ohne die Pin erneut eingeben zu müssen.

Als Nächstes müssen Sie die Sender auswählen, die Sie sperren möchten. Öffnen Sie dazu im Hauptmenü den Menüpunkt **TV**, und rufen Sie die Kanalliste auf. Wählen Sie den zu sperrenden Kanal aus, und öffnen Sie dessen Kontextmenü. Wählen Sie den Eintrag **Verwalten** und anschließend den Eintrag **Kanalverwaltung**. Sie sehen ein zweigeteiltes Fenster, das Ihnen links Ihre TV-Kanäle und rechts eine Optionsliste anzeigt. Bei dem Kanal, der gesperrt werden soll, aktivieren Sie die Option **Kindersicherung**. Kodi wird Sie auffordern, die Kindersicherungspin einzugeben. Sie können in diesem Fenster auch gleich mehrere Kanäle sperren. Klicken Sie anschließend auf **OK**. Die Einstellungen werden gespeichert, und die Kindersicherung ist aktiv. Auf umgekehrtem Weg können Sie die Sicherung auch wieder deaktivieren.

Bei dem zu sperrenden Kanal aktivieren Sie die Option »Kindersicherung«.

> **ACHTUNG**
>
> **Vergessen Sie nicht, auch Tvheadend abzusichern**
>
> Denken Sie daran, dass Sie sich auch direkt im Tvheadend-Server das Fernsehprogramm anschauen können. Soll die Kindersicherung effektiv sein, dann müssen Sie sowohl für das Administrator- als auch für das Benutzerkonto von Tvheadend (das Kodi verwendet) sichere Passwörter wählen. Beachten Sie auch, dass die Passwörter auf dem Kodi-Gerät unverschlüsselt gespeichert werden.

Multiroom Audio mit den UPnP-Funktionen

Ein derzeit viel diskutiertes Thema ist *Multiroom Audio*. Man möchte die Geräte zur Musikwiedergabe in mehreren Räumen gerne zentral verwalten und nach Möglichkeit dieselbe Musikquelle synchron in verschiedenen Räumen abspielen können. Auf diese Weise kann man sich zu Hause durch mehrere Räume bewegen und überall dieselbe Audioquelle hören. Dieses Verfahren bietet sich nicht nur für eine Party an, sondern kann auch zum Verfolgen der Nachrichten oder sogar eines Hörbuchs nützlich sein.

Leider gehören Multiroom-Fähigkeiten (noch) nicht zum direkten Funktionsumfang von Kodi. Dennoch können Sie sich ein wenig behelfen. Mithilfe der UPnP-Funktionen wird es zumindest möglich, verschiedene Kodi-Geräte in verschiedenen Räumen von zentraler Stelle aus zu bedienen. Auf den einzelnen Kodi-Geräten aktivieren Sie einfach den UPnP-Wiedergabepunkt. Auf dem Smartphone oder Tablet installieren Sie eine UPnP-App wie etwa *BubbleUPnP*. Besitzer einer FRITZ!Box können auch die kostenlose App *FRITZ!Media* verwenden. In der UPnP-App sehen Sie nun die einzelnen Kodi-Geräte in den verschiedenen Räumen, die in Form von Wiedergabepunkten gelistet werden. Dabei ist es offensichtlich hilfreich, wenn die Kodi-Geräte den Namen des Raums, in dem sie arbeiten, im Netzwerknamen führen. Sie können nun einen beliebigen UPnP-Mediaserver (den zum Beispiel Ihr NAS-Gerät, eine FRITZ!Box oder auch ein anderes Kodi-Gerät bereitstellt) mit einem beliebigen Wiedergabepunkt verbinden und steuern so von zentraler Stelle aus die Wiedergabe in den verschiedenen Räumen. Auf diese Weise lassen sich auch Wiedergabelisten verwenden, selbst die Steuerung der Lautstärke ist möglich. Wenn es die Funktion bietet, dann kann das entfernte Kodi-Gerät (über eine geeignete App) per Wake-on-Lan-Funktion sogar aus dem Stand-by-Betrieb eingeschaltet werden, möglicherweise lässt sich selbst der angeschlossene Receiver zur Musikwiedergabe über die HDMI-CEC-Funktion mit einschalten. Alternativ können Sie auch Funksteckdosen verwenden. Möchten Sie unter Kodi den UPnP-Wiedergabepunkt aktivieren, dann finden Sie dazu eine Anleitung im Abschnitt oberhalb des Textkastens »Wofür nutze ich den Mediaserver und den Wiedergabepunkt?« auf Seite 145. Wie Sie einen eindeutigen Netzwerknamen vergeben, zeigt Ihnen die Beschreibung zur Kategorie **Dienste** innerhalb des Abschnitts »Das Einstellungsmenü von Kodi im Detail« auf Seite 129.

Das UPnP-Protokoll sieht jedoch von Haus aus lediglich Punkt-zu-Punkt-Verbindungen vor. Es ist damit nicht möglich, mehrere Geräte gleichzeitig zu bedienen, vor allem geschieht dies nicht synchron. Mit dieser Methode können Sie also Ihre Tonquelle leider nicht exakt gleichzeitig in verschiedenen Räumen erklingen lassen. Nutzer von Android auf dem Smartphone oder Tablet können sich jedoch zumindest eine »Quick-and-Dirty«-Lösung zum Ausprobieren basteln. Diese erlaubt es, eine Tonquelle in mehreren Räumen erklingen zu lassen – leider lässt sich ein kleinerer Zeitversatz von wenigen Sekunden dabei nicht vermeiden. Zum Einsatz kommt hier eine App, die eine Tonquelle zur selben Zeit an mehrere Wiedergabegeräte sendet. Da die einzelnen Geräte unterschiedlich lange brauchen, bis die Wiedergabe beginnt, und die Daten nicht gleichzeitig übertragen werden, kommt es unweigerlich zu einem zeitlichen Versatz. Eine App, die diese Funktion anbietet, ist *UPnP Monkey*. Sie erhalten sie kostenlos im Google Play Store.

Die Android-App UPnp Monkey erlaubt die gleichzeitige Steuerung mehrerer UPnP-Wiedergabepunkte.

Multiroom Audio mit den UPnP-Funktionen

Die gewünschte Funktion nennt sich **Party-Modus**. Sie aktivieren sie über den Eintrag ⬇ im App-Menü und können die Aktivierung auch über die Schaltfläche ⬇ ganz unten auf dem Bildschirm überprüfen. Neben der Schaltfläche sehen Sie eine Liste mit Wiedergabegeräten, die hier *Renderer* genannt werden. Sie können jedes Gerät anklicken und auswählen, ob es durch die App gesteuert werden soll.

Aktivieren Sie den »Party-Modus« zur gleichzeitigen Steuerung aller Renderer (also Wiedergabepunkte).

Anschließend wählen Sie aus der Kategorie **Bibliothek** den gewünschten Mediaserver aus und können eine Audiodatei an die verbundenen Wiedergabepunkte senden.

Übrigens: Als kleine Zusatzfunktion bietet die hier beschriebene UPnP-Steuerung auch die Möglichkeit zur Wiedergabe von Videoinhalten.

Stichwortverzeichnis

A

Abspielliste 436
Add-ons
  Addon-Browser 294
  aufrufen 293
  deinstallieren 304
  fremde Add-ons 294
  Installation 288
  Kodi-Add-on repository 295
  konfigurieren 292
  Legalität 286
  Sinn und Zweck 285
  verwalten 292
Adresse 446
advancedsettings.xml 390, 459
AirPlay 145
Android-Medienplayer 30
Anzeigemodus 131
Audioausgabegerät 132
Audiocodecs 53
Audioformate 52
Audio Passthrough 134
Auflösung 131
Ausschalten 458
Ausschalt-Timer 114
Automatische Wiedergabe 442

B

Backup 447, 456
  Add-on 451
  erstellen 447
  persönliche Einstellungen 451
  unter LibreELEC 455
  unter OSMC 455
  wiederherstellen 451
Bibliothek
  aktualisieren 204, 236, 251
  Ansichten 196
  bereinigen 142
  exportieren 448
  importieren 451
Bildformate 56
Bildschirmschoner 146
Bildwiederholfrequenz anpassen 138

C

Cable-Sleeves 101
CEC-Controller 135
Cloud Storage 158
Container 49

D

Dateifreigaben 155
Dateimanager 149
Dateiname 158
Datei-Tags 55, 170
Datensicherung → Backup
Datenverlust 447
DLNA-Medienserver 157
DVB-Empfänger 305
DVB-S2 331
DVB-S-Tuner 310
DVB-T2 311, 331
DVB-T-Antenne 306

Stichwortverzeichnis

DVB-T-Tuner 310
DVB-T-Varianten 311
DVD-Sortierung 232

E

Einrichtungsassistent 78
Einstellungen
   Anzeige 131
Einstellungsmenü 114, 129
    Benutzeroberfläche 145
    Dienste 143
    Medien 141
    PVR & TBV 143
    Wiedergabe 137
Ereignisse 148
Estouchy 118

F

Fanart 193
Favoriten 430
Favoritenmenü 429
Fernbedienungs-App 106
Fernbedienungstasten 432
Fernsehempfang 310
Fotos
   Ansichtsoptionen 280
   betrachten 275
   Diashow 277
   Einstellungen 281
   hinzufügen 272
   rekursive Diashow 277
   Thumbnails 274

G

Gamepad 92
Gerätename 143

H

Hardware 27
Hauptmenü 113
Hauptmenüeinträge 423
Hauptnutzer 369
HDMI-CEC 34, 44, 93
Heimkino-PC 21
Heimvideos 223
Home-Ordner 188
Home-Theater-PC 42
Hotspot 121
HTPC → Home-Theater-PC

I

Infrarotempfänger 96, 102
Intelligente Wiedergabelisten 437
Intel NUC 37
Interface settings 116
Internetzugriff 136

K

Keymap Editor 433
Kindersicherung 463
Kinder- und Jugendschutz
   Einrichtung 403
   Einstellungen sperren 412
   externe Medien 414
   Grenzen 418
   Konzept 401
   Medien vorbereiten 402
   Profil-Passwort 410
   Sperren konfigurieren 409
Klangschemata 133
Kompilationen verwalten 207
Kontextmenü 115
Kore 106

Stichwortverzeichnis

L

Lautstärkeregelung 115
LibreELEC 63
  konfigurieren 119
LIRC 102
Live-Stream 446
Live-TV
  aufnehmen 356
  Backend 307
  Client 307
  Client-Add-on in Kodi 345
  DVB-Varianten 311
  Einzelplatzlösung 308
  Empfangshardware 313
  Empfangsteil 306
  Frontend 307
  Grundlagen 305
  Mehrere Benutzerkonten 340
  mehrere Tuner 309
  Multiplex 309
  persönlicher Videorekorder 356
  Programmzeitschrift nutzen 354
  Sender wiedergeben 348
  Server 307
  Timeshift einrichten 350
  Tuner 306
  Tvheadend einrichten 322
  Tvheadend-Einrichtungsassistent 324
  Tvheadend-Feintuning 342
  Tvheadend installieren 316
  Tvheadend manuell bedienen 364
  verschlüsselte Sender 316

M

Master-Profil 369
MCE 96
Mediacenter 15
Mediatheken 297
Mediendatenbank 447
Medien kopieren 178
Medienquelle 185
  synchronisieren 458
Medienverzeichnis 159
Mp3tag 175
Multimedia-Tastatur 92
Multiroom Audio 465
Musikstücke
  Ansichten 247
  Cover-Foto 176
  Dateiansicht 246
  Dateiname 170
  Einstellungen 266
  hinzufügen 243
  Onlineinformationen 269
  Sampler 257
  Singles 172
  Tags 170
  Visualisierung 267
  Wiedergabe 259
  Wiedergabelisten 263

N

NAS 26
Network Attached Storage 26
NFS-Freigaben 156

O

OpenELEC 63
Open-Source-Programm 16
OSMC 65
  App Store 126
  konfigurieren 125

471

Stichwortverzeichnis

P

Partymode autostart 443
Partymodus 251, 444
Persönliche Bewertung 221
Picard 174
Pin 464
Playlist 436
Power-Taste 114
Profile 367
   anlegen 369
   auswählen 374
   Einstellungen 372
   Login-Screen 370
   Master-Sperre 377
   Profil-Bild 372
   schützen 376
Profil-Ordner 149

R

Radioempfang 302
Raspberry Pi 31
RC 6 96
Rekursives Scannen 192
Rollen 258
RSS-Feed synchronisieren 459
RSS-Newsfeed 147

S

Scraper 185
SFTP-Server 189
Skins
   Bedeutung 419
   Confluence 420
   deinstallieren 427
   Estuary 421
   Estuary anpassen 421
   installieren 424

SMB-Freigaben 156
sources.xml 459
Speichergerät 153
   im Netzwerk 155
   lokal 153
Spielfilme
   abspielen 208
   bewerten 221
   Dateiname 163
   Einstellungen 216
   Erscheinungsjahr 162
   hinzufügen 185
   Lesezeichen 210
   löschen 204
   verwalten 160
   Verzeichnis 162
Sprache 115
SSH-Service 79
Standardwerte 118
Stereo Upmix 135
Streaming-Dienste 29
STRM-Datei 446
Stummschalten 458
Synchronisation
   Datenbank anlegen 382
   Datenbankserver 380
   Datenbank vorbereiten 384
   deaktivieren 395
   Fehlersuche 395
   in Kodi einrichten 389
   MariaDB 383
   mehrerer Benutzer 395
   MySQL 381
   Sinn und Zweck 379
   Synology DiskStation 385
   Voraussetzungen 380
Systeminformationen 148

T

Tastaturkürzel 457
Tastenbelegung 433
Top 100 257
Touchscreen 118
Trailer 194
TVHClient 462
Tvheadend
   auf dem Smartphone 462
   einrichten 322
   Einrichtungsassistent 324
   Feintuning 342
   installieren 316
   manuell bedienen 364
TV-/Sat-Receiver 29
TV-Serien
   abspielen 237
   Dateiname 165
   Doppelfolge 168
   Episodenliste 237
   hinzufügen 229
   Staffeln 164
   verwalten 164

U

Untertitel 217
Untertitelformate 53
UPnP 465
UPnP/DLNA 144
UPnP-Medienserver 158
UPnP Monkey 466

V

Verzeichnisname 158
Videocodec 49, 51
Visualisierung 139

W

WebDav 189
Wetteranzeige 151
Wetterinformationen 423
Wiedergabelisten 436
Wiedergabepunkt 465
WLAN-Verbindungen 157

X

XBMC 16

Y

Yatse 106
YouTube 299

Z

ZBOX 42
Zeroconf 144
Zugangsdatensicherheit 406

»Das Praxis-Handbuch vermittelt alle Grundlagen, die man kennen sollte. Alle Schritte werden ausführlich dokumentiert und bebildert, sodass kaum Fragen offen bleiben.«

– MagPi

Dennis Rühmer

Heimserver mit Raspberry und Banana Pi
Das Praxisbuch

Schritt für Schritt zum sicheren Heimserver in den eigenen vier Wänden! Verschaffen Sie sich Zugriff auf alle Ihre Kontakte, Dokumente und E-Mails – jederzeit, auf jedem Gerät und von überall. Sie brauchen lediglich die passende Hardware, alles andere erklärt Ihnen dieses Praxisbuch. Hier finden Sie alle Grundlagen: Installation, Linux-Einstieg, Netzwerkanleitungen sowie Tipps zu Sicherheit und Wartung. Von FTP- und OwnCloud-Server über Multimedia-Streaming bis hin zur persönlichen Telefonanlage: So gelingt Ihnen der Sprung in Ihre ganz private Cloud!

733 Seiten, gebunden, 34,90 Euro
ISBN 978-3-8362-4052-9
www.rheinwerk-verlag.de/4075

Das gesamte Buchprogramm: www.rheinwerk-verlag.de

- Grundlagen, Planung, technische Umsetzung

- Vernetzung von KNX, DALI, 1-Wire, EnOcean und Linux-Server

- Automation mit HomeServer, Raspberry Pi, Cubietruck und vollständiges Praxisszenario

Stefan Heinle

Heimautomation mit KNX, DALI, 1-Wire und Co.
Das umfassende Handbuch

Das smarte Eigenheim: Mit diesem Buch wird es zur Realität! Hier lernen Sie, wie Sie Ihr Zuhause teilweise oder vollständig mit KNX automatisieren. Das Buch begleitet Sie bei allen Schritten von der Planung über die Auswahl der Komponenten bis hin zu Einbau, Parametrierung, Vernetzung und Absicherung – inklusive nützlicher Planungshilfen, Einkaufslisten und jeder Menge Praxistipps! Selbstverständlich mit dabei: zentrale Grundlagen der Elektrik, der intelligenten Gebäudetechnik und der Programmierung.

1.267 Seiten, gebunden, 49,90 Euro
ISBN 978-3-8362-3461-0
www.rheinwerk-verlag.de/3749

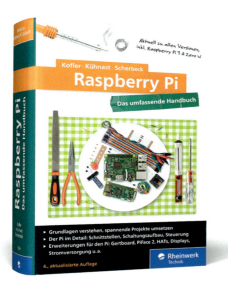

- Grundlagen verstehen, spannende Projekte umsetzen
- Der Pi im Detail: Schnittstellen, Schaltungsaufbau, Python-Steuerung
- Erweiterungen für den RasPi: Gertboard, PiFace 2, HATs, Diplays, Stromversorgung u. a.

Michael Kofler, Charly Kühnast, Christoph Scherbeck

Raspberry Pi
Das umfassende Handbuch

Aktuell zum Raspberry Pi 3 und Zero W sowie allen Vorgängerversionen: Hier erwartet Sie Bastelwissen in seiner umfassendsten Form. Lernen Sie Linux mit dem RasPi kennen, steigen Sie ein in die Python-Programmierung, machen Sie sich mit den Grundlagen und fortgeschrittenen Techniken der Elektronik vertraut und stellen Sie Ihr Wissen in herausfordernden Projekten unter Beweis! Das Autorenteam Michael Kofler, Charly Kühnast und Christoph Scherbeck steht Ihnen hilfreich zur Seite. Mit viel Witz, jede Menge Praxistipps und spannenden Versuchsaufbauten verstehen es die drei Profis, das nötige Wissen leicht nachvollziehbar und unterhaltsam zu vermitteln.

1.088 Seiten, gebunden, in Farbe, 39,90 Euro
ISBN 978-3-8362-5859-3
www.rheinwerk-verlag.de/4466

Jetzt bei uns im Rheinwerk-Shop: Buch, E-Book und Bundle

- Kein Vorwissen erforderlich!
- Alle Grundlagen an spannenden Bastelprojekten einprägsam erklärt
- Inkl. Einführung in Python und Grundlagen der Elektronik

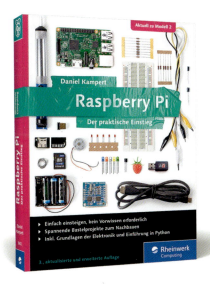

Daniel Kampert

Raspberry Pi
Der praktische Einstieg

Wenn Sie Spaß am Basteln haben und den Raspberry Pi für sich entdecken möchten, dann liegen Sie mit diesem Buch goldrichtig! Schritt für Schritt hilft es Ihnen, die wichtigsten Betriebssysteme (Raspbian & Raspbmc) zu installieren und zu verwalten. Ohne lange Theorie geht es sofort in die Praxis: Dateiserver fürs Heimnetz, Media-Streaming Ihrer Lieblingsfilme auf den Fernseher, Fotos und Videos mit der Kamera u. v. m. Hier finden Sie alles, was Sie für den erfolgreichen Start benötigen, inkl. zentraler Grundlagen zu Elekrotechnik und Python-Programmierung.

364 Seiten, broschiert, in Farbe, 19,90 Euro
ISBN 978-3-8362-3902-8
www.rheinwerk-verlag.de/3984

»Ein Lehrbuch, das die Grundlagen der Elektronik anschaulich an praktischen Beispielen und Projekten näherbringt.«

– MagPi

Christoph Scherbeck, Daniel Kampert

Elektronik verstehen mit Raspberry Pi
Der praktische Einstieg

Physikunterricht war gestern: Mit diesem Buch lernen Sie die Grundlagen der Elektronik direkt an Ihrem Raspberry Pi kennen! Von Strom und Spannung über Transistoren und Motoren bis hin zum Lesen von Schaltplänen – da bleibt kein Wunsch offen. Natürlich alles mithilfe von spannenden Beispielprojekten zum Selberbasteln! Aktuell zum Raspberry Pi 3 und allen Vorgängerversionen. Und das Beste: Kein Vorwissen erforderlich!

361 Seiten, broschiert, in Farbe, 29,90 Euro
ISBN 978-3-8362-2869-5
www.rheinwerk-verlag.de/3602

Kostenlose Buchauszüge im Rheinwerk-Shop!

»Das Buch ist eine Fundgrube für viele praktische Tipps zu allen Arbeitsschritten.«

– MagPi

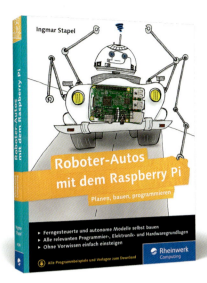

Ingmar Stapel

Roboter-Autos mit dem Raspberry Pi
Planen, bauen, programmieren

Raspberry Pi und Robotik interessieren Sie? Dann bringt Sie dieses Buch richtig in Fahrt! Schritt für Schritt zeigt es Ihnen, wie Sie mithilfe des RasPi ein ferngesteuertes Roboter-Auto entwickeln und es autonom fahren lassen. Quasi im Vorbeifahren lernen Sie alle Grundlagen, die Sie für Ihr eigenes Roboter-Auto benötigen: Hardware, Elektronik, Bau Ihres ganz individuellen Auto-Chassis und natürlich die Programmierung der Roboter-Software in Scratch und Python. Ein spannendes RasPi-Projekt für Einsteiger und erfahrene Maker.

338 Seiten, broschiert, in Farbe, 29,90 Euro
ISBN 978-3-8362-4294-3
www.rheinwerk-verlag.de/4212

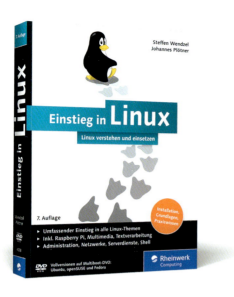

- Der umfassende Einstieg in alle Linux-Themen

- Inkl. Raspberry Pi, Multimedia, Textverarbeitung

- Administration, Netzwerke, Shell, Serverdienste u. v. m.

Steffen Wendzel, Johannes Plötner

Einstieg in Linux

Linux verstehen und einsetzen

Der perfekte Einstieg für alle, die Linux kennenlernen und die Möglichkeiten des Betriebssystems voll ausschöpfen möchten. Angst vor Administration, Shell oder Netzwerkkonfiguration sollten Sie aber nicht haben! Sie erfahren alles Wichtige, um sicher unter und mit Linux zu arbeiten und gängige Anwender-Software (wie LibreOffice.org, LaTeX, KDE u.v.m.) laufen zu lassen. Darüber hinaus bieten Wendzel und Plötner eine wahre Fundgrube an Tipps und Kniffen für Ihren Linux-Alltag – inkl. Kapitel zum Raspberry Pi.

409 Seiten, broschiert, mit DVD, 24,90 Euro
ISBN 978-3-8362-4238-7
www.rheinwerk-verlag.de/4183

Immer gut informiert: Bestellen Sie unseren Newsletter!

Das E-Book zum Buch

Sie haben das Buch gekauft und möchten es zusätzlich auch elektronisch lesen? Dann nutzen Sie Ihren Vorteil.
Zum Preis von nur 5 Euro bekommen Sie zum Buch zusätzlich das E-Book hinzu.

Dieses Angebot ist unverbindlich und gilt nur für Käufer der Buchausgabe.

So erhalten Sie das E-Book

1. Gehen Sie im Rheinwerk-Webshop auf die Seite: www.rheinwerk-verlag.de/E-Book-zum-Buch
2. Geben Sie dort den untenstehenden Registrierungscode ein.
3. Legen Sie dann das E-Book in den Warenkorb, und gehen Sie zur Kasse.

Ihr Registrierungscode

Y2BB-KVRZ-6T1N-ND5N-3Y

Sie haben noch Fragen? Dann lesen Sie weiter unter: www.rheinwerk-verlag.de/E-Book-zum-Buch